기후위기 문제를 진지하게 여기는 사람이라면 ~~~~~~~~~~~~~~~들이 지금보다 더 나은 세상에서 살기를 원~~~~~~~~~~털구름이 흐르는 지구에서의 삶을 사랑하~~~~~~~~~때 표현하기 힘든 슬픔을 느낄 것이다. 기후~~~~~~~~~~~~~~는 경고가 벌써 수년째 나오는데 현실은 그대로인 것만 같다. 마음속으로 한 번쯤 묻지 않았을까? 다른 미래는 가능할까? 지구를 구할 해법이 있을까? 가만히 있어도 될까? 어쩌면 과학기술이 우리 문제를 해결해줄 수 있을지도 몰라. 전기차가 그렇고, 아직 시장은 작지만 배양고기가 그렇고. 그렇다면 이 두툼한 책은 우리에게 배양고기가 기후위기를 막고, 늘어나는 세계 인구를 먹여 살리고, 공장식 축산업의 위험인 또 다른 인수공통 감염병을 막고, 동물의 고통을 줄이는 희망이라고 밝혀주는 책일까? 즉 이번에도 '우리'가 아니라 '기술'이나 '시장'이 미래를 바꿀 수 있을 것이라고 생각하는 책일까? 아니다. 저자는 배양고기를 하나의 사례로 기술이 세상을 어떻게 바꿀 것인지 상상해보라고 이 두툼한 초대장을 내민다. 가장 좋은 질문은 이것이다. '도대체 무엇이 우리로 하여금 배양고기를 상상하게 했을까?' 책을 읽으며 내내 이런 생각을 했다. 우리에게 전혀 다르고 훨씬 좋은 미래를 가능하게 하는 상상은 무엇일까?

— 정혜윤 (작가, 라디오 피디)

우리는 지금 육식 행성에 살고 있다. 지구상의 포유류 중 36퍼센트는 인간, 60퍼센트는 인간이 먹기 위해 기르는 가축, 4퍼센트만이 야생동물이다. 육식은 죽인다. 동물을 죽이고, 기후생태위기를 야기하며, 각종 성인병을 유발한다. 이대로는 지속 불가능하다. 탈석탄처럼 탈육식이 미래다. 하지만 약 80억 인구가 당장 채식주의자가 될 수 있을까? 재생에너지와 더불어 최근 대체육과 배양육에 대한 논의가 활발하다. 미국의 젊은 작가이자 역사학자인 벤저민 워개프트는 배양육 운동을 5년간 관찰하며 캐묻는다. 육식은 인간의 본성인가? 인공고기는 고기인가? 기술이 문명을 구할 수 있을까? 배양육을 만들 거면 인간 세포로 만들 수도 있지 않을까? 음식의 미래는 곧 인간성의 재정립이다. 진정 잘 먹고 잘 살기를 바라는 우리에게 이 책은 시의적절한 화두를 던진다.

— 전범선 (작가, 밴드 양반들 보컬, 동물해방물결 자문위원)

고기에 대한 명상

Meat Planet: Artificial Flesh and the Future of Food
by Benjamin Aldes Wurgaft

ⓒ 2020 by Benjamin Aldes Wurgaft
Published by arrangement with University of California Press
All rights reserved.
Korean translation copyright ⓒ 2022 by DOLBEGAE PUBLISHERS

고기에 대한 명상
인공고기와 육식의 미래

벤저민 A. 워개프트 지음 | 방진이 옮김

2022년 4월 25일 초판 1쇄 발행

펴낸이 한철희 | **펴낸곳** 돌베개 | **등록** 1979년 8월 25일 제406-2003-000018호
주소 (10881) 경기도 파주시 회동길 77-20 (문발동)
전화 (031) 955-5020 | **팩스** (031) 955-5050
홈페이지 www.dolbegae.co.kr | **전자우편** book@dolbegae.co.kr
블로그 blog.naver.com/imdol79 | **트위터** @dolbegae79 | **페이스북** /dolbegae

편집 김진구
표지디자인 김민해 | **본문디자인** 이은정 · 이연경
마케팅 심찬식 · 고운성 · 김영수 · 한광재 | **제작 · 관리** 윤국중 · 이수민 · 한누리 | **인쇄 · 제본** 한영문화사

ISBN 979-11-91438-56-7 (03300)

책값은 뒤표지에 있습니다.

벤저민 A. 워개프트 지음
Benjamin Aldes Wurgaft

방진이 옮김

인공고기와 육식의 미래

고기에 대한 명상

돌베
개

일러두기

1. 저자의 허가와 확인 하에, 책의 내용을 더 용이하고 효과적으로 전하기 위해 원서에 없는 소
   제목을 달았다.
2. 페이지 하단의 각주는 보충 설명을 위해 옮긴이가 붙인 것이다.

가상공간/고기공간

죽은 동물의 살이 아닌, 실험실에서 키운 고기

잠에서 깬 나는 기이한 미래와 만난다. 지금은 2013년 8월 5일 새벽 4시 30분, 로스앤젤레스다. 막 정오가 지난 런던에서 미래의 음식이 등장하는 것을, 시공간을 뛰어넘을 수 있는 창이 열린 얼룩투성이 컴퓨터 화면을 통해 게슴츠레한 내 두 눈으로 지켜볼 참이다. 인터넷 주소창에 www.culturedbeef.net을 입력한다. 미래는 소의 근육세포를 생물반응장치에서 증식해 만든, 실험실에서 키운 고기라는 모습으로 나타날 예정이다. 적어도 내가 지금 잠을 자는 대신 지켜볼 기자회견의 홍보 문구는 그렇게 설명했다. 행사 공지 글은 매번 약속으로 가득했다. "고기는 결코 예전으로 돌아갈 수 없을 것이고, 우리도 결코 예전으로 돌아갈 수 없을 것입니다."[1] 인간에 관한 기본 상식 중 하나는 인간의 식재료 중 하나가 죽은 동물의 살이라는 사실이다. 이것은 현생인류인 호모 사피엔스가 등장하기 훨씬 전부터 그랬다. 그런데 곧 이 상식이 바뀔지도 모른다. 우리를 사냥터에서 농장으로 이끈 기술이 그 후로도 계속 발전하면서 이번에는 실험실로 이끌고 있기 때문이다. 그런 전환은 결코 가볍게 다룰 문제가 아니지만, 혹여 역사적 대전환점이 임박했다면 유머 감각이 오히려 도움이 될 수도 있다. 솔직히 세상에서 가장 흔하고 익숙한 미국 음식 햄버거를 국제적인 언론행사 주인공으로 내세운다는 것만으로도 어쩐지 우스꽝스럽다는 생각이 든다. 지난 세기의 세계박람회와 전람회에서는 한 비평가가 "상품 숭배의 순례 현장"이라고 부른 웅장한 행사장에 낯설고 새로운 음식들을 반구 모양의 유리관 안에 넣어, 북적이며 모여든 방문객들 앞에 전시했다.[2] 나는 그런 전시 관행의 21세기 버전을 감상할 준비를 한다. 손에 커피 잔을 꼭 쥐고서.

언론은 오늘의 주인공인 햄버거를 가리켜 '프랑켄버거', '시험관 버거', '수조水槽 고기' 조각으로 표현했다. 소를 도축해서 얻은 고기가 아니라, 조직배양 또는 세포배양으로 알려진 꽤 안정적인 기법을 활용해 많은 돈과 시간과 노력을 들여서 만든 고기다.

최초로 조직배양에 성공한 것은 1907년 미국의 발생학자 로스 해리슨Ross Harrison으로, 그는 개구리의 배아 조직을 배양했다.[3] 이후 조직배양 기법은 수십 년 동안 과학 연구와 의학 연구에서 활용되었지만, 기술적으로 정확한 명칭이기는 하나 입맛을 돋울 확률이 전무한 '시험관 고기'라고도 불리는 것을 만드는 데 활용되기 시작한 것은 최근의 일이다. 이 새로운 고기에는 많은 약속이 첨부되어 있는데, 그중 하나는 이 고기가 공장식 축산업의 대안이 될 것이며, 더 나아가 환경에 해롭고 동물에게 잔인한 사육 방식을 평화로운 생산 방식으로 완벽하게 전환할 수도 있으리라는 것이다. 배양고기가 아주 기이하다는 것은 아무리 강조해도 지나치지 않다. 배양고기에게는 어미가 없다. 배양고기는 (하나의 온전한 동물 개체가 죽지 않았다는 의미에서) 죽은 적이 없다. 또한 고기를 아주 좁게 정의하는 일부 비평가의 눈에는 제대로 산 적도 없다. 이 고기는 우리가 동물을 대하는 방식, 우리가 농경지를 다루는 방식, 우리가 물을 사용하는 방식, 우리가 인구에 대해 생각하는 방식을 근본적으로 바꾸고, 인간과 인간이 아닌 동물을 품고 있는 깨지기 쉬운 우리 생태계의 한계에 대한 우리의 인식을 완전히 뒤집을 수도 있다. 세대가 거듭될수록 더 많은 고기를 먹어치우는 육식 인류가 살아가는 지구를 위한 새로운 종류의 살이다. 로스앤젤레스의 내 이웃들이 슬슬 잠에서 깰 준비를 하는 이른 아침에 가상공간cyberspace은 살을 다루는 고기공간meatspace이 된다.

최근 몇 주간 오늘 공개될 햄버거 패티의 충격적인 가격표를 미끼로 삼은 낚시성 쪽기사들이 인터넷을 돌아다니면서 (아마도 인터넷의 진짜 재화인, 그리고 내가 지금 조금 지불하고 있는) 사람들의 관심을 꽤 모았다. 햄버거의 가격은 무려 30만 달러(약 3억 5000만 원)에 달한다. 들리는 풍문에 따르면 미국의 아주 큰 부자가 네덜란드 실험실에 자금을 대서 세포를 키우고, 그 세포로 근육을 만들고, 그 근육으로 고기를 빚었다고 한다. 햄버거 패티를 만든 생리학과 교수이자 의사인 마크 포스트Mark Post가 오늘의 인물이다. 그러나 언론 행사를 기획한 것은 언론 전문가들로, 포스트에게 자금을 지원한 후원자가 고용했다. 조직배양 기법은 이미 확고하게 자리 잡은 기술이지만, 고기 배양은 여전히 개발 단계에 있는 기술이다. 이것이 작은 고기 조각 하나를 만드는 데 그렇게 큰 비용이 드는 이유 중 하나다. 공학 분야에서는 이런 기술을 가리켜 '신생'emerging이라는 표현을 쓰기도 한다. 새로운 부류의 컴퓨터, 에너지 변환 장치, 의료 기술이 발견 또는 발명되고, 개발되고, 실험을 거쳐 최종적으로 허가를 받고, 언론에서 홍보되고 (장치 또는 기술의 설계자와 투자자의 입장에서는 고통스러울 정도로 천천히) 상용화되기까지의 과정을 지칭하는 용도로 꾸준히 사용되는 은유다. '배양고기'는 2013년에 막 부상한 용어다. 이 행사에서 포스트가 이 용어를 쓴 것은 의학 용어처럼 느껴지는 '시험관 고기'를 대체하려는 노력의 일환일 것이다.[4]

'신생'이라는 은유는 마치 안개 같은 미래에서 구체적인 것들이 하나씩 모습을 드러내는 장면을 연상시킨다. 나는 우리가 신생 기술을 주시하면서 참고하는 징후들을 떠올려본다. 특허, 투자, 연구 지원금, 학회, 특정 시장에 제품의 예비적 출시, 테크 분야

잡지 표지를 화려하게 장식한 기업가의 사진 등. 내 살덩어리 뇌가 완전히 잠에서 깨기도 전에 나는 신생 은유가 인간이라는 행위자를 감춤으로써 흥미로운 속임수를 부린다는 사실을 깨닫는다. 신생 은유는 새로운 기술이 각자 다른 속셈을 가진 수많은 손들에 의해 이 세상에 존재하게 되는 것이 아니라, 새로운 기술 스스로 나타난 것 같은 인상을 준다. 어떤 기술이 신생하려면 그 기술이 모습을 드러낼 대상, 즉 대중도 존재해야 한다. 누군가 지켜보고 있어야만 하고, 그렇게 지켜보는 사람들이 품고 있는 미래상은 전부 다를 것이다. 나는 유토피아 공상과학소설을 열심히 들여다본 덕분에 우주선이 날아다니는 미래에 대해 일정 수준의 기대치를 지니게 되었고, 디스토피아 공상과학소설을 열심히 들여다본 덕분에 기후변화로 파괴된 미래의 지구가 어떤 모습일지 그릴 수도 있다. 그런데 시험관에서 키운 고기라는 미래에 대해서는 무엇을 기대해야 할지 알고 있을까? 나는 내 앞에 놓인 화면을 열심히 들여다본다.

"인간은 고기를 좋아하도록 설계되었다"
유독 길게 느껴진 시간이 흐르는 동안 내 화면에는 "곧 시식이 시작됩니다"라는 문구만 떠 있다. 그러다 홍보 영상과 함께 행사가 시작된다. 부드러운 기타 선율이 배경에 깔리고, 카메라가 파도를 향해 내리꽂히는 갈매기들을 비춘다. 바다 너머에 집 한 채가 서 있다. 바닷가에 정착한 목가적인 마을이 보인다. 건축양식은 누가 봐도 북미나 유럽을 연상시킨다. 자연 다큐멘터리나 어린 시청자를 위한 과학 방송 프로그램에서 흔히 볼 수 있는 영상 세계로 들어선다. 카메라는 바다를 훑어나가면서 등대를 보여준다. 이 장면에서 목소리 하나가 선언한다. "때로는 새로운 기술이 등장합니다. 그 기술은 우리가 세상을 바라보는 관점을 바꿀 능력이 있습니다." 포스트의 비밀 후원자가 정체를 드러낸다. 잠깐 화면에 등장한 내레이터의 얼굴 사진 속 인물은 세르게이 브린이다. 세르게이 브린은 거대 인터넷 검색엔진 기업 구글의 공동 설립자이며, 고로 기술이 세계관을 바꾸는 방식에 관한 그의 시각은 독특할 수밖에 없을 것이다. 그런데 왜 실리콘밸리의 억만장자가, "구글하다"to google가 거의 표준 영어로 취급될 정도로 우리 일상의 일부가 된 검색엔진으로 막대한 부를 거머쥔 사람이 음식의 미래에 관심을 가지게 된 걸까? 어휘를 살짝 바꾸기만 해도 이 질문에 대한 답 한 가지가 나온다. 배양고기는 언젠가 음식이 될 수도 있겠지만, 지금 당장은 브린의 주 무대인 실리콘밸리의 투자계에서 흔히 '식품 공간'food space이라고 부르는 곳에 머물러 있다. 식품 공간은 식품의 생산과 공급, 환경적 지속 가능성, 인간의 건강, 인간이 아닌 동물의 복지를 연결하는 사업 및 투자 영역을 일컫는 말이다. 식품 공간은 최근 몇 년간 벤처 투자자들이 특히 활발하게 활동하는 영역이다. 그러나 '공간'이라는 단어는 역사적으로 더 좁고 특수한 의미도 지니는데, 단순히 차원을 나타내는 것이 아니라 개척지를 암시하기도 한다. 개척지는 수 세기에 걸쳐 자원을 채굴하기 위해 각기 다른 인구 집단이 향한 장소이다.[5] 개척지가 없다면 자본주의 자체가 제 기능을 할 수 없다는 주장도 있다. 자본가에게는 자본을 투자해 수익을 거둘 수 있는 새로운 자연자원과 새로운 기회가 필요하기 때문이다.[6] 주주의 입장에서 보면 구글은 전 세계 수십억 명의 사람들에게 무료 검색 기능을 제공해서 수익을 내는 것이 아니다. 새로운 개척지를 확보함으로써 수익을 낸다. 예컨대 구글은 우리의 검색 데이터(와 많은 다른 유형의 데이터)에서 자원을 추출한 다음 그 자원을 공개되지 않은, 그러나 수익성이 매우 높은 용도로 사용한다. 또한 원래는 다른 곳을 향하고 있던 관심을 끌 수 있는 기회, 즉 광고 공간을 판매한다.[7] 많은 국가에서 고기는 이미 우리 돈 속에 들어와 있다. 지폐를 제조할 때 동물 기름인 수지獸脂를 아주 소량 섞은 코팅제를 사용하기도 하기 때문이다. 고기와 돈이 활용과 투자라는 호혜적 연결 고리를 통해 서로에게 이미 '공간' 역할을 한다고 말할 수도 있을 것이다.[8] 이렇게 소는 자본이 된다. 한 장, 한 장 돈으로 계산된다.

브린이 계속해서 말을 이어나가자 갈매기와 파도가 나오던 장면이 서서히 사라지고, 희끗희끗한 턱수염을 길렀지만 젊어 보이는 남자가 구글 글라스로 알려진 장비를 착용한 모습을 근접 샷으로 잡은 장면이 나타난다. 구글 글라스는 구글 캘리포니아 본사에서 설계하고 중국 기업 폭스콘이 제작한 스마트 안경이다. 구글 글라스에는 소형 컴퓨터 화면이 달려 있어서 주변을 둘러보면서 인터넷도 함께 볼 수 있다. 구글 글라스 자체도 신생 기술로서, 2013년 2월 대중에게 공개되었다. 그러나 테크 산업의 중심지인 캘리포니아주의 팰로앨토나 매사추세츠공과대학교와 그 근처 동네를 제외하면, 값비싼 구글 글라스(이 이름을 들을 때마다 세계

박람회에서 사용한 반구 모양의 유리 전시대가 생각난다)를 쓰고 돌아다니는 사람은 찾아보기 힘들다. 브린이 홍보 영상에 구글 글라스를 쓰고 출연한 것은 그가 미래에서 온 아주 부유한 대사의 역할을 맡았다는 점을 강조한다. 브린은 "상용화 직전에 있는" 기술, "진짜로 세상을 바꿀" 가능성을 지닌 기술(또다시 약속이 첨부되었다는 사실에 나는 주목하고, 이런 약속의 구문을 들으면서 배양고기가 곧 투자 기회로 전환될 것이라는 사실을 기억해낸다)을 찾기 위해 자신이 노력하고 있다고 설명한다. 그리고 장면이 바뀐다.

브린이 화면에서 사라지고 새로운 인물이 등장해 이야기를 이어나간다. 원로 생물인류학자 리처드 랭엄이다. 랭엄은 자신의 하버드대학교 연구실에 앉아 있다. 그의 뒤에 놓인 책장에 꽂힌 책등들이 화면을 가득 채운다. 랭엄이 이 영상에 등장한 것은 브린이 언급한, 세상을 바꿀 가능성에 대해 설명하기 위해서인 듯하다. "인류의 진화라는 서사는 고기와 긴밀하게 연결되어 있습니다." 랭엄은 계속해서 인류라는 종의 자연사에서 고기가 얼마나 중요했는지에 관해 널리 알려진 익숙한 이야기를 들려준다. 랭엄이 2009년에 펴낸 책 『요리 본능: 불, 요리, 그리고 진화』에도 나오는 이야기다.[9] 랭엄은 인간이 현생인류로 진화할 수 있었던 것은 화식 덕분이라고 주장한다. 특히 칼로리를 풍부하게 제공하는 덩이줄기와 고기를 가열해 먹으면서 현재 같은 신체적 특징 몇 가지와 사회성이 발달했다고 말한다. 작은 입, 큰 뇌(뇌는 칼로리를 엄청나게 잡아먹는 기관이다), 협업 성향과 남녀의 생식관계에 바탕을 둔 고유한 사회구조 등. 랭엄의 책은 출간 이후 생물학자와 인류학자 사이에서 토론과 논쟁의 대상이 되었고, 그 논의의 진행 과정과 논리는 내가 지금 보고 있는 영상만큼이나 쫓아가기가 불가능하다.[10] 랭엄을 홍보 영상에 출연시킨 전략적 이유는 명백하다. 브린이 새로운 기술의 약속을 대변한다면, 랭엄은 진화론적 유구성과 과학적 권위를 대변한다.

랭엄의 주장에 동의하건 안 하건 이 영상이 우리 종의 과거에 관한 이야기와 고기의 미래에 관한 이야기를 연결한다는 것은 누구나 알 수 있다. 이 영상은 왜 호모 종의 정체성이 기원한 태고의 시간과 우리의 식단 및 식량 확보 전략의 변화가 임박한 가까운 미래의 시간을 굳이 하나로 이어 붙이려고 하는 걸까? 진화론적 유구성이 초근대성의 토대가 되고 정당성의 근거가 될 수 있다고 생각하는 걸까? 나는 과거가 미래를 정당화한다고 생각해야 하는 걸까? 그다음에 이어진 장면들로 인해 나는 그런 생각에서 깨어난다. 랭엄이 사라지고, 어둠 속에서 활활 타오르는 모닥불에서 고기 한 덩어리가 구워지고 있다. 막대기에 끼워진 그 고기를 들고 있는 것은 머리가 산발이고 아랫도리에 작은 천 조각 하나만 두른 사람이다. 어둡기도 하거니와 모닥불의 일렁이는 불꽃 때문에 얼굴이 자세히 보이지는 않는다. 그다음에는 아프리카 부족민들이 창을 들고 맨발로 뛰어가는 장면이 나온다. 랭엄은 계속 내레이션을 이어간다. "이따금 사냥꾼들이 빈손으로 돌아오는 날이 며칠 계속되면 전 세계 어디서든 수렵채집인들은 깊은 슬픔에 빠집니다. 마을은 조용해지고, 춤이 멈춥니다." 랭엄은 주먹을 꼭 쥐고 흔들면서 더 활기찬 목소리로 말한다. "그러다 누군가 고기를 잡습니다! 사냥한 고기를 들고 마을로 돌아옵니다." 카메라가 갑자기 확연히 더 현대적인 장면으로 건너뛴다. 백인 남성이 마당에 놓인 바비큐 그릴의 뚜껑을 연다. "물론 지금이라면 바비큐 파티가 벌어지는 누군가의 뒷마당으로 가져오겠죠." 두 장면의 주요 인물, 요컨대 전형적인 아프리카 원시인과 현대의 백인이 갑자기 특수한 목적을 위해 하나로 통합된다. 마치 '원시적' 관행이라는 설명이 현대 서구의 관행을 설명하고 정당화할 수 있다는 듯이 말이다. 낯익은 전개이고, 아마도 의도하지는 않았겠지만 불쾌한 전개다. 마치 내가 어릴 때 방과후 과학 수업이나 오래전 자연 다큐멘터리에서 본 영상들을 짜깁기한 것처럼 느껴진다. 수십 년이 지난 뒤에 원시사회를 그런 식으로 소환하는 것을 지켜보자니 상당히 어색하다. 생각 없는 사회생물학적 전화轉化라고 인류학자들이 비판하는 것을 시각적으로 구현해놓은 영상이다.[11] 영상이 계속 돌아가고 백인 아이들이 햄버거 패티라는 현대의 고기를 뚫어져라 보고 있다. 랭엄이 말한다. "모두가 기뻐하며 모여들어 함께 나눕니다. (…) 고기를 자르는 일은 하나의 의식儀式입니다." 야구 모자를 쓴 백인 남자가 칼을 쥐고 스테이크를 썬다. "우리 인간이라는 종은 타고나기를 고기를 좋아하도록 설계되었습니다."

2013년 국제 언론 종사자들에게 상영되는 홍보 영상에서 서구 백인 남성에게는 현대인, 아프리카 대륙의 흑인에게는 원시 조상이라는 상징적 역할을 부여한 것이 그저 놀라울 따름이다. 그런데 랭엄의 주장은 완전히 다른 종류의 충격을 안긴다. (영상의 제작자와 편집자가 보여주는) 랭엄은 내레이션을 시작한 지 1분도 채 지나기 전에 엄청나게 많은 의미의 연결 고리들을 건너뛰어버린다. 동물의 살을 불로 요리한 것이 인간의 생리적·사회적 근대성으로 이어졌다는 주장이, 고기를 좋아하는 우리의 입맛이 원초적이고 본능적인 것이며 고기를 먹고 싶어 하는 욕구는 자연스럽다는 주장으로 연결된다. 이런 논리에 따르면 채식주의는 인간의 본래적 '설계'에서 벗어난 것이 된다. 그런데 이 논리는 뒤엉켜 있다. 인간이 고기를 먹고 싶어 하는 것은 본능적 욕구라는 주장의 유효성은 여전히 논란의 대상이며, 이런 논란은 음식 사슬 내에서 인간의 지위, 그리고 다른 동물과 인간의 관계를 둘러싼 더 전문적인 과학 논쟁의 지극히 일부에 불과할 수도 있다. 동물 사냥 행위에도 기술은 적용된다. 따라서 고기와 인간의 관계는 도구를 제작하고 사용하는 동물이라는 인간의 독특한 지위와도 관련이 있다. 이 점은 배양고기 옹호론자들도 자주 강조하는 사실이다. 연명 활동 자체에 기술을 적용하던 것이 점진적이고 근본적인 변화를 거쳐 산업화된 식품 생산에 기술을 적용하는 것으로 확장된 결과물이 실험실에서 키운 고기라고 주장하기도 한다. "고기를 좋아하도록 설계되었다"라는 구호는 인류의 진화가 곧 현대 기술이 허락하는 모든 방법을 동원해서라도 너무나 좋아하는 고기를 계속 먹을 방법을 찾아도 좋다는 면죄부라는 주장을 담고 있다.

인류의 위기를 기술로 해결할 수 있다는 생각

물론 영상은 내가 머릿속으로 각주를 작성할 수 있도록 기다려주지 않는다.[12] 카메라 렌즈로 곧장 달려드는 분홍빛 햄버거 패티를 운반하는 컨베이어 벨트가 등장한다. 인간의 타고난 식욕에 관한 질문은 접어둔 채, 현재의 산업화된 고기 생산 체제의 내부를 공개하면서 아주 중요한 문제인 대량생산에 관한 질문으로 넘어갔음을 선언한다. 또 다른 전문가인 환경보호 운동가 켄 쿡Ken Cook 이 말한다. "세계 인구를 먹여 살리는 것은 아주 복잡한 문제입니다. 고기 소비가 지구에 어떤 영향을 미치는지 사람들이 아직 제대로 인식하지 못하고 있다고 생각합니다." 화면은 어느새 들판의 소 떼로 넘어간다. 쿡과 브린이 번갈아가며 대규모 공장식 축산이 야기한 핵심 문제들을 설명한다. 배양고기 선구자들이 해결하고 싶어 하는 문제들이다. 이를테면 미국에서 사용되는 항생제의 70퍼센트는 인간이 아닌 가축에게 투여된다. 가축에게 항생제를 투여하는 것은 가축을 도살하기 전까지 밀집동물사육시설CAFOs 에서 키우기 때문이다.[13] 또 건강한 가축에게도 정기적으로 항생제를 투여하는데, 가축의 질병을 방지하고 살을 더 빨리 찌우고 그래서 더 빨리 도축장에 보내기 위해서다. "이 소들이 어떻게 다뤄지는지 당신도 보게 된다면 (…) 적어도 저는 아주 마음이 불편했습니다"라고 브린이 말한다. 이 말은 당연히 동물 윤리라는 문제를 떠올리게 하지만, 항생제를 과다 사용하면 가축들 사이에서 항생제에 내성을 얻은 병원균이 퍼진다는 문제점 또한 널리 알려져 있다. 결국 밀집동물사육시설은 가축과 인간 모두에게 치명적인 바이러스의 온상이 된다. 밀집사육시설과 도살장의 위험성을 다룬 이야기는 흔히 접할 수 있다. 디스토피아라는 관점에서 본다면 끔찍한 '고기의 미래'란 실험실에서 고기를 키우는 미래가 아니라, 비좁은 곳에서 학대당한 동물의 몸에서 시작된 글로벌 팬데믹이 발생한 미래다.[14] 쿡은 단순히 고기를 많이 먹는 것만으로 야기되는 건강상 문제점도 환기한다. 육식 비중이 높은 식단은 심장병이나 암 같은 질병에 걸릴 확률을 20퍼센트 더 높인다. 그러나 앞으로 내가 알게 될 사실이기도 하지만, 배양고기의 지지자 다수는 쿡이 제기하는 다음의 문제 때문에 배양고기를 지지한다. 바로 고기 생산으로 발생하는 환경 비용이다. 고기를 생산하는 과정에서 매년 배출되는 온실가스의 양이 산업 국가들의 온실가스 배출량의 약 14~18퍼센트를 차지한다고 추정되며, 또한 고기를 생산하는 데에는 엄청난 양의 물과 땅이 든다. 만약 우리가 고기 대신 과일, 곡물, 채소를 생산한다면 같은 자원으로 더 많은 입을 먹여 살릴 수 있다. 2011년 옥스퍼드대학교의 한 대학원생은 배양고기로 만든 햄버거의 생애 주기를 이론적으로 분석해 전통적인 햄버거의 생애 주기와 비교했다. 배양고기의 환경 비용이 전통 고기의 환경 비용에 비해 상당히 낮게 나왔지만, 이 결과는 수많은 허점이 있다는 비판을 받았고, 결국 수정되었다.[15]

농장을 계속 보여주던 화면에 조깅을 하는 사람이 갑자기 나타나 휙 지나간다. 그러자 쿡은 아마도 더 건강할 것으로 기대되는 미래의 식단을 묘사한다. 그다음에는 곧장 암스테르담 시내 중심가의 운하와 다리를 지나 북적거리는 거리로 향한다. 쿡은 가장 핵심적인 쟁점을 파고든다. 바로 꾸준히 증가하는 세계 인구다. 그는 내가 앞으로 배양고기 운동을 탐색하면서 자주 듣게 될 주장을 펼친다. 요컨대 고기 소비의 증가를 단순히 인구 증가만으로 설명하기에는 그 증가 속도가 인구 증가 속도보다 더 빠르다는 것이다. 2050년에는 전 세계적으로 고기 소비가 50퍼센트나 증가할 거라고 전망하는 이도 있다. 나는 눈을 깜빡거린다. 이런 전망이 마치 자연법칙인 양 제시된다는 점에 주목한다. "우리는 끔찍한 현실을 맞이하게 될 겁니다." 쿡이 이렇게 말하는 동안 카메라는 먼지바람이 휘몰아치는 들판으로 돌아간다. 우울한 그림이지만 인류가 점점 더 고기를 많이 먹을 것이라는 전망에도 상당한 근거가 있다. 1960년부터 2010년대까지 전 세계적으로 고기 소비가 두 배로 늘어났고, 중국 같은 후기 근대화 국가에서는 더 빨리 더 많이 증가했다. 랭엄의 목소리가 다시 들린다. 그는 당장 기후변화 문제가 시급하다고 지적하면서, 기후변화와 인구 증가가 맞물리면 현재의 자원 배분 양상에 변화를 꾀해야 할 테고 그 결과 분쟁이 일어날 수밖에 없을 것이라고 단언한다. "현대사회를 살아가는 우리는 구석기적 사고(이 말에 나는 잠깐 숨이 턱 막힌다)와 첨단 무기를 지니고 있습니다. 아주 위험한 조합이죠." 랭엄은 구석기적 사고(아마도 그는 구석기시대에 현생인류의 출현으로 현대와 거의 동일한 형태로 발달한 뇌, 적어도 신석기시대의 기술혁명과 농업혁명을 겪기 전의 뇌를 의미했을 것이다)라는 표현으로 근대와 선사를 하나로 통합하는 기이한 서사로 돌아왔다. 마치 문화적 변화와 근대 문명이 우리 인간 행동의 기본에 아무런 영향을 미치지 않았다는 듯이, 마치 사고라는 것이 고기 본능에 사로잡힌 살덩어리 뇌에 불과하다는 듯이 말이다. 그러나 영상은 그런 전망 속에 또 다른 전망을 몰래 집어넣는다. 그는 전 세계적인 위기가 닥치기 전에 자원 부족 문제를 해결할 기술을 개발하지 않는 한 우리가 야만인처럼 핵을 가지고 불장난을 할 것이라고 암시하고 있다.[16]

랭엄이 그리는 그림이 전달하는 메시지는 또 하나의 흥미롭기는 하지만 의구심을 불러일으키는 주장이다. 앞으로 나는 배양 고기 운동에 대해 알아가는 여정에서 같은 주장을 반복해서 접하게 될 것이다. 이것은 우리의 연명 활동과 기술 간 부조화, 우리의 몸과 그 몸에서 확장된 수많은 인공물 간 불합치성이 현대 인간의 조건에 속한다는 주장이다. 현대의 고기와 관련된 모든 것이 이 부조화라는 관념으로 되돌아온다. 우리는 더럽고 위험한 고기 생산 체계를 유지한다. 그 생산 체계는 역사상 유례를 찾아볼 수 없을 만큼 많은 인구가 1인당 역사상 유례를 찾아볼 수 없을 만큼 많은 동물의 살을 소비하는 것을 가능하게 하는 인위적 인프라다. 이것은 자연 세계 및 인간과 자연의 유대를 파괴하는 기술의 존재를 일컫는 '정원에 있는 기계'라는 관념과는 다르다.[17] 이 주장은 오히려 우리가 우리 몸을 중심으로 만든, 우리 몸이 끊임없이 상호작용 하는 '제2의 본성'에서 비롯된 우리의 생물학적 조건을 재발견하려는 욕구를 반영한다. 우리가 더 나은 인공 보철물을 구할 수만 있다면 문제를 해결할 수 있다고 믿는 듯하다.

시청자가 고기, 인구 증가, 기후변화, 위기에 처한 미래의 연결 고리에 충분히 노출된 후에 브린이 다시 등장해 "뭔가 새로운 것"을 시도하자고 제안한다. 초록빛 구릉이 사라지고, 그 자리에

빨간색 바탕에 하얀색 줄들이 격자무늬를 그리고 있는 것을 본다. 마치 바둑판 모양으로 계획된 유기적 도시의 조감도 같다. 그런데 실은 아주 가까이에서 들여다본 동물의 근육이다. 포스트의 내레이션이 겹쳐진다. "우리는 기술을 통해 진짜로 고기를 만들어내고 있습니다. 고기는 소 안에서만 자라는 것이 아닙니다." 포스트는 자신을 이식이 가능한 장기, 특히 심장병 환자를 위한 혈관 조직을 만들어내려고 혈관생물학을 공부한 의사로 소개한다. 줄기세포는 장기 이식에 적합한 신체기관을 만들어낼 수 있는 후보 물질로 꼽힌다는 사실을 언급하면서 이렇게 말한다. "줄기세포 기술은 소고기를 키우는 데 아주 유용합니다." 줄기세포는 세포분열을 통해 자가 재생이 가능하고, 체내 또는 실험용 배양액에서 특정 기능을 수행하는 특정 유형의 세포로 전환할 수 있는 미분화 세포다. 컴퓨터 화면이 까매졌다가, 중앙에서 빨간 세포들 뭉치가 자라기 시작하면서 포스트의 고기 생산 공정을 보여준다. "소에서 세포 몇 개를 채취합니다. 오직 근육세포로만 키울 수 있는 근육용 줄기세포죠." 세포 하나가 분열한다. 허공에 떠다니는 천체를 연상시키는 애니메이션이다. 포스트가 말을 계속 이어나간다. "이 세포가 자신이 해야 할 일을 하는 동안 우리가 관여해야 하는 부분은 거의 없습니다." 포스트는 근육세포가 분열하고 증식하면서 거의 스스로 기능 구조를 만들어내는 방식을 설명한다. 우리가 기술을 활용해서 기준점만 제공해주면 미래의 근섬유는 저절로 형성된다. "이 소에서 우리가 채취한 세포 몇 개가 고기 10톤을 만들어냅니다."

포스트의 말에 나는 1952년에 발표된 프레더릭 폴과 시릴 M. 콘블루스의 공상과학소설 『우주 상인』을 떠올린다. 한 공장에서 일하는 노동자 전부를 먹이는 것은 '치킨 리틀'(작은 닭이라는 뜻)이라고 부르는 거대하고 흐물흐물한 회색 반구 모양의 닭 살덩이다. 치킨 리틀이 생물학적으로 어떻게 분류되는지는 명확하지 않다. 치킨 리틀은 조류藻類를 먹고 지하실에 있는 둥지에서 산다.[18] 포스트의 설명은 또한, 지난 20년간 수수께끼 같은 존재이면서도 여전히 희망의 원천이며 매주 기사에 등장하는, 줄기세포를 둘러싸고 제기된 과학 담론과 의학 담론을 소환한다.[19] 포스트가 언급한 '고기 10톤'은 사람들이 줄기세포에 기대하는 여러 기적들 중 하나일 뿐이다. 그런 기적은 부러진 치아를 재생하는 것부터 인간 조직의 생리학적 나이를 줄이는 것까지 다양하다. 포스트가 몸담고 있는 심장학계에서는 줄기세포를 활용해 환자의 수명을 늘리는 치료법을 개발할 수 있을 것으로 기대하고 있다. 그런 치료법은 또한 (당연히) 의료산업에 엄청난 부를 가져다줄 것이다. 이런 관점에서 줄기세포는 경제적 수익성과 개인의 명성 모두를 선사할 잠재적 능력이 있다.[20] 이 모든 것을 관통하는 것은 약속에 수반되는 복잡한 역학관계다. 생명공학이 제시하는 희망들을 예의주시하는 일부 사람들처럼, 나도 인간을 약속하는 존재로 규정할 수 있다고 지적한 프리드리히 니체의 주장이 생각났다. 이와 관련해 니체는 특히 인간은 "자연이 자초한 역설적 과제"라고 주장했다.[21]

잔잔한 음악이 흐른다. 붉은 언덕 너머 붉은 하늘에 붉은 태양이 떠오른다. 마치 공상과학영화의 한 장면, 또는 공기 중 입자로 붉게 물든 캘리포니아의 모습 같다(나중에 이 영상을 만든 다큐멘터리 제작사 디파트먼트오브익스펜션Department of Expansion의 사무실이 로스앤젤레스에 있다는 것을 알게 된다). 다시금 브린의 목소리가 들린다. "어떤 사람은 이것이 공상과학에나 나올 법한 이야기라고 생각합니다. 진짜가 아니라는 거죠. 터무니없는 얘기라고. (…) 저는 오히려 그래서 다행이라고 생각합니다. 만약 공상과학에나 나올 법한 이야기라고 말하는 사람이 없다면, 아마도 충분히 혁신적이지 않다는 뜻일 테니까요." 급격한 장면 전환: 어떤 남자의 손(백인 남자의 손이며, 나는 영상 초반에 아프리카인과 유럽인을 나란히 대비한 장면 이후 등장인물들의 인종을 의식하게 되었다는 것을 깨닫는다)이 종이 호일을 벗겨낸 햄버거용 다짐육을 나무 도마에 내려놓는다. 그리고 그 고기를 패티 모양으로 빚는다. 브린이 말한다. "최초의 배양고기 햄버거를 만들어보겠습니다. 이것을 출발점으로 삼아 본격적으로 대량생산하는 방법을 찾을 수 있으리라고 낙관합니다." 여기서 동사로 사용된 "대량생산하다"scale라는 핵심 단어에서 잠시 멈춰보자. 최초의 배양고기 햄버거의 가격표에는 엄청난 연구·설계 기간, 공학자들의 월급, 값비싼 실험실 재료와 장비의 비용이 반영되어 있다. 또한 이 배양고기 생산은 규모의 경제 덕을 전혀 보지 못했다. 따라서 대량생산한 배양고기의 잠재적(여기서도 또 이 단어가 등장한다) 가격표보다 월등히 비싸다. 대량생산의 가능성에 대한 이야기를 통해 우리는 배양고기 프로젝트의 최종 목적지, 즉 미래로 되돌아온다. 다시 포스트 차례다.

지금으로부터 20년 후에 슈퍼마켓에 간다면 두 가지 제품 중 하나를 고를 수 있을 겁니다. (…) 동일한 두 제품이죠. 그런데 하나는 동물의 체내에서 만들어졌습니다. 이제 이 제품에는 생산과정에서 동물이 고통을 받았다거나 동물을 죽여서 만든 제품이라는 라벨이 붙어 있습니다. '환경세'ecotax도 붙습니다. 환경에 해로운 제품이기 때문입니다. 이 제품은 실험실에서 만들어지는 대안 제품과 똑같습니다. 맛이 같고, 질감도 같고, 가격은 같거나 대안 제품의 값이 더 쌉니다. 당신이라면 어느 제품을 선택하시겠습니까?[22]

포스트가 말하는 동안 아이들과 부모가 즐겁게 햄버거를 먹는 장면이 나온다. "윤리적 관점에서 본다면 오직 이점밖에 없는 선택입니다."

포스트가 말을 이어가는 동안 화면에서 햄버거를 먹는 가족이 사라지고 숲이 등장한다. 캘리포니아주 북부임이 틀림없다. 카메라는 하늘로 치솟은 삼나무 둥치에서 위를 비춘다. 포스트가 말하는 '윤리적 이점' 중 하나가 이런 환경 보물을 보존하는 것임을 보여준다. 물이 졸졸 흐르고 버들치가 헤엄치는 가운데, 쿡은 환경을 파괴하지 않을 수도 있는 새로운 식품 생산 체계에 관심을 보이는 소비자가 늘고 있다고 설명한다. 랭엄이 다시 등장한다. 그는 앞서와 마찬가지로 고기의 이점에 대해 말한다. 다만 이번에는 다른 내용이 덧붙는다. "그런데 일종의 끔찍한 아이러니지만, 고기는 우리 종을 위협하는 시스템의 일부가 되었습니다. 그러니 뭔가를 해야 합니다." 연구실에 앉아 있는 랭엄의 모습이 점차 희미해지고, 하얀 화면에 검은 글씨로 쓴 문구 하나가 떠오른다. "해결책에 동참하세요."

환경 위기. 인간 식욕의 폭주. 살, 우리가 먹는 살과 비좁은 도시에서 서로 부대끼는 인간의 살. 이렇듯 기후변화와 인구 증가에 따른 재앙에 맞설 또 하나의 흐름, 상승 곡선을 그리며 희망을 안기는 '기술 발전'이라고 명명된 추세. 6분짜리 홍보 영상은 의미와 상징을 쏟아내는 소방 호스와도 같아서 다 흡수하기가 벅찰 정도였다. 그러나 이 영상은 앞으로 몇 년간 실험실에서 키운 고기의 의미를 탐구하는 여정에서 내가 주목하고 집중적으로 파고들 많은 수수께끼들을 펼쳐놓았다. 내가 미간을 찌푸린 채 열심히 들여다보고 있는 이 인터넷 중계방송은 단순한 제품 시연회가 아니다. 우리 문명 전체가 겪고 있는 문제, 너무나 광범위해서 사회과학과 환경과학의 도구를 총동원해도 그 범위와 파급력을 측정할 수 있을까 말까 한 문제를 해결할 새로운 식품 기술로서 배양고기를 선보이고 인정받으려는 시도다. 우주선 지구호가 겪고 있는 문제는 우주선 밖에서도 보일 정도로 심각하다.

영상에서는 명확하게 밝히지 않았지만, 그 문제의 핵심이 고기 자체는 아니라는 것을 알 수 있다. 물론 여기서는 전통적 고기 생산 방식을 직접적 비판 대상으로 삼기는 했다. 그러나 문제의 근원이 정확히 무엇인지는 여전히 모호하다. 영상은 우리 문명이 문제가 있다고 지적하지만, 쉽게 이해하기에는 너무나 거창한 주장이다 보니 그 내용이 점점 더 장황해질 뿐이다. 이 영상에서는 이른바 근대성이라는 추상적 개념을 문제의 원인으로 지목하지만, 나는 그보다는 랭엄의 주장이 마음에 걸린다. 랭엄은 인간의 식성이 근본적으로 인류의 생존과 양립할 수 없는 관계에 있다는 관점을 주입한다. 랭엄이 인용하는 서사에 따르면 고기는 인류를 세우는 동시에 무너뜨린다. 아니면 인간 문명이 너무나 거대해졌다는 사실이 인류를 세우는 동시에 무너뜨린다고 봐야 할까? 혹시 기술이 문제인 걸까? 만약 자연 세계를 위기에 빠뜨린 기술이 그 자연 세계를 구원한다면, 그것은 어떻게 해석해야 할까? 또는 좀 더 냉소적으로 말해, 어떤 기술이 낳은 문제를 다른 기술로 해결할 수 있다고 믿는 사람들이 있다는 것은 무엇을 의미할까? 이들 문장에 '기술'이라는 단어 대신 '자본주의'라는 단어를 집어넣는다면 어떻게 다르게 읽힐까? 문제의 해결책이 생산을 늘리는 것이 아니라 욕구를 줄이는 것이라면, 그리고 우리가 이미 생산한 것을 더 공정하게 배분하는 것이라면?

만약 미래가 조직배양 동물 근육을 고기로 섭취하는 모습으로 실현된다면, 그런 미래를 기다린다는 것은 무엇을 의미할까? 홍보 영상은 배양고기가 아직 초기 단계, 즉 '신생' 구간에 있다는 관념에 어울리는 양식으로 제작되었다. 이런 양식은 희망과 우려를 표하고, 진심을 다해 호소하고, 무엇보다 아주 야심만만하다. 세계의 문제들을 그린 아주 거창한 지도에 대한 반응을 담고 있다. 다만 그 지도는 배양고기 지지자들이 직접 그린 지도이고, 신생이라는 은유가 그런 새로운 기술이 실제로 탄생하는 데 필요한 정치적·재정적 이해관계라는 복잡한 실타래는 슬쩍 건너뛰는 것처럼, 그런 지도는 대개 그런 문제의 밑에 깔린 정치성을 슬쩍 빼먹곤 한다.

미각은 아직 미래에 다다르지 않았다

이제 기자들로 꽉 찬 촬영 스튜디오의 내부가 화면에 등장한다. 현대적인 부엌 조리대와 작은 가스레인지가 보인다. 사회자가 포스트를 무대로 부른다. 무대는 마치 어떤 요리 프로그램의 세트장처럼 꾸며져 있다. 사회자와 포스트는 잠깐 이야기를 나누고, 곧 햄버거 패티가 모습을 드러낼 차례가 되었다. 포스트는 쟁반을 덮은 뚜껑을 열고 햄버거에 쓰일 고기를 공개한다. 꽤 진한 분홍색을 띠고 있다. 비트주스와 사프란으로 색을 입히지 않았다면 밋밋한 연회색을 띠었을 것이다. 화면으로 보이는 질감은 기존 고기와 매우 달라 보인다. 빵가루를 섞어 두툼하게 만들었다고 한다. 리처드 맥거원이라는 셰프와 두 명의 초대 손님이 포스트가 있는 무대로 올라온다. 초대 손님 중 한 명은 '음식의 미래'를 다룬 책을 낸 미국의 음식저술가 조시 숀월드이고, 다른 한 명은 오스트리아의 영양학자 한니 뤼츨러다.[23] 가스레인지 앞에서 고기를 건네받은 셰프가 식용유 약간과 버터를 사용해 고기를 굽는다. 카메라는 가스레인지 쪽을 근접촬영하다가(그렇게 비싼 고기 조각을 요리해야 하다니, 셰프도 다소 긴장했을 것 같다) 기대에 찬 청중의 얼굴을 비추는 것을 반복한다. 실제로 그 고기는 전통 고기와 마찬가지로 마이야르 반응을 일으키며 갈색으로 변한다.[24]

나중에 나는 키가 크고 유창한 영어를 쓰며 미국에서도 산 경험이 있고 여행을 자주 다니는 네덜란드 국적의 고학력자인 포스트가 왜 런던을 시연회 장소로 선택했는지 알게 된다. 모든 주요 언론사는 런던에 사무소나 파견 기자를 두고 있고, 그리니치평균시는 여전히 세계의 중심이라는 상징적 의미를 지니고 있다. 또한 포스트의 연구팀이 배양고기를 들고 영국 국경을 통과하는 것이 미국 국경을 통과하는 것보다는 쉬울 거라고 생각했다고 한다. 이 마지막 설명은 다소 뜻밖이었다. 왜냐하면 영국인들에게 고기는 다소 민감한 사안이기 때문이다. 물론 영국의 소 목장에서 소해면뇌병증('광우병')이 발생한 적이 있으므로 그럴 수밖에 없을 것이다. 실험실에서 키운 햄버거는 단순히 새로운 형태의 고기가 아니다. 비록 합법적이기는 했지만 국경을 넘어온 낯선 이물질이다. 따라서 식품으로 출시될 배양고기와 관련해서 생겨날 규제에 이런 것들이 어떤 식으로 반영될지 궁금하다.

햄버거 패티가 구워지는 동안 포스트는 두 번째 영상을 소개한다. 포스트와 그의 연구팀이 이 고기를 만든 공정을 보여주는 애니메이션이다. 소에서 아주 적은 양의 근육조직을 생검한다. 해당 소는 거의 아무것도 느끼지 못한 듯 다시 풀을 뜯으러 간다. 근골격 줄기세포를 분리한 뒤 배양액에 넣고 증식하도록 자극한다. 세포가 증식하면 사슬을 형성하도록 유도하고, 그 사슬들은 나중에 햄버거 고기의 근육조직이 될 근육 가닥을 형성한다. 연구팀은 근육 가닥들에게 "운동을 시킨다." 즉 체내에서 근골격 근육이 하는 것처럼 팽창하고 수축하도록 유도한다. 나는 조직배양에 대한 지식이 어느 정도 있는데, 아마도 실제 제조 공정은 애니메이션에서 보여주는 것보다 더 복잡할 것이다. 분명한 것은 시간이 많이 걸리는 작업이라는 사실이다. 포스트의 실험실이 이 햄버거 패티를 만들기에 충분한 재료를 얻기까지는 서너 달이 걸렸다.

맥거원이 고기를 다 구웠다. 그는 고기에서 "아주 좋은 냄새"가 난다고 말한다. 얇게 썬 토마토, 상추, 햄버거용 빵이 놓인 접시에 고기를 올린다. 손으로 들고 먹을 수 있도록 햄버거 재료를 층층이 쌓지는 않는다. 고기는 접시 중앙에 그대로 놓여 있다. 마치 역사적으로 햄버거의 질을 결정하는 것으로 인정받는 햄버거용 빵의 지위에 도전하는 것처럼 보인다. "시식 전문가" 두 명인 숀월드와 뤼츨러는 각자 나이프와 포크로 고기를 조금 잘라 그대로 맛을 본다. 두 사람은 기존 고기와 똑같은 맛이 나지는 않는다고 말하지만, 숀월드는 고기의 "질감" 내지 "씹는 맛"은 똑같이 재현한 것 같다고 증언한다. 포스트도 직접 한입 먹어본다.

결국 요지는 배양고기가 맛은 고기와 같은 맛이 나지는 않지만 그 식감만큼은 고기의 식감이라는 것이다. 시식 과정 전체가 진행되는 동안 청중석의 기자들도 계속 화면에 등장했고, 이제 기자들은 얼른 질문을 하고 싶어 입이 근질거리는 듯했다. 포스트는 기자들의 질문을 받을 준비가 되었다. 첫 두 질문이 핵심을 찔렀다. 첫 번째 질문. 소비자가 실험실 같은 환경에서 만든 고기를 먹고 싶어 할까요? 포스트는 초기에는 강력한 "웩 요소"yuck factor, 즉 사람들이 동물의 체내에서 자라지 않은 고기에 대한 거부감을 보일 가능성을 염두에 두고 있어야 한다고 인정했다. 나는 앞으로 연구 기간 중에 이런 거부감을, 부엌과 실험실을 엄격하게 구분하는 심리적 벽이라는 형태로 접하게 될 것이다. 마치 우리가 지금 먹는 음식 대부분이 이미 과학이 관여하는 부엌-실험실을 거쳤다는 사실을 몰랐다는 듯이 말이다.[25] 청중석에서 나온 두 번째 질문은, 고기를 대량생산할 새로운 방법이 오히려 사람들로 하여금 건강한 식단에서 권장하는 양보다 더 많은 고기를 섭취하도록 부추기지 않겠느냐는 것이다. 포스트는 무슨 말인지 잘 안다는 듯이 고개를 끄덕인다. 그는 자신은 '플렉시테리언'*이며, 우리 모두가 고기를 덜 먹게 되기를 바란다고 말한다. 그러나 인정하기는 싫지만 고기 소비가 전 세계적으로 계속 증가할 수밖에 없는 것이 현실이라고 말한다. 그는 대중적 채식주의 운동이나 플렉시테리언 운동으로는 "고기 문제"를 해결할 수 없다고 주장한다. 포스트는 그 뒤로도 계속 이어지는 질문에 답한다. 많은 질문이 그의 계획의 약점이나 결함이라고 생각되는 부분들을 지적했지만, 그는 열린 자세로 성실히 임한다. 포스트는 자신의 배양 기술이 아직 개발 초기 단계에 있으며, 현재로서는 너무 비효율적이고 "대량생산하기"가 가능하기까지 갈 길이 멀다는 것을 인정한다. 더 나아가 현재 사용하는 배양액의 대체품을 찾아야만 한다는 점도 인정한다.

---

* flexitarian. 채식을 지향하지만, 상황에 따라 육류와 생선 등을 섭취하는 가장 낮은 수준의 채식주의자.

현재 포스트의 연구팀이 사용하는 배양액에는 소태아혈청이 포함되어 있기 때문에, 공정 전체가 명백히 채식주의와는 거리가 멀다. 게다가 치명적 감염을 예방하기 위해 세포배양 과정에 항생제가 주입되었다. 항생제 오남용 문제를 해결하려면 로봇을 도입해 완벽한 멸균 생산 시설을 마련해야 할 것이라고 포스트는 제안한다.

햄버거의 맛에 대한 추가 질문에, 포스트는 자신의 연구팀이 아직은 동물 체내에서 자란 근육조직의 맛과 질감을 완벽하게 흉내 내지는 못했다고 답한다. 그런 조직에 함유된 지방세포를 만드는 법을 아직 파악하지 못한 것이 한 가지 이유다. 지방은 맛에도 다방면으로 영향을 미칠 뿐 아니라 우리가 고기가 부드럽다고 느끼는 데에도 큰 역할을 한다.[26] 건강에 신경을 쓰는 사람들이 지방이 적은 고기 부위를 선호하는 현상만 보고서, 아무리 적은 양이라 하더라도 지방이 고기의 맛을 좌우하는 데 얼마나 중요한 역할을 하는지 간과해서는 안 된다. 계속 쏟아지는 질문에 답하면서도 포스트는 시종일관 낙관적이고 유쾌한 태도를 유지한다. 일주일 내에 배양고기가 생산 라인에서 쏟아져 나와 세인즈버리(영국의 슈퍼마켓 체인점) 매대에 진열되는 걸 볼 수 있느냐는 질문에, "배양고기의 가격은 얼마가 될까요?"라는 질문을 대할 때처럼 포스트는 사람 좋은 미소를 짓는다. 오늘 시연회는 배양고기라는 아이디어의 실현 가능성을 증명해 보이는 것이 유일한 목적이었다고 말하면서, 포스트는 배양고기가 상용화되기까지는 앞으로 10년 내지 20년까지도 걸릴 수 있다고 신중하고 보수적인 입장을 유지한다. 나는 이 말을 진지하게 돌아본다. 그런 전망은 이 행사를 둘러싼 언론의 떠들썩한 보도에서 놀라울 정도로 자주 등장했다. 심지어 한 기자는 그런 전망을 정리해 "언제쯤 시험관에서 키운 햄버거를 먹어볼 수 있게 될까?"라는 제목의 도표를 만들어서 제공하는 정성을 보이기도 했다.[27] 내가 배양고기와 그런 전망 문화 간 밀접한 관계, 그리고 포스트의 기법을 완성하기 위한 장기 계획과 그런 계획을 지원할 수 있는 꾸준한 자금 확보 가능성 간 밀접한 관계를 의식하고 있는 유일한 관찰자는 아니다. 실험실 배양고기 연구 프로젝트를 지원하기 위해 2004년에 설립된 뉴하비스트라는 단체의 수장 이샤 다타Isha Datar는 그런 프로젝트가 어떤 식으로 자금 지원을 받는지에 관한 흥미로운 이야기를 들려준다(배양고기 기술을 처음 개발한 것은 포스트의 실험실이 아니며, 포스트의 연구팀은 이 분야에 가장 최근에 뛰어든 참가자이자 자금 지원을 가장 넉넉하게 확보한 참가자일 뿐이다). 지금 현재 수조 고기 연구에 지원되는 돈은 기본적으로 후원금의 성격이 강하다. 왜냐하면 벤처 자본은 회사에 자금을 지원한 뒤 10년, 20년보다는 훨씬 더 짧은 시간 안에 수익을 내기를 기대하기 때문이다. 배양고기가 이 시연회 같은 행사를 통해 실현 가능성의 휘광을 얻게 되면 분위기가 달라질 것이다.

브라질 기자가 익살스러운 어조로 실험실에서 키운 고기로 맛 좋은 바비큐를 구울 수 있을지 의문이라고 말한다. 포스트는 진짜 고기를 완벽하게 구현해내는 것은 아주 어려운 도전 과제라고 인정한다. 맛이라는 것은 복잡하다. 고기에는 약 400개의 펩타이드와 방향족화합물도 들어 있고, 정확하게 고기의 어떤 구성 조합이 특정 맛을 내는지는 식품과학자들조차도 모른다. 순간 나는 이 질의응답 시간이 지금 같은 비교적 온화하고 낙관적인 분위기로 끝날 것이라는 생각이 든다. 아주 어렵지만 불가능하지는 않은 과제를 완수하려는 과학자가 있고, 이 과학자의 노력이 결실을 맺는다면 문명 단위의 문제를 해결하는 데 도움이 될 것이다. 그런데 뜻밖에도 오늘 행사의 맺음말은 청중에서 나온다. 그녀는 포스트가 청중 전체에게 나눠 줄 만큼 고기를 충분히 가져오지 않았다며 불만을 표했다. 이 말에 회견장 전체가 웃음소리로 가득 찼고, 그렇게 시연회는 끝이 난다. 인터넷으로 지켜보기는 했지만, 배양고기를 한입 먹어보고 싶어 한 그녀의 마음이 이해가 된다. 어쨌거나 21세기의 우리는 미래를 소환하도록 설계된 이미지와 글을 끊임없이 접한다. 미각, 후각, 촉각이라는 아주 친밀한 감각으로 미래를 만날 기회는 좀처럼 주어지지 않는다.

배양고기는 세상을 바꿀 수 있을까?

이 책에서 서술한 연구를 진행한 2013년부터 2018년까지, 나는 내가 속한 사회의 투기성 생명공학 분야의 개념들을 통해서 이 사회의 윤곽을 파악하고자 했다.[28] 배양고기는 단순히 신생 식품공학 기술이 아니었다. 신생 담론이자, 여론의 분위기가 응축된 물리적 대상이었다. 그 물리적 대상이 아주 작기는 했다. 왜냐하면 2013년부터 2018년까지 포스트의 햄버거 패티 같은 소량의 시제품보다 더 큰 단위로 생산된 적이 없기 때문이다. 배양고기 담론의 카리스마와 흡인력은 대단했고, 그럴 만했다. 그것은 우리가 사는 세상이 어떻게 변할 것인지에 관한 담론이었기 때문이다. 다양한 분야의 실험과학자와 사회과학자, 기자, 저술가, 미래주의자 (또는 흔히 이와 관련된 컨설팅 서비스를 제공하는 이들을 지칭하는 '미래 연구자')는 물론이고, 미국 브루클린의 비건 운동가부터 네덜란드 암스테르담의 디자이너, 미국 샌프란시스코의 벤처 투자자, 일본 도쿄의 바이오해커°에 이르기까지 다양한 인간 행위자를 연결했다. 모든 사람이 이 담론에 자신의 욕망을 끌어들였다. 당연히 부와 명성을 갈망하는 기업가도 있고, 창업 자체가 다른 목적을 염두에 둔 수단에 불과한 사람도 있다. 음식으로 소비되는 가축을 해방시키고 싶어 하는 운동가도 있고, 증가하는 세계 인구를 먹여 살릴 식량을 안정적으로 확보하고 싶어 하는 사람도 있고, 기후변화에 대처하고자 하는 사람도 있고, 기술적 난제에 도전하는 과학자도 있다. 고기의 의미는 다원적·다층적이고, 이것은 실험실에서 키운 고기에도 똑같이 적용된다. 또한 포스트의 햄버거 시연회에도 불구하고 배양고기가 절대 성공할 수 없는 프로젝트라고 믿는 참견꾼도 있다. 그런 사람들은 포스트와 그의 연구팀이 배양고기를 대량생산할 방법을 결코 찾지 못할 거라고, 배양고기는 한때의 진기한 발명품, 생존을 위해 뿔이 비정상적으로 커진 생명공학계의 말코손바닥사슴일 뿐이라고 말한다.[29]

° 대학이나 기업 연구소 같은 전문 연구기관에 속하지 않은 채 이런 생명과학 연구 활동을 하는 사람.

이 책은 신생 기술의 초기 단계에 있는 것처럼 보인 배양고기라는 작고 이상한 세계에서 시간을 보내는 동안 내가 알아낸 것, 내가 알아내지 못한 것을 서술한다. 나는 실험실에서 과학자들을 관찰하면서 그들이 어떻게 세포가 증식하도록 유도하는지를 배우고, 과학자들이 배양고기의 미래를 어떻게 전망하는지 탐색하면서 시간을 보내게 될 거라고 생각했다. 실제로도 그런 일들을 했지만, 관찰 가능한 실험실 과학은 거의 없었으며 참가하고 분석해야 할 배양고기에 관한 대중 담론이 아주 많다는 것을 알게 되었다. 내가 이 연구를 진행한 5년 동안 배양고기의 세계는 급격한 변화를 겪었다. 벤처 자본이 유입되었고, 언론의 주목을 받았고, 배양고기를 비롯해 현재의 축산업을 대체할 대안기술 개발 지원이 목적인 비영리단체가 여러 개 생겼다. 내가 연구를 시작할 때만 해도 포스트가 만든 햄버거, 그리고 배양고기 운동이 앞으로 어떻게 전개될 것인가에 관한 아주 포괄적이고 아마도 답이 없는 질문들만이 있었다. 요컨대 배양고기는 새로운 기술이 우리를 어디로 이끌 것인가에 관해 추론과 추측을 내놓는 전문 미래주의자의 영역에 속해 있었다. 따라서 당연하게도 나는 컨설팅 회사에서 일하는 미래주의자를 만나고 미래주의자들의 작업실인 비영리단체를 방문하면서 시간을 보냈다. 전통적으로 인류학 현장 연구자들은 현장에 도착하면 어쩔 수 없이 그 지역의 언어를 배워야 했다. 나는 배양고기에 관한 몇 안 되는 과학 문헌을 열심히 읽고, 기업가나 투자자와 이야기를 나누면서 과학과 투자가 각각의 목표를 설명하면서 사용하는 숙어를 배워나갔다. 2013년 현재 사람들이 가장 자주 묻는 질문은 "언제?" 또는 "얼마나 빨리?"이고, 배양고기 분야의 대다수 연구자와 참관인의 답은 "약 10년"이다. 소비자에게 판매 가능한 배양고기가 출시되기까지 10년. 그리고 아마도 그것은 배양고기가 전통적 축산업을 전복하는 과정의 시작이 될 것이다.

나는 포스트의 햄버거 패티 아이디어가 포스트 이전에 배양고기를 연구하던 작은 세계에서 싹튼 것임을 알게 된다. 새천년을 맞이할 무렵 뉴욕 투로칼리지에서 모리스 벤저민슨의 연구팀이 미국항공우주국의 자금 지원을 받아, 긴 우주여행에서 금붕어 세포로 공간을 거의 차지하지 않는 자가 재생 식재료를 만드는 시도를 했다. 다른 한편에서는 예술가 오론 카츠와 이오낫 주어가 하버드의과대학교 실험실에서 양의 태아 세포로 "살아 있는 조각상"을 만들고 있었다. 그때 포스트는 원래 빌럼 판 에일런이라는 네덜란드 사업가의 끈질긴 노력으로 따낸 꽤 넉넉한 정부 지원금으로 운영되는 네덜란드 연구자 협력 조직의 일원이었다. 요컨대 비의료적 목적으로 조직배양 기술을 활용해 세포를 생성하는 것이 가능하다는 사실이 각기 다른 목적을 지닌 다양한 행위자에게 너무나도 명확했던 것이다. 21세기의 첫 10년간 이 모든 과정이 비교적 조용하게 진행되었다. 동물보호단체인 PETA People for the Ethical Treatment of Animals 는 배양고기 연구를 촉진하고자 2008년에 경연대회를 열었다. 세포배양으로 치킨너깃을 최초로 만드는 실험실에 100만 달러(약 11억 원)를 상금으로 지급하겠다는 것이었다. 상금을 획득한 실험실은 없었지만, 덕분에 PETA는 언론의 조명을 받았다.

2014년과 2015년에는 배양고기와 음식의 미래에 관한 대화를 적극적으로 펼치고자 하는 분위기가 급격히 형성되었다. 아마도 포스트의 햄버거 시연회가 촉발한 듯한 이런 분위기 속에서 선진국, 특히 미국, 네덜란드, 영국의 지식인층을 중심으로 새로운 식량 확보 전략을 통해 세계 인구를 먹여 살릴 방안을 논의하기 시작했다. 지식인층의 이데올로기적 선호도를 반영한 이 식량 확보 전략은 (포스트의 시연회에서와 마찬가지로) 환경보호, 지속 가능한 단백질 생산, 동물복지, 인간 건강 증진을 중심으로 정리되었다. 생의학 연구 분야의 행위자 한 무리와 벤처 자본, 비영리단체, 기타 여러 집단은 자신들도 모르는 사이에 북미와 유럽 역사 속 엘리트 집단이 약 200년 동안 수행했던 역할을 담당하고 있었다. 그들은 스스로 지구의 식량 계획 설계자, 영양을 충분히 섭취하는 인구 집단과 영양실조에 시달리는 빈곤층 모두를 위한 바람직한 식생활 결정권자로 나섰다.[30] 이런 역할놀이의 시초는 애초에 영국 식민 정책의 확장이라는 정치적 맥락을 배경으로 하는 토머스 로버트 맬서스의 『인구론』(1798)으로 거슬러 올라갈 수 있을 것이다. 그리고 이 역할놀이는 표면에 드러나지는 않더라도 여전히 정치적 색채를 띤다. 기술을 활용한 문제 해결법을 선호하는 것은 정치와 무관해 보이는 문제인 경우에도 정치적 선호와 맞물려 있을 때가 많다.

포스트 같은 행위자가 고민하고 논의하는 현재의 상황들은 부정할 수 없는 현실이다. 그런 상황에는 기후변화로 사용 가능한 농경지가 줄어들고 있는 것(심지어 물에 잠기는 것), 지구의 기온 상승으로 가축의 체온 조절이 어려워지고 있는 것, 점점 늘어나는 전 세계의 중산층이 고기를 점점 더 많이 소비하게 될 가능성 등이 포함된다. 그러나 이들 지식인층이 제안하는 대응책은 무엇이 바람직한 식생활인지, 먹는 인간이 자신이 음식을 얻는 (산업화된) 생태계와 어떤 관계를 맺어야 하는지에 관한 특정 (서구 세계의) 신념을 반영한다. 나는 배양고기 세계에 일종의 인류학 현장 조사원으로 머물렀지만, 또한 내가 목격한 논쟁의 밑바탕에 깔린 역사 속으로 빨려 들어갔다. 따라서 이 책은 민족지(아주 기이한 용어지만, 문자 그대로 '민족에 관한 기록'을 의미한다)이자 역사서다. "소일렌트 그린은 사람이다"라는 말은 음식의 미래 디스토피아를 그린 고전 SF영화에 등장하는 구호다. 이 영화에서는 맬서스가 한때 경고했던 대로 지속 가능하지 않은 수준으로 인구가 증가했고, 그 인구를 먹여 살리기 위해 시체를 회수해 초록색 전병을 만들어 배급한다. 이와 달리 배양고기는 사람 고기로 만든 음식은 아니지만, 인간의 조건, 가령 인간의 물리적 조건과 우리가 좋은 삶이라고 생각하는 형이상학적 조건 모두에 관한 일련의 주장들에 뿌리를 두고 있고, 인간의 조건에 관한 질문을 제기한다. '좋은 삶'이라는 진부한 표현을 철학 용어로 변환하면 그 의미가 한층 더 무거워진다. 좋은 삶이란 무엇인가? 사명, 존엄성, 후세에 관한 우리의 윤리적 신념을 지키는 좋은 삶은 어떤 것일까?

2018년 이 연구를 종료했을 때는 아주 많은 것이 달라져 있었다. 포스트는 여전히 배양고기를 대표하는 인물이었지만,

2013년 햄버거 시연회를 계기로 모사미트라는 회사의 설립자라는 새로운 명함을 얻는다. 원래는 비건 마요네즈 제조업체로 알려진 햄튼크릭이 그동안 배양고기 생산 프로젝트를 진행하고 있었다는 소식을 깜짝 발표하면서, 2018년 말(이즈음 햄튼크릭은 "저스트"Just라는 새로운 회사명을 얻는다)까지 소비자의 접시에 배양고기를 올리겠다고 약속한다(그 소비자가 어디에 있는 어떤 소비자인지, 그 고기는 어떤 고기인지는 구체적으로 밝히지 않았다). 이름과 달리 베이에어리어에 있는 멤피스미트는 닭고기 튀김과 돼지고기 미트볼 시제품을 선보인다. 스테이크와 달리 햄버거나 소시지처럼 고기의 질감이 덜 중요한 가공육 제품 두 종류다. 배양고기 '공간'에는 다른 참가자들도 있으며, 이들도 각자 자신만의 약속을 내걸고 있다. 2018년과 2013년의 공통점은 '언제'라는 질문에 이목이 집중되어 있었다는 것이다. 그러나 신생 기술 연구에 불가피하게 수반되는 블랙박스화와 함께 야심 찬 공약을 내건 참가자의 등장은 배양고기 운동의 역학관계를 크게 바꿔놓았다. 2013년 내지 2014년, 심지어 2015년에도 객원 학자가 스타트업의 시험관 고기 연구실에 들어가는 것이 가능했다. 그러나 2018년이 되면 이것이 아주 어려운 일이 된다. 따라서 기업들의 연구에 진전이 있다 하더라도 사회과학자와 기자가 그런 진전을 확인할 방법이 거의 사라졌다. 내 연구는 짙은 안갯속에서 시작해 또다시 그것과는 다른 짙은 안갯속에서 끝났다. 새로운 유형의 생명공학 기술을 추적하다 보면 냉소적이 되기 쉽지만, 위험에 처한 것은 엄청난 도전 과제 앞에서 진실성을 지킬 수 있는 우리의 능력이다. 누구를 신뢰할 수 있는지, 또 누구의 말을 믿어야 할지 알 수 없을 때 진실성은 복잡해진다.

형체 없는 홀로그램

내가 배양고기 운동 현장을 연구하는 동안 '탈동물 생명경제'the post-animal bioeconomy가 일종의 유행어처럼 사용되었다. 이것은 전통적으로 인간이 아닌 동물에서 얻어온 제품을 다른 방법으로 생산하는 기술, 흔히 조직배양 기술과 관련된 다양한 기술을 지칭하는 표현이다. 이 표현은 아무리 보수적으로 해석해도 엄청난 야망을 담고 있다. 우리의 '생명경제'가 진정한 의미에서 '탈동물'하려면 스타트업, 자문단, 운동가가 손을 잡은 두세 협력체의 노력만으로는 턱없이 부족하다. 탈동물 생명경제는 그것이 아직은 상상의 영역에 속한다 하더라도, 다른 범주에 속하는 '약속된 도덕경제'와 긴밀하게 얽혀 있다. 이렇게 복잡하게 얽혀 있는 두 경제에서 우리는 이중적 의미로 도덕적인 새로운 기술에 희망, 에너지, 관심을 투자한다. 이런 기술은 도덕적으로 바람직한 결과(특히 동물 보호의 관점에서)를 낳을 뿐 아니라, 심지어 도덕적으로 바람직한 기술이 개발되기도 전에 도덕적 감정을 표현하는 통로 역할을 한다. 배양고기를 지지한다는 것은 많은 사람에게 밀집사육시설을 비판한다는 것을 의미하고, 더 나아가 모든 축산업에 반대한다는 것을 의미하기도 한다. 그런 상징성이 운동가들을 하나로 묶고 배양고기를 실현하려는 노력에 '운동'이라는 어휘를 붙이는 것을 정당화한다. 우리 관찰자들은, 특히 역사나 인류학에 뿌리를 둔 우리는 기술 세계에서 내거는 약속들에 의심을 품곤 한다. 실제로 유전학을 연구한 역사가이자 인류학자인 마이크 포툰이 '의심의 윤리'라고 부른 것은 우리가 관찰하는 방식의 핵심 기둥이 되었다.[31] 의심의 윤리로 도덕경제를 대하는 것은 흥미로운 경험이다. 그러나 사업적 이해관계가 얽힌 신생 기술을 가리켜 세상을 구할 기술이라는 주장이 펼쳐지다 보니, 그런 식의 만남은 흔한 것이 되었다.

내가 연구를 진행하는 동안 언론은 배양고기를 반짝이는 물건으로 취급했다. 다만 그 물건은 형체 없는 홀로그램이었다. 배양고기를 다룬 신문기사의 수가 연구자와 실험실의 수보다 훨씬 더 많았다. 내가 아는 한 그때나 지금이나 실제로 생산된 배양고기의 양은 매우 적다. 2013년 포스트가 선보인 햄버거 패티가 최대치라고 할 수 있다. 그러나 이와 같은 배양고기 실체의 부재가 핵심이다. 배양고기는 그때나 지금이나 아직 완성되지 않은 기술이다. 그래서 대체로 추상적 관념에 머물고 있다. 이 책이 내내 길을 굽이굽이 돌아가는 것처럼 느껴질 수도 있다. "고기는 도대체 언제 나오는 거야?"라고 물어도 어쩔 수 없다고 생각한다. 이 연구 자체가 우회와 지연의 연속이었기 때문이다. 그래서 처음 연구를 시작할 때는 당황하기도 하고 좌절하기도 했다. 그러나 나중에는 그런 우회와 지연도 흥미롭게 받아들일 수 있게 되었고, 덕분에 배양고기로 "가는 길"에서 지적으로 고민할 가치가 있는 문제들을 만날 수 있었다. 예상치 못한 우회는 예정된 경로와 정반대의 것이라고 할 수도 있고, 그런 점에서 미래주의에서 추구하는 방식과는 정반대라고 할 수 있을 것이다. 여기서 말하는 미래주의는 흔히 미래가 특정 기술의 발전 경로를 따른다고 믿으며, 따라서 미래에 대해 구체적으로 알 수 있다고 주장한다. 우회로 인해 한때 계획되었던 여정은 때로는 즐겁고, 때로는 실망스러운 놀라운 경험들로 바뀐다. 나의 여정에서는 우회가 짜증과 실망으로 시작한다. 그러다 하나의 방법론이 된다. 이 책의 장 구성은 그런 방법론의 산물이다. 과거와 현대의 참고 자료들을 오가고, 인류학과 역사와 철학 주제들을 오간다. 이 책에서 "배양고기가 성공할 것인가?" "배양고기가 언제쯤 상용화될까?" "배양고기의 맛은 어떠한가?" 같은 구체적 질문에 대한 깔끔한 답은 찾을 수 없을 것이다. 이 책을 쓰는 현재 그런 질문들에 대한 답이 확정되지 않았기 때문이기도 하지만, 궁극적으로는 이 책에서 제기하는 질문들이, 그중에서도 특히 "무엇이 우리로 하여금 배양고기를 상상하게 하는가?" 같은 질문이 그런 질문들보다 중요하다고 믿기 때문이다.

이 책은 배양고기의 미래에 대한 전망을 내놓으려는 시도가 아니다. 배양고기를 음식의 미래에 대한 사유에서 하나의 구체적 사례로, 그리고 기술이 세상을 어떻게 바꿀 것인지에 대한 우리의 예상을 들여다보는 하나의 렌즈로 다룬 연구서다. 컨설팅 회사나 싱크탱크의 전문가가 내놓은 것이든, 해당 기술에 이해관계가 얽혀 있는 과학자나 기업가가 내놓은 것이든, 일반인이 내놓은 것이든, 그런 전망들은 거의 대부분 어느 정도 공상과학 장르의 영향을 받는다. 공상과학은 흔히 접할 수 있는 아마추어 미래주의의 한 양식이다. 이 책을 쓰는 현재, 배양고기는 여전히 의미와 표현

들을 마구잡이로 가져다가 붙인 브리콜라주*, 구심점 없는 홀로그
램이다.³² 과학의 점진적 승리와 문명의 폐해에 대한 점진적 정복
의 증거로 제시되곤 하지만 오히려 기술공학 프로젝트에 가깝고,
그 프로젝트의 중심에는 열정과 관심이 소용돌이치고 있다. 그 열
정과 관심은 가슴 절절한 갈망부터 동물권익 보호, 그리고 순전한
탐욕에 이르기까지 다채롭다.

　2013년, 나는 여전히 기이한 미래를 만나려고 억지로 잠을
쫓는 중이고, 아직은 그런 것들에 대해 전혀 알지 못한다. 햄버거
시연회가 끝나고 나는 컴퓨터를 끈다. 가상공간에서 육신의 공간
meatspace으로 돌아온다.

•　　bricolage. 프랑스어로 '여러 가지 일에 손대기' 또는 '수리'라는 사전적 의미를 지닌 말로,
　　　인류학자 클로드 레비스트로스가 사용한 표현. 이론적 실천의 활용과 전유라는 확장된 의
　　　미로 쓰인다.

고기

'고기'의 의미

단백질은 프로티언protean이다. 영어로 단백질을 뜻하는 '프로틴'protein이라는 단어는 그리스어 프로토스protos에서 유래하며, 프로토스는 '첫 번째'the first라는 뜻이다. 또한 프로토스는 그리스신화에 나오는 바다의 신 포세이돈의 장남인 프로테우스와 나란히 쓰이는 단어이기도 하다. 이것이 앞으로 이 장에서, 문자 기록이 남아 있는 인류의 역사는 물론이고 인류의 자연사까지 거슬러 올라가는 엄청나게 오랜 시간에 걸쳐, 고기의 정의와 인간의 식단에서 고기가 차지하는 역할이 어떻게 변했는지를 살펴보며 기억해야 할 가장 중요한 정보일 것이다. 2013년 배양고기는 이전에 없었던 완전히 새로운 것의 탄생을 알리며 요란하게 등장했다. 그리고 그럴 만했다. 기존의 고기와 비교하면 배양고기는 혁명이나 다름없다. 새로운 유형의 생산 시설, 생산 방식, 생산 장비가 필요할 것이다. 완전히 새로운 식품 생산 인프라를 거쳐가게 될 것이다. 엄청난 양의 스테인리스 스틸, 유리, 플라스틱을 사용할 것이다. 그리고 그런 재료들은 공장식 양조장의 맥주 발효 탱크에 맞먹는 거대한 생물반응장치를 구성할 것이다. 새로운 투자자가 몰려들고 새로운 금융업 승자와 패자를 양산하는 새로운 생명경제가 생겨나고 성장하고 영향력을 행사할 것이다. 세포배양으로 소비재를 대량생산한 선례가 이미 존재한다. 1952년 조너스 소크^{Jonas Salk}가 소아마비 백신을 대량생산한 것이 아마도 가장 대표적인 예일 것이다.[1] 그러나 백신을 배양고기에 직접적으로 적용할 수 있는 선례로 보기는 힘들다. 백신은 세포 물질대사에서 나오는 아주 작은 부산물을 모아서 사용한다. 배양고기의 경우에는 수십억 개가 넘는 엄청난 수의 세포를 모아 조직하고 성형해서 소비에 적합한 식품으로 만들어야 한다. 세포 자체로 만든 생산물과 세포 생체활동의 부산물로 만들어진 생산물은 엄연히 다른 것으로 취급해야 한다.

배양고기 설계자들이 꿈꾸는 것처럼 배양고기가 아주 열렬히 환영받으며 우리 일상의 일부가 되고 더 나아가 전통적 축산업을 축출하기 시작하면, 그 과정에서 지구의 동물 생물량은 변화를 겪게 될 것이다. 현재 그 생물량의 상당 부분은 우리의 식품 체계 내에서 살고 죽는 가축으로 구성되어 있다. 지리학자 바츨라프 스밀은 1900년에 약 13억 마리의 대형 가축이 지구상에 존재했을 것으로 추정했다. 2000년에는 살아 있는 가축의 무게 총합이 그 후로 약 3.5배 증가했다. 특히 스밀이 "지구를 방문한 지적 외계 생명체"가 유독 한 종의 생물이 엄청나게 번성하고 있는 것을 보고는 "태양계 제3행성의 생태계를 지배하는 종은 소"라고 결론 내리는 장면을 상상하는 부분이 인상적이다.[2] 배양고기가 어느 순간 배양고기의 조상 격인 현재의 소를 대체한다면, 수십억 마리에 달하는 군서 척추동물이 존재할 필요가 없어질 테고 그들의 운명도 불투명해질 것이다. 그 동물들을 먹이고 재우느라 사용한 땅의 운명과, 그 동물들을 키우고 처리하느라 사용한 물과, 무엇보다 축산업 및 도축업 전체와 그 산업에 고용된 노동자들의 운명도 마찬가지로 불투명해질 것이다. 공장식 축산업의 가축 학대 행위가 멈출 것이고, 그런 학대가 야기한 고통은 갑작스런 안도보다는 물음표로 대체될 것이다. 현재 지구 농경지의 약 75퍼센트는 고기, 유제품, 달걀 생산 활동에 사용된다.[3] 그 땅도 온통 물음표로 채워지게 될 것이다. 평론가 존 버거는 동물원을 가리켜 인간과 동물이 상실한 관계의 묘비라고 부른 적이 있다.[4] 현재 우리의 가축 사육장과 도축장 역시 그 방식은 아주 다르지만, 상실한 관계들의 묘비다. 그 관계들은 아마도 영영 회복되지 않을 것이다.

그러나 아무리 완전히 새로운 것이라 해도 배양고기는 더 오래된, 고기를 둘러싼 기존의 관념과 관행들, 마크 포스트가 2013년에 선보인 배양고기 햄버거로부터 출발해서는 좀처럼 접근하기 어려운, 육식 역사의 사슬 고리들을 배경으로 탄생한다. 만약 포스트의 햄버거가 고기에 관한 우리 지식의 총체를 대표한다고 본다면, 그 햄버거를 기준점으로 삼아 거슬러 올라가면서 다른 동물을 먹는 인간의 역사를 재구성하기는 불가능할 것이다. 따라서 그런 사고 실험은 공장식 축산업, 패스트푸드 공정 방식에 따라 소로 만든 햄버거에서 시작해 18세기 중반 최초의 유럽식 햄버거(영국 요리책 저자들은 '햄버거 스테이크'라고 부르기도 한다[5]), 아직 산업화되지 않은 고기의 세계에서 만들어진 햄버거로 거슬러 올라가야 할 것이다. 그러다 보면 이 사고 실험은 곧 지구 곳곳에서 이제는 더 이상 음식으로 소비되지 않는 종을 인간이 먹던 시절에 닿을 것이다. 이를테면 백조는 더는 유럽 상류층의 식탁에 오르지 않는다.[6] 고기가 여러 번, 그것도 여러 가지 이유로 변화했다는 사실을 알아채는 순간, 고기를 뜻하는 영단어 '미트'meat를 알맹이, 실체, 주요 골자를 의미하는 단어로 사용하는 근대 서구의 언어 습관이 달리 보일 것이고, 그런 언어 습관이 이상하게 느껴질 것이다.

아마도 영단어 미트meat에 관한 가장 놀라운 사실은, 현대 일상에서 사용되는 의미는 그럭저럭 일관성을 유지하고 있지만 역사적으로는 이 단어의 용례가 늘 변화했다는 점이다. 옥스퍼드 영영사전에 처음 실린 정의에서는 이 단어의 기원을 서기 900년으로 기록하며, 고대 영어에서는 미트^{meat}를 음료와 대비되는 고형 음식을 뜻하는 단어로 썼다고 한다(프랑스어 비앙드^{viande}도 비슷한 의미 변화를 거친 것으로 알려져 있다). 당시에는 고대 영어의 철자법에 따라 meat는 mete로 표기했다. 게르만 조어祖語 어근 mati에서 유래한 이 단어는 고대 색슨어 meti와 고대 노르만어 matr 또는 단순하게 '음식'을 뜻했던 고트어 mats 등 동일 어족의 여러 다양한 단어와도 연결된다. 미트^{meat}가 다른 고형 음식과 구별되어 동물의 살만을 의미하게 된 것은 서기 1300년경이다. 다만 그전에도 노르만족이 영국을 정복한 1066년 이후에 프랑스어와 고대 영어에서 비롯된 별개의 어휘 용례가 등장한다. 현대 영어 사용자는 이런 용례에 너무나 익숙해서 이를 두고 깊이 생각하는 일은 없다. 고대 영어에서는 고기에 대해 말할 때 예를 들어 '소의 고기'^{meat of cow} 같은 식으로 말했다면 프랑스어에서는 같은 고기를 뵈프^{boeuf}, 즉 비프^{beef}라고 말했다(양고기를 뜻하는 머튼^{mutton}, 송아지 고기를 뜻하는 빌^{veal}, 돼지고기를 뜻하는 포크^{pork}는 모두 프랑스어에서 유래한 단어다). 월터 스콧 경은 1825년에 발표한 장편소설 『약혼녀』에서 이런 차이를 나름대로 해석하면서, 프랑스어를 쓰는 노르만족은 동물을 통째로 구워 먹는 일이 많은 브리튼족에 비해 도축된 동물이 고기가 되는 단계를 하나 떠 끼워 넣었다고 분석했다. 브리튼족은 고기를 먹을 때 그것이 한때는 살아 있는 동물이었음을 떠올릴 수밖에 없었다. 또한 미트^{meat}의 정의와 직접적 관련은 없지만, 고대에 육식과 경제적 사고방식 간 연관성을 고려하면 또 다른 어원학상 연결 고리에 주목하게 된다. 고대 영어에서 (하나의 무리로서의) '소'cattle를 의미한 ceap은 현대 영어에서 cheap(값이 싸다)이 되었다. 또한 ceap은 '재산'을 의미하기도 했다. 당시에는 물물교환 경제였으며, 동물이 흔히 가치 단위로 사용되었다는 사실을 떠올리게 한다.[7] 사실 cattle도 어원학상으로 chattel(동산)과 연결되며, 한때는 가축만이 아니라 종류에 상관없이 재산을 뜻하는 말로 사용되었다.[8] 따라서 21세기 초의 지구는 생물량의 관점에서는 살아 있는 재산들에 지배당하고 있다.

미트meat의 현대적 용례에서는 기존에 '고형 음식의 하나'를 의미할 때의 유동성과 유연성을 전혀 찾아볼 수 없다. 다만 '너트미트'nutmeat(견과류 알맹이)나 사탕을 뜻하는 '스위트미트'sweet-meat(사탕) 같은 표현에서 옛 의미의 메아리를 들을 수 있다. 한때 고형성과 식용 가능성을 전달한 단어가 지금은 도살된 동물의 근육과 살을 가리키는 단어가 되었다. 이때 내장은 철저히 배제되며, 내장은 오팔offal로 나타낸다. 오팔offal은 게르만어의 ab-fall에서 유래한 말로, 도축 및 정육 과정에서 떨어져 나가는 부위들을 가리키는 말이다. 근대 로마에서 이 부위들은 도축된 동물의 '제5부위'를 뜻하는 퀸토콰르토quinto quarto로 불렸다. 고기를 처음에 네 부위로 나눈 전근대 정육 체계에서 나온 이름으로, 각 부위는 고기의 질에 따라 제1부위, 제2부위, 제3부위, 제4부위로 분류되었고, 각각 귀족, 성직자, 중산층, 군대에 배분되었다. 나머지 '제5부위'는 하층 농민의 몫으로 남겨졌다. 유럽과 북미의 근대사에서 미트meat의 의미론적 변화는 무엇이 고기에 해당하는가와 관련해 점점 좁아지는 우리의 이해와 아주 긴밀하게 연결되어 있다. 그러나 옛 의미 후보들이 사용되지 않는다고 해서 그냥 사라지는 것은 아니다. 세포배양 음식 연구 프로젝트는 '종류에 상관없이 모든 고형 음식, 반드시 사체에서 도려낸 살일 필요 없음' 같은 식으로 미트meat의 옛 정의가 복원되는 계기가 될 수도 있다. 적어도 (배양고기 외에도 곤충을 단백질원으로 먹는 식충뿐 아니라 흔히 식물성 고기 대체품을 포함하는) '대안' 단백질을 환영하는 과학자, 기업가, 운동가들 사이에서는 그런 식으로 미트meat의 의미를 확장하고자 하는 강렬한 열망을 엿볼 수 있다.

배양고기는 고기 역사의 일부이자 특수한 순간

가장 처음으로 유명해진 배양고기 요리가 햄버거라는 사실은 놀랍다. 포스트의 실험실은 원래 소시지를 만드는 구상을 했었다. 소시지는 네덜란드인에게 더 친근한 고기 요리이며, (소시지와 햄버거가 사촌이나 마찬가지라고 할 만한데도) 다른 유럽 국가에서는 고급 별미 요리와 연결시키기도 하지만,[9] 햄버거의 국제적 인지도가 더 높다는 점이 결정적 선택 기준이 되었다. 햄버거는 현대사회의 고기에 어울리는 아바타이며, 풍요를 연상시키기도 하지만 또한 산업화된 생산 공정, 일관성, 신속성, 유연성, 그리고 종종 자동차와 드라이브스루 서비스를 연상시키기도 한다. 소고기는 영국적 식재료로 언급될 때가 많지만 햄버거는 확실하게 미국적인 음식이고, 특히 미국식 풍요의 상징이기도 하다.[10] 햄버거 패티에 적합하게 만들어진 햄버거용 빵 덕분에 햄버거는 손에 들고 먹을 수 있는 휴대용 음식이 되었다. 그야말로 간편 고기, 패스트미트fast meat다.[11] 배양고기야말로 고기의 생산량을 늘리고 우리가 고기를 보는 관점을 바꿔놓을 비육 방식임에도 불구하고, 과거의 육식 실천 방식들이 보여주는 다양성이 무색할 정도로 고기를 정의하고 소비하는 방식에 관한 편협한 인식을 벗어나지 못하고 있다는 점은 배양고기 서사에서 발견되는 많은 아이러니 중 하나다. 현재 인간이 소비하는 고기는 대부분 그 고기를 얻은 동물 종과 그 고기를 먹는 형태에 의해 동질성을 인정받는다는 점에서 햄버거라는 요리 자체와도 유사한 면이 있는데, 이것이 배양고기가 출현한 시대적 배경이라고 할 수 있다.

배양고기는 고기 역사에서 일탈한 존재가 아니라, 고기 역사의 일부로 봐야 한다. 그러나 우리가 시야를 넓혀서 인간이라는 종의 육식 식습관의 타임라인 전체를 조망하려면, 배양고기의 기본 전제가 되는 20세기 말부터 21세기 초의 고기를 설명해야 하고, 그러기 위해서는 그 이전 약 100년 동안 고기가 급격한 변화를 겪었다고 추정해야 한다. 그런데 실제로도 그런 급격한 변화가 있었다. 그 변화는 질적인 동시에 양적인 변화였고, 산업화와 도시화의 결과였다. 변화가 시작된 곳은 19세기 중반 영국과 북미였다. 축산 방법론부터 기차의 냉장칸 등 비유적 의미로나 문자적 의미로나 새로운 유형의 인프라가 생겨났고, 점점 더 정교해졌고, 마침내 전 세계로 뻗어나가 전 세계의 고기를 바꾸어놓았다.[12] 『이코노미스트』가 '빅맥지수'Big Mac Index를 사용하는 데에도 다 이유가 있는 것이다. 빅맥지수는 세계 각국에서 맥도날드 햄버거가 얼마에 팔리는지를 나타내 정리한 것으로, 화폐의 구매력을 비교하는 지표로 사용된다. 1986년 이 지표가 처음 도입될 즈음부터 햄버거는 이미 보편적 음식이 되어 충분히 구매력 지표 역할을 할 수 있었던 것이다. 1960년부터 2010년까지 전 세계의 고기 소비량은 두 배 넘게 증가했고, 중국처럼 급속도로 성장하는 개발도상국에서는 그보다 몇 배 더 증가했다.[13] 그러나 이것은 고기의 근대화에서 가장 최근의 물결에 불과하다. 고기의 근대화로 누가 고기를 먹는지부터 시작해서 고기를 얼마나 먹는지, 무엇을 고기로 여기는지 등 고기의 거의 모든 것이 바뀌었다.

배양고기에 관해 어떤 질문을 할지를 두고 고민할 때 고려해 볼 만한 접근법은 주동 인물들에 초점을 맞추는 것이다. 배양고기가 만들어질 때 고기에 관한 어떤 인물들의 생각이 생물반응장치로 들어가고, 또 나오게 될까? 내가 현장 연구를 진행하는 동안 배양고기를 만들고 지원하는 일에 관여한 거의 모든 행위자가 60세 미만의 서구인, 특히 유럽 및 북미 출신이었고, 더 나아가 40세 미만이 다수를 차지했다. 이런 인구학적 특징은 중요하다. 왜냐하면 행위자들의 인구학적 특징에 따라 그들이 어떤 동물 종을 적절한 고기 공급원이라고 생각하는지, 그들이 어떤 형태의 고기 식재료와 요리에 노출되었는지가 달라지기 때문이다. 20세기 중반 산업화된 고기 생산 방식이 도입되기 전에(그러나 이런 산업화는 대개 19세기, 특히 미국 중서부에서 마련된 산업화의 토대 위에서 진행되었을 것이다) 태어났을 나이 지긋한 고기 소비자들은 어린 시절 지금과는 다른 부류의 고기를 접했을 것이다. 마찬가지로 서구식 식단이라고 불리는 것이 세계화되었다고는 하지만 비서구 지역의 고기 소비자는 자신의 일상에서 고기가 어떤 역할을 하는지에 관한 생각이 다를 수 있다.[14] 따라서 배양고기 운동은 고기 역사에서 매우 특수한 순간, 인류사라는 관점에서 본다면 매우 독특한 순간에 대한 반응이다. 두세 개의 주목할 만한 예외는 있지만, 배양고기 운동의 상상 자원은 산업화된 서구 세계에서 목격되는 부류의 고기에 의해 구조화되고 한계가 설정되었다. 이 장은 고기 역사를 폭넓게 다루지만, 초점은 유럽과 북미의 고기 역사에 맞춰져 있다. 유럽과 북미 지역이 최근 무서운 기세로 전 세계로 퍼지고 있는 현대적인, 탈산업사회의 육식 습관이 형성된 곳이기 때문이다.

배양고기와 재생의학

사실은 최초의 배양고기로 알려진, 그리고 청중에게 시식용으로 제공된 배양고기는 햄버거와는 여러모로 거리가 멀었고, 식욕을 돋우는 그 어떤 전통적 고기 요리와도 거리가 멀었다. 그 배양고기는 호주에서 활동하는 예술가 오론 카츠와 이오낫 주어가 제작하고 시연한 작품 〈해체된 요리〉Disembodied Cuisine의 일부로 2003년 3월 프랑스 낭트에서 제공된 개구리 세포 '커틀릿•'이었다. 이 '커틀릿'은 발톱개구리 세포로 배양한 조직을 칼바도스••에 하룻밤

•　　고기를 납작하게 썰거나 다지고 빵가루를 묻혀 기름에 튀긴 요리.
••　　프랑스 바스노르망디에서 생산한 사과를 원료로 하여 제조한 브랜디.

재운 다음 꿀과 마늘을 첨가한 기름에 튀겨내 만들었다. 개구리 뒷다리 튀김은 프랑스 요리로 널리 알려져 있으며, 다른 서구 국가에서는 잘 먹지 않는 음식이다. 이 별미는 중세 프랑스에서 가톨릭교회가 수도승의 육류 소비를 제한하던 시기에 수도승들이 동물성 단백질을 조금이라도 더 먹기 위해 개구리를 '생선'으로 규정하도록 교단을 설득한 덕분에 탄생한 음식이라고 전해진다.

카츠와 주어의 표면적 목표는 생명공학 기술을 대하는 대중의 태도에 의문을 제기하는 것이었지만, 그들의 작품은 현대인이 자신이 먹는 고기에 어떤 한계를 설정하는지, 그런 한계가 지역과 시대에 따라 어떻게 달라지는지에 대해 의문을 제기하는 부차적 효과도 있었다. 카츠와 주어는 이렇게 밝혔다. "우리는 조직공학으로 만든 최초의 스테이크를 프랑스에서 먹기로 한 김에 개구리를 통해 많은 프랑스인이 조직공학 식품에 표하는 혐오감에 대한 논평을 하기로 했습니다. 프랑스인이 조직공학 식품에 표출하는 혐오감이, 비프랑스인들이 때때로 프랑스인이 개구리 뒷다리를 먹는다는 사실에 보이는 혐오감과 아주 유사한 반응이라고 생각했으니까요."[15] 카츠와 주어는 고기로 먹을 수 없는 동물을 먹는 행위에 대해 느끼는 혐오감이 고도의 생명공학 기술로 만들어낸 식품을 먹는 것에 대해 느끼는 혐오감과 동일할 것이라는 데 내기를 건 셈이다. 그들은 아마도 두 혐오감이 같은 부류라는 메시지를 전하고 싶었던 것 같다. 카츠는 작품 시연회 홍보물을 지역의 개구리 뒷다리 판매 가판대에 붙였다. 행사가 끝난 뒤 그는 "네 명이 침을 뱉더군요. 아주 기분이 좋았어요"라고 말했다.

'미트'meat를 생리학적으로 정확하게 정의하고 싶어 안달이 난 사람이라면, 해럴드 맥기의 유명 저서『음식과 요리에 관하여』에서 아주 좋은 예시를 찾을 수 있을 것이다. 맥기는 고기가 근육이라고 말한다. 근육조직은 세포가 모여서 만든 구조물, 즉 각각 인간의 머리카락 하나보다 더 가는 근섬유로 이루어지며, 그 근섬유 간 틈새는 원섬유*로 채워져 있다.[16] 원섬유도 신경 체계에서 자극을 받아서 수축이 일어날 때 서로 미끄러지듯 교차하는 단백질 액틴actin과 미오신myosin 가닥으로 이루어진다. 그렇게 수축이 일어나면 근육의 통합 구조 전체의 길이가 줄어든다. 근섬유에는 두 가지 종류가 있다. 백색근섬유는 동물이 불시에 또는 빠른 속도로 움직이도록 돕는다. 적색근섬유는 동물이 긴 시간 동안 활동할 수 있도록 돕는다. 토끼류(굴토끼, 멧토끼, 우는토끼 등)처럼 동작이 상대적으로 빠른 동물은 일반적으로 백색근섬유가 더 많다. 고래처럼 오랫동안 꾸준히 움직여야 하는 동물은 운동기관에 적색근섬유가 더 많다. 백색근섬유의 연료는 근섬유에 저장되는 글리코겐(일종의 글루코스, 즉 포도당)이다. 적색근섬유의 연료는 지방이며, 지방을 에너지로 바꾸는 일종의 생화학 장치를 갖추고 있다. 그런 장치로는 미오글로빈(산소와 철을 결합하는 단백질)을 비롯해 사이토크롬 산화효소(단백질에 결합한 헴** 분자로 구성된 합성물로, 대사와 호흡에서 중요한 역할을 한다)가 있으며, 이

---

* 세포질 안에 있는 미세한 실 모양의 조직으로, 근육에서 볼 수 있다. 근원섬유, 신경원섬유 따위가 있다.
** 헤모글로빈의 색소 부분.

런 물질이 고기의 색을 내는 데 큰 비중을 차지한다. 근섬유에는 지방이 함유되어 있지 않다. 그러나 지방세포 덩어리가 종종 근섬유와 근섬유를 둘러싼 결합조직 사이에 자리 잡고 있기도 하다. 저지방 고기조차도 약 75퍼센트의 물, 20퍼센트의 단백질, 그리고 3~5퍼센트의 지방으로 이루어져 있다. 지방은 고기의 맛을 결정하는 데 가장 중요한 요소다. 근육을 둘러싼 결합조직(많은 고기 부위에서 반투명한 '막' 모양을 하고 있다)의 주요 기능은 두 가지다. 첫째, 근육의 구조를 형성하고 유지한다. 둘째, 근육을 뼈에 부착한다. 식용 육류에서는 당연히 근육이 어떤 유형의 세포로 만들어졌는지가 중요하다. 그러나 세포의 구조도 중요하다. 맥기가 설명한 대로 "고기의 질, 즉 고기의 식감, 색, 맛은 대개 근섬유, 결합조직, 지방조직의 구성과 비율에 의해 결정된다."[17] 식감의 경우 고기에는 '결'이 있어서 "고기를 씹을 때 결을 잘 느낄 수 있도록 대개 결을 가로지르는 방향으로 고기를 자른다."

　　고기를 근육으로 환원하는 것에 반대하는 견해도 일리가 있다. 왜냐하면 결국 고기는 '좋은' 고기 부위와 내장으로 버려지는 별로인 고기 부위를 차별하는 문화적 관행에서 탄생했고, 또 그런 관행을 지지하기 때문이다. 고기를 기능에 따른 해부학적 부위로 추상화하면 고기의 다른 측면들이 묻힌다. 예컨대 동물이 먹는 풀이 지방의 맛을 좌우하고 그래서 고기의 맛이 달라진다는 사실은 간과하게 된다. 그러나 맥기의 정의는 배양고기에 적용하기에 유용하다. 육류업계가 대량으로 생산하고 싶어 하는 고기를 잘 설명하기도 하고, 과학자들이 실험실에서 만들어내려고 애쓰는 고기의 이미지에도 들어맞기 때문이다. 이 글을 쓰는 현재는 근육의 자연 구조를 그대로 재현하는 것이 배양고기를 만들고자 하는 과학자에게 엄청난 난제다. 햄버거 패티나 소시지처럼 다짐육 같은 형태로 고기를 사용할 때는 고기의 맛과 식감을 내는 구조가 덜 중요하지만, 만약 고기로 스테이크를 만들어 먹는다면 고기의 '결'이 매우 중요해진다. 물론 더 복잡한 구조를 재현하는 것이 곧 가능해질 수도 있다. 배양고기 제조에 필요한 기술은 지금도 재생의학에서 꾸준히 개발되고 향상되고 있다. 재생의학에서는 인간의 장기 이식에 필요한, 특정 기능을 수행하는 조직을 키우는 법을 연구하고 있는데, 체외 기법으로 제대로 기능하는 근육 구조를 생성하는 것에는 성공했다.[18] 물론 배양고기 연구보다는 의료 연구에 더 많은 돈이 더 빨리 흘러 들어간다(배양고기에 들어가는 돈이 부엌 싱크대 수도꼭지에서 조금씩 새는 물이라면, 의료 연구에 들어가는 돈은 폭포수와도 같다). 그러나 스테이크용 고기같이 더 정교한 배양고기의 생산은 재생의학 기술이 발달하면 그 혜택을 간접적으로나마 받게 될 것이다.

"고기가 우리를 인간으로 만들었다"

고기의 생리학적 특징은 의학 분야의 조직공학자가 배양고기를 상상하는 데 도움이 되었지만, 고기의 상징성은 다원적·다층적이다. 역사가, 인류학자, 기타 분야의 학자들은 고기에서 젠더 이슈를 발견하기도 하고, 가부장제를 발견하기도 한다.[19] 고기는 인간이 아닌 동물을 억압하는 인간의 권력과 지배의 상징[20] 또는 자연자원이 채집되고 배분되는 방식의 결과물로 다뤄지기도 하고, 근대화의 상징이나 풍요의 상징, 영웅의 음식으로 여겨지기도 한다.[21] 이와 달리, 인류학자 조시 버슨의 주장처럼 고기를 경제적 불안정성과 연관시킬 수도 있다. 왜냐하면 가장 저렴한 고기는 전 세계 빈민층이 더 건강한 음식에 비해 더 쉽게 구할 수 있는 음식일 때가 많기 때문이다.[22] 다시 한번 햄버거로 돌아가보자. 차에서 먹을 수 있고, 일터에서 일터로 이동하는 짧은 시간에 먹을 수 있고, 거리에서 먹을 수도 있다. 햄버거와 이동성 간 긴밀한 관계는 풍요로웠던 전후 베이비붐 시기에 미국의 햄버거 가판대와 드라이브스루 창구에서 시작되었지만, 점차 불황기에 불안정한 삶을 사는 사람들의 필요를 충족하도록 변화했다. 고기 관찰자들은 고기와 경제적 풍요의 관계에 대해 할 말이 많겠지만 그 관계의 정확한 성질에 관해서는 여전히 논란이 있고, 특히 서구 유럽과 북미의 정책 전문가들 사이에서는 여전히 토론 대상이다. 근대화 이론가들과 국제 개발 전문가들은 종종 앞으로 전 세계적으로 일어날 것으로 예상되는 '영양학적 전환'에서 고기가 핵심 역할을 할 것이라고 제시한다.[23] 개발도상국들이 경제적으로 더 부유해지면 그 국민들이 고기를 점점 더 많이 구매하고 소비할 것으로 예상된다. 이런 현상을 설명하는 경제 용어가 '소득탄력성'이다. 소득이 올라가면 소비재에 대한 수요도 커지는데, 소득의 증가 폭보다 수요의 증가 폭이 큰 소비재를 가리켜 소득탄력성이 크다고 말한다. 고기가 소득탄력성이 높은 소비재라는 주장은 육식에 대한 갈망을 설명해주는 기본 메커니즘을 제시하지는 않지만, 육식이 자연스럽고 심지어 본능적인 욕구라는 관념과 합치한다.

"고기는 근육이다"라는 정의가 효율적이기는 하지만, 실상은 모든 고기가 동일하지는 않다. 데버러 거워츠와 프레더릭 에링턴의 공저『싸구려 고기』에서도 지적하듯이, 고기의 특정 부위는 정치적 의미를 얻기도 한다.『싸구려 고기』는 지방이 대부분인 양의 배 부위 고기 '플랩'flaps(늘어진 살이라는 뜻)에 관한 기록으로, 이 플랩은 뉴질랜드와 호주 소비자에게는 먹을 수 없는 고기로 여겨지지만 태평양 섬 주민들은 아주 좋아하는 고기다. 파푸아뉴기니에서는 자신들보다 더 부유한 백인이 이미 거부한 고기라는 사실을 아는 경우에도 플랩을 여전히 이상적 삶의 필수 요소로 꼽는다.[24] 남태평양 지역을 연구한 이 책에서 플랩은 일종의 상징적 역할을 하면서 고기가 부와 상대적 빈곤, 안정적 삶과 불안정한 삶 사이를 오가는 방식을 포착한다. 또한 플랩은 인종, 경제, 식단이 서로 얽히고설켜 있는 현실을 대표적으로 보여준다.

고기의 정치적 중요성은 다른 방식으로도 드러나며, 특히 도시화와 산업화가 진행되거나 시장경제가 급격히 자유화되면서 정부가 개입해 고기의 생산 또는 유통을 규제할 때 그 중요성이 부각된다. 18세기 중반 드니 디드로와 장 르 롱 달랑베르가 펴낸『백과전서, 혹은 과학, 예술, 기술에 관한 체계적인 사전』에는 "도축된 고기는 빵 다음으로 가장 흔하게 먹는 음식이다"라는 설명이 나온다. 고기가 단순히 일상 음식이 되었을 뿐 아니라 당연히 먹을 수 있을 거라고 기대하는 음식이 되었다는 사실을 증언하며, 고기를 구할 수 없게 된다면 정치적 파급효과가 있을 것이라는 점을 암시한다. 프랑스 정부가 모든 계층의 개인에게 고기가 공급되고, 그 개인들이 고기를 구할 수 있도록 모든 노력을 기울여야 하는 이유를 기술한 셈이다. 프랑스, 미국, 기타 여러 국가에서 고기를 충분히 공급하고 사람들이 고기를 구매할 수 있도록 주의를 기울이는 것이 한동안 정부의 중요한 역할이었지만, 정부의 역할이 점차 축소되면서 고기가 비교적 청결하고 위생적으로 공급되도록 감독하고 가축 사료를 생산하는 곡물 생산자 및 축산 농가에 보조금을 지급하는, 그래서 결과적으로 고기의 소비자가격을 낮게 유지하는 역할로 대체되었다.[25]

배양고기를 상상하는 데 있어 특히 필수적인 자원은, 2013년 포스트의 햄버거 시연회에서 상영된 홍보 영상에도 나오지만, 인간이 고기를 원하고 먹는 것이 자연스럽다는 관념이다. 즉 우리는 잡식동물이기는 하지만 특히 육식을 선호하는 성향, '육식에 대한 갈망'을 타고났으며 곡물이나 채소나 버섯류에 대해서는 이에 견줄 만큼 절박한 갈망을 느끼지 않는다는 것이다.[26] 이런 주장은 호미닌(우리 종과 지금은 멸종한 우리 종의 조상으로 구성된 진화론적 계통 범주의 일원)이 호모 사피엔스로 진화하는 데, 특히 처음에 호모 하빌리스에서 호모 에렉투스로 진화하는 데 고기가 결정적 역할을 했다는 느슨한 인과관계 부여나 단순한 연관성 제시로 종종 이어진다. 따라서 고기에 대해 생각한다는 것은 가끔은 아주 긴 시간, 즉 진화론적 시간 척도를 염두에 두고 생각하는 것을 의미한다. 그런 생각은 (인류학자 요하네스 파비안의 표현을 빌리자면) 전문적으로 "동시대성을 부정한 자들"인 인류학의 초기 세대들이 추앙한 일종의 "시간을 초월하는" 영역으로 우리를 이동시킨다.[27] 당시의 인류학자들은 아프리카 등지의 '원시' 부족이 현대 유럽인이 발달 과정상 이미 거쳐 간 과거 모습을 대변한다고 여겼다.

역사적으로 아주 뿌리가 깊은 육식 선호 성향이라는 관념은 흔히 선진국의 대중문화에서 쉽게 접할 수 있는 수렵의 이미지와 함께 언급된다. 21세기의 첫 10년 동안 이 주장의 변형이 '팔레오'[paleo] 식단에서 두각을 나타냈다. 팔레오 식단은 우리의 조상인 호모 사피엔스가 구석기시대에 먹었다고 알려진 식단을 그대로 따라 해야 한다고 강조한다. 여기서 구석기시대는 생리학적으로 현대 인간의 모습을 갖춘 인류가 출현한 이후부터 농촌 집락 생활로의 전환이 시작되었다고 추정되는 신석기 혁명이 일어나기 전 시기를 말한다('구석기'와 '신석기'는 기술 변화로 규정되는 연대기 분류법에서 사용하는 시대 표기다). 팔레오 식단은 대부분 과일, 채소와 함께 엄청난 양의 저지방 고기를 먹고 정제된 밀가루, 설탕, 그리고 기타 가공식품을 최소한 내지는 전혀 섭취하지 않아야 한다고 권한다. 팔레오 식단 지지자들은 이 식단이 심장병과 암 등 현대 문명에 의해 생긴 질병을 예방한다고 주장한다.[28]

영양사, 인류학자, 고인류학자 등 관련 전문가들이 팔레오 식단을 뒷받침할 학문적 근거는 없다고 지적하고, 상상에 의존해 만들어낸 우리의 유전적 과거로 돌아가 건강을 되찾자는 팔레오 식단의 기본 전제를 과학자들이 비판했지만, 그럼에도 불구하고 팔레오 식단은 대중문화에서 사라지지 않고 있다.[29] 팔레오 식단과 배양고기는 적당한 각도에서 바라보면 서로 거울에 비친 이미지처럼 보일 수도 있다. 둘 다 현대의 산업화된 식품 체계의 '질병'sickness을 문제 삼는다. 하나는 과거를 돌아보며 과거에서 더 나은 고기를 찾는다. 팔레오 식단을 지지하는 이들은 그 고기가 현대 성인의 건강을 보장할 거라고 믿으며, 기꺼이 밀가루와 설탕에서 멀찍이 도망친 난민이 된다. 다른 하나는 미래를 내다보며 미래에서 더 나은 고기를 찾는다. 배양고기를 지지하는 이들은 배양고기가 환경보존, 인간이 아닌 동물보호, 그리고 물론 인간의 건강에도 더 도움이 될 것이라고 상상한다. 정신사학자 아서 러브조이는 관념의 '형이상학적 파토스'에 대해 말한 적이 있다. 러브조이에 따르면 이것은 어떤 관념이 언급되었을 때 소환되는 일종의 흡인력 있는 유사 관념의 사슬을 의미하며, 이 사슬이 독자를 사로잡는다. 우리가 농경시대 이전의 조건을 참고해 우리의 유전자에 기록된 '최적의' 식단을 찾을 수 있다는 관념은 분명 우리가 물려받은 신체와 조화를 이루는 삶을 산다는 의미에서 의고주의擬古主義라는 형이상학적 파토스를 제공한다. 때로는 의고주의가 미래주의보다 더 매력적이다. 위험성 대신 확실성을 담보하는 것처럼 보이기 때문이다. 팔레오 식단의 두드러진 특징 중 하나는 가상의 진화론적 과거를 가상의 미래 식단에 적합한 본보기로 제시함으로써 의고주의와 미래주의를 하나로 묶는다는 점이다.

고기가 우리의 신체와 자연스럽게 '어울린다'는 대중의 관념에는 혈족 학술 관념이 존재한다. 고인류학, 자연인류학, 더 넓게는 영장류학 분야의 학자들이 제시한 가설들이다. 일반적으로 채식을 하는 영장류에서 인간이 속한 '호모'라는 갈래가 생겨난 장기적이고 복잡한 종 계통 분화 과정을 통해 육식이 "우리를 인간으로 만든다"라는 주장을 완벽하게 분석하려면 수많은 세부 사항들을 살펴봐야 한다. 인간은 정확히 언제 우리 조상 유인원과 충분히 차별화되어 호모 사피엔스라는 호칭을 얻게 되었을까?[30] 화석화된 인체 잔해, 동물 군집, 원시 석기 등 어떤 유형의 증거로 이를 파악할 수 있을까? 그런 증거는 언제 생겨났을까? "육식이 우리를 인간으로 만들었다"라고 말할 때는 아주 오랜 기간에 걸친 종 분화 과정을 염두에 둔 것일까, 아니면 상대적으로 짧은 기간에 이루어진 종 분화 과정을 염두에 둔 것일까? 마지막으로, 그리고 인간의 조건에 관한 본질주의적 주장들을 선호하는 이들에게는 특히 짜증을 유발하는 질문인, "인간으로 존재한다는 것"은 무엇을 의미하는가? 그런 구문에는 어떤 생리학적·인지학적·사회학적 조건이 함축되어 있는가? 인간의 신체적(그중에서도 특히 선천적·후생적 유전) 조건에 대한 우리의 이해가 깊어질수록 그런 논지에 일관성이 부족하다는 것을 알게 된다. 그런 논지는 유전 정보와 환경적 요인이 상호작용하면서 유전적으로 발현된 인체의 '인간' 세포에만 해당하는 걸까? 아니면 예컨대 인체의 미생물 군집을 구성하는 장내 세균(기타 세균 군집)도 포함하고 있는 걸까? 물론 그런 세부 사항은 발굴 현장에서 새로 발견되는 증거와 새로 제안되고 논의되는 가설에 의해 끊임없이 수정되고 편집되는 과정에 있는 과학 문헌의 일부다.

조상 인류의 육식이 우리가 현재 같은 생리학적·인지학적·

사회학적 조건을 갖추는 데 도움이 되었다고 주장하는 과학자도 있다. 조상 인류에 비해 작은 입과 약한 턱뿐 아니라 협력 성향도 육식과 관련이 있다고 말하기도 한다. 그런데 인간의 사회성이 육식과 관련이 있다는 주장은 대개 단순히 육식만이 아니라 고기를 확보하기 위해 사슴이나 오로크스(현대 소의 조상에 해당하는 동물)처럼 군집 생활을 하는 대형 육지 포유류를 사냥하면서 사용한 구체적 전략을 논지에 포함시킨다.[31] 사냥 후 고기를 배분하는 활동이 우리 조상 인류의 사회적 지능을 향상시켜서 더 똑똑하게 만들었다고 주장하는 과학자도 있다.[32] 그런 주장을 펼치는 고인류학자와 진화생물학자는 대개 200만 년도 더 지난 난해한 증거들에서 근거를 찾아야 하는 어려움이 있다. 200만 년 전 무렵이 우리 조상 인류가 아마도 처음에는 동물 사체에서 얻었을 고기를 식단에 추가한 시기로 추정된다. 구석기시대 내에서도 어떤 특징에 따라 시기를 구분하느냐에 따라 달라지기는 하지만, 이것은 35만 년 전에서 20만 년 전 사이로 추정되는 호모 사피엔스의 출현 시기보다 훨씬 앞선다.[33] 우리에게 익숙한 인간 문명의 확립의 기준점이 될 만한 다른 시기와 비교하고 싶다면 최초로 문자가 사용된 시기와 비교해볼 수 있을 것이다. 수메르(현재의 이라크)의 발굴 현장에서 발견된 최초의 문자 기록 유물은 약 6000년 전의 것으로 추정된다.

그러나 고기에 관한 명백히 진화론적인 주장 다수는 뗀석기, 뗀석기 자국이 난 동물 뼈, 동물 군집 화석, 호미닌 뼈에서 얻은 정보 등 초기 호미닌 정착촌에서 나온 물리적 증거보다는 현대 인류의 생리학적 정보를 근거로 삼고 있다. 요컨대 많은 과학자에게 어떻게 인간이 현재 같은 신체를 가지게 되었는가에 관한 질문에 고기가 매력적인 답을 제공한 것이다. 우리는 다른 유인원과는 인상학적 측면에서도(근육량 대비 지방 축적량도 포함되는데, 인간은 다른 영장류에 비해 지방은 더 많고 근육은 더 적다), 생애 주기적 측면에서도 아주 뚜렷하게 구별된다. 다른 영장류에 비해 인간은 수명이 더 길고, 발달 단계의 진행 속도가 더 느리고, 가임 기간 이후의 성인기에서 노화도 더 더딘 것으로 보인다.

인간의 뇌는 다른 영장류의 뇌에 비해 크기가 더 크고 칼로리 소모량도 더 많다. 1995년 레슬리 아이엘로와 피터 휠러는 우리 뇌의 발달이 우리의 식단과 소화기관 발달과 아주 특수한 방식으로 연결되어 있다는 가설을 내놓았다.[34] 두 사람은 인간의 뇌가 워낙 커서 뇌에 못지않게 칼로리 소모량이 많은 내장 조직이 사용했어야 할 칼로리까지 써버렸다고 주장했다. 인지 작업을 위해서건 대사 작업을 위해서건 이른바 '비싼' 조직은 에너지 소모가 많다. 따라서 우리는 많은 양의 음식을 처리하는 데 필요한 큰 소화기관 없이도 칼로리를 많이 얻을 수 있는 방법을 찾아야만 했다는 것이다. 놀라울 정도로 작은 인간의 내장은 우리 조상 인류가 아마도 생고기를 비롯해 불로 요리한 식물성 또는 동물성 음식 등 생체 이용성이 높은 칼로리 원료를 구할 수 있었다는 것을 의미한다.[35] 아이엘로와 휠러의 1995년 논문은 유용한 논지도 많지만(논란의 여지가 없었던 것은 아니다),[36] 사실을 주장하고 입증하기보다는 가설을 제시했는데도 불구하고 마치 사실을 주장하고 입증한 것처럼 해석되곤 한다. 인간의 대뇌화 서사의 최신 버전에 해당하는 리처드 랭엄의 주장은, 불을 사용해 요리함으로써 식물성 음식과 동물성 음식에서 얻는 칼로리의 생체 이용성이 높아졌다는 것이다. 주목할 점은 배양고기의 홍보 영상에서 랭엄이 제시한 인상적 주장들이 그의 책『요리 본능』에서 나오는 주장과는 다소 차이가 있다는 점이다.『요리 본능』에서 랭엄은 고기보다는 식재료에 관계없이 불로 조리한 모든 음식을 중요하게 여겼고, 그중에서도 특히 덩이줄기와 기타 구근작물에 초점을 맞췄다.

랭엄의 서사에 따르면 고칼로리 음식은 호모 속屬의 대뇌화와 순환 관계를 이룬다. 고칼로리 음식은 우리 뇌를 키우는 데 일조했고, 뇌가 점점 커지면서 우리의 신체적·사회적 기술이 향상되었고, 그런 기술은 더 많은 음식을 확보하는 데 도움이 되었다. 2013년 홍보 영상에 랭엄이 등장했다는 사실이 놀라운 이유 중하나는,『요리 본능』이 처음 출간되었을 때 이 책이 특히 불로 조리한 식물성 음식에만 적용되는 주장이라고 이해한 독자도 있었기 때문이다. 불로 조리를 했건 안 했건 고기가 인간 진화에 기여한 식단에서 가장 중요한 요소였다는 기존의 통념에 반박하는 책이라고 생각한 것이다.[37] 어쨌거나 "고기가 우리를 인간으로 만들었다"는 주장에 함축된 식단 개선과 기술 향상 간 순환적 관계는 그것과 연결되는 주장, 즉 우리가 여러 의미에서 스스로를 만든 종이라는 주장과 아주 놀라울 정도로 유사하다. 이 주장은 고인류학의 통설 중 하나로, 생물학자이자 과학사학자인 도나 해러웨이는 이것을 "인간의 신체는 호모 속 이전에 있었던 도구 활용 진화의 산물이다"라는 문장으로 정리했다. 아주 느슨한 의미에서 식단의 유연한 적응력은 곧 새로운 도구 사용에 적응하는 능력을 말한다.[38]

고기에 대한 갈망은 인간의 본성인가?

육식이 "우리를 인간으로 만들었다"는 관념을 지지하는 고인류학계의 정설이 확립될 수도 있다. 그러나 그에 못지않은 확률로 그런 정설이 아예 확립되지 않을 수도 있다. 그런 주장을 뒷받침할 증거가 워낙 부족하고 인과성도 비교적 약하기 때문이다. 또는 육식 행위가 현대 인류의 특징을 형성하는 데 있어 핵심 요인이었다기보다는, 그때그때 시기와 장소에 따라 구할 수 있는 음식에 적응하는 우리 종의 놀랍도록 유연한 식성의 증거로 받아들여질 수도 있을 것이다. 고기가 우리 호모 속의 식단 일부가 된 것은 약 200만 년 전 무렵이라는 사실은 증거로 뒷받침되고 있고, 고기가 생체 이용 가능한 칼로리라는 아주 제한적인 의미에서 아마도 약 180만 년 전에 출현했을 초기 인류 호모 에렉투스의 직계 조상 인류의 '개선된' 식단의 일부였다고 믿을 만한 근거도 (대체로 추론이지만) 충분히 있다(호모 하이델베르겐시스는 약 80만 년 전에 등장했고, 호모 사피엔스는 약 35만 년 전 내지 20만 년 전에 등장했다). (동물 사체나 집단 사냥을 통해 얻은) 고기를 비롯해 식물성 재료와 덩이줄기 등이 포함된 다채로운, 진정한 의미에서의 잡식 식단 덕분에 우리 조상 인류가 생존하고 번성할 확률이 높아졌을 것이다. 그런 식단은 또한 역으로 조상 인류가 아프리카를 떠나 더 광범위한 지리적 환경으로 이주하는 데 큰 역할을 했을 것이다. 그들은 식물성 음식이 풍부한 지역에서 벗어나 1년 중 대부분의 시기를 동물성 음식에 의존해야 하는 북극 근처까지 진출했다. 심지어 유라시아 대륙의 일부 지역에도 정착했는데, 거의 1년 내내 식생 자체가 부족한 그곳에서는 집단 사냥이 인류의 생존에 도움이 되었을 것이다.

현재 고인류학계의 통설이 무엇이건 간에 고기가 우리를 인간으로 만들었다는 환원주의적 주장이 왜 그토록 흡인력이 강한지 생각해볼 필요가 있다. 그런 질문에 대한 답 중 하나는 그런 주장이 너무나 단순하면서도 편리하기 때문이다. 고기는 자연 상태와 문화 상태를 연결하고 설명하는 '경첩'이 되어준다. 마치 우리 종이 자연 상태에서 출현해 지금은 거의 문화 상태에서 산다는 듯한 인상을 준다.[39] 20세기 말 문화와 자연의 관계를 이해하기 위한 매우 다른 시도가 '사회생물학'sociobiology이라는 이름으로 진행되었고, 이 글을 쓰는 21세기 초에도 계속되고 있다. '사회생물학'이라는 용어를 대중에게 알린 것은 곤충학자 에드워드 윌슨의 책 『사회생물학: 새로운 통합』(1975)이다.[40] 사회생물학적 사고방식은 생물학자들 사이에서뿐 아니라 진화생물학자와 사회과학자들 사이에서도 엄청난 논란을 불러일으켰다. 윌슨의 동료 진화생물학자인 스티븐 제이 굴드와 리처드 르원틴이 가장 대표적인 비판자들에 속한다.

메리 미즐리가 정리했듯이 사회생물학을 "무난하고 간단하게 정의"하면 "모든 사회적 행동의 생물학적 기원을 체계적으로 연구"하는 것이라고 할 수 있다.[41] 윌슨의 책에서 표방한 "새로운 통합"은 생물학과 사회과학의 통합을 의미한다. 윌슨은 두 학문의 주장을 통합해야 한다고 제안했다. 그렇게 하면 개인의 심리부터 사회조직에 이르기까지 모든 것을 설명할 수 있다는 이유에서였다. 더 나아가 윌슨은 자신이 주창한 사회생물학에서 핵심 이론 쟁점으로 부상한 이타주의의 진화론적 근거를 찾음으로써 윤리학을 "철학자의 손에서 잠시" 빼앗아 "생물화"해서 철학 영역으로까지 확장해야 한다고 말했다.[42] 생존이나 생식에 아무런 이점이 없어 보이는 이타적 행동을 진화론적으로 어떻게 설명할 수 있을까? 어떻게 이타적 행동은 그토록 널리 퍼지고, 모든 인간 사회에서 발견되는 보편적 특징이 될 수 있었을까? 이런 질문을 염두에 두고 있는 것은 우리에게 도움이 된다. 왜냐하면 많은 배양고기 지지자에게는 이 신생 기술의 핵심 매력이 바로 인간이 아닌 동물에 대한 이타주의이기 때문이다.

윌슨의 사회생물학을 비판한 초기 학자 중 한 명인 인류학자 마셜 살린스는 사회생물학에서 모든 인간 행동에 적용하는 기본 논거 원칙을 가리켜 "개별 유전자형의 자기-극대화"라고 표현한다.[43] 살린스를 비롯해 그 이후 문화인류학계에서 사회생물학을 비판할 때 가장 중요한 논거 중 하나가, 문화를 생물학적 효용 단위로 쉽게 환원할 수 없고, 문화는 그런 생물학적 효용을 넘어서는 다양한 목적에 기여한다는 점이다. 또 다른 논거는 자연과 문화가 근본적으로 다르다는 점이다. 자연과 문화가 서로 닮은 것처럼 보이기 시작하고, 그로 인해 자연과 문화가 어떻게 다르고 어떻게 차별화되는지 파악하고 이해하려는 노력을 무력화하는, 분명히 놀라운 데가 있는 사회생물학의 연금술을 지켜보면서도 문화인류학자들은 자연과 문화가 다르다는 점을 간과해서는 안 된다고 강조한다. 문화를 자연과 철저히 분리된 것으로 취급해야 한다고 살린스가 주장한 것(1976)은 결코 간단하게 넘어갈 문제가 아니다. 우선 그런 주장은 자연인류학과 문화인류학 간 지속된 영역 다툼이라는 맥락을 배경으로 제시된 학문적 입장이었다. 다른 한편으로는 자연과 문화를 서로 연관 짓는 것은 거의 언제나 둘 중 한쪽에게 유리하게 전개되었고, 그래서 오래전부터 정치적인 문제일 수밖에 없었다.[44] 또한 자연과 문화를 엄격하게 구분하는 것의 타당성에 대해서도 비판이 많았기 때문에 더 복잡해진 측면도 있다. 다만 자연과 문화를 구분하는 선을 지운다 하더라도 그것을 어떻게 해석해야 할지는 지우개를 든 사람의 정치적 성향에 따라 달라지는 듯하다.[45]

월슨의 사회생물학 자체는 다윈의 연구에서 시작된 많은 진화생물학자의 업적을 엮어 통합한 인상적 시도였다. 그러나 월슨의 1975년 저작에 깔린 학문적 입장의 전조는 초기 근대 유럽 정치철학에서 찾을 수 있다.[46] 토머스 홉스는 『리바이어던』에서 인간의 사회적 행동에 대한 주장과 자연에 관한 주장 사이에 순환 관계를 확립했고, 이로써 인간의 사회적 행동을 통해 자연을 규정하고 자연을 통해 인간의 사회적 행동을 규정하는 전통의 시작을 알렸다. 이것은 결국 살린스의 표현을 빌리자면 "한 사회가 사용하는 생물학 개념에서 그 사회의 특징"을 발굴하는 작업이 되었다.

살린스가 보기에 사회생물학에서 여전히 진행 중인 이런 발굴 작업은 치명적이다. 분야에 관계없이 과학자가 범주를 잘못 나누는 실수를 저지르게 될 뿐 아니라 인간의 본성에서 '기원적 신화'를 찾기 때문에 우리의 정치적 사고를 제한하는 올가미로 작동한다. 즉 현대의 시장자본주의를 비롯해 인간의 다양한 사회적 관행이 하나같이 인간의 본성에서 비롯된 것이라고 설명하고 정당화하게 된다.[47] 예를 들어 시장자본주의의 기원은 근본적인 경쟁 본능에서 찾을 수도 있지만, 그에 못지않게 단순히 교환과 사업의 여러 양식이 축적된 결과물로 설명할 수도 있다.[48] 1970년대에 살린스는 사회생물학이 현대 문화를 '자본가 본성'으로 환원하고, 본성이라는 자연을 부르주아 자본주의라는 색으로 그려낼 준비가 된 것 같다고 주장했다.[49] 배양고기 운동과 연결되어 있는 지구의 문제와 우리 종 전체의 행동(육식 등)에 관한 더 광범위한 논의에 있어서도 중요한 지적이다. 이런 맥락에서 팔레오 식단을 휘감은 유구성의 파토스와 크게 다르지 않은 고유한 '형이상학적 파토스'가, 고기에 대한 갈망을 진화론적으로 설명할 수 있다는 관념을 휘감고 있다고 볼 수 있다. 진화론적 이유로 우리가 육식을 선호하는 것이 자연스럽다는 관념은 이론에서 실전으로 수월하게 이동하는, 일종의 매끄럽게 연결되는 지식으로서 카리스마를 발휘한다. 사회생물학을 분석한 한 학자의 표현을 빌리자면, 사회생물학은 흔히 "과학 이론과 사실이 이데올로기와 도덕 의제의 소품으로 사용되는" "신화 만들기"라는 형태로 나타나며, 그 과정에서 대개 다른 종류의 "소품"을 만들어낸다. 새롭게 만들어낸 소품은 인간의 유전학적 또는 행동학적 특징이 아닌 인간 존재의 본질에 관한 이야기다.[50] 따라서 문제는 사회생물학 자체에서 생성되는 기술적으로 편협한 주장들이 아니라 그런 주장들이 대중의 의식에 심는 해석, 즉 생물학이 곧 정해진 운명을 의미한다는 메시지일 것이다. 이와는 다른 맥락에서 해러웨이는 "우리는 우리 자신을 보기 위해 동물이라는 거울을 닦는다"라고 말했다.[51] 실제로 우리는 우리 자신을 이해하기 위해서만 아니라 해러웨이가 "이성 이전, 인지 이전, 문화 이전의 본질"이라고 부른 것에서 우리 자신의 뿌리를 찾기 위해 (호모 사피엔스 이전의 호미닌을 포함해) 동물을 본다.[52] 배양고기 또한 자연의 고기, 우리의 본성에 관한 이야기를 통해 정당성을 획득하고자 하는 고기다.

사회생물학 논쟁에서 얻을 수 있는 교훈은, 혹여 고기가 이를테면 식단의 다변화를 통한 생존 전략의 일부로서 "우리를 인간으로 만들었다"는 것이 사실이라 하더라도 그것이 곧 고기에 대한 갈망이 우리의 본성이라는 증거가 될 수는 없다는 것이다. 이것은 본성을 모호하게 정의하느냐 구체적으로 정의하느냐의 문제가 아니다. 물론 우리가 고기를 먹고 싶어 하는 것이 본능에서 비롯된 것이 아니라고 해서 고기가 덜 맛있어지는 것은 아니다. 맥기는 인간이 고기를 갈망하도록 '프로그램'되어(의도적으로 기술 시대의 은유를 빌리자면) 있지 않다 하더라도 고기에 함유된 많은 영양소, 예컨대 장쇄지방산, 나트륨, 당, 헴 분자와 결합한 철, 비타민 A, E, B12 등을 섭취하고 싶어 한다고 지적한다. 식물의 세포벽은 두꺼운 반면 고기의 세포벽은 약해서 그 안에 들어 있는 영양소는 생체 이용성이 매우 높다. 고기는 특히 불로 가열하면 적은 양으로도 칼로리와 영양소를 풍부하게 공급할 수 있다. 굳이 고기에 대한 이론상 '근본적' 갈망이라는 주장에 기대는 대신 개인의 영양 균형과 입맛에만 초점을 맞추더라도 고기를 먹어야 할 이유, 심지어 고기를 갈망하는 이유를 충분히 찾을 수 있다. 그렇다면 고기는 인간 삶의 필수 요소라기보다는 인간이 생물학적으로 선호할 수도 있는 음식이 될 것이다. 고기는 우리 또는 우리 인간의 호미닌 조상들이 수만 년에 걸쳐 전략적으로 선택한 일련의 환경 적응용 식단의 일부였다. 우리가 호모 사피엔스로 진화하는 데 중요한 역할을 했을 수도 있지만, 도구와 불의 사용도 그런 역할을 했다는 증거가 있다. 이런 것들 중 단 한 가지만이 인간 조건의 결정적 요인이라고 콕 집어 주장하는 것은 생물학적 주장이 아닌 다른 무언가다. 그런 주장은 진화론적 선택이 가하는 일련의 압박 또는 영양소와 욕구의 만족스러운 대응 조합이라고도 할 수 있는 것을 본질과 운명이라고 해석하는 것이다. 사회생물학 논쟁이 불붙기 수백 년 전에 볼테르는 1759년에 발표한 희곡 『캉디드 혹은 낙관주의』에서 그런 사고방식을 풍자했다. "예컨대 보라, 코는 안경을 위해 만들어진 것이다. 그래서 우리가 안경을 쓰는 것이다."

사냥에서 가축화로

고인류학자들은 고기, 그리고 사냥 같은 고기 획득 전략으로 단순히 인간의 신체만이 아니라 그보다 훨씬 더 많은 것들을 변화시켰다고 주장한다. 고인류학의 서사는 또한 인류의 사회화 과정에서도 고기에 중요한 역할을 부여한다. 실제로 고기가 '카리스마 넘치는' 사회적 존재감을 지닌 음식이었다는 주장은 사냥이 수렵채집 사회에서는 상대적으로 비주류 연명 활동인 경우에 가장 잘 들어맞는 것 같다. (낚시가 아닌) 식용 포유류를 사냥하는 행위가 열매 또는 조개류 채집, 이삭 줍기에 비해 칼로리를 얻는 비효율적인 방법이라는 증거를 신뢰할 수 있다면, 우리는 사냥이 단순히 영양소 공급 외의 다른 역할을 했을 것이고, 아예 차원이 다른 사회적 의미를 지녔으리라고 추정할 수 있다. 여기서 핵심은 살린스가 1960년대 중반 「원초적 풍요사회」라는 논문에서 펼친 주장으로, 그는 이 주장을 1970년대 초에 더 확장한다. '원시' 수렵채집 사회가 자주 기아에 직면했으며 사냥에 성공해 돌아오는 사냥꾼 집단에 의해 수시로 구제되었다고 가정하는 대신, 수렵채집 사회가 상대적으로 적은 시간과 에너지를 투입하면서 그런 식으로 수렵과 채집을 병행하는 것이 효율적인 생존 전략이라고 판단했다고 가정해야 한다는 것이다.[53] 또한 아마도 채집이 수렵에 비해 더 효율적이었을 것이다. 사냥의 산물로 지목되는 사회성의 발달 과정을 구체적으로 살펴보기 전에, 사냥과 육식에 대한 살린스의 묘사가 고기를 연명 활동의 기준으로 삼는 현대의 보편적 관점과 극명하게 대비된다는 점에 주목할 필요가 있다. 일반적으로 고기를 부와 풍요의 척도로 삼지만, 그 이유가 고기가 인간 생명을 유지하는 칼로리의 대부분을 제공했기 때문인 경우는 드물다.

고기가 관여하는 발달 서사에서 사냥은 구체적이고 강력한 역할을 부여받는다. 1968년 윌리엄 래플린은 그런 서사를 유독 극단적으로 풀어낸 주장을 내놓는다. "사냥은 인간 종의 행동 패턴을 좌지우지하는 주인과도 같다." 그는 계속해서 사냥에 "한 개인과 그 개인이 속한 종 전체의 생물학적 행동 스펙트럼에서 목격되는 모든 책무, 관계, 결과가 들어 있다"라고 주장했다.[54] 래플린과 동시대에 활동한 자연인류학자들 모두가 그의 주장에 동의한 것은 아니었다.[55] 래플린은 그의 주장을 1966년 '사냥꾼 인간'Man the Hunter이라는 표제 아래 진행된 자연인류학 학회에서 처음 발표했는데, 학회 제목에서 연상되는 것과 달리 학회 참석자들 사이에서 주류 입장은 고대 인간의 조건에서 사냥은 그다지 결정적 요소가 아니었다는 것이었다. 특히 리처드 리Richard B. Lee가 발표한「사냥꾼이 먹고살기 위해 하는 일」은 당시에 현존하는 수렵채집 사회를 살펴보면 포유류 사냥을 통해 전체 식량의 20퍼센트 정도만을 마련한다고 주장했다. 리의 주장에 따르면 식량 공급 수단으로서 수렵은 채집에 비해 덜 안정적이고, 한 사람이 정착촌을 떠나시간당 얻는 열량도 더 적었다. 리가 예로 든 한 부시맨 공동체에서 한 사람이 채집에 한 시간을 투입해 얻는 열량은 2000칼로리인 반면, 한 사람이 사냥에 한 시간을 투입해 얻는 열량은 (사냥은 흔히 한 번에 투입하는 시간이 길기 때문에 그 시간 전체의 평균으로 따지면) 약 800칼로리였다. 고기는 칼로리 집약적인 음식인데도 말이다. 요컨대 사냥꾼은 실제로는 사냥을 해서 먹고사는 것이 아니었다. 물론 그렇다고 해서 사냥에 부여된 사회적 중요성이 줄어드는 것은 아니다. 예를 들어 현재 탄자니아에 있는 하드자Hadza

같은 부족의 경우, 부족원의 식단에서 고기가 차지하는 비중은 20 퍼센트 정도에 불과하지만 자신들의 식생활에 대해 외부인에게 설명할 때는 채소보다 고기를 더 많이 언급한다. 확실히 고기, 그리고 고기의 원천인 동물은 많은 문화에서 식물성 음식이 식단의 대부분을 차지하는 경우에조차 상징 영역에서 채소보다 더 중시된다.

고기가 우리를 인간으로 만들었다고 주장하는 것과 사냥에서 우리 인간성의 근원을 찾는 것은 별개의 문제로 봐야 한다. 후자는 인간성을 포식자의 조건으로 규정하고 인간이 아닌 동물을 피식자로 규정한다. 인류학자 닉 피데스는 『고기: 자연적 상징』에서, 인간의 삶에서 고기가 수행하는 가장 중요한 기능은 우리의 식생활과는 아무 관련이 없다고 주장한다. 오히려 고기는 자연 세계에 대한 인간의 지배권, 우리가 나머지 동물을 지배한다는 것, 인간과 나머지 '하류층' 간 거리를 상징한다. 또한 지배는 차별화를 의미한다. 우리 자신, 그리고 필연적으로 인간이 독점하는, 우리가 '문화'라고 부르는 것을 자연과 대치시킨다. 우리 육식 관행의 여러 특징은 그런 대치에서 복잡한 과정을 통해 도출된다. 고기(특히 붉은 고기)는 우리가 자연을 상대로 휘두르는 힘과 우리의 동물성을 동시에 대변하기 때문이다. 우리의 동물성은 동물로서 우리에게 주어진 조건과 그런 조건에서 벗어나고자 하는 우리의 의지, 둘 다를 의미한다. 생고기를 불로 가열해 변형하는 것도 가축화에 해당한다. 우리가 피가 흥건한 고기가 아니라 갈색으로 구운 고기를 먹을 수 있게 해준다. 만약 피데스의 주장이 의도하는 바가 더 넓게는 현대 육식의 변동성과 모호성을 노출하는 것이라면, 즉 육식이 인간의 자연 정복과 인간의 동물성(즉 인간이 자연의 일부라는 사실)을 동시에 나타낸다는 사실을 노출하는 것이라면, 그의 주장에서 이끌어낼 수 있는 또 다른 주장은 인간의 조건이 본질적으로 포식적이라는 것이다. 피데스의 주장은 클로드 레비스트로스의 구조주의적 인류학의 영향을 받은 것으로 보인다. 레비스트로스는 자연과 문화의 구체적 조합이 중요하다는 사실에 주목했다. 요리는 자연을 문화로 바꾸며, 이것은 범주가 서로 뒤섞일 수 있다는 것을 보여준다. 그러나 그런 범주를 만들어내는 의미 체계 전체의 입장에서는 자연과 문화의 차이가 매우 중요하다. 그런데 피데스의 서사가 포식의 중요성을 강조했기 때문에 사냥에 관한 인류학 문헌이 그 서사를 뒷받침하는 근거가 되기도 한다. 왜냐하면 많은 공동체에서 사냥은 영양학적 삶보다는 사회적·문화적 삶에서 더 핵심적인 역할을 하기 때문이다. 달리 말하면 영양학적 관점에서 본다면 고기에 지속적으로 부여되는 상징성으로 인해 고기는 오히려 과도한 대표성을 지니게 되었다. 놀랍게도 인간의 식단에서 단백질의 중요성을 강조한 19세기 주장의 그늘에서 여전히 벗어나지 못한 현대 영양학 논쟁에서도 이런 현상을 목격할 수 있다.[56] 오래전 호모 사피엔스의 역사에서도 고기는 아마도 연명 수단이기도 했지만, 지위를 알리는 신호이기도 했을 것이다.

인간이 사냥을 하기 시작하면서 지위를 알리는 신호로서의 기능이 고기에 부여되었다면, 그런 기능은 가축을 식재료로 쓰게 된 이후에도 계속 유지되었다.[57] 최초의 가축은 식용 동물이 아니었다. 최초의 가축은 개였고, 농경을 시작하기 약 2만 1000년 전에 가축화된 것으로 추정된다. 이것은 개가 수렵채집인의 반려동물이었음을 의미한다.[58] 자연인류학자 팻 시프먼은 가축화된 동물이 '살아 있는 도구'와 '귀중한 자연자원'의 제공자 역할을 했다는 점에서 동물의 가축화를 '도구 만들기의 확장'으로 생각해도 좋을 것이라고 제안했다.[59] 고인류학자들은 오래전부터 농경과 축산을 시작한 뒤에도 인간 삶의 질이 즉각적으로 향상되지 않았다는 사실을 인지하고 있었다. 실제로 초기 농경은 기존의 수렵채집 전략에 비해 칼로리 공급량이 더 적었다는 증거도 있다. 또한 초기 농경 세대는 동시대의 수렵채집인에 비해 몸집이 더 작고 수명도 더 짧았다. 애초에 왜 인류가 농경을 시작했는지에 대해 확실한 답을 내놓기는 어렵지만, 일부 고인류학자는 이것을 전략의 '집중화'로 보고 있다. 집중화하기 어려운 채집 활동을 하던 중에 기후변화로 인해 채집 가능한 식물이 부족해지자 일정 넓이의 땅에서 수확량을 늘리는 편이 더 매력적인 전략이라고 판단했을 것이라는 설명이다. 또 다른 가능한 답은 농업이 더 많은 인구를 먹여 살릴 수 있다는 점 때문에 선택되었다는 것이다. 수렵채집은 소규모 인구 집단은 먹여 살릴 수 있지만, 인구가 늘어나면 늘어날수록 주변에서 구할 수 있는 자원도 금세 소진된다.

초기 농경 세대는 농경으로 전환하는 과정에서 어려움을 겪기도 했지만, 세계 여러 지역에서 점차 농경이 호모 사피엔스의 주류 전략이 되었고 인구가 비교적 많고 인구밀도가 높은 정착촌을 유지하는 생존 전략이 되었다. 식용 동물의 가축화는 인간 삶의 핵심 요소가 되었다. 동물의 가축화로 인간의 신체가 변화를 겪었다고 지적하는 학자도 있다. 시프먼은 이것을 상호적 가축화라고 부른다. 상호적 가축화의 대표적 예는, 인간이 성인이 된 뒤에도 체내에서 락타아제가 활성화되어 있는 것이다. 많은 사람이 유아기를 벗어난 한참 뒤에도 유제품을 안전하게 섭취할 수 있는 이유다.[60] 처음에는 동물의 사체를 먹거나 사냥으로 고기를 확보해 먹으면서 영양단계*에서 높은 단계(예컨대 먹이사슬의 맨 꼭대기 내지는 그 바로 아래)를 차지했는지 몰라도, 최종적으로 그 단계에 안착할 수 있었던 것은 가축화 덕분이다.

귀한 음식이 저렴하고 일상적인 음식이 되다
고기 역사의 지도를 완성할 수 있다면, 그 지도에는 고기를 오직 동물 사체나 사냥을 통해서 얻는 시기가 끝난 뒤 고기가 예측 가능하고 안정적인 방식으로 공급되는 식재료가 되기까지 농경과 축산이 겪는 수많은 변화가 기록되어 있을 것이다. 그런 포괄적이지만 복잡한 지도는 존재하지 않으므로, 우리가 현재 먹는 고기가 200여 년 전 사람들이 (유럽에서) 먹은 고기 내지 다른 지역에서 더 최근 사람들이 먹은 고기와 어떤 점에서 특히 다른지를 살펴보

• 생태계의 영양 동태를 파악하기 위해 생물 역할을 분류한 것으로, 무기화합물에서 유기물을 합성하는 생산자(1차 생산자), 생산자를 직접 포식하는 1차 소비자(2차 생산자), 그것을 포식하는 2차 소비자, 이하 순서대로 (…) n차 소비자 및 이들의 사체나 배출물을 분해하는 분해자 등의 단계로 구분한다.

는 것이 중요하다. 맥기는 둘 간의 차이를 가리키면서 동물을 키우고 죽이고 먹는 '시골적' 방식이 '도시적' 방식에 잠식당했다고 표현한다.[61] 지난 200여 년에 걸친 도시화와 산업화로 시골적 방식은 거의 사라지다시피 했다. 대략적으로 말해 시골적 방식은 동물이 도축되기 전까지 그 동물과 인간이 공존하는 시간이 길고, 종종 그 동물을 음식으로 쓰려고 죽이기 전까지는 노동력으로 활용했다. 그런 동물은 나이가 많아지다 보니 고기가 더 질기고, 더 맛이 진한 경향이 있었다. 이와 대조적으로 도시적 방식을 적용해 더 어린 동물을 소비하면 그 고기가 더 부드럽고, 지방이 더 많고, 맛이 더 연해지는 경향이 있다. 이것이 20세기와 21세기에 많은 사람, 특히 선진국 사람들이 익숙해진 고기다. 다만 20세기 말에 특히 미국에서는 일부 소비자가 같은 동물의 고기라도 지방이 더 적은 고기를 선호하기 시작했다. 1927년 미국에서는 농무부가 고기의 상강도霜降度**를 등급 판단 기준에 포함시킨 등급제가 실시된 이후 내내 '도시적' 방식에 정부 지원금을 지급했다. 이 등급제는 1925년 미국 전역에서 축산 농가의 목소리를 반영하기 위해 실시된 일련의 공청회 내용을 참고해 만들었다.[62]

도시적 방식이 축산의 주류가 된 것이 오직 산업화 때문만은 아니다. 동물의 몸과 기술을 서로 적절히 타협시키고 조율하는 긴 과정도 한몫했다. 고기를 소비자에게 운송하는 공급망부터 새로운 개체를 생산하는 교배 체계에 이르기까지, 그리고 상을 받은

** 살코기 속에 지방이 흩어져 있는 정도를 서리가 내린 모양에 비유하여 이르는 말.

우수한 씨수소의 정자처럼 수요가 많은 제품을 위한 시장 같은 추상적 인프라에 이르기까지 모든 변수를 고려한 인프라 한 조가 마련되었다. 배양고기 운동의 입장에서 본다면 이 인프라는 누가 봐도 비효율적이고, 환경에 해롭고, 잔인하다. 치료 목적 투여량보다 적은 양의 항생제를 투여하는 관행도 병원균의 항생제 내성을 키운다는 문제점이 있지만, 이 인프라의 대표 시설인 밀집사육시설은 동물 유래 병원체를 양산한다는 점에서 아주 위험한 시설이다. 그러나 만약 수십억 명의 사람이 서구식 식단에서 일반적으로 주어지는 만큼 전통적인 고기를 소비할 수 있으려면 그와 같은 인프라가 꼭 필요하다.

20세기 중반 건축사학자이자 평론가인 지크프리트 기디온은 그가 말하는 '살아 있는 물질'과 '기계화된 것'을 구분하는 선명한 경계선을 긋는다. 1948년 발표한 『기계화가 주도권을 잡다』에서 그는 현대 기술이 인간과 동물의 몸에 미치는 영향을 정리하고 도식화하고자 했다. 이를 위해 그는 스트레스도 분석했는데, 산업화된 축산 및 육가공 노동을 수행한 노동자의 관절, 근육, 연조직이 닳은 정도, 표준화된 사육시설과 생산 공정에 동물의 몸을 맞춰서 동물이 마치 기계의 일부처럼 사육되고 가공되도록 만드는 방법 등을 살펴보았다. 여기서 절대 놓치지 말아야 할 점은 산업화된 고기 생산이 야생동물이었던 조상과 행동학 및 생리학적으로 동일한 동물인 가축을 직접적·기계적으로 학대하는 체계가 아니었다는 점이다. 산업화는 실질적으로 이미 여러 가지 의미로 기술적이었던 농업 체계의 생산성을 가속화하고 심화했다. 그리고 그런 체계에는 이미 여러 세대에 걸쳐 인간의 필요에 부합하도록 교배되고 번식된 동물이 포함되어 있었다. 그렇다고 해서 이런 살아 있는 부품들이 고통받지 않았다는 말은 아니다. 가축의 몸은 번식 체계의 자연스러운 산물이지만, 온갖 방법을 동원해도 동물의 몸을 도축, 이동, 판매 과정에 맞추기란 불가능했다.

그러나 가축 농업이 산업화가 일어나기 훨씬 이전에 기술적 체계가 되었다 하더라도 특히 20세기에 들어서 새로이 도입된 번식, 사육, 관리, 도축 방식이 그 이전과 비교해 추가적이고 질적으로 다른 압박을 동물의 몸에 가한 것처럼 보인다.[63] 이런 새로운 방식은 단순히 고기 생산량을 늘리기만 한 것이 아니라, 또한 인간과 인간이 아닌 동물의 건강상 위험과 심각한 산업 오염 등 미처 예측하지 못한 결과도 가져왔다. 사육장과 도살장 환경의 개선뿐만 아니라 선호되는 특정의 유전 정보와 동물의 영양 및 건강에 대한 더 깊은 이해를 비롯해 도축에 더 유리한 연령과 무게(아마도 무엇보다 항생제 활용을 통한)에 대한 이해도 새로운 방식에 포함된다. 이 모든 것이 농업대학과 실험실에서 얻은 지식 덕분에 가능했으며, 법학자이자 자연자원학자 윌리엄 보이드는 이를 가축 농업에서 가축 과학으로의 전환이라고 표현한다.[64]

이 장 초반에서 언급했듯이, 서구 세계에서 현대인의 고기 소비는 먹는 고기 종류의 축소화와 함께 먹는 양 증가가 병행되는 것이 특징이다. 우리는 가축화하기 쉬운 두세 종, 특히 소, 돼지, 닭의 고기에 더더욱 의존하게 되었다. 소비량의 증가를 설명하기 위해 경제사학자는 종종 고기의 소득탄력성이라는 개념을 사용했다. 프리드리히 엥겔스는 『영국 노동계급의 상황』에 이렇게 기록했다. "소득이 더 높은 노동자는, 특히 가족 구성원 전원이 한 푼이라도 벌 수 있는 경우라면, 이런 경제적 상황에 변동이 없는 한 좋은 음식을 먹는다. 매일 고기를 먹고, 저녁 식탁에 베이컨과 치즈가 오른다."[65] 엥겔스는 계속해서 다른 지역의 사회과학자들이 목격하는 것과 유사한 이야기를 들려준다. 요컨대 고기가 가구의 가용 소득에 따라 수요가 달라지는 소득탄력적 소비재라는 이야기다. "소득이 줄어들면 고기는 매주 두세 번만 식재료로 사용되고, 빵과 감자의 비중이 늘어난다. 동물성 음식은 아주 조금씩 줄어들다가 마침내 감자 요리에 뿌린 작은 베이컨 조각들만 남는다. 소득이 이보다 더 줄어들면 그마저도 사라진다." 한때 사치품이었던 고기는, 그래서 가끔 먹을 수 없게 되기도 하는 음식이었던 고기는 엥겔스의 관찰 연구 이후 10년 사이에 그 위상이 급격히 변하게 될 것이다. 산업화로 고기 값이 떨어지면서 대중의 일상 음식이 되기 때문이다. 엥겔스가 이 연구를 실시한 것은 이전에 고급 음식으로 분류되던 고기 부위가 거의 모든 사람이 구입할 수 있는 저렴한 고기가 되기 전이었다.

늦으면 19세기 말까지도 고기는 유럽의 많은 지역에서 대부분 사람에게 귀한 음식이었다. 아마도 부활절 등 명절에만 먹거나 뜻하지 않게 여윳돈이 생겼을 때만 먹는 음식이었을 것이다. 소수의 특권층만이 고기를 그보다 자주 먹었다. 우리가 아는 '저렴한 고기'는 아직 존재하지 않았다. 19세기와 20세기 사이에 유럽에서 고기 소비가 상당히 증가했지만(그리고 실제로 엥겔스 시대에도 증가하고 있었지만) 다른 지역에서는 그런 소비 증가가 조금 늦게 시작된다. 20세기 초 중국에 거주하는 유럽인은 (중국 북부 지역 등) 중국 일부 지역의 농부는 대부분 고기를 1년에 두세 번밖에 먹지 못한다고 진술했다.[66] 고기 소비가 증가하는 데 중요하게 작용한 조건은 사료용 작물 수확량의 증가였다. 이것은 화학비료 생산을 위한 질소고정窒素固定* 기술의 혁신, 농업의 산업화와 기계화, 수확량이 많은 종자의 사용 등으로 가능해졌다.[67] 일련의 기술 혁신 덕분에 농업의 규모를 키우는 '대규모 생육'이 가능해졌다.[68]

고기는 경제적 의미 이상으로 값이 싸졌다. 우리가 동물 사육, 도축, 정육의 순환계에서 멀리 떨어져 살수록 경험상으로도 비용이 저렴해졌다. 실제로 우리는 그 순환계에서 완전히 고립되어 있을 때가 많으며, 그 이유 중 하나는 육가공업체들이 사육장과 도축장 내부에서 녹음 및 녹화 장치 사용을 금지하는 등 공장식 가축 사육의 현실이 언론을 통해 외부로 전달되는 내용과 방식을 철저히 통제한다는 데 있다. 슈퍼마켓의 고기 포장재뿐 아니라 대형 광고판의 고기 광고는 대개 고기를 취한 동물을 직접적으로 보여주는 것을 피한다.[69] 이런 포장 문제는 19세기 후반부터 20세기에 이르기까지 진행된 확실한 변화를 반영한다. 윌리엄 크로넌이 지적하듯이 미국 육가공산업의 중추에 해당하는 시카고에서는 19세기 말 고기를 대하는 태도가 확연히 달라진다.

---

* 공기 중에 존재하는 분자 상태의 질소를 이용하여 질소화합물을 만드는 과정을 말한다.

이전에는 사람들이 돼지고기와 소고기가 동물과 인간의 복잡한 공생관계의 창조물이라는 사실을 잊기가 쉽지 않았다. (…) 포장이 진행되는 현장에서는 먹는 행위가 죽음과 필연적으로 결합된 도덕적 행위라는 사실을 기억하기가 쉽지 않았다. (…) 고기는 시장에서 사는 깔끔하게 포장된 물건이다. 자연은 그 과정에 거의 관여하지 않는다.[70]

시카고의 포장 시설을 최초로 통과한 동물은 미국의 '대평원 북부'에서 방목된 가축이었다. 그들은 100년 후에 맥기가 말한 도시적 방식의 고기에 더 가까워진 후손들에 비해 훨씬 더 나은 삶을 누렸다. 맥기가 말한 도시적 방식은 아직 어린 소를 죽였고, 그 소들은 생의 거의 전부를 철저하게 산업화된 환경에서 보냈다. 그러나 경험적 거리 두기의 메커니즘은 그 이전에 정착되었다. 그래서 많은 미국인에게 시골적 방식에서 도시적 방식으로의 고기 소비 전환은 거의 눈에 띄지 않게 진행되었다.

고기는 음식 이상의 의미를 지닌다

배양고기와 고기 역사의 관계를 검토할 때 반드시 기억해야 할 것은, 육식이 현대와 같은 규모와 양상으로 실천된 것은 약 100년밖에 되지 않았다는 사실이다. 이것은 현대의 식생활이 겪은 예기치 못한 여러 변화들 중 한 가지에 불과하다. 레이철 로던은 근대 유럽에서 식습관의 전반적 평준화 현상과 질적 측면에서가 아니라 언어 분화라는 특징으로 인해 '중간'middle에 놓이게 된 요리의 출현을 묘사하기 위해 '중급 요리'middling cuisine라는 표현을 사용했다. 중급 요리는 세계의 여러 지역 요리뿐 아니라, 고급 요리와 하급 요리 모두의 요소를 도입했다. 그렇게 카레 가루는 먼 식민지 인도에서 영국 중산층의 그릇으로 들어왔다. 부자와 빈자가 먹는 음식의 차이가 사라지지는 않았지만, 동일한 문화 내에서 식생활이 계층 간 넘을 수 없는 장벽이 되는 일은 없어졌다. 중급 요리는 "투표권 확대와 거의 비슷하게 전개되었다"라고 로던은 서술한다.[71] 중급 요리의 부상과 함께 지방과 설탕(더 이상 약이나 향신료로만 사용되지 않았다) 소비가 증가했을 뿐 아니라, 고기 소비도 증가했다. 이 모든 것은 종합적으로 근대성의 '영양학적 전환'으로 표현되며, 선진국에서는 현대인이 걸리기 쉬운 만성질환 다수의 원흉으로 비난받고 있다. 서서히 낮아진 설탕 가격이 모든 사람의 차에 감미료가 첨가된 이유였듯이,[72] 고기 가격이 저렴해지면서 육식이 민주화된 중급 요리가 탄생할 수 있었다. 그러나 소량의 육식이 인간 건강이나 자연환경에 문제를 거의 일으키지 않는다 해도, 산업화된 축산업 환경에서는 그런 주장이 불가능하다. 이것이 수십억 명이 꾸준히 먹을 수 있도록 고기를 충분히 생산하는 고기 산업의 어두운 측면이다.

인간 육식의 오랜 역사라는 관점에서 보면 산업화된 축산업, 즉 20세기 말과 21세기 초의 축산업은 이전까지의 추세에서 놀라울 정도로 멀리 벗어나 있다. 같은 기간에 급증한 세계 인구의 놀라운 증가세와 비교해도 결코 뒤지지 않는다. 19세기 중반 고기가 진정으로 산업화되기 시작한 시기에 세계 인구는 약 12억 명에 달했다. 이 글을 쓰는 현재 세계 인구는 75억 명으로 추정된다. '근대화'라는 용어는 도시화, 그리고 앞서 언급한 전 세계 대부분 지역에서 목격된 중급 요리의 부상 등을 포함하는 그런 급격한 변화를 너무나 쉽게 하나로 뭉뚱그린다. 세계는 너무나 많은 방식으로 변화를 겪었기 때문에 근대화의 여러 측면들이 도시화, 인구 증가, 식단 변화와 연결되어 있는지, 서로 원인이 되거나 심화하지 않았는지 물을 수밖에 없고, 사회과학자들은 여전히 이 문제의 답을 찾아 헤매고 있다. 물론 이외에도 다른 추세들이 더 많이 있다. 어떤 관찰자는 선진국에서, 적어도 특정 인구집단에서 고기 소비가 이미 감소세를 나타내기 시작했다고 주장한다.[73] 기후변화로 전 세계의 농경지가 줄어들면서 다른 음식의 가격과 함께 고기 가격도 상승해, 소비자가 앞으로 고기를 얼마나 소비할지 선택해야 하는 어려운 문제에 직면하게 될 것이라고 예상할 충분한 근거도 있다. 일부 영양학자들은 가까운 미래에 우리가 메뚜기 등 점점 다양한 단백질 공급원을 발굴해서 우리 몸이 필요로 하는 단백질 양을 채울 것이라고 예상한다. 이 모든 것이 '고기'의 정의를 다시금 더 포괄적인 개념으로 되돌릴 것이다. 따라서 이 장에서 처음 제기한 질문은 여전히 유효하다. 만약 배양고기가 실제로 상품화되고 우리의 식품 체계를 바꾼다면, 그것은 우리가 아는 사업화된 고기의 형태를 재생산하는 방향으로, 다만 그 생산의 기반 시설과 조건은 더 윤리적이고 지속 가능한 방향으로 전개될까? 배양고기가 고기에 대한 인간의 갈망을 충족할 것이라는 약속은 지나치게 단순한 답이다. 배양고기의 창조자들은 역사적 관점에서 고기를 향한 인간의 어떤 갈망을 충족시킬 것인가라는 질문에 대한 답도 열심히 찾아야 한다. 고기는 단순히 음식이기만 한 것이 아니라 그 이상의 의미를 지닌다. 고기가 우리를 인간으로 만드는 데 기여했을 수도 있다. 고기는 우리를 죽이는 데 기여할 수도 있다. 배양고기 운동의 가장 이상한 점은 고기다움을 강조한다는 것이다. 그들은 실험실에서 배양된 세포들을 고기라고 부른다. 그리고 고기가 늘 현재 우리가 소비하는 고기와 같은 것이었다는 생각, 그 고기를 먹는 우리가 늘 현재의 우리와 같은 인간이었다는 생각이 그런 진술을 에워싸고 있다. 이런 고기다움의 강조는 미래의 선전 문구이지만, 그 밑바닥에는 미래에는 과거가 꼭 필요하다는 믿음이 깔려 있다.

약속

인간, 약속하는 동물

2년 뒤로 빨리 감기를 해보자. 2013년에 마크 포스트가 공개한 햄버거 패티의 쌍둥이가 하얀 접시에 놓여 있다. 보존을 위해 합성수지 처리를 한 이 패티는 포스트와 그의 연구팀이 런던에서 배양고기 시연회를 열기 전에 몇 주 동안 직접 손으로 빚은 햄버거 패티 두 개 중 하나다. 북미 출신인 내 눈에는 빛바랜 하키 퍽처럼 보이는 그 결과물은 접시에 놓인 채 네덜란드 레이던의 부르하버 과학사·의학사 박물관의 투명한 플렉시글라스* 상자에 갇혀 있다. 포스트는 햄버거 패티를 박물관에 영구 소장품으로 기부했는데, 특히 이날은 음식의 미래를 주제로 한 전시회의 전시품으로 선별되었다. 그런데 씨수소의 정자를 추출하는 21세기의 가축 사육용 인공물과 같은 전시대 위에 놓여 있어서 패티에만 온전히 집중하기가 어렵다. 배양고기처럼 이 기구도 소고기를 증식하는 기술이다. 체외가 아닌 체내 증식을 돕는 기술이지만.[1]

이 햄버거 패티는 그것이 식품 체계에 어떤 영향을 미칠지 (영향을 미친다는 전제하에) 확인되기도 전에 역사 기록의 하나로 소중히 보존되었다. 내가 이 햄버거 패티를 본 것은 배양고기 연구를 시작한 지 거의 2년이 지난 2015년이었지만, 지금 이 장에서 그 일에 대해 서술하는 것이 적절하다고 생각한다. 햄릿의 목소리를 빌리자면 다음과 같다. "시간의 관절이 어긋났구나/ 아 저주받은 운명이로다/ 어긋난 시간을 바로잡기 위해 태어나다니." 셰익스피어는 고난을 나타내는 장엄한 은유로, 시간을 손가락에 비유한다. 20세기 말 한 영화에서는 시간의 이미지를 나타내기 위해 고기를 사용한다. 한 역사학 교수가 강의실에 앉은 학생들에게 선언한다. "절대로 잊지들 말아요. 우리 아버지가 정육점을 했다는 사실을요." 그는 서류가방에서 도마, 메트로놈, 푸주 칼을 꺼내고, 곧이어 줄줄이 연결된 블러드소시지**가 등장한다. 한 학생이

---

* 유리처럼 투명한 특수 합성수지.

자원해 앞으로 나와 메트로놈 박자에 맞춰 소시지를 자른다. 이 시간은 관절이 없고, 그래서 어긋날 일도 없다. "마르크스는 인간이 언젠가는 소시지를 그만 먹을 거라고 믿었습니다." 교수가 말한다. "아인슈타인이 껍질을 벗겨냈고, 그러자 형태가 사라졌죠." 이것은 알랭 타네와 존 버거가 손잡고 만든 영화《2000년에 25살이 되는 조나》(1976)의 한 장면이다. 이 영화는 유럽의 젊은 세대에게 시간이 기존의 형태를 벗고 새로운 형태를 얻은 시기로 여겨지는 1968년의 유산을 성찰한다. "이제 시간의 주름이 어떻게 만들어지는지 이야기해보죠"라고 말한 교수는 역사의 내용을 결정하는 권력의 작동 원리, 즉 유럽에서 어느 여름날 문화적·정치적 의식을 변화시킨 '사건들'에 대해 설명한다. 배양고기는 어떤 부류의 중첩된 시간을 만들어냈는가? '관절로 연결된' 시간에서 어떤 부류의 이탈을 야기했는가?

내가 건너뛰고 앞서 나가는 데에는 이유가 있다. 기대가 앞에서 나를 자꾸 끌어당긴다. 정신분석학자 자크 라캉은 "기대된 확실성의 단언"에 관한 글을 썼다. 그런 기대된 확실성의 단언으로 인해 시간이 빨라지거나 건너뛰는 것 같은 느낌이 들 수 있다. 라캉은 이것을 '가속 기능'이라고 불렀다. 부르하버박물관에 전시된 햄버거 패티는 그 고기 조각이 앞으로 너무나 중요한 사물이 될 것이고, 그래서 이미 역사 기록의 일부라는 암묵적 메시지를 담고

있다. 문학평론가 쇼샤나 펠먼이 지적했듯이, 그런 확실성의 단언은 대개 우리에게 낯익은 구술 형식, 즉 약속이라는 형태로 표현된다.[2] 약속은 보통 말이나 글로 표현되지만, 물건으로 약속할 수도 있다. 여기 2013년 배양고기를 대변하면서 시간을 가속한 진술 세 가지를 예시하겠다.

> 우리는 그것이 가능하다는 것을 입증했습니다.[3]

> 체외 시험관 기술은 소와 닭으로 가득한 트럭, 그리고 도축장과 공장식 축산업의 종말을 선언할 것입니다. (…) 탄소 배출량을 감축하고, 물을 절약하고, 더 위생적으로 식량을 공급할 것입니다.[4]

> 우리가 배양고기로 전환하면 (…) 모든 사람이 자가용을 포기하고 자전거를 타는 것보다 온실가스 배출량을 훨씬 더 많이 줄일 수 있습니다.[5]

지적으로 꼼꼼한 독자라면 이런 진술들이 공식적인 약속이 아니라고 지적할 것이다. 첫 번째 진술은 포스트가 햄버거 시연회에서 말한 것으로, 문자 그대로의 의미를 담고 있다. 배양고기와 관련한 일을 하는 사람들 가운데 포스트만큼 이성적인 태도로, 무엇이 실현 가능한지에 관한 정보와 연구 성과를 투명하게 공개한다는 원칙을 세우고 실천하려고 최선을 다하는 사람도 없을 것이다. 세 번째 진술은 2010년 제이슨 머시니Jason Matheny가 언급한 "만약 ~라면, ~이다" 형식의 문장이다. 제이슨 머시니는 비영리단체 뉴하비스트의 설립자다. 이 진술은 새로운 기술이 가져다줄 잠재적 혜택에 대한 확신을 담고 있지만, 그런 혜택을 실현시킬 구체적 인과관계에 대해서는 침묵한다. "~할 것이다"를 두 번 사용한 두 번째 진술만이 약속에 가깝다고 할 만하지만, 상대방의 서명을 기다리는 계약서에서 제시되는 것과 같은 확실한 약속은 아니다. 이것은 PETAPeople for the Ethical Treatment of Animals가 내놓은 진술이다. PETA는 동물보호를 기치로 내건 대담한 선언문을 발표하는 단체로 유명하다. 그러나 이 세 진술 모두 적합한 맥락과 적절한 청중 또는 독자를 만나면 마치 무언가를 보장하는 것처럼 들릴 수 있다. 따라서 이런 질문이 뒤따른다. 약속의 가장 극단적인 형태가 계약(법 문화에서) 또는 예언(종교 문화에서)이라면, 약속의 가장 약한 형태는 무엇일까? 실현 가능성을 어느 정도까지 느슨하게 말해도 여전히 뭔가를 약속했다는 느낌을 줄 수 있을까? 이 질문에 대한 답은 무엇이 걸려 있는지, 그리고 그 무엇의 도덕적 무게와 그 약속을 받는 상대의 바람 등에 따라 그때그때 달라질 것이다. 퇴행성 실명의 치료를 약속하는 것과, 공기와 접촉해도 갈변하지 않도록 유전자를 조작한 사과 출시를 약속하는 것 사이에는 엄청난 차이가 있다.[6]

이것은 다시 약속이 우리에게 어떤 영향을 미치는가 하는 질문으로 이어진다. 펠먼과 라캉이 이 질문에 열심히 답을 한다. 이들은 약속을 일종의 '언술-행위'로 본다. 언술 행위의 목적은 진실을 전달하는 데 있는 게 아니라 행동에, 즉 언어로 표현한 바를 실행에 옮기게 하는 데 있다. 약속은 불안정하다. 약속을 하면서도 우리는 그 약속을 지킬 수 있을지 없을지 결코 알 수 없기 때문이다. 우리는 이런 임시 언어 도구를 사용해 우리가 상상하는 미래를 덜 불안정한 것으로 만든다. 20××년도에는 배양고기가 출시될 거라고 말하는 모든 사람이 그렇지 않을 수도 있다는 것을 안다. 그러나 기업가, 과학자, 전문가들이 모든 경우의 수와 완벽하게 실패할 가능성을 인식하고 있더라도 대중 앞에서 그런 사실을 낱낱이 알리고 싶지는 않을 것이다. 그렇게 인정하는 것이 기본적으로는 전도유망한 기술을 배신하는 행위처럼 여겨질 것이기 때문이다. 이런 유형의 미래주의는 이미 정해진 양식에 따라 신뢰를 쌓아나가는 작업이다. 요컨대 신용 사기와 공통점이 아주 많다. 지난 몇 년간 나는 배양고기 서사가 펼쳐지는 것을 지켜보았는데, 그동안 배양고기에 관한 공공 담론에서, 특히 배양고기의 기술적·상업적 가능성과 배양고기가 가져다줄 혜택에 관한 논의에서 자유분방함과 개방성이 서서히 사라졌다. 벤처 투자자들이 관심을 보이는 신생 기술에 관한 논의에 과도한 기대와 편견이 개입하면서 전부까지는 아니더라도 그런 논의 대부분이 왜곡되어버리기 때문에 나타나는 현상이라고 나는 생각한다. 한 기업가가 엄청난 확신을 표출하면, 다른 모든 이해관계자가 이 기술에 건 확신이라는 판돈도 그에 맞춰 자동적으로 커진다.

이쯤에서 프리드리히 니체가 『도덕의 계보』에서 약속에 관해 언급한 내용을 찬찬히 살펴볼 필요가 있다. "약속할 권리가 있는 동물을 사육하는 것—이것이야말로 인간과 관련해 자연이 스스로에게 안긴 역설적 과제가 아니겠는가? 그리고 이것이야말로 인간이 직면한 진짜 문제가 아니겠는가?"[7] 여기에는 단기적으로 '가속 기능'의 효과를 무력화하고 우리로 하여금 잠시 숨을 고르면서 생각할 여유를 주는 수수께끼가 들어 있다. 니체는 인간을, 마치 자연이 가축화한, 어떤 목적을 위해 사육당하는 동물에 비유한다. 자연은 암묵적으로 의인화되고, 반면에 인간을 농장 동물과 구별하는 결정적 차이는 사라진다. 그런데 니체는 인간과 나머지 창조물을 구별하는 백묵 선을 문질러 없애면서도 또 그 선을 다시 긋는다. 니체는 자연이 우리 인간을 사육하면서 약속할 '권리'(흥미롭게도 법적 용어를 선택했다)를 지닌 동물을 창조했다고 주장한다. 달리 말하면 인간을 다른 모든 동물과 구별하는 특징은 우리의 뇌도 아니고, 털이 비교적 적게 난 피부도 아니고, 불을 사용하는 능력도 아니고, 바로 약속을 할 수 있다는 점이라는 것이다. 펠먼은 이 글을 읽으면서, 니체가 우리 인간을 약속하는 동물로 규정함으로써 그보다 훨씬 더 오래전에 인간에게 부여된 철학적 특성에 대한 대안을 제시했다고 해석한다. 아리스토텔레스는 '인간'을 '정치적 동물'이라고 칭했다.[8] 인간의 사회성, 인간이 사회 구조 안에서 태어나 그 구조에 의존적 존재로 자라기 때문인 것도 있지만, 또한 인간에게는 언어 능력이 있어서 약속을 할 수 있기 때문이기도 하다.

인류학자 마이크 포툰은 니체의 글을 읽으면서, 약속의 본질 자체가 자기 모순에 해당한다고 지적한다. 의심을 표현하는 구문인 "약속하고, 약속하고"promises, promises는 약속이라는 단어를 이중으로 놓는 것만으로 약속의 의미가 뒤집어지고 모든 신뢰가 바닥에 떨어진다는 것을 보여준다. 우리는 약속이 확실성의 내재적 기한 범위를 넘어서는 미래까지 확실성을 투사해 희망을 이어나가기 위한 수단에 불과하다는 것을 어느 정도는 직감적으로 안다. 약속은 의지가 담보하고 닿을 수 있는 범위, 의지가 통제할 수 있는 범위를 벗어나는 영역으로 의지를 확장한다. 만약 약속이 특정 미래가 도래하는 데 도움이 된다면, 그런 미래는 원래의 약속에 우리가 부여한 믿음을 소급해서 정당화하는 셈이 될 것이다. 이것을 달리 표현해본다면 약속이, 특히 그 약속이 사적인 것일 때, 약속한 사람과 약속받은 사람을 일정 시간 동안 회귀적으로 구속할 수 있다는 뜻이다. 포툰은 이렇게 말한다. 약속은 "어찌 보면 신용을 담보로 삼은 언어다. 물론 누구나 알고 있듯이 그렇다고 해서 지금 만기일이 돌아오지 않는 것은 아니다."[9] 약속이 본질적으로 자기 모순적이라는 사실은 중요하다. 왜냐하면 약속은 인간 삶의 필수 불가결한 요소이기 때문이다. 우리는 약속을 신뢰할 만한 것으로 취급한다. 약속이 본질적으로 신뢰할 만하지 않다는 것을 알면서도 말이다.

1958년 한나 아렌트가 대작 『인간의 조건』에서 니체의 글을 해석하면서 설명한 대로, 약속은 순전히 의지라는 기능에 의지해서 결코 미리 알 수 없는 미래에 확실성의 섬을 띄우는 행위다. 니체가 개인의 의지에 집착했다는 점에 주목한 아렌트는 니체와 달리 공유된, 집단적인, 불가피한 사회활동으로서의 약속에 관심을 집중했다. 아렌트가 생각한 약속의 가장 대표적인 예는 바로 정치적 주권이다. 주권은 조율된 집단적 행동에 의해 생성되며, 역으로 그런 행동은 우리에게 '상호 약속 내지 계약'을 할 수 있는 능력이 있기 때문에 가능하다.[10] 따라서 주권은 약속 행위가 생성한 영역 내에 머물며, "미래의 예측 불가능성에서 완전히 자유로울 수 없다." 이렇듯 예측 불가능성에서 완전히 자유로울 수 없다는 한계는 "약속을 하고 지키는 기능 자체에 내재된 것과 동일"한 한계다.[11] 정당한 주권의 지배를 받는 인민이 얻는 것은 "마치 미래가 현재인 양 취급하고 처리"할 수 있는 능력이다.[12] 다만 이런 유형의 주권은 집단으로서 약속하는 정치 공동체에서만 가능하다. 단한 명의 지도자에게 단 하나의 약속을 거의 수동적으로 받은 인민은 이런 능력을 얻지 못한다.[13]

배양고기 기술을 믿는 약속의 공동체

우리가 "마치 미래가 현재인 양 취급하고 처리"할 수 있기를 바라는 삶의 모든 영역에서는 많은 것이 약속을 하는 사람에게 달려 있다. 친밀성에 관한 많은 약속들, 예컨대 결혼 서약 등은 서로에 대한 믿음이라는 '신용'이 담보 역할을 한다. 기술에 관한 약속은 편리하게도 그렇지 않다. 왜냐하면 그런 약속을 보증해줄, 개인과 무관한 신용 자원이 존재하기 때문이다. 이 신용 자원이란 바로 기술 발전이 역사를 앞으로 나아가게 하는 원동력이라는 보편적 믿음이다. 역사가들은 이 믿음을 '기술결정론'이라는 용어로 공식화하기도 한다.[14] 이런 믿음에는 다양한 변종들이 있어서, 때로는 계산기부터 정보 네트워크 사회에 이르기까지 우리의 발명품들이 자율적 생명력을 지닌다는 믿음으로 나타난다. 그 발명품의 활용 방식이 아니라 발명품의 본질적 특징이 사회를 변화시킨다고 믿기도 한다. 이것은 기술결정론적 관점으로 세상을 바라보는 방식을 살짝 흉내 내어 만들어본 예다. 더 극단적 예로는 현재 기업에서 차용하는 미래주의를 선동하는 집단으로, 이들은 인류사의 주인공은 뗀석기부터 생명공학에 이르는 기술 진보 그 자체였다는 믿음을 설파한다. 기술결정론의 기원은 유럽의 계몽주의에서 찾을 수 있고, 진보라는 관념과 나란히 전개되었다는 것이 역사학계의 통설이다.[15]

잠재적 능력은 약속의 근거가 된다. 배양고기는 그 자체로 독립적인 생물학적 개체인 줄기세포로 만든다. 과학자들은 줄기세포의 잠재력이 엄청나다고 말하며, 줄기세포는 특히 의학 분야에서 큰 기대를 받고 있다.[16] 요란한 환대를 받고 있지만 사실 배양고기는 재생의학 분야의 줄기세포 연구라는 더 큰 서사의 일부다. 과학자들은 다양한 유형의 체세포 생성, 치료 효과 증진, 성장 촉진 등 줄기세포의 잠재력을 실험실에서 밝혀낸 자연의 비밀로 묘사하곤 한다.[17] 조금 달리 표현하자면 자연은 오직 인간의 문화를 통해서만 해방시킬 수 있는 잠재력을 지니고 있다. 줄기세포 기법의 잠재력(영어 단어 포텐셜potential은 '능력'을 의미하는 라틴어 포텐티아potentia에서 유래했다)은 금세 그런 기법의 '약속'으로 탈바꿈한다. 비공식적인 환자 네트워크, 즉 잠재적 환자는 잠재적 기법에 반응하면서, 아마도 가속 기능의 희망에 찬 손아귀에 붙들려 점점 늘어난다. 그 집단을 '약속의 공동체'라고 부르자.[18] 그들은 알츠하이머병 같은 질병의 치료법이나 치료제를 기다린다. 그들은 현실과 가능성 간에 존재하는 틈을 아주 절절하게 느낀다. 보통 그들은 그저 앉아서 기다리는 대신 자신들이 바라는 치료법 연구를 지원하기 위해 모금을 추진한다. 때로는 비공식적 네트워크가 공식적 로비 단체가 되기도 한다. 기이하게도 배양고기의 '약속의 공동체'는 의료 환자 네트워크의 메아리 같다. 두 공동체 모두 좌절감만 남기는 오랜 기다림의 시간에, 기초과학 연구의 더딘 속도에 익숙해졌고, 기다리는 동안에도 사기를 잃지 않는 법을 배웠다.

2013년 가을에 이 연구를 시작한 나는 생명공학 분야에서의 추론 작업은 약속에 동참하는 것도 포함한다는 점을 알고 있었다. 신생 기술의 기업가이건, 전문 미래주의자이건, 도덕적 지지자이건 예외는 없다. 나 또한 예외가 아니었다. 이 연구를 가능하게 한 연구 지원금은 미국 국립과학재단이 지급했고, 그 재단이 이 연구에 붙인 제목은 "조직공학과 지속 가능한 단백질 개발"이었다. 마치 내가 단순히 배양고기 연구의 참관인이 아니라 배양고기 연구의 행위자인 것 같은 인상을 주는 제목이다. 나는 그런 보증에 익숙해지는 수밖에 없었다. 왜냐하면 나도 그 보증에 연루되어 있기 때문이다. 나는 어원에 관한 20세기 프랑스 생물철학자 조르주 캉길렘의 고찰을 곰곰이 되새겨보았다. 캉길렘은 '조직'tissue이라는 단어가 라틴어 동사 티세르tisser(직조하다)에서 유래했다고 지적했다.[19] 그는 '조직'이 "이론 외extra-theoretical 함의로 가득"한 용어라고 말하면서 '세포'cell라는 용어가 유기물과 사회질서에서 부분과 전체의 관계를 둘러싼 역사적 맥락과 관념을 전달하기 위해 사용된 것을 예시로 든다. 캉길렘이 보기에 세포는 언제나 자연 모델을 묘사할 때 사용되는 반면, 직조는 확고하게 문화 모델을 묘사할 때 사용되었다. "세포는 언제나 인간이 아닌 벌을, 그리고 벌이 만든 벌집을 연상시킨다." 캉길렘은 이어서 말한다. 직조는 거미가 아닌 인간을 연상시킨다. 직조된 직물은 "인간의 수공예 작업의 정수"다. 세포가 그 자체로 완결된 형태라면, 직조는 연속적 형태. 직물에서 끊김은 그 형태 자체에 내재된 것이라기보다 임의적이고 우연적인 것이다. 직조는 언제든 멈췄다가 다시 시작할 수 있다. 그렇다면 조직공학은 '직조된' 생물 물질의 잠재적 무한성을 대변한다. 그리고 존재론적 관점에서 '무한성'은 '지속 가능성'보다 훨씬 더 무거운 표현이다. "직물은 접을 수 있고, 펼 수 있다"라고 캉길렘은 말한다. "상인의 매대 위에서 하나씩 차례차례 파도처럼 펼쳐진다."

연구 초창기에 나는 벽에 부딪히곤 했다. 여기저기 전화를 걸어야 했고, 내가 찾을 수 있는 모든 배양고기 연구자에게 이메일을 보내야 했다. 마크 포스트도 그중 한 명이었다. 미국 국립과학재단의 지원과 매사추세츠공과대학교 박사후과정생이라는 직함 덕분에 어느 정도 신용을 얻을 수 있었다. 그러나 실험실을 방문하거나 연구자들과 대화를 나눌 기회는 적고 드물었다. 음성메시지와 이메일 대부분은 응답을 받지 못했다. 당연히 불안감에 시달릴 수밖에 없었다. 이샤 다타라는 대화 상대자를 만난 것은 행운이었다. 이샤 다타는 2004년에 설립된 비영리단체 뉴하비스트가 배양고기 연구를 지원하기 위해 그 무렵 새로 최고책임자로 임명한 젊은 생물공학자였다. 이후 몇 년 동안 나는 다타와 대화를 나누면서 큰 도움을 받았다. 그녀는 배양고기, 그리고 배양고기 관련 논쟁, 자금 지원 환경, 배양고기 산업의 변화하는 역학관계에 관한 자신의 지식과 견해를 기꺼이 나와 나눴다. 뉴하비스트에 합류하기 전 다타는 초창기 배양고기 논문 중 가장 널리 읽히는 논문 중 하나의 공동 저자였다.[20] 그녀는 뉴하비스트를, 배양고기의 칭송자들을 연결하는 '약속의 공동체' 역할을 하는 동시에 배양고기를 매력적 선택지로 만드는 환경적·윤리적 딜레마를 사회가 신중하게 고찰할 수 있도록 지원하는 단체로 키워낸다. 다타와 대화를 나누고, 2~3분이라도 시간을 내주는 사람들과 인터뷰를 하는 사이사이에 나는 엄청난 기다림의 시간을 보내며 책과 논문을 읽었다. 또한 컨설팅회사, 싱크탱크, 비영리 환경단체, 다수의 공학기술 학회 등 음식의 미래에 관한 추론의 장場들을 방문했다.

캐나다 출신인 다타는 토론토에서 뉴욕으로 이동했고, 뉴하비스트는 다타의 아파트 책상에서 사무실로 이동했다. 나중에는 다타와 업무를 분담하는 직원들도 채용했다. 뉴하비스트는 스타트업과 유사한 브랜드 전략을 택했고, 배양 중인 세포를 연상시키는 뉴하비스트의 로고도 그런 전략 중 하나다. 사업 분야를 확장하면서 동물의 체내가 아닌 체외에서 생산하는 다양한 동물 제품을 지칭하는 '세포농업'이라는 용어도 만들어냈다. 조직배양 연구의 어휘가 이미 "키우다"와 "수확하다" 같은 농업 용어로 점철

되어 있다는 점을 생각하면 아주 절묘하게 잘 어울리는 용어다.[21] 나는 또한 소 없이 우유를 만드는 것이 목표인 스타트업에서도 시간을 보냈는데, 이 스타트업의 설립도 다타가 지휘했다. 설립 당시 무프리Muufri였던 회사명은 나중에 퍼펙트데이Perfect Day로 바뀐다. 달걀 단백질이나 코뿔소 뿔의 제조를 목표로 삼은 스타트업도 있다. 코뿔소 뿔 제조 스타트업은 코뿔소 뿔의 가루를 '약'으로 사고파는 중국 시장을 공략하고, 이를 통해 불법 밀렵을 막는 것이 최종 목표다.[22]

실제로 연구를 진행 중인 실험실에 연락을 취하는 과정에서 더 많은 벽에 부딪혔다. 일반적으로 벤처 자금 지원을 받으면 지식재산권을 확보하고 보호할 의무가 생긴다. 이것은 곧 내가 종종 회사의 설립자나 대변인과 2~3분 정도 면담을 할 수는 있어도 실험실을 구경하거나 연구에 매진하는 과학자를 만날 수 없다는 것을 의미했다. 이렇듯 미지라는 안개로 인해 불편을 겪는 사람이 오직 나 한 사람은 아니라는 것도 알게 되었다. 많은 배양고기 과학자가 자신이 실험을 통해 얻은 최신 연구 결과를 다른 실험실과 공유할 수 없고, 따라서 이미 누군가가 해결한 기술적 문제와 씨름하느라 시간과 노력을 낭비하는 위험을 감수해야만 한다. 뉴하비스트는 공개 연구를 지원하는 데 힘쓰겠다고 공언했고, 그런 노력 덕분에 이 문제를 어느 정도 완화할 수 있었지만, 완전히 해결할 수는 없었다. 그 와중에도 새로운 약속들이 꾸준히 등장했고, 나는 이따금 배양고기 관련 논의에서 약속이 유일한 화법이 되는 것은 아닌지, 보증이 군림하는 듯한 분위기에 우려를 느꼈다. 우리의 식품 체계에서 어떤 것이 바람직한가를 비롯해 다른 부류의 담화는 주변부로 밀려나곤 했다.

부르하버박물관으로 다시 돌아가보자. 나는 여전히 라캉이 말한 '가속 기능'의 박자 기호에 머물고 있다. 나는 인류학 저술에서 시간의 관절이 어긋나는 방식에 대해 생각한다. 전통적으로 인류학은 현대에서 빠져나와 인류의 과거로 들어가 자연과 문화에 관한 교훈을 발굴했다. 인류학자들이 우리가 미래를 기대하고 그 기대를 중심으로 미래를 설계하는 방식을 기록하면서, 은유적으로 표현하자면 미래 방문을 시도한 것은 비교적 최근의 일이다.[23] 인류학자들은 오래전부터 스스로를 일종의 시간 여행자로 여겼다. 그들은 지구에서 상대적으로 덜 개발된 지역으로 건너가 현장연구를 실시하고, 자신이 떠나온 상대적으로 더 발달한 지역으로 돌아가는 단순한 행위를 통해 시간 여행을 할 수 있다고 믿었다. 현장에서 다시 집으로 돌아온 뒤 마치 자신들의 민족지 연구가 자신들이 사는 현재와는 다른 시대, 기이한 영속성에 갇힌 시대에서 일어난 일인 양 글을 썼다. 마치 전근대 세계의 양동이 속으로 자신들의 인류학적 경험 한 방울이 섞여 들어갔고, 그 경험이 근대성으로 세척되고 분류되기만을 기다린다는 듯이 굴었다. 현대의 '원시' 부족이 아주 먼 과거의 인류와 유사하다는 이런 믿음을, 인류학자 요하네스 파비안은 '동시대성의 부정'이라고 부른다.[24] 배양고기에 관한 인류학적 기록을 남기려는 시도는 그것과는 반대 방향으로 동시대성을 부정하려고 노력하는 경험을 낳는다. 현장연구자가 오히려 과거에 사는 사람, 연구하려는 주제 또는 대상을 아직 따라잡지 못한, 시대에 뒤처진 사람이 된다. 대학교, 특히 한 때 식민지를 거느린 제국이었던 국가의 대학교 부설 민족지학 박물관(옥스퍼드대학교의 피트 리버스, 케임브리지대학교의 고고학 및 인류학 박물관이 그런 예다)을 관람하면서 얻을 수 있는 익숙한 경험을 뒤집어놓은 것이다. 아마도 북미의 북서부 태평양 연안에 거주하는 퍼스트 네이션*의 토템 기둥이 그곳에 전시되어 있을 것이다. 마치 해당 부족의 삶이 여전히 계속되고 있다는 듯이, 마치 근대화의 물결이 그곳에 닿지 않았다는 듯이, 마치 그 부족의 문화는 '냉각'cold 문화이고 '과열'hot 문화가 아니라는 듯이.[25] 그러나 부르하버박물관에서는, 플렉시글라스 상자 안에 놓인 햄버거 패티로 대변되는 미래의 관점에서는 여전히 동물을 먹는 나야말로 시간의 관절에서 벗어난 어긋난 존재다.

•   First Nations. 북극 아래 지역에 사는 캐나다 원주민들을 말한다.

안개

공유 가능한 콘텐츠

내가 탈 버스가 드디어 안개 속에서 모습을 드러낸다. 여기는 샌프란시스코다. 몇 달 동안 여기저기 전화를 걸고 이메일을 보낸 끝에 실마리를 잡았고, 마침내 현장에 발을 들일 수 있었다. 안개가 다른 모든 것을 지웠듯 머리 위 앵무새들을 지워버린다. 그러다 갑자기 앵무새들이 앉아 있던 전깃줄을 튕겨내며 한꺼번에 쏟아져내린다. 빨강, 파랑, 초록, 새들은 지워지기를 거부한다. 버스 옆면을 가로지르는 맥도날드 치킨너깃 광고판에는 이런 문구가 선명하게 찍혀 있다. '공유 가능한 콘텐츠.' 광고 사진에는 소스가 든 작은 종이컵과 나란히 놓인 종이 바구니에 치킨너깃들이 소복이 쌓여 있다.[1] 1905년 지크문트 프로이트는 『농담과 무의식의 관계』라는 얇은 책자에서 거의 모든 종류의 농담이 겉보기에는 전혀 무관한 개념들을 하나로 묶는 의외성을 통해, 또는 농담을 듣는 상대가 무의식적으로 인지하고 있었지만 의식 영역에서는 배제한 부조리를 알아차리도록 강제함으로써 효과를 발휘한다고 주장한다. 치킨너깃 광고 속 농담도 여러 겹으로 이루어져 있다. 가장 겉면의 내용은 명확하다. 광고 문구로 쓰인 마케팅 용어 "공유 가능한 콘텐츠" 같은 인터넷 어휘는 모든 층위에서 우리 삶에 침투한다. 치킨너깃이 든 바구니는 인터넷 주민들이 시소를 타면서 노는 새끼 염소들(의 영상)을 공유하듯 친구와 나눌 수 있는 내용물, 즉 공유할 수 있는 콘텐츠다(적어도 영상 속 새끼 염소들은 시소를 타며 놀고 있는 것처럼 보인다. 이따금 작은 염소가 한쪽 끝에 훌쩍 올라타는 바람에 큰 염소가 놀라 떨어지기도 하는 등 뜻밖의 방향으로 전개되기도 한다). 덜 명확하기는 하지만, 그 광고는 치킨너깃의 음식으로서의 가치가 우리가 인터넷에서 공유하는 콘텐츠들의 가치와 비슷하다는 사실도 인정하고 있는 것 같다. 정크푸드는 우리가 그 음식이 우리 건강에 어떤 영향을 미치는지 정확하게 기록하기 전까지는 큰 문제가 아닌 것처럼 보인다.

프로이트는 농담이 우리가 자기도 모르게 항시적으로 수행하는 정신 검열을 멈추게 함으로써 즐거움을 안긴다고 주장한다. 우리는 무의식적으로 자신의 생각을 검열하는 데 에너지를 소모하며, 그런 검열은 흔히 무엇이 적절한 생각인지를 담은 사회적 신호를 반영한다. 프로이트는 농담을 던지거나 농담에 반응하면서 "얻는 즐거움"은 "그 덕분에 절약한 정신적 에너지 소모에 상응한다"라고 말했다.[2] 한 논문에서는 치킨너깃이 흰색 살코기가 아니라, 대부분 지방과 그 외 뼈, 신경, 결합조직, 상피(몸의 표면을 구성하는 조직)로 이루어져 있다고 밝혔다.[3] 그런 치킨너깃을 시각적으로 '공유 가능한 콘텐츠'에 비유한 것은 체제 전복적이며, 아마도 광고를 제작한 회사가 의도하지 않은 의미로 확장되었을 것이다. 심지어 광고 속 농담이 한 번에 모든 것을 조롱거리로 삼은 덕분에 정신적 에너지 소모를 줄여준 것처럼 느껴지기도 한다. 내가 만난 한 배양고기 연구원은 실제로 근육 고기로 만든 치킨너깃이라면, 치킨너깃 하나에 약 8억 7500만 개의 골격근 세포가 들어 있을 거라고 말했다. 이와 대조적으로 햄버거 패티 한 장에는 약 400억 개의 세포가 들어 있을 것으로 추정된다.

나는 배양고기 연구로 돈이 흘러 들어가기 시작한 장소 중 한 곳을 방문하기 위해 샌프란시스코로 왔다. 배양고기가 그 연구를 후원하는 이들에게는 어떤 의미를 지니는지 알아낼 수 있지 않을까 하는 기대도 있다. 내가 아는 한 아직 샌프란시스코에서 배양고기가 만들어진 적은 없다. 그러나 2013년 현재 샌프란시스코와 샌프란시스코 근처 실리콘밸리는 21세기 초 미래주의의 비공식적인 수도다. 사람들이 미래를 건설하려고, 즉 미래에 대해 숙고하기 위해 오는 곳이다. 현재 또 한 번 골드러시를 겪고 있는 샌프란시스코는 미래에 대한 기대와 흥분으로 온통 들썩이고 있다. 나는 금융화─산업 부문에서 투자 부문으로의 자본 이동─ 그 자체가 미래에, 때로는 심지어 새로운 산업혁명의 도래에 판돈을 거는 일종의 도박으로 묘사된다는 사실을 떠올린다.[4] 그러나 샌프란시스코는 또한 엄청나게 불안정한 상태에 있기도 하다. 최근 몇 년간 샌프란시스코는 미국 내에서와 전 세계적으로 소득 불평등의 상징이자, 테크 분야에서 소수의 승자가 급부상하면서 나머지 대다수를 차지하는 이웃과의 격차가 엄청나게 벌어진 대표 지역이 되었다. 나는 샌프란시스코만灣 건너편에 있는 오클랜드에서 산 적이 있다. 그래서 지금처럼 이 지역으로 돌아올 때마다 아련한 감상에 빠지곤 한다. 나는 마크 포스트의 2013년 햄버거 시연회 프로젝트에 대한 자금 지원 등 세르게이 브린이 추진하는 자선 활동과 후원 자금 관리를 맡은 단체를 방문하러 온 것이 아니다. 여러 복잡한 이유로 브린과 일하는 사람들과는 좀처럼 연락이 닿지 않았다. 대신 나는 브레이크아웃랩Breakout Labs 사무소와 방문 일정을 잡았다. 페이팔PayPal의 공동 창업자 피터 틸이 세운 자선기관 틸재단Thiel Foundation 산하 단체다.

　　2013년 현재 틸은 실리콘밸리에서 가장 유명한 투자자 중 한 명이며, 미래 같은 주제에서 엄청난 논란을 불러일으키는 견해를 자주 표명하는 사람 중 한 명이다.[5] 또한 틸은 브레이크아웃랩을 통해 배양고기 연구를 간접적으로 후원하고 있다. 브레이크아웃랩 웹사이트에도 나오듯이, 브레이크아웃랩은 전통적 투자 방식을 따르는 대신 기술 개발 분야에서 활동하는 기업 중에서 특히 "무모한 아이디어를 세계를 변화시키는 기술로 전환"할 가능성이 높은 기업에 소액의 후원금을 지급한다.[6] 브레이크아웃랩은 2012년에 설립되었는데, 그해 샌프란시스코 남부 지역의 마운틴뷰에 본사를 둔 모던메도Modern Meadow에 후원금을 지급했다. 모던메도는 2013년 현재 조직공학 기술을 활용해 식품과 패션 산업에 공급할 수 있는 가죽과 유사한 '생체재료'를 만드는 것을 목표로 삼고 있다.[7] 이 사실은 몇 가지 이유에서 눈길을 끈다. 단순히 브레이크아웃랩이 영리를 추구하는 조직, 요컨대 기술 개발 분야에서 활동하는 기업에 후원금을 지급한다는 점에서 독특한 단체이기 때문만은 아니다. 내 관심을 사로잡은 것은 브레이크아웃랩이 식품 관련 기술 후보군에 투자했다는 사실이다. 어쨌거나 음식은 대중의 건강과 직결되므로 신중하게 규제된다. 그런데 틸은 자신이 자유지상주의자임을 결코 숨기지 않는 인물이다. 2011년 『뉴요커』는 틸을 다룬 기사를 실었는데, 조지 패커는 틸에게 처음으로 엄청난 경제적 성공과 부(그리고 아주 영향력이 큰 소셜미디어 기업 총 지분의 7퍼센트)를 안긴 온라인 지불 시스템 페이팔이 "정부의 통제를 피할 수 있는 온라인 화폐"를 향한 틸의 열망에 뿌리를 두고 있다고 주장했다.[8]

나는 내 마음대로 '공유 가능한 콘텐츠'라고 이름 붙인 버스에 오른다. 버스가 포트레로힐에서 샌프란시스코의 비교적 작은 도심을 통과해 북쪽으로 가려고 모퉁이를 돌았을 때 가장 먼저 일어난 일은 맞은편에서 테크 버스가 나타나 안개를 몰아낸 것이다.

비록 사우스베이에 있는 거대 테크 기업의 버스처럼 기업 이름이 표기되어 있지는 않았지만 테크 버스인 것만은 틀림없었다. 후면에 빈 자전거 걸이가 접혀 있는 하얀색 2층 버스는 틀림없는 테크 버스다. 지금은 오전 10시이고, 나는 출퇴근 정체 시간을 피해서(비록 샌프란시스코처럼 인구밀도가 높은 도시는 24시간 내내 출퇴근 정체 시간이지만) 약속 시간을 잡았다. 맞은편에서 오는 테크 버스는 아마도 샌프란시스코에 거주하는 사람들을 실리콘 밸리의 캠퍼스 중 한 곳에 데려다주고 돌아오는 길일 것이다. 또는 오후 근무조를 데리러 오는 길일 수도 있다. 나는 실리콘밸리의 캠퍼스에서 일한 경험이 없으므로 확신할 수는 없다. 내가 아는 것은 포트레로힐이 버스 노선으로 연결된 샌프란시스코의 많은 동네 중 하나라는 사실이다. 각 노선은 하청 운송업체에서 운영한다. 하청 운송업체는 거대 테크 기업에서 수주를 받아 일종의 민간 대중교통 체계를 형성하고, 도시의 기존 대중교통 체계에 포개져서(일반적으로 테크 기업의 버스는 시 당국에 얼마 안 되는 수수료를 지불하고 공공 버스 정류장을 이용한다) 기존 대중교통 수단과 다양한 방식으로 교차한다.[9] 테크 버스는 샌프란시스코가 최근 겪고 있는 변화를 상징한다. 이런 변화가 일부 원주민에게는 달갑지 않은 것이어서 샌프란시스코의 시위, 행진, 파티 현장에서는 으레 종이 찰흙으로 빚은 테크 버스를 야구방망이로 부수곤 한다.[10]

불확실성, 테크 버블 그리고 안개

나는 현장 조사를 위해 샌프란시스코에 머무는 동안 인심 좋은 친

구의 포트레로힐 아파트에서 지낼 수 있었다. 친구의 냉장고 문에
는『런던 리뷰 오브 북스』에서 오려낸 시가 붙어 있다. 샌프란시스
코에서 활동하는 시인 오거스트 클라인잘러August Kleinzahler의「안개
속 접시꽃」Hollyhocks in the Fog이다. 나는 몇 년이 지난 후에야 이 시에
대해 더 많은 것을 알게 된다. 그중에는 이 시의 시상이 처음 탄생
한 때부터 시가 완성되기까지 꼬박 한 세대가 걸렸다는 사실도 있
다. 나중에 클라인잘러와 커피를 마시면서 들은 이야기에 따르면
그는 이 시를 1981년에 쓰기 시작해 2009년에 완성했다. 테크 버
스가 지나가는 것을 지켜보는 지금은 그 시가 마치 음악처럼 내 귓
가를 맴돈다.

매일 저녁 바다에서 연기가 밀려든다,
침몰한 파괴자들, 사라진 구축함들의
바다 연기, 유령 증기.
유칼립투스 숲을 맴돌고,
언덕을 지우고,
레즈비언 술집 밖 쓰레기 더미를 굽이굽이 휘감는다.

그리고 매일 저녁 검은 버스가 도착한다,
반도에서 내려온 검은 정보 버스가,
동네 발치에 노동자들을 내린다.
그들은 어슬렁어슬렁 멀어진다, 이쪽저쪽으로, 안개 속
으로.

젊고, 무심하고, 자신의 음악 안에 고립되어 있다:
데스 캡 포 큐티, 아케이드 파이어 (…)

많은 테크 버스가 하얀색이다. 지금 내 시야에 들어온 버스처럼. 그러나 나는 클라인잘러가 말하는 검은 버스가 어떤 버스인지 정확하게 안다.

클라인잘러의 이 시는 잦은 끊김으로 유명하다. 시는 매일 안개가 도시로 밀려들면서 풍경을 해체하는 모습을 묘사하면서 시작한다. 그렇게 풍경을 끊어낸 안개는, 안개보다는 덜 자연스럽지만 마찬가지로 매일 일어나는 일, 즉 노동자 이송에 의해 끊긴다. 노동자의 이송 또한 이 도시에 더 오래전부터 존재한, 첫 연의 레즈비언 술집으로 대표되는 상태를 더 영구적으로 끊어버린다. 그 술집들은 1980년대 미션 지구에서 진행된 젠트리피케이션의 특징으로 여겨졌지만, 2000년대에 들어서면 더는 젠트리피케이션의 특징이 아니게 된다. 레즈비언 술집의 단골들이 원주민이 되었기 때문이다. 이 글을 쓰는 현재 '더 렉스'라는 별칭으로 불리는 마지막 레즈비언 술집 렉싱턴 클럽이 문을 닫았다. 클라인잘러가 언급한 유칼립투스 숲도 일종의 끊김이다. 예컨대 한 종의 침습적 확장을 상징한다. 유칼립투스 나무는 호주에서 온 외래종으로, 지금은 샌프란시스코 전역에 퍼져 있고, 내 눈에는 우아해 보이지만 골칫거리이기도 하다. 불에 잘 타는 이 나무는 1991년 10월 19일 토요일에 시작된 오클랜드힐스 화재 초기에 불길이 확산되는 데 한몫했으며, 10월 20일 저녁 화재가 진압되기 전까지 활활 타오르며 수많은 집을 잿더미로 만들었다. 유칼립투스는 또한 주변의 유칼립투스가 아닌 나무의 성장을 막는 독성 물질을 내뿜는다.

버스가 지나가는 길 북쪽에 있는 미션 지구는 현재 분쟁 지역이나 마찬가지다. 아직 상당수가 남아 있지만 스페인어를 쓰는 덜 부유한 거주민들은 이미 패배를 인정하는 분위기다. 나는 도심 반대편에 있는 약속 장소로 가는 중이다. 브레이크아웃랩 사무소는 프레시디오의 한 건물을 다른 틸재단 소속 사무소들과 함께 쓴다. 샌프란시스코반도 북쪽 끄트머리에 있는 프레시디오공원은 한때 미국 원주민 부족 올론의 땅이었다. 이후 1769년에 스페인 이주민의 정착촌이 되었고, 지금은 캘리포니아주 땅이다. 그보다 더 가까운 과거에는 미군 기지가 자리 잡고 있었다(당시 군대가 심은 나무들이 현재 프레시디오의 숲을 이루고 있다). 프레시디오는 현재 미국 국립공원청에서 관리한다. 공원으로 등록되어 보호받고 있어서, 현재의 샌프란시스코를 낳은 도시 개발의 소용돌이에서도 비교적 온전한 상태로 보존되었다. 그 소용돌이를 상징하는 건축 양식은 주상복합이다. 1층에는 상점이 있고 2층부터 4층(또는 그 이상)에 고급 아파트들을 층층이 올린다. 언덕에 올라가 샌프란시스코의 지평선을 지그시 바라보면 곳곳에 대형 크레인이 솟아 있는 것을 볼 수 있다.

변화의 소용돌이가 있으면 그 소용돌이에 휩쓸린 이들도 있기 마련이다. 계속된 샌프란시스코의 도시 개발은 희생자를 낳았고, 미션 지구에는 방화에 관한 소문이 돌고 있다. 서너 번 화재 사건이 발생했고, 그 결과 임대료 통제 아파트들이 소실되었다. 이들 화재 사건이 아파트 주민을 쫓아내고 새 콘도 건물을 세우려는 계략이었다는 의심이 널리 퍼져 있다.[11] 내가 대화를 나눈 장기 거주 임대인들은 다소 겁먹은 것 같았다. 내 가까운 지인들은 대부분 이미 몇 년 전에 미션 지구를 떠났다.[12] 불확실성은 그 자체로 일종의 안개가 된다. 베이에어리어 주민 다수에게는, 특히 돈이 넘쳐나는 테크 분야에서 일하지 않는다면, 계속 이 동네에서 거주할 수 있을지 걱정하는 것이 일상 속 미래주의다. 어느 날 미션 지구를 걸어가던 나는 보도에 스프레이 페인트를 써서 눈에 익은 월트 디즈니 글자체로 적은 문구를 보았다. "새로운 미션: 고급스럽지만 아슬아슬한!" 내가 만난 한 기업가는 주장한다. "이 도시는 나날이 좋아지고 있어요." 그는 채소를 주 재료로 하는 패스트푸드 체인점을 열고 싶어 한다. 1990년대의 실리콘밸리 닷컴 버블도 샌프란시스코를 변화시켰지만, 현재 진행 중인 테크 버블의 규모는 훨씬 더 커서 그로 인한 변화 또한 엄청나다. "이 도시는 화약고 같다"라고 미션 지구 주민인 컨설턴트 친구는 말한다.

묶여 있는 미래

버스는 소마로 향했다. 이곳은 테크 기업 진영과 노숙자 캠프 진영 모두를 만날 수 있는 동네다. 전자보다는 후자가 소마의 역사를 더 잘 보여준다는 데는 이견이 없을 것이다. 1909년 잭 런던은 마켓스트리트가 샌프란시스코의 멋진 동네와 "공장, 슬럼가, 세탁소, 정비소, 보일러 제작소, 노동자의 주거지"를 구분 짓는다고 썼다. 한때 노숙자가 대부분인 일용직 노동자를 고용하는 인력 중개 장소였던 소마가 현재는 대표적 텐트촌 서너 곳에 집중된 꽤 규모가 큰 노숙자 집단과 일반적으로 고임금을 받기는 하지만 테크 경제를 떠도는 임시직 노동자 집단, 둘 다가 머무는 동네라는 사실은 역사의 아이러니라 할 만하다.[13] 2013년 현재 샌프란시스코에서 노숙자 정착촌의 규모가 더 커진 지역은 미션 지구가 유일하다.[14] 샌프란시스코의 노숙자 수가 2005년과 내가 버스를 탄 그날 사이에 크게 증가하지는 않았다는 사실에 주목할 필요가 있다. 이 것은 치솟는 임대료로 쫓겨난 이들이 노숙자 대열에 합류하는 대신 다른 도시나 마을로 이주하는 쪽을 택했다는 것을 의미한다. 물론 예외는 있을 것이다.[15] 샌프란시스코의 많은 지역에서 노숙자들이 눈에 잘 띄는 이유는 아마도 소마 같은 동네에서 진행된 젠트리피케이션의 결과일 것이다. 젠트리피케이션 이후 새롭게 자리 잡은 부유한 주민은, 각 개인은 아니더라도 집단으로서는 자신들보다 먼저 자리 잡고 있었던 노숙자들의 존재를 못마땅하게 여긴다.

2005년에 틸이 세운 벤처 투자 회사 파운더스재단Founders Fund의 슬로건 중 하나는 "미래는 어디로 갔는가?"이다. 파운더스재단은 브레이크아웃랩과는 별개의 독립된 법인이다. 이 슬로건에 담긴 사라진 미래라는 메시지는 20세기 말 컴퓨터과학자 대니 힐리스의 논평을 연상시킨다. 힐리스는 자신이 살아 있는 동안 매년 미래가 1년씩 줄어들었다고 말했다.[16] 그는 자신이 매일 앞으로 나아갔지만 아주 구체적인 기대로 빚어진 미래의 지평선은 조금도 가까워지지 않았다고 말했다. 지평선이 계속 그 자리에 있다는 것은 오랫동안 꿈꾼 구체적인 꿈 하나하나가 실현되지 않았고, 그런 공백을 메울 새로운 꿈도 생겨나지 않았다는 것을 의미했다. 미래는 2000년에 꼼짝없이 묶여 있었다. 마치 진보와 새로운 기대를 만들어내도록 설계되었으나 고장이 나서 멈춰버린 기계 같았다. "미래는 어디로 갔는가?"라는 말은 이렇듯 특정 세대가 공유하는 실망을 담고 있다.

파운더스재단은 최근 "냉소적이고 점진주의적"인 투자 전략, 단기간에 수익을 뽑고 빠지는 전략이 벤처 자본 세계를 지배하고 있다고 진단한다. 파운더스재단의 주장에 따르면, 이런 현상은 1960년대를 장악한 "획기적 변화를 이끌어내는 기술 개발 지원" 전략의 쇠퇴를 보여준다. 파운더스재단의 이런 발언은 홍보를 염두에 둔 것이 분명하지만, 여전히 단순히 부를 창출하는 것만으로는 충분하지 않다고 외치는 반문화주의적 도발이나 마찬가지라는 것도 분명하다. 그러나 자본이 증식 말고 어떤 목적을 추구할 수 있을까? 틸 본인도 미래가 사라지는 것 같다는 문제의식을 표명했다. "날아다니는 자동차를 약속받았지만 정작 우리가 받은 것은 140자였다." 게시물 하나당 140자로 글자 수를 제한한 소셜미디어 플랫폼 트위터를 겨냥한 발언이다. 날아다니는 자동차에 대한 환상은 비행의 역사 초기에 탄생했다. 틸이 태어난 해(1967년)로부터 20년도 더 전에 알루미늄 회사 알코아Alcoa는 1946년도 지면 광고에서, 개인 비행기가 앞서 두 세대 동안 말과 말 없는 마차가 한 역할, 즉 자가 이동 수단 역할을 넘겨받은 미래를 베이비붐 세대에게 약속했다. 말장난을 살린 이 광고의 제목은

"지붕에 경첩이 달린 사륜마차"다. 1943년 뮤지컬 《오클라호마!》에 나오는 노래를 참고한 것이다(원 가사에서는 지붕에 '술'이 달린 사륜마차였다). 틸의 발언에는 기술 발달의 속도가 더딘 것에 대한 불만과, 한때 대중문화를 휩쓴 암묵적 약속들이 실현되지 않은 것에 대한 실망이 담겨 있다. 배양고기도 포스트가 햄버거 시연회를 연 그 무렵에는 날아다니는 자동차와 다소 비슷한 면이 있었다. 아직까지 지급되지 않았고, 아마 앞으로도 지급되지 않을 것이 뻔한 과거의 지급보증서 정도로 치부하기 쉬운 그런 약속이었다.

미래에 투자하되 집착하지 않기

공유 가능한 콘텐츠가 샌프란시스코 도심을 사선으로 가로지르는 마켓스트리트를 건넌다. 도로 한가운데에 놓인 트롤리 선로 위를 지나가는 동안 잠시 덜컹거린다. 버스는 교차로 두어 개를 지나 샌프란시스코 중심부에서 유서 깊은 고급 주택지 노브힐을 거쳐 프레시디오로 이어지는 폴크스트리트의 고갯길을 넘어가기 시작한다. 버스에 나와 함께 탄 승객은 각양각색의 군상이다. 다른 사람들에 비해 근무 시간이 느지막이 시작되는 것으로 짐작되는 화이트칼라 전문직 두어 명, 어린 학생 두어 명, 그리고 아마도 은퇴자로 짐작되는, 대중교통을 타고 볼일을 보러 가는 사람 두어 명이 있다.

나는 프레시디오의 가장자리에서 내린다. 공원의 초록빛 근처에 대저택들이 서 있다. 나무 사이로 은색으로 빛나는 만이 보인다. 공기에서 아주 청량한 맛이 난다. 틸재단의 주소지에 도착해 그 구역에 들어선 지 5분 만에 나는 내가 루카스필름의 샌프란시스코 지부 건물 1층에 있다는 것을 알아차린다. 틸재단 사무실들은 루카스필름과 같은 건물들을 쓴다. 나는 조지 루카스의《스타워즈》시리즈에서 현명한 스승으로 나오는 요다의 발치에서 네 개의 분출구로 물을 뿜어대는 분수를 지나친다. 안내 데스크에서 방문자 접수를 마친 나는 대기실에서 더 작은《스타워즈》관련 동상과 루카스의 다른 영화들의 기념품들을 본다. 어느 정도 시간이 흐르고 직원 한 명이 루카스필름 사무 구역에서 틸재단 구역 내의 자체 대기실로 안내했다. 루카스필름 사무실이 루카스의 필모그래피와 관련된 소품을 제외하면 무난하고 평범한 회사 사무실 같은 인테리어였다면, 틸재단의 사무실은 확연히 고급스러웠다. 벽에서도 부티가 흘렀다. 내가 본 사무실을 오가는 직원들은 깔끔하고, 옷차림이 세련되고, 아주 젊어 보였다. 그러나 루카스필름이 바로 옆에 붙어 있다 보니, 나는 공상과학영화가 미래 기술에 대한 한 세대의 기대를 좌우한다는 사실에 생각이 미쳤다. 예컨대 공상과학영화에서 묘사하는 사회적 현실보다는 아주 구체적인 기술의 이미지(《스타워즈》시리즈에서 가장 대표적인 이미지를 꼽으라면 우주선과 '라이트세이버', 즉 광선 검을 들 수 있을 것이다)가 미래를 상징하는 아이콘이 된다.[17]《스타워즈》시리즈에는 노예를 대신하는, 지적 능력을 갖춘 것처럼 보이는 로봇 종족('드로이드')이 등장한다. 우주 민주 공화국은 이 로봇의 노동력으로 지탱되고, 그러다 민주주의가 무너지고 그 잿더미에서 전체주의

제국이 탄생한다. 그러나 우리는 드로이드를 노예가 아닌 테크놀로지로, 그리고 매력적인 캐릭터로 기억한다.《스타워즈》세계관이 내놓은 최근 영화에서는 한 캐릭터가 가루와 물을 섞자마자 갓구운 빵이 나타난다. 배양고기 홍보 영상에서 세르게이 브린이 한 말이 떠오른다. "만약 공상과학에나 나올 법한 이야기라고 말하는 사람이 없다면 아마도 충분히 혁신적이지 않다는 뜻입니다." 공상과학을 연상시키는지를 투자의 기준으로 삼는 벤처 투자자는 없는지 문득 궁금해진다.

틸재단과 브레이크아웃랩의 과학부 부장인 헤마이 파타사라시가 사무실에서 나와 내게 인사를 건넨다. 파타사라시는 나를 빈 회의실로 안내하고, 내가 녹음기 세팅을 마친 뒤에 우리는 대화를 시작한다. 파타사라시는 내게 시간을 넉넉히 내주고, 내내 따뜻하게 대해준다. 나를 둘러싼 낯선 환경과 대비되는 따뜻함에 고마움을 느낀다. 그녀는 매사추세츠공과대학교에서 뇌과학과 인지과학으로 박사학위를 받았고, 실험실에서 연구도 했고, 과학 출판 분야에서도 일했고, 컨설턴트로도 활약했다. 파타사라시는 학계와 기업에서 과학 연구가 어떻게 진행되는지 예리한 시선으로 관찰했고, 어떤 과학적 발견이 기술이 되는지, 그리고 기업이 되는지 그 과정도 지켜보았다. 파타사라시는 자신이 피터 틸의 대변인은 아니라는 점과, 당연한 얘기지만 오직 틸재단의 과학부 부장으로서 나의 인터뷰에 응한다는 점을 거듭 강조한다. 브레이크아웃랩은 자선단체치고 매우 특이한 조직이라고 그녀는 말한다. 해결하고자 하는 문제(예컨대 암, 문맹, 아동 기아 등)를 특정하기보다는, 과학적 발견이나 과학 연구를 "세상을 바꾸는"(파타사라시가 아니라 브레이크아웃랩의 웹사이트를 인용했다) 기술로 전환하는 작업에 매진하는 스타트업에 소액의 후원금을 지급한다. 공식적으로 영리를 추구하는 민간 기업에 자선적 성격이 뚜렷한 현금을 지급한다는 아이디어가 이상하게 들릴 수도 있지만, 파타사라시가 설명하듯이 기술 개발을 촉진하는 것이 틸재단의 사명 중 하나다.

브레이크아웃랩의 후원금은 최대 35만 달러(약 4억 원)로, 이런 프로젝트에 지급되는 일반적인 지원금에 비하면 상대적으로 적은 금액이다. 따라서 파타사라시의 말대로 장기적 관점에서는 후원금 자체보다 그에 수반되는 인맥과 비금전적 지원이 더 가치가 있을 수도 있다. 실제로 많은 스타트업 창업자들은 자신의 기업에 투자한 벤처 투자자에 대해서 이와 유사한 말을 한다. 돈도 당연히 중요하지만 적절한 지도와 인맥도 중요한 것이다. 브레이크아웃랩은 스타트업 '보육기'나 '가속기'는 아니지만 자신들이 후원한 스타트업이 구체적 목표를 세우고 그 목표를 달성할 수 있도록 돕는다. 이렇게 눈에 보이는 지원과 눈에 보이지 않는 지원을 제공한 대가로 브레이크아웃랩은 스타트업의 주식을 조금 넘겨받는다. 그로 인해 얻는 수익은 많든 적든 틸재단의 운영비로 들어간다. 따라서 브레이크아웃랩은 피터 틸이 전도유망한 기업에 투자하는 통로 역할을 하지는 않는다. 틸의 벤처 투자기관은 앞서 언급한 파운더스재단이고, 파운더스재단도 브레이크아웃랩의 후원을 받은 스타트업에 투자할 법적 권리는 있다. 그러나 파운더스재단에게 다른 투자자나 투자기관에 우선적으로 투자할 권리 등 투자 관련 특권이 부여되지는 않는다. 스타트업이 개발한 기술에 대한 지식재산권은 그 스타트업에 고스란히 귀속된다.

파타사라시는 실리콘밸리에 나쁜 관행이 생겨나고 있다고 말한다. 투자자들이 스타트업이 극복하겠다고 약속한 과학적·기술적 난제가 정말로 해결 가능한 문제인지 신중하게 고민하지 않는 경우가 종종 목격된다는 것이다. 스타트업 핵심 창립 멤버의 이력에 감탄한 나머지 실제 투자 대상인 과학 문제는 가볍게 넘겨 버린다. 이런 사고방식은 디지털 세상에서 파생한 것이라고 파타사라시는 말한다. 많은 투자자가 소프트웨어 기업을 통해 자산을 축적했고, 그래서 기업에 대한 그들의 기대는 컴퓨터라는 통제된 환경을 전제로 한 프로그램 설계의 시간 감각을 답습한다. 소프트웨어 문제는 똑똑하고 젊은(실은 꼭 젊을 필요는 없다고 파타사라시는 정정한다) 소프트웨어 공학자 한 무리를 한 공간에 집어넣고서 시간과 피자만 충분히 제공하면 대부분 해결된다.

그런데 과학 난제도 당연히 해결 가능할 것이라는 전제가 비영리기관이나 학계에도 퍼져 있다고 파타사라시는 지적한다. 예컨대 자폐스펙트럼 연구에 많은 자금이 유입되자 많은 연구자가 그쪽 분야로 전향했지만, 파타사라시의 말대로 자폐증의 효과적인 치료법을 내놓을 정도로 "과학 연구가 아직 충분히 뒷받침되지 않았다." 뇌가 어떻게 작동하는지를 이해하는 데 필요한 지식을 다 갖추지 못했기 때문일 수도 있는데, 그렇다면 자폐스펙트럼 연구에 아무리 많은 돈을 쏟아부어도 빠른 답을 얻어낼 수는 없을 것이다. 무엇보다 지금 당장 치료법이나 치료제가 필요한 이들에게 너무 늦지 않게 적절한 치료법이나 치료제를 제공할 수 없을 것이다. 그렇다고 자폐스펙트럼 연구에 과학적으로 문제가 있다고 볼 수는 없다고 그녀는 강조한다. 다만 짜증스러울 정도로 아주 점진적인 속도로 앞으로 나아간다는 것을 의미할 뿐이다. 파타사라시는 스타트업 업계에서 생물학자는 "패배주의적"이라거나 "성공을 위한 마음가짐"이 부족하다는 평을 듣는다고 전한다. 우리 신체와 그 신체를 구성하는 세포인 소마soma, 즉 체세포는 컴퓨터 코딩에 비해 더 풀기 힘든 문제라는 생각이 든다(그리고 소마 구역을 비롯해 샌프란시스코의 젠트리피케이션 위기 또한 마찬가지로 컴퓨터 코딩에 비해 더 풀기 힘든 문제처럼 보인다). 이것이 왜 브레이크아웃랩은 특정 의학 분야나 사회 문제에 직접 자금을 투입하지 않는가라는 질문에 대한 답 중 하나다. 브레이크아웃랩의 자금 지원 방식은 융통성이 허용되고, 지원 중인 문제가 해결 가능한 문제인지 아닌지 판단하고 그에 따라 방향을 바꿀 수 있는 여지가 주어진다.

파타사라시는 모던메도가 브레이크아웃랩이 생각하는 이상적 후원 대상에 "아주, 아주 가깝다"라고 말한다. 파타사라시의 말을 빌리자면 모던메도는 조직공학 기술상의 결코 사소하지 않은 문제의 해법을 찾고 있고, 동물성 단백질을 섭취하는 세상을 바꾼다는 더 큰 비전도 갖고 있다. 가보 포각스Gabor Forgacs와 안드라스 포각스Andras Forgacs 부자父子는 이미 회사(약물검사에 사용할 유기 조직을 만드는 오가노보Organovo)를 설립하고 운영한 경험이 있고,

따라서 기업가로서의 자질도 입증했다고 할 수 있다. 또한 이들 부자는 결과물을 내놓기 다소 어려운 배양고기를 첫 목표로 삼기보다는 가죽을 먼저 만든다는 상업 전략을 세웠다. 최종 결과물이 세포로 이루어진 얇은 면에 불과하다 보니, 가죽은 고기보다 배양하기가 더 쉬울뿐더러 수익률도 훨씬 더 높다. 처음 시장에 진출할 때 고급의류업체와 협업을 추진해 수익률을 높일 계획이다. 브레이크아웃랩이 설립 첫해에 후원한 스타트업 중에는 자연언어를 기반으로 과학자가 데이터를 분류하도록 돕는 도구를 만드는 스카이프레이즈Skyphrase와, 연구 목적과 치료 목적을 위해 세포 단위에서 생물학적 조작을 돕는 나노 단위 장비를 만드는 스텔스바이오사이언스Stealth Biosciences가 있다.[18] 이런 기업들의 목표는 (당연히) 돈을 버는 것이지만 그 외에도 다양한 목표를 추구하기 때문에, 모든 후원 프로젝트가 틸재단의 장기 비전을 실현하는 데 기여한다는 것을 알 수 있다. 파타사라시는 이렇게 말한다. "틸재단은 과학기술을 개인의 자유를 강화하는 수단으로 여깁니다. 요컨대 우리는 과학기술이 엄청나게 좋은 것, 문명을 향상시키는 길이라고 생각하는 거죠." 그러나 그녀는 진보를 추구한다고 해서 반드시 특정한 최종 결과를 염두에 둔 '하향식' 접근법을 택할 필요는 없다고 강조한다. 나는 틸재단이 선택한 접근법들 사이에 존재하는 긴장 상태를 머릿속에 기록한다. 과학기술 개발을 격려하고 지원하는 방식으로 미래에 접근하면서도 특정 미래상에 너무 집착하지 않도록 주의하기.

과학기술과 진보의 조건

나는 파타사라시에게 감사 인사를 건네고 녹음기를 챙긴 뒤 작별 인사를 한다. 건물을 나섰을 때는 이미 정오였고, 안개는 잠시 동면에 들어간 것 같다. 나는 안개가 곧 돌아오기를 희망한다. 나는 우리가 직접적으로 논의하지 않은 한 쟁점, 배양고기와 재생의학의 관계에 대해 생각한다. 배양고기는 실질적으로 재생의학 분야에서 개발한 조직공학 기법을 빌려왔다. 재생의학에서 세포배양 연구의 최종 목표는 살아 있는 환자에 이식할 수 있는, 그리고 이식 후에는 정해진 기능을 제대로 수행하는 장기 같은 인간 조직을 만드는 것이다. 브레이크아웃랩의 후원을 받는 많은 스타트업이 의료 관련 난제 해결을 목표로 삼고 있다. 피터 틸이 공식적으로 관심을 표명한 문제인 인간의 건강 수명 연장을 목표로 삼은 기업들도 있다. 내가 틸재단을 방문할 무렵 이 문제는 언론으로부터 꽤 큰 관심을 받았다(대부분 매우 비판적인 태도를 취했다). 인간의 조건을 바꾸는 과학기술 연구를 통칭하는 표현으로 흔히 '트랜스휴머니즘'을 사용한다. 진화생물학자 줄리언 헉슬리(『멋진 신세계』의 저자 올더스 헉슬리의 형)가 1927년에 처음 제안한 표현이다.[19] 헉슬리는 과학과 기술을 활용해 필멸성이라는 인간의 타고난 한계를 뛰어넘는 등 인간의 조건을 바꿀 수 있는 가능성을 탐색하는 것을 트랜스휴머니즘이라고 불렀다. 프레시디오를 구불구불 통과하는 하이킹 코스로 들어서면서 나는 생검한 아주 작은 세포가 엄청난 양의 고기를 만들어낼 수 있다는 포스트의 주장을 떠올렸다. 배양고기가 특정 식용 종의 물리적 한계를 뛰어넘으려는 열망을 충족하려는 시도라는 점에서 소고기의 트랜스휴머니즘으로 볼 수 있을지 궁금해진다.

클라인잘러의 「안개 속 접시꽃」은 모호한 어조로 끝난다. 시인이 테크 버스나 그 버스가 운반하는 노동자에 대한 최종 판결을 내리기를 거부하기 때문이다. 끝없는 검색어("라인 두런* + 폭투 + 1958", "우이칠로포치틀리**")에 답을 내놓는 인터넷 검색엔진 구글의 놀라운 힘을 언급하며 "더는 알아야 할 것이 없다"라고 그는 말한다. 그런데 구글이 내놓은 답들은 하루의 흐름에 아무런 영향을 미치지 못한다.

> 안개는, 노자의 신성한 도,
> 저 살아 움직이는 무無처럼
> 세상을 장악했다, 그리고 밤이 깊어지는 동안,
> 과거의 모든 것이, 지금의 모든 것이, 사라진다,
> 모두 사라지고 바람 소리만 남는다.

안개가 테크 노동자의 손에서 세상을 되찾아온 것일까? 이것은 현재의 베이에어리어에서 살아남기 위해 버둥거리는 많은 사람에게는 아주 마음에 드는 해석일 것이다. 그러나 실제로는 안개가 모든 것을 완전히 사라지게 만들었다. '진보'와 '정의'를 포함

---

* Ryne Dùren. 1950~60년대 메이저리그에서 활약했던 우완 불펜 투수.
** Huitzilopochtli. 아즈텍 신화에 나오는 태양신.

해 인간의 모든 열망을 조롱할 수 있는, 모든 것을 처음으로 되돌리는 힘이다.

그날 저녁 나는 포트레로힐에 있는 친구 집에서 샌프란시스코 도심을 바라보는, 아주 특별한 풍광을 자랑하는 북향 데크에 앉아 내가 바라던 대로 진짜 안개가 도시를 탈환하기 시작하는 것을 본다. 곧 모든 것이 다시 안개가 될 것이다. 안개가 세상을 탈환하는 동안 나는 저녁노을 대신 태양 흡입 장면을 감상한다. 베이브리지가 사라지고, 백색과 회색이 언덕 위 낡은 통나무 교회 건물을 삼킨다. 퇴근하는 노동자를 싣고서 포트레로힐로 돌아오는 테크 버스가 당연히 있겠지만 내 눈에는 보이지 않는다. 이번 방문으로 나는 배양고기를 둘러싼 정치성에 관해, 그리고 배양고기 연구를 위한 자금이 어디서 오는지에 관해 아주 조금 알게 되었다. 그러나 배양고기를 배출할 맥락적 안개에 대해서는 아직도 배워야 할 것이 많이 남았다.

틸재단이 배양고기 연구에 자금을 지원한다는 사실만으로는 배양고기의 정치적 측면에 대해 알 수 있는 것이 거의 없었다. 그러나 배양고기와 작은 스타트업 기업의 관계는 이 신생 기술의 서사에서 아주 중요한 역할을 할 것이다. 일부 사회과학자는 눈썹을 치켜들겠지만, 배양고기 연구에 관여하는 사람들 사이에 널리 퍼져 있는, 시장이 긍정적 사회 변화를 이끌어내는 확실한 통로라는 가정 또한 아주 중요한 역할을 할 것이다. 실제로도 시장은 늘 사회를 변화시키고 있다. 그것이 곧 역사적 행위자라는 탈을 쓴 자본주의다. 그러나 음식에 관한 문제가 언제나 시장에 관한 문제인 것은 아니다. 많은 이들에게 그것은 사회 정의, 공중 보건, 공동체의 존엄성, 그리고 기타 더 많은 것들에 관한 문제이기도 하다. 음식에 관한 문제는 본질적으로 정치적 문제여서, 단순히 우리가 먹는 음식이 어떻게 생산되는가에 관한 문제가 아니다. 누가 누구를 위해 생산하는가, 그리고 누구와 함께 먹는가에 관한 문제이기도 하다. 더 나아가 사람들의 연명 활동에서 국가의 역할은 무엇인가에 관한 문제이기도 하다. 아마도 일부 사람들은 못마땅하게 생각하겠지만, 근대사회에서 국가는 전형적이고 핵심적인 정치 형식이기 때문이다.

피터 틸처럼 과거의 미래상과 비교했을 때 현재의 과학기술 수준이 실망스럽다고 주장하는 이유는, 우리의 물리적 기술(에너지, 교통, 의학, 제조)이 우리의 디지털 기술에 뒤처지는 현실을 목격하고 있어서이기도 하다. 또한 그런 주장에는 컴퓨팅의 초기 미래상에 비해 여러모로 부족한 현재의 디지털 세계에 대한 우리의 실망감이 담겨 있기도 하다. 우리는 가상공간이 한때 우리가 기대했던 것만큼 자유롭지도 않고, 혁신적 생산양식도 아니라는 것을 확인했다. 이 모든 것은 자연스럽게 다음과 같은 질문들을 낳는다. 안개로 가득한 방에서 코끼리의 코와 다리만 보일 때 하게 되는 질문들이다. 진보의 조건을 결정할 권한은 도대체 누구에게 있었을까? 그 사람(들)은 어떤 돈으로 그 권리를 샀을까? 그들의 정치관은 무엇이었을까? 살아 있는 조직에 관한 질문이 이런 질문 뭉치들과 함께 섞여 있다 보니, 컴퓨터 코딩 문제를 해결하는 것보다 배양고기를 이해하고 만들고 '대량생산하기'(나는 이 단어를 동사로 활용하는 법을 배우고 있다)가 훨씬 더 어렵다. 내가 태어난 후로도 미래는 매년 조금씩 쪼그라들었다.

의심

배양고기 실용화가 어려운 이유

지난 5년간 나는 많은 의심을 수집했다. 배양고기 기술의 상용화 가능성을 두고 과학자들이 제기한 학술적 비판부터, 배양고기를 다룬 인터넷 뉴스 기사에 일반인이 댓글로 남긴 배양고기에 대한 각종 불만까지 다양한 의심을 접했다. 희망도 그렇지만, 의심에는 당연히 선입견이 작용한다. 식물성 햄버거 패티를 생산하는 기업과 일하는 한 과학자는 배양고기가 멍청한 아이디어이며, 대량생산이 불가능하다고 주장했다.[1] 한 익명의 댓글 작성자는 배양고기가 역겹고 "자연스럽지 않다"라고 말했다. 배양고기에 대한 언론의 관심이 커지자 한 유명 요리사는 짧은 인터넷 동영상에 출연해 '가짜' 고기에 대해 불평하면서 '진짜' 고기에 충성할 것을 맹세했다.[2] 의심은 배양고기 학회에서, 과학 저널리스트들과 연구자들의 대화에서 모습을 드러냈다. 그런데 기업가들의 대화에서는 부재했다. 기업가들로서는 자신감을 보여주는 것이 무엇보다 중요하기 때문이다. 나도 학회에 연사나 토론자로 참석했는데, 그럴 때면 기자들이 ('전문가'가 워낙 드물다 보니) 내게 연락을 했고, 그들이 던지는 질문은 나를 의심의 세계로 이끌었다. 나는 배양고기가 실현 가능한 기술이라고 생각하는가? 만약 가능하다면 언제쯤 현실이 될까? 나는 그런 질문이 내가 탐구하는 질문이 아니라고 주장했고, 그로 인해 많은 기자의 불만을 샀다. 나는 말했다. 내가 답을 구하는 질문들은 인류학자나 역사학자로서 묻는 곁가지 질문이고, 희망을 제시할 수 있는 질문이 아니라고. 벤처 투자자들에게 연락을 받으면, 나는 내가 사업적 조언을 하기에 적합하지 않은 사람이라고 주장했다. 다른 한편으로 의심은 설문 자료에서도 찾을 수 있다. 미래 기술에 대한 미국인의 태도를 조사한 2014년 퓨리서치센터의 보고서에 따르면, 설문 응답자의 20퍼센트만이 설문에서 '실험실에서 키운' 고기라고 표현한 것을 먹겠다고 답했다.[3]

공적 자리에서는 모호하게 답했지만, 사실 나는 희망과 의심

모두를 느꼈다. 연구를 진행하는 동안 희망과 의심은 달의 위상처럼 주기를 탔다. 한 실험실에서 긍정적 보고서를 발표하면, 한 실험실에서는 부정적 보고서를 발표한다. 단 하나의 희망적 실험 결과를 바탕으로 어떤 기술이 최종적으로 성공할지 여부를 가늠하기는 어렵다. 미국의 억만장자가 세운 유명한 재단이나 업계에서, 또는 유명한 홍콩 벤처 투자회사에서 수백만 달러의 자금이 유입되는 것을 보면서, 나는 투자가 진전을 보증한다는 논리가 어떤 식으로든 성립할 수 있을지 고민했다. 그런 논리가 성립할 수 없다는 강한 의심이 들었다. 때로는 기술적 걸림돌이 꿈적도 하지 않는다. 브레이크아웃랩을 방문했을 때 헤마이 파타사라시가 내게 말했듯이, 아주 구체적인 과학 난제나 의학 난제의 해결을 목표로 정한 뒤 그와 관련된 연구를 하는 실험실에 현금을 퍼붓는다고 해도 돈으로 모든 문제가 해결되지 않는다는 문제가 여전히 남는다. 그러나 현장에서 진짜로 진전이 있다는 증거가 나오면 몇 주 동안은 환희에 취하지 않을 수 없었다.

2013년 내가 이 연구를 시작한 이후 마무리하기까지 두 가지 기술적 걸림돌이 배양고기의 실용화 가능성에 대한 내 의심을 키웠다. 하나는 무無혈청 배양액을 찾아야 한다는 것이었고, 다른 하나는 입체적 조직, 즉 '두툼한' 조직을 키울 방법을 찾아야 한다는 것이었다. 이 두 가지가 걸림돌 후보의 전부는 아니지만(그 밖에 생물반응장치 내부 온도 조절, 세포가 달라붙을 수 있는 적절한 지지대 또는 마이크로캐리어 제작 등이 있었다), 이 두 가지가 가장 자주 논의되는 기술적 걸림돌이었다. 아마도 이 두 가지가 가장 해결하기 까다로운 문제처럼 보였기 때문일 것이다. 누가 봐도 채식주의에 어긋나는 원료인 소태아혈청이 전혀 첨가되지 않은 배양액이 시중에 많이 유통되고 있었지만, 대규모 생산공정에 도입하기에는 하나같이 너무 비싸다는 결론이 내려졌다. 입체적 조직배양 기술과 관련해서는 세포를 얇은 판형으로 키우는 것이 입체적 형태로 키우는 것보다 훨씬 더 쉬웠지만, 스테이크용 소고기처럼 근육이 더 복잡하게 켜켜이 겹쳐진 고기를 재현하려면 입체적 형태로 키울 필요가 있었다. 이미 길모퉁이 식당에서 구할 수 있는 것을 복제하는 일이 얼마나 큰 노력이 드는 복잡한 작업인지 새삼 깨달을 때마다 나는 다시금 의심에 휩싸였다.

조직공학자들은 영양소와 산소 공급의 한계에 대해 이야기한다. 요컨대 혈액 공급원과 포유류 간 거리가 너무 멀면 세포가 생존할 수 없고, 따라서 이 거리에는 한계가 존재하는데, 그 길이가 100~200마이크로미터에 불과하다. 가장 굵은 인간 머리카락의 지름 또는 보통 종이의 두께 정도에 해당한다. 입체적 조직을 키우려면 생물반응장치를 혈관화해야 한다는 의미이고, 이것은 다시 생물반응장치에 인공 혈관 설비가 필요하다는 것을 뜻한다. 재생의학 분야에서 연구 활동을 하는 조직공학자들은 이식 가능한 장기 조직을 키우기 위해 제대로 기능하는 인공 혈관계를 만드는 일에 오래전부터 공을 들였지만, 아직 이렇다 할 성과는 거두지 못했다. 만약 포유류의 조직을 키울 수 있는 완벽한 혈관계를 만들어낸다면, 그 자체로 의료계에 미치는 파급력이 너무나도 커서 배양고기 연구에 미치는 파급력은 상대적으로 가려질 것이다.

칵테일파티에서 만난 한 생의학공학자의 말대로, 지난 30년간 조직배양 인공 심장의 제작에는 늘 10년이 더 필요했다.

배양고기 대량생산과 산업화를 둘러싼 우려

2012년 캘리포니아주립대학교 로스앤젤레스캠퍼스에서 박사후 과정을 밟고 있던 합성생물학자 크리스티나 아가파키스는 배양 고기(2012년 당시의 관행에 따라 아가파키스는 배양고기를 체외 고기in vitro meat라고 불렀다)의 대량생산화 논의를 벅베어*에 비유한 논평을 발표했다.[4] 아가파키스는 배양고기의 대량생산 문제가 "많은 과학적 발상의 데우스 엑스 마키나**"라고 말했다. 과학자들이 자신의 아이디어를 현실로 구현할 공학자에게 문제 해결을 떠넘긴다는 의미다. 아주 작은 조각의 포유류 조직을 만드는 데 얼마나 많은 비용이 들고 얼마나 많은 기술적 어려움이 있는지를 고려하면, 조직배양을 대량생산할 방법을 찾는 것은 엄청난 도전 과제처럼 보였다. 배양액, 난방 장치, 기술자 투입 등의 비용이 상상을 초월하는 것 같았다. 아가파키스는 대량생산하기라는 마법 지팡이는 이미 과거에 다른 음식 관련 기술에서도 소환되었다고 덧붙였다. 1950년대 세계 기아 문제와 '맬서스 재앙'의 해법으로 칭송받은 해조류 사례의 경우는 실험실 환경에서 공장식 환경으

---

* Bugbear. 웨일스 지방에서 부모의 말을 듣지 않는 나쁜 아이들을 잡아먹는다고 알려진, 고블린으로 분류되는 요정.

** deus ex machina. 고대 그리스극에서 자주 사용하던 극작술로, 초자연적 힘을 이용하여 극의 긴박한 국면을 타개하고 결말로 이끌어가는 수법.

로의 전환을 시도하는 과정에서 그런 전환이 불가능하다는 결론이 내려졌다.[5] 물론 미래 기술의 잠재력이라는 관점에서는 과거를 확실한 가이드로 삼기는 어렵다. 과거의 기술 구현 실패 사례는 넘쳐나지만, 그런 사례가 미래 예측으로 매끄럽게 이어지지는 않는다. 그러나 앞서 언급한 해조류 클로렐라 피레노이도사는 아주 적절한 선례로 보인다. 클로렐라 사례에서 가장 큰 문제점은 햇빛을 음식으로 바꾸는 클로렐라의 놀라운 능력을 목격한 사람들이 클로렐라를 대량생산하는 데 필요한 세부 계획이 세워지기도 전에 클로렐라를 대량생산한 결과부터 추산했다는 것이다. 『뉴욕타임스』의 한 기사는 클로렐라가 기존 곡물보다 에이커당 100배는 더 많은 고단백질을 생산할 것이라고 약속했다. 오로지 클로렐라의 생물학적 특성에만 초점을 맞춰 그 특성이 풍성한 수확을 보장한다고 믿었던 것이다. 이런 가정은 클로렐라를 음식 원료로 만드는 과정에서 맞닥뜨릴 어려움을 덮어버렸다(클로렐라가 워낙 작다 보니 원심분리기도 필요했다). 규모의 경제로 인해 클로렐라 생산은 실용적이지 않은 것으로 드러났고, 심지어 그사이에 다른 작물들의 수확량이 기대치를 훨씬 상회했으므로 자연스럽게 그런 작물들의 가격도 낮은 수준을 유지했다. 한번은 일본 오사카 교외의 간사이국제공항 입국장에 들어서는데 클로렐라를 다이어트 보조제로 내세운 광고 포스터를 봤다. 작은 하얀색 유리병에서 옅은 초록색의 고운 가루가 쏟아져 나왔다.

2013년 8월 6일, 그 전날 언론의 주목을 받은 마크 포스트의 햄버거 시연회가 있었음에도 불구하고 아가파키스는 두 번째로 발표한 논평에서도 회의적 입장을 고수했다.[6] 아가파키스는 독자을 위해 첫 번째 논평에서 제기한 의문들을 다시 정리했다. 그리고 새로운, 확연히 더 이념적인 비판을 펼치면서 기술 관련 저술활동으로 유명한 물리학자이자 금속공학자인 어슐러 프랭클린을 인용했다. 프랭클린의 글에서는 유기물이건 인공물이건 '전체론적' 성장 모델과 '산업적' 성장 모델을 구별하는 것을 중요하게 여긴다. 프랭클린은 이렇게 말한다. "성장은 명령을 통해 이끌어낼 수 있는 것이 아니다. 적절한 환경을 제공하면서 양육하고 격려해야 한다."[7] 생산 모델은 자연 모델과는 '다른 유형'의 모델이다. 생산 모델의 대표적 결함 중 하나는 외부효과, 즉 그것이 '근무 환경, 생산 라인' 밖 세상에 미치는 영향을 무시하는 경향이 있다는 것이다. "우리는 지구 환경 파괴가 바로 그런 부적절한 모델에서 비롯되었다는 것을 안다"라고 프랭클린은 말한다. 메시지는 단순하다. 대량생산을 통해 제품 값을 낮추는 기술은 비용을 자연에 전가하기 마련이다. 다만 사회 개혁에 관심이 많은 퀘이커교도답게 프랭클린은 그 기술로 인해 노동자의 신체 및 정신 건강이 악화된다는 점도 놓치지 않고 지적한다. 프랭클린의 논리는 고기의 미래에 있어서는 최종적이거나 결정적인 논리가 아닐 수도 있다. 만약 (모든 의심에도 불구하고!) 배양고기가 대량생산에 성공한다면, 그리고 배양고기가 축산업에 비해 더 지속 가능한 단백질 공급 방식임이 확인된다면 말이다. 그러나 프랭클린을 소환한 아가파키스의 논평이 보여주듯이, 의심도 생산적일 수 있다. 아가파키스의 의심은 산업화된 근대사회 안에 불안하게 자리 잡고 있는 유기물의 모습을 보여준다. 그것이 야기하는 불편한 감정이, 많은 요리사와 셰프가 가공식품에 등을 돌리고 거의 신앙에 가까운 열정으로 유기농의 세계를 추앙하는 이유일 것이다. 프랭클린은 아마도 우리가 키워진 것과 만들어진 것의 경계를 어떤 논리로 지울 수 있을지, 그로 인해 어떤 결과를 감당해야 할지 자문하기를 원했는지도 모른다. 어쨌거나 결국에는 배양고기의 선구자들은 빠른 시일 내에 대량생산에 돌입하기를 원할 것이다. 그들은 아주 적은 양의 근육조직을 생산하는 장인적 방식에서 하루라도 빨리 진정한 산업혁명을 일으키고 싶어 한다. 프랭클린이 말하는 '성장'은 탄생 이후 이어지는 더 부드럽고 점진적인 과정, 일반적으로 아끼고 돌보고 빚어나가는(프랭클린은 "양육하다"라는 표현을 썼다) 과정으로 보인다. 그것도 인간 공동체와 문화라는 상대적으로 느린 속도로 움직이는 것들 안에서.

희망

배양고기는 인간을 더 나은 존재로 만들어줄까?

활짝 펼친 손은 깨끗한 손일까? 내가 배양고기 이야기를 추적하고 기록하는 이유는 배양고기가 내 영혼 한 귀퉁이에 자리 잡은 복잡한 문제를 건드렸다는 데 있다. 나는 아주 오래전부터 육식 때문에 마음이 불편했다. 동물을 먹는 것이 윤리적인가? 동물을 먹는 것이 비윤리적이라면 나는 왜 계속 동물을 먹는가? (그렇다, 독자들이여, 나는 동물을 먹는다.) 그런 위선을 안고 산다는 것은 무엇을 의미하는가? 이것은 단순히 동물과 동물의 도덕적 지위에 관한 질문이 아니다. 한 개인으로서, 그리고 인간이라는 종으로서 우리의 식성과 도덕적 향상 가능성에 관한 질문이다. 나는 연어나 돼지의 생고기를 다룰 때면 유독 불편한 감정을 느끼는 자신을 발견한다. 배양고기를 둘러싼 담론 대부분의 전제 하나를 바꿔서 말해보자면, 우리의 식성은 그것이 문화에서 비롯되었건 동물적 본능에서 비롯되었건 간에 더 나은 세상을 바라는 우리의 열망에 반하는 것일 수도 있다. 희망이라는 것이 이미 완전히 확정되지도 않고 가능성 자체가 아예 없지도 않다고 판단되는 결과를 마주할 때 취하는 태도라면, 우리의 식성은 지구의 잠재적 미래를 탐색하는 매우 현실적인 관점이 된다. 나는 늘 더 나은 세상에서 살기를 바랐다. 그런 기본적 충동에 따라 유토피아주의에 빠졌고, 철학적 대화를 나눴고, 실망했고, 공상과학소설을 탐독했다. 공상과학 장르에 대한 관심은 배양고기 운동에 관여하는 사람들 사이에서는 흔한 것이다. 또한 기술 발전이 도덕적 향상에 도움이 될 수 있다는 생각 또한 널리 퍼져 있다.

'도덕적 향상'이라는 표현이 도덕적 행위자의 행동에 따른 결과보다는 도덕적 행위자 자체에 초점을 맞춘다는 점에 주목할 필요가 있다. 그런 표현을 쓰는 나는 도덕철학자들의 어휘상으로는 결과론주의자가 아닌 다른 범주로 분류된다. 내가 행위자의 인성이나 도덕성을 중시한다는 뜻이다. 반면에 배양고기 지지자 다수는 행위와 행위의 결과에 더 관심이 있다. 그들은 동물의 고통을 도덕적 고려의 대상으로 삼을 가치가 있다고 생각한다. 따라서 공리주의 철학자들의 논리를 따르며, 배양고기를 통해 이 지구상에서 경험되는 고통의 총량을 줄일 수 있기를 희망한다.

희망을 품을 이유는 종종 의심을 품을 이유보다 구체화하기가 더 힘들다. 과학 프로젝트나 기술 프로젝트에서는 하나로 조립되는 분절된 증거 조각들처럼 의심이 차곡차곡 쌓인다. 반면에 배양고기 지지자들은 실현 가능성을 입증하기가 본질적으로 어려운 무언가가 실현될 것이라는 희망을 품고 있다. 그들은 단순히 기술적 성공이 아니라, 시장과 소비자의 선택을 통해서만 획득할 수 있는 결과를 향해 손을 뻗는다. 요컨대 그들이 바라는 결과는 하나의 대규모 인프라 집합 전체를 다른 인프라 집합으로 대체하는 것이다. 배양고기 연구자나 배양고기 연구를 공개적으로 지지하는 사람들과 인터뷰를 하면서 어떤 동기로 배양고기 운동에 참여하게 되었는지 물었을 때, 특히 강한 열정이 느껴지는 일화들에서는 대부분 동물보호가 가장 중요한 요소였다. 그다음으로는 환경보호가 심각한 문제라는 논리적 자각도 한몫했지만, 열정을 깨우기에는 다소 부족한 동기인 듯했다. 식량 안보와 건강에 대한 염려도 공장식 축산업을 멀리해야 하는 이유이지만, 내가 인터뷰한 사람들은 이런 문제를 거의 언급하지 않았다.

대형동물 전문 수의사의 조수로 일한 적 있는 한 젊은 배양고기 연구원은 내게 자신이 경험한 아주 참혹한 장면을 묘사했다. 어느 농부의 소가 전염성이 높은 눈병에 걸렸다. 아주 소중한 재산인 그 동물을 구하려면 눈병에 걸린 눈알을 제거해야만 했다.

문제는 동물을 마취하는 비용이 소값보다 더 비쌌다는 것이다. 그래서 당시 수의학을 전공 중이었던 젊은 연구원은 수의사가 마취 없이 소의 눈알을 제거하는 동안 그 소가 움직이지 않도록 붙잡는 역할을 맡았다. 눈알 제거 수술은 몇 시간이 걸렸다. 목숨을 구하는 치료를 받을 만큼 귀중하지만 고통을 면제받을 만큼 귀중하지는 않았던 그 소는 자신이 느끼는 감정을 아주 확실하게 표현했다. 사람들이 배양고기에 거는 희망은 바로 그런 장면을 없앨 수 있다는 희망을 의미한다.

배양고기에 관한 초기 학술 문헌들은 희망으로 안내하는 현장 매뉴얼처럼 읽힌다. 내가 배양고기 운동 현장에서 시간을 보내는 동안 과학자, 기술학자, 사회학자, 인류학자, 생명윤리학자 등 다양한 학자가 발표한 글들은 배양고기와 배양고기 창조자 및 지지자에게 라벨을 붙이는 작업을 했다. 그래서 그런 글들은 완전히 새로운 연구 주제에 관한 글들이 그렇듯이, 대체로 묘사적이고 설명적이었다. 그런데 그런 글들은 마치 배양고기 연구와 관련된 일을 하는 사람들 스스로가 느끼는 감상을 구체적 언어로 기록한 재진술처럼 읽힌다. 배양고기 운동은 거의 모든 면에서 배양고기에 관한 대화의 조건을 설정하고, 배양고기에 관한 질문 중에서 어떤 질문이 가장 중요한지를 결정했다. 두 저자가 공동으로 작성한 한 논문은 배양고기 기술이 도덕에 어떤 기여를 하고 어떤 위협을 가하는지 지금까지 알려진 것들을 전부 정리하고 분류했다.[1] 그중에서 동물이 널리 고통받고 있는 상황을 종료할 수 있다는 것을 배양고기의 가장 큰 이점으로 꼽은 저자들은 이것만으로도 다른 잠재적 단점들을 상쇄하고도 남는다고 주장했다. 그들이 생각한 단점의 예로는 동물 몸과 그 몸의 본래 모습을 모독한다는 다소 모호한 '해악'과, 생명공학 기술이 자연에 대한 인간의 지배력을 강화하면서 인간이 한층 더 오만해질 위험이 있다. 저자들이 예로 든 단점들은 의료 생명윤리학에서는 흔히 접할 수 있는 비판이다. 그런 비판에 담긴 불안들이 조직배양 기술을 적용한 식품 생산이라는 신생 영역으로 그대로 전이된 셈이다.

이 논문에서 특히 눈길을 끄는 것은 저자들이 배양고기 기술 개발을 도덕적 의무로 볼 수도 있다고 주장했다는 점이다. 이런 주장은 생명윤리학자의 일반적인 논리 전개 순서를 거꾸로 뒤집어놓은 것이기도 하다. 생명윤리학자들은 보통 이미 우리 삶에 들어온 신기술과 그 기술이 인간의 건강과 윤리에 미칠 영향에 반응한다. "도덕은 이미 우리 삶에 등장해서 우리를 혼란에 빠뜨린 새로운 기술에 오로지 반응만 해야 하는 것이 아니다"라고 저자들은 주장한다. 오히려 "도덕은 새로운 기술의 개발을 지지하고 보조할 수도 있다." 그리고 그 결과 역으로 "단순히 이상적으로만이 아니라 실제로도 우리가 세상에 기대하는 도덕상이 반영된 세상에 한 걸음 더 가까이" 다가가게 될 것이다. 앞 논문과는 다른 저자 두 사람이 쓴 또 다른 훌륭한 논문에서는 이 마지막 주장을 확장해서, 기술이 근대 삶을 무미건조한 것으로 만든다는 세간의 평가에도 불구하고 시험관 고기 같은 신생 기술은 윤리적 가능성의 세계들을 "들추어낼"(저자들의 표현) 수 있고, 그로 인해 대중은 자신들이 집단으로서 하는 도덕적 선택들을 심사숙고하게 될지도 모

른다고 말한다.[2]

　이 두 논문은 살짝 다른 방식으로 희망을 품는다. 포스트의 햄버거 시연회가 있기 전 2008년에 발표된 첫 번째 논문은, 도덕적 이상이 먼저 모습을 드러내면 실질적으로 그에 맞게 기술을 도입하도록 요구하는 것이 가능하다고 주장했다. 아직 포스트의 햄버거 시연회가 열리기 전이었으나, 배양고기가 과대광고주기*의 상승 구간에 들어선 2012년 발표된 두 번째 논문은 새로운 기술이 곧 출현한다는 징후와 그에 상응해 그 기술을 둘러싼 도덕적 논의와 의사결정 변화 사이에서 역동적 상호작용이 일어난다는 사실을 짚어냈다. 분명한 것은 기술과 윤리의 관계에 관한 그런 성찰은 완전히 새로운 연구 대상을 돋보이게 하며, 배양고기의 경우 운 좋게도 배양고기 연구가 제기하는 도덕과 기술의 관계라는 주제에 흥미를 느끼고 주목한 논평가들이 있었다는 사실이다.

　과학과 기술을 연구하는 사회학자 닐 스티븐스는 2000년대 중반부터 배양고기 운동을 주목하고 지켜보았는데, 배양고기에 관한 이런 글들의 예비적 성격을 포착한 그는 배양고기를 가리켜 '여전히 규정되지 않은 존재론적 대상'이라고 불렀다. 스티븐스는 독자들에게 배양고기의 현실 자체가 여전히 의문에 싸여 있다는 점을 상기시켰다.[3] 그 밖에도 다른 사회과학자들은 설문 조사를 통해 덜 철학적이지만 여전히 중요한 질문을 하기 시작했다.

•　hype cycle. 미국의 IT 트렌드 자문회사인 가트너사가 신기술의 성숙도를 나타내는 한 가지 방법으로 개발한 시각적 도구로, 매년 새로운 기술들에 대한 시장의 기대와 수용이 어느 단계에 있는지를 그래프로 나타낸다.

유럽과 북미의 소비자들이 배양고기를 '정체 모를 역겨운 대상'이라며 다짜고짜 거부할까, 아니면 기꺼이 맛을 볼까? 나는 그런 설문 조사가 설문에 참여하는 사람들에게 어떤 영향을 미치는지 궁금해졌다. 설문지에서 배양고기를 아직 실현되지 않은 가설로 제시했다 하더라도, 설문 조사를 진행한 학자들이 자신들이 실은 곧 현실이 될 새로운 음식의 전령사라는 인상을 주지 않는 것이 과연 가능했을까?

무엇을 희망할 수 있는가?

"누구를 위해 나는 희망을 품는가?"라고 이마누엘 칸트는 물었다. 그가 결과론주의자가 아닌 의무와 책임을 중시하는 도덕철학자인 것은 꼭 우연만은 아니다. 우리가 희망할 수 있는 별개의 실현 가능한 결과가 존재한다고 상상하지 않고서 과연 희망을 품을 수 있을까? 칸트 해석자들은 희망에 관한 칸트의 글에서 많은 의미를 찾아냈다. 칸트는 희망을 일종의 종교적 믿음으로 설명하기도 했고, 희망이 우리의 도덕적 의무일 수도 있다고 주장하기도 했지만, 분명한 것은 희망을 도덕적 향상처럼 우리가 간절히 바라는 그리고 아예 불가능하지는 않은 결과의 실현 가능성에 내포된 불확실성에 대처하는 방법으로 이해했다는 사실이다. 철학자들 사이에서도 희망이라는 것이 얼마나 합리적인가에 관해서는 다양한 견해가 존재한다. 칸트는 희망과 이성을 적절히 타협시킬 수 있는 방법을 찾았다. 몇 세대 뒤에 희망에 대해 쓴 쇠렌 키르케고르는 희망이 이성을 뛰어넘는 것이 중요하다고 생각했다. 20세기의 마르크스주의 철학자 에른스트 블로흐는 아예 희망의 철학이라는 것을 제시했다. 블로흐가 제시한 희망의 철학은 반성과 성찰이라는 전통적 철학의 역할에서 벗어나, 형이상학적으로 미래에 가능한 모든 것에 우리가 파장을 맞출 수 있는 방법을 고민했다. 그러나 일반적으로는 희망이 우리로 하여금 경험을 뛰어넘어 가능성의 영역으로 뛰어들 수 있도록 돕는 역할을 한다고 여기는 것 같다. 내가 여전히 고민 중인 질문은 이것과는 다소 무관한 질문, 요컨대 동물의 고통을 획기적으로 줄이는 것과 우리의 도덕적 인격을 향상하는 것은 어떤 관계에 있는가 하는 것이다. 배양고기 기술로 동물의 고통을 획기적으로 줄일 수 있다는 희망을 품는다는 것은 우리가 스스로 도덕적 인격을 향상할 수 있다는 희망이 그 수명을 다해 폐기되었음을 의미하는 걸까? 우리는 이제 도덕적 인격 향상이라는 옛꿈을 버리고 그 꿈 대신 새로운 유형의 기술적 도덕성이라는 보철물에 의지하기로 한 걸까?

배양고기의 경우에 희망의 진짜 적은 분명 과도한 기대를 불러일으키는 과대광고다. 그러나 (역설적이게도) 배양고기가 어떻게든 완전하게 실현될 수 있으려면 그런 과대광고가 필수일 수도 있다. 신생 기술을 연구하는 꽤 많은 학자가 이 점에 동의한다. 언론 보도자료는 대개 자금을 구하기 위한 일종의 공연 같은 것이다. 따라서 미래를 현재로 끌어들이려면 과대광고가 '필수 구성 요소'다.[4] 달리 말하면 과대광고가 곧 지급보증서다. 과대광고가 필수적이라고 해서 그런 과대광고 전략이 안전하다는 말은 아니다. 과도한 기대는 희망을 불러일으킬 수 있지만, 어느 정도 시간이 지났는데도 그런 과도한 기대를 뒷받침할 근거가 없으면 희망은 순식간에 사라질 것이다. 적어도 해당 신생 기술을 지지하는 집단('약속의 공동체')과, 그런 과도한 기대를 부추긴 개인과 기업 사이에서는 아마도 영영 사라질 수도 있을 것이다. 일부 경영 컨설턴트들은 과대광고주기에서 이런 현상이 목격되는 구간을 '환멸의 골짜기'라고 부르기도 한다. 이 구간에서는 앞으로 성공 가능성에 대한 기대감을 회복하고 실제로 생산 단계에 진입해 수익을 얻을 여지가 남아 있다. 그러나 내가 인터뷰한 많은 사람이, 배양고기의 경우에는 약속이 깨졌다는 인식이 퍼지는 순간 배양고기 운동 자체가 완전히 무너질 수 있다고 생각했다. 반면에 과대광고를 하는 입장에서는 그런 광고가 확실한 약속까지는 아닌, 그에 못 미치는 다른 무언가라고 생각하고 싶어 하고, 그것을 핑계로 최종적으로 희망과 약속을 판단하는 잣대가 될 책임의 최저 기준선 밑으로 슬그머니 빠져나가려고 한다. 만약 희망이 필수 요소라면, 그것 또한 문학비평가 프레드릭 제임슨의 말대로 "가장 잔인한 신용 사기와 예술의 경지에 이른 행상의 기본 원칙"일 것이다.[5]

나무

샌프란시스코 북부 끝자락에 있는 브레이크아웃랩 사무소 방문 일정을 막 끝낸 참이다. 남은 하루 동안 샌프란시스코를 정처 없이 돌아다니면서 브레이크아웃랩이 직면한 도전 과제들을 곱씹어보고 싶은 유혹을 느낀다. 과학과 공학 분야에서 어떤 유형의 문제가 해결 가능성이 있는지를 어떻게 판단할 수 있을까, 진보를 추구하면서 어떤 도박이 승산이 있는지 어떻게 알 수 있을까,

진보 자체는 어떻게 규정해야 할까. 그러나 빈터 건너편 아주 키가 큰 나무 구조물이 내 시선을 잡아끈다. 그것은 언젠가 죽을 운명인 중간 크기의 포유동물에게 남은 시간보다 더 많은 것을 요구한다. 하늘을 겨냥하고 있는 듯하다. 가까이 다가간 나는 〈스파이어〉Spire를 만난다. 자연 재료로 작품을 만드는 영국 예술가 앤디 골즈워디Andy Goldsworthy의 2008년작이다. 스코틀랜드에서 활동하는 골즈워디의 아틀리에는 그의 명성과 마찬가지로 국제적이다. 현재 프레시디오 곳곳에 그의 작품이 있다. 때로는 공원에 스며들어 있고, 때로는 공원을 뚫고 나온다. 〈스파이어〉는 여러 나무 둥치를 한데 모아 만든 작품으로, 꼭대기가 거의 100피트(약 30.5미터) 높이까지 닿아 있다. 온전히 유기물질로만 만들어진 인공물이다. 산책로를 따라 조깅을 하는 사람 두세 명이 빠르게 스쳐 지나간다.

골즈워디의 작품 세계에서 핵심 테마 중 하나는 시간이다. 1980년대에 골즈워디는 얼음을 깎아 정교한 아치들을 만들었다. 한번은 돌받침 없이도 잘 서 있을 정도로 단단해진 얼음 다리에서 돌받침을 떼어내기 위해 돌받침에 오줌을 갈기기도 했다.[1] 얼어붙은 물을 매개물 삼아 작품 활동을 하기로 결정한 이후 시간이라는 테마는 일시성이라는 하위 테마로 넘어간다. 그러나 후기 작품에서 그는 인간보다 더 오래가는 건축 자재 중 하나인 돌을 통해 일시성에 다시금 주목하게 만든다.[2] 골즈워디의 2005년작 〈그려진 돌〉Drawn Stone은 샌프란시스코 골든게이트공원의 드영박물관 입구까지 이어진 보도를 덮은 돌판들에 난 가느다란 틈새다. 이 틈새는 캘리포니아주를 가로지르는 단층선을 소환하고, 또한 샌프란시스코가 늘 지진에 노출되어 있다는 사실을 상기시킨다. 두꺼운 돌덩어리들이 여기저기서 틈새가 가는 길을 가로막는다. 마치 그 틈새가 돌덩어리도 쪼개고 지나간 듯이 돌덩어리에는 선이 그어져 있다. 돌덩어리는 둘로 나뉜 벤치 역할도 겸한다. 아주 어둡고도 익살스러운 유머가 우리에게 위험 속에서 휴식을 취하라고 초대한다.

골즈워디는 1983년 영국 컴브리아에 〈스틱스 스파이어〉Sticks Spire라는, 〈스파이어〉보다 훨씬 더 작은 선행작을 만들었다. 조각가 한 사람이 혼자서도 완성할 수 있는 인간적 규모의 작품이었다. 수십 년 뒤 〈스파이어〉를 만들 때는 대규모 제작팀과 중장비가 동원되었다. 정작 〈스파이어〉는 마치 지구를 뚫고 그 자리에서 스스로 자라난 것처럼 보이지만, 〈스파이어〉 제작팀은 프레시디오 재조림 사업의 일환으로 베어진 삼나무 37그루의 둥치를 한데 모아 구조물을 만들었다. 맨 꼭대기의 높이가 100피트에 이르는 〈스파이어〉는 언젠가 그 주변에 심어놓은 삼나무들에 의해 가려질 것이다. 지금 〈스파이어〉 주위를 빙 둘러서 자라고 있는 나무들을 보면 상상이 잘 되지 않을 것이다. 아직은 바람이 조금만 불어도 가지가 흔들리는, 기껏해야 청소년 정도에 불과한 나무들이기 때문이다. 삼나무가 최대 2000살까지 산다고 주장하는 전문가도 있다. 반면에 지금까지 발견된 가장 오래된 삼나무도 수령이 몇백 살에 불과하다고 지적하면서, 이런 주장에 반박하는 전문가도 있다.

〈스파이어〉는 재료로 쓰인 나무들의 출처인 재조림 사업과 연결되어 있다. 그리고 재조림 사업에 의해 언젠가는 묻힐 것이다. 문명이 그렇게까지 오랫동안 살아남는다면 말이다. 〈스파이어〉는 환경에 대한 우려를 대변한다. 그런 우려는 기술 발전과 투자의 속도에 견주어본다면 아주 긴 시간을 단위로 삼는다. 금융권의 분기 단위가 나무에게는 아무것도 아닌 시간이지만, 샌프란시스코에서는 그런 사실을 잊기 쉽다. 역사적으로 샌프란시스코가 테크 허브 역할을 한 기간보다 환경 운동의 중심지 역할을 한 기간이 훨씬 더 길다는 점이 엄청난 아이러니로 다가온다. 물론 그보다 훨씬 더 오랜 기간 동안은 골드러시 타운이었다.[3] 내가 여기 프레시디오에 서 있는 동안 신생 기술들, 기업들, 미래지향적 투자 도박에 관한 질문들이 골즈워디 작품의 복잡성을 배경으로 서로 교차하며 서 있다. 골즈워디의 작품은 시간과 성장, 시간과 일시성, 그리고 자연이 문명에 가하는 위협, 그중에서도 특히 지질 구조상의 이유로 자연이 캘리포니아 문명에 가하는 위협을 보여준다.

미래

음식과 미래 연구

내가 지금까지 먹어본 특이한 음식 목록에 초콜릿으로 코팅된 메뚜기가 더해진다. 메뚜기는 이미 먹어봤다. 로스앤젤레스에서 멕시코 오악사카 지역 요리(차풀리네스, 즉 메뚜기 튀김)를 먹었기 때문이다. 그러나 사탕류로 변신한 동물을 먹은 것은 처음이다. 물론 곤충 식품 홍보팀이 전 세계적인 식량 안보 위기의 해법이라고 추천한 동물을 먹는 것도 처음이다.[1] 나는 음식의 미래 워크숍의 다른 참가자들과 함께 작은 탁자를 가운데 두고 서 있다. 우리는 메뚜기뿐 아니라 개미와 거저리mealworm 등 곤충을 먹고 있다. 워크숍은 잠시 곤충 식품 기업 시제품의 시식 코너로 변했고, 기업 관계자들의 명함이 탁자 위에 정갈하게 놓여 있다. 메뚜기는 공장식 축산 방식으로 생산한 소고기와 비교해 수확하는 데 많은 비용이 든다. 그러나 메뚜기를 들판에서 잡는 대신 대량생산할 수 있다고 믿는 이들이 있다. 이론적으로 따지면 소, 돼지, 닭에 비해 자원 소모가 훨씬 덜할 것이다.

2013년 11월, 우리는 팰로앨토 도심에 있는 중간 규모의 연회장에서 지난 이틀 동안 음식의 미래에 관한 이야기를 들으며, 가끔 지금처럼 강연에서 소개하는 음식을 실물로 직접 만났다. 약 30명 정도 되는 참가자들의 성비는 거의 동일하고, 대다수는 중년이고 백인이며, 많은 수가 주요 식품업체의 연구개발팀 또는 전략팀에서 일한다. 하나같이 옅은 커피 자국이 난 '비즈니스 캐주얼' 정장을 입고 있고, 닫힌 공간에서 오랜 시간을 보내면서 15분 내지 30분마다 새로운 주제에 대해 열심히 이야기한 사람이 으레 그렇듯이 흥분과 피로에 절어 있다. 우리는 장내 미생물군유전체, 공공 영양학 교육, 소화되는 동안에도 데이터를 전송하는 먹는 센서에 관한 이야기를 들었다. 나는 식품업체의 바쁜 관리자급 직원이 이런 워크숍에 참가하는 이유가 무엇인지 궁금하다. 이런 워크숍은 전반적 지식과 정보를 제공하지만, 워크숍 참가자에게 구체적 '상품'을 공개하려고 기획된 것은 아니다. 메뚜기는 아주, 아주 맛있다. 거저리로 만든 에너지바는 맛이 없다. 선진국에서 곤충이 보편적인 동물단백질 공급원인 미래가 정말로 가까워졌다면, 그 미래는 곤충을 통째로 요리하고 에너지바로는 만들지 않는 미래이기를 바란다. 곤충을 통째로 먹는다는 가정은 아주 흥미롭다. 왜냐하면 나를 비롯해 북미인이 통째로 먹는 동물은 거의 없기 때문이다. 그런데 참가자 대다수가 메뚜기를 한입에 통째로 해치울 수 있었다.

이 식충 실험은 팰로앨토의 미래연구소에서 주관하는 주말 워크숍 "파괴의 씨앗들: 과학기술은 음식의 미래를 어떻게 재창조하고 있는가"의 프로그램 중 하나다. 운영진의 설명에 따르면, 미래연구소는 포드재단에서 자금을 지원받은 랜드연구소 연구원들에 의해 1968년 코네티컷주 미들타운에 있는 웨슬리언대학교 근처에 설립된, '미래 연구'를 하는 컨설팅 회사이자 싱크탱크다. 설립 후 얼마 지나지 않아 팰로앨토로 옮기면서 연구소의 미래는 테크 부문과 확실하게 결합했고, 직원들은 원한다면 1년 내내 자전거로 출근할 수 있게 되었다. 그 무렵이 싱크탱크가 급격히 성장한 10년의 시작점이었으며, 미래연구소는 그런 싱크탱크 호황기의 시작 단계에 설립되었다. 당시 생겨난 싱크탱크의 상당수가 음식의 미래를 탐색했고, 또 인구학과 환경과학, 그리고 세계 인구의 증가와 미래 연명 활동에 관한 전망을 어둡게 하는 통계자료를 참고했다.[2] 설립 당시만 해도 음식은 미래연구소의 주요 연구 주제가 아니었다. 그러나 오늘날 음식은 미래연구소에서 우선 과제로 꼽힌다.

전화, 주택, 인쇄 등 사회에 즉각적이고 중요한 영향을 미치는 기술들의 미래가 미래연구소의 설립 초창기 연구 주제였다. 이 글을 쓰는 현재는 인간-컴퓨터 상호작용과 가상현실 같은 것들이 미래연구소의 연구 주제다.[3] 미래연구소의 고객 및 파트너 기관은 록펠러재단부터 미 해군연구소와 대형 식품업체 허쉬까지 다양하다. 미래연구소에서 주관하는 가장 큰 행사 중 하나는 매년 열리는 '10년 예측' 회의다. 여러 대표들이 모여 앞으로 10년 동안 국제 쟁점이 어떤 식으로 풀릴지 아이디어를 교환하는 자리다. 한번은 행사 규모가 아주 커져서 샌프란시스코만 동쪽에 정박한 항공모함에서 진행했다. 나는 그보다는 훨씬 규모가 작은 이 워크숍에서 음식의 미래 관련 프로젝트들을 훑어보면서 음식의 미래에 관한 아이디어가 사고팔리는 시장을 이해하려고 노력하는 중이다. 배양고기도 그런 아이디어 중 하나에 불과하다. 곤충도, 도심의 도시 농장도 그런 아이디어 중 하나다. 이 세 아이디어는 흔히 '음식의 미래' 같은 광범위한 표제를 단 회의에서 같은 범주로 취급된다.

　일부 미래 연구자는 기술에 관한 것을 포함해 예상을 팔지만, 앞으로 어떤 미래가 올지 미리 알 수 있는가에 관해서는 미래주의자들 사이에서도 의견이 분분하다. "우리는 미래를 예상할 수 없습니다." 미래연구소 소장 마리나 고비스가 말한다. 한 포스터는 이 질문에 대한 미래연구소의 답을 보여준다. "나는 미래를 봤다"라는 문장을 적고 "봤다"에 줄을 그어 지운 다음 그 자리에 "만든다"라고 적었다. 비록 나중에 이런 표현은 미래연구소의 전반적 입장 중 하나만을 나타낸다는 것을 알게 되지만, 예상하기 외에도 미래주의자가 사용하는 통상적 도구로는 예측하기와 시나리오 작성하기가 있다. 이 세 가지 도구는 서로 다음과 같이 구별된다. 만약 예상prediction이 앞으로 일어날 구체적인 일련의 사건들을 묘사한다면(내일 눈이 올 겁니다), 예측forecasting은 어떤 일이 일어날 확률을 제시한다(내일 눈이 올 확률은 30퍼센트입니다). 이와 대조적으로 시나리오 작성은 상황에 따라 일어날 수 있지만, 수치화하기는 어렵고, 특정 결과로 이어지는 일련의 사건을 묘사한다(내일 눈이 온다면 당신은 설피를 신고 출근하게 될까요?). 전문 미래주의자는 이 중 한 가지 도구의 전문가일 수도 있고 여러 도구를 섞어 쓸 수도 있다. 성향에 따라서는 이렇게 세 도구를 엄격하게 구분하는 것에 반대할 수도 있다.⁴ 자신의 접근법이 고객의 필요에 따라 달라진다고 솔직하게 말하는 사람도 있다. 미래 연구는 학문이라기보다 컨설팅 실무의 한 형식이라고 할 수 있으며, 구체적 유토피아상을 염두에 둔 미래지향적 프로젝트와는 다른 것이다. 시 당국, 지방 정부, 연방 정부, 기타 비영리단체와 일하는 미래주의자도 있지만 이들의 제1고객은 기업이다. 미래에 대한 철학적 추론의 역사와 미래 연구 사이에는 절대로 극복할 수 없는 엄청난 차이가 있다. 다만 미래 연구는 전자의 권위를 빌려 쓰기도 한다.

　　미래연구소에서 시간을 보내는 동안 나는 연구소 직원이 학력과 열정에서 결코 동질적인 집단이 아니라는 것을 알게 된다. 몇몇은 직업적 범주를 표시하기 위해 미래 연구라는 명칭에 집착한다. 심지어 두세 명 정도는 미래학대학원 학위도 갖고 있다. 하와이대학교에서 짐 데이토Jim Dator가 이끄는 하와이 미래학 연구센터 등 미래학 학위과정은 그 수가 많지 않다. 그 외에는, 특히 막 대학을 졸업한 젊은 직원들은 미래주의자라는 직함에 덜 집착하며, 사회과학대학원 학위과정부터 시민운동 또는 비영리단체 활동 등 훗날의 이력을 위해 거쳐가는 훈련 기관 정도로 여긴다. 미래연구소에서 나는 대부분의 시간을 식품 연구팀 소속 직원들과 보냈다. 모두 20대 중반에서 30대 초반이었다. 미래연구소 직원들의 연령대는 꽤 젊다. 나중에 이것이 컨설팅 회사와 싱크탱크의 일반적 특징이라는 사실을 알게 된다. 'T자형 사람들'이라는 말이 있다. 이것은 특정 분야에서 전문성을 키우는 데 집중한 다음 위로 올라가서 확장하는 사람들을 의미한다. 나 같은 워크숍 참가자들과 달리 T자형 사람들은 대체로 청바지를 입고 있다는 사실을 깨닫는다.

곤충을 준비해온 식품 기업가들에게 이런 미래연구소 워크숍은 앞으로 식품업계에서 영향력을 행사하게 될 수도 있는 식품회사 중간관리급 사람들에게 샘플을 선보일 기회다. 그중에는 경제와 환경에 미치는 파급력이 엄청난 대형 식품회사에서 일하는 사람들도 있다. 미래연구소 입장에서는 지역 기업가의 제품으로 스토리텔링 훈련을 하면서 고객에게 식량 공급의 미래 시나리오 중 하나를 실제 물건을 통해 소개할 수 있는 기회다. 메뚜기가 미래연구소가 제시하는 미래의 식량 문제 해결책 중 하나는 아니지만, 원초적 감각을 자극하는 것만큼 아이디어를 촉진하는 것도 없다. 내 왼편에 앉은 주요 탄산음료업체의 연구개발팀 부장은,

기후변화처럼 식량 공급과 식량 안보에 중요한 쟁점에 관한 구체적 예상을 들을 수 있을 거라고 기대했다고 말한다. 나는 우물거리면서 동의의 의미로 고개를 끄덕한다. 나는 그를 이 워크숍에 보낸 회사의 주요 관심사가 무엇인지 묻는다. "우리는 건강에 관심이 많은 소비자를 공략하려고 합니다." 그의 말에 나는 뉴욕 지하철에서 흔히 볼 수 있는 포스터가 떠오른다. 포스터는 일반적인 12온스(약 350밀리리터)짜리 탄산음료에 작은 봉지 설탕이 몇개나 들어가는지를 보여준다. "그리고 우리는 물 부족도 걱정하죠." 그가 덧붙인다. 미래연구소라는 이름이 어떤 기대를 품게 만들건 간에 미래연구소는 예상하기보다 시나리오 작성하기 도구를 더 많이 활용한다. 미래연구소가 작성하는 시나리오는 '예측'이라는 단어에 담긴 확률 감각에 기대지만 그런 확률에 의존하지는 않는다. 2013년 현재 미래연구소는 자신들이 하는 미래 연구를 묘사할 때 '예견'을 핵심어로 사용한다. 기업 고객과 작업을 많이 하지만 비영리단체로 분류된다. 지역공동체, 정부, 기업의 예견을 함양하는 작업은 사회적 공공재에 해당한다는 것이 미래연구소의 주장이다. 미래연구소의 사보에 따르면 예견은 미래에 관한 지식이 아니라, 더 잘 준비된 행위자 그리고 시민사회적 요소를 더하자면 더 나은 시민을 육성한다. 네덜란드의 사회학자이자 미래주의자이자 사회민주주의 정치가 프레드 폴락은 이렇게 적었다. "예견은 시간, 지속, 개발, 연속이라는 개념을 전제로 하지만, 위기에 대비하는 것을 의미하기도 한다."[5]

"미래는 어제 시작되었고, 우리는 이미 늦었다"

팰로앨토 시내를 돌아다니는 사람들은 미래연구소를 종종 스탠퍼드대학교의 부설기관으로 오해한다. 이런 점이 이 동네의 분위기를 잘 보여준다. 이곳에서는 학술 연구(특히 공학과 생명과학 분야)와 산업 활동을 구분하는 선이 명확하지 않다. 한 테크 분야 전문 기자가 잠시 집중력이 흐트러졌을 때 스탠퍼드대학교 교수를 "스탠퍼드 교수"라고 부르는 대신 "스탠퍼드 이사"라고 말하는 것도 들었다. 미래연구소의 벽에는 "미래는 어제 시작되었고, 우리는 이미 늦었다" 또는 "미래에 관한 진술이 처음에 황당하게 들리지 않는다면 아무짝에도 쓸모가 없다" 등 미래주의자의 인용문이 적힌 포스터가 걸려 있다. 두 번째 문장은 짐 데이토가 한 말이다. 책장에는 미래연구소 직원이 쓴 책이나 협력기관에서 출간한 책이 꽂혀 있다. 과학기술과 도시에 관한 책, 비즈니스 세계의 소셜네트워크에 관한 책, 리더십에 관한 책, 비디오게임에 관한 책들이다. "우리는 미래의 희생자가 아니라 미래의 설계자가 되려고 소환되었다." 창문에 부착된 문구를 통해 박식한 건축가였던 고故 R. 버크민스터 풀러가 우리에게 말한다.

풀러는 20세기 중후반 미래주의에 큰 영향을 미친 인물이다. 그러나 아마도 1960년대 반문화주의자들을 매료시킨 지오데식 돔*의 설계자로 가장 유명할 것이다. 이 돔은 콜로라도주 남부 지

---

* geodesic dome. 되도록 같은 길이의 직선 부재를 써서 구면球面 분할을 한 트러스 구조에 의한 돔.

역에서 1965년부터 1970년대 초까지 운영되었던 드롭시티 같은 몇몇 주민자치공동체에 가면 어김없이 만나는 건축양식이었다. 풀러는 신기술 개발 과정에서 제3자적 지위를 유지하면서도 그 신기술을 인류의 필요에 맞게 유용한 도구로 활용할 방안을 고안하는 유형의 사람이 존재한다고 가정했다. 그는 이런 사람을 '종합 설계자'라고 불렀다. 그런 사람과 미래연구소 같은 곳에서 일하는 컨설턴트 간에는 어느 정도 유사한 점이 있다. 이들은 일반적으로 기술이나 정책에서 아이디어를 처음 제안한 사람은 아니지만, 그런 아이디어에서 가능성을 보고 그 기술이나 정책의 도입을 지원하는 중개자 역할을 한다. 건축역사학자 사이먼 새들러는 풀러가 지오데식 돔의 최초 설계자인지는 논란의 여지가 있다고 지적하면서도, 지오데식 돔은 단순히 효용성을 넘어서는 무언가 즉 "지오데식 돔의 건축자-입주자를 우주 질서의 토대가 되는 규칙과 직접 연결"하는 "출처 불명의 수학적 확실성"을 대변한다고 주장한다.[6] 풀러 이후 미래의 건축가가 된다는 것은 인간의 기존 인공물을 뛰어넘는 형식, 즉 실용적 목적만이 아니라 이상을 실현하고자 하는 우리의 욕구를 반영하는 체계를 만드는 것을 의미한다. 우리는 우주의 근원적 지각력의 표상을 만들거나, 더 겸손한 자세를 취해 그런 지각력의 논거가 될 법한 움막을 지을 수는 있을 것이다. 미래연구소의 의자에 앉아 물 자원의 미래에 관한 보고서를 쓰는 중에 풀러의 인용문이 눈에 들어온 사람에게, 그런 우주적 문제는 단순히 집중력을 흐트러뜨리는 방해꾼일 수 있다. 하지만 영감을 주는 기호학적 환경에서 얻는 것들을 생각하면 그런 위험을 감수할 가치가 있다. 일이 잘 풀리는 날에는 미래연구소라는 물리적 공간이 마치 기계처럼 별개의 개념 단위 사이에 유용한 연관성을 만들어주는 것처럼 느껴진다.

미래연구소가 자신들이 하는 일을 묘사하기 위해 의도적으로 '예견'이라는 모호한 단어를 고른 것 같다. 이것은 컨설팅의 본질을 반영한 것일 수 있다. 어떤 컨설턴트는 도식이나 금융상품을 설계하는 등 구체적 성과물을 내놓기도 한다. 그러나 컨설팅 서비스는 대부분 그런 식으로 수치화해 나타내기가 어렵다. 현장 용어로 '예견'을 재해석한다면, 모든 경우의 수를 고려한 계획을 세우고 많은 조직이 익숙하지 않은 방식으로 가능성들에 대해 생각한다는 의미인 것 같다. 브라질 초콜릿 시장에 어떤 식으로 진출할 것인가, 대만 젊은이들이 술집에서 어떤 종류의 위스키를 주문할 확률이 높은가 등 특정 시사 문제에 관해 컨설턴트가 고객에게 부족한 전문성을 갖추고 있다는 것을 전제로 진행되는 경영 컨설팅 프로젝트도 있지만, 미래연구소는 다른 방식으로 일한다. 미래연구소는 전략적 계획을 세울 때 알고 있으면 큰 도움이 되는 광범위한 변화의 '신호'를 다룬다. 고객사의 조직은 인력, 재정 등 자원이 부족해 '신호'를 관찰하기 힘들기 때문이다. 신호는 미래연구소의 미래주의자들이 수행하는 작업의 기본 단위다. 미래연구소는 고객이 대개 시간과 감각 부족으로 적용하지 못하는 방식으로 고객이 불확실성에 대비하도록 돕는다. 이것은 경영대학원에서 가르치는 지혜 중에서 도출된 결론을 근거로 삼은 것이기도 하다. 그 지혜란 혁신은 본질적으로 기성 조직 내부에서 시작될 수 없다는 것이다. 기성 조직은 주주와 기존 고객을 만족시켜야 한다는 목적에 구속되기 때문이다.

미래연구소가 진행 중인 음식 관련 프로젝트를 홍보하는 영상에서, 미래연구소 직원은 '음식의 미래를 재창조하는 혁신의 촉매제'와 아마도 음식에 관한 새로운 아이디어가 나오는 장소인 듯한 '음식 혁신의 허브'에 대해 이야기한다.[7] 나는 곧장 현재 음식의 도시를 표방하는, 전 세계적으로 혁신적인 식당으로 꼽히는 몇 곳이 영업 중인 덴마크의 코펜하겐이 떠오른다. 미래연구소는 미래연구소의 주소지인 팰로앨토를 음식 혁신의 허브로 추천한다. 팰로앨토는 실리콘밸리와 붙어 있을 뿐 아니라, 미국의 총 농업 생산량의 50퍼센트 이상을 생산하는 캘리포니아주 농업의 심장 센트럴밸리와도 가깝다. 2013년 11월부터 2015년까지 나는 이 워크숍과 비슷한 미래연구소의 여러 워크숍에 참관인으로, 연사로, 대중을 위한 이벤트의 청중으로 참가하기 위해 팰로앨토를 서너 번 더 방문한다. 미래연구소 덕분에 나는 배양고기 운동 관계자들과 인맥을 쌓을 수 있었고, 미래연구소가 마련한 거대 산업, 기업가 정신, 학문적 전문성이 교류하고 거래하는 영업장에 발을 들일 수 있었다.

불확실성과 예측 모델

미래연구소 직원 한 명이 지시한다. "자기소개를 할 때는 당신이 음식의 미래에 희망을 품거나 음식의 미래를 걱정하게 만드는 기술 하나씩을 말씀해주세요." 메뚜기 튀김을 먹기 36시간 전인 워크숍 첫날, 우리는 연회장을 돌면서 각자 자기소개를 했다. 이미 커다란 백지에 자신의 이름과 나란히 음식의 미래에 대한 희망과 우려를 적었고, 그 옆에는 각자의 폴라로이드 사진이 붙어 있었다. 많은 사람이 유전자조작 생물을 희망 항목에 넣었지만, 그에 못지않게 많은 사람이 그것을 우려 항목에 넣었다. 나는 배양고기를 적어 넣었고, 배양고기가 동물단백질의 미래에 긍정적으로 작용할지 부정적으로 작용할지 아직은 알 수 없으므로 희망과 우려 모두를 느낀다고 썼다.

미래연구소 직원이 환영사를 마무리한 뒤 미래연구소와 미래연구소의 방법론, 워크숍의 대주제를 간략하게 소개한다. 미리엄 루엑 에이버리는 이제 미래연구소 워크숍에서 자주 사용하는 아주 화려한 디자인의 유인물 하나를 참가자들과 함께 찬찬히 살펴보는 임무를 수행한다. 에이버리는 세계 식량 전망 프로그램(나중에 미래연구소 음식의 미래 실험실로 개명했다. 이외에도 미래연구소의 '실험실'에는 신생 미디어 실험실과 거버넌스 미래 실험실Governance Futures Lab 등이 있다)의 공동 책임자다. 이 유인물은 가로 25인치(약 63센티미터) 세로 22인치(약 56센티미터)에 달하는 종이에 획기적인 디자인을 적용해서 그린 일종의 커다란 지도다. 종이의 대부분을 차지하는 것은 커다란 원이며, 원의 중심에서 테두리까지 바큇살 모양으로 직선 6개가 뻗어 있다. 이 바큇살들에 의해 원은 5개의 구역으로 나뉘고, 각 구역은 초록색, 노란색, 파란색, 보라색, 갈색으로 색을 달리해 구분했다. 5개의 구역은 각각 '제조', '유통', '생산', '소비', '구매'에 해당하며, 모두 현

식품 체계에서 중요한 활동이라는 것을 쉽게 알 수 있다. 각 구역은 다시 중앙에서 바깥쪽으로 나아가면서 차례대로 '핵심 전략', '파괴', '불확실성 요소'라고 명명된 세 개의 하위 범주로 나뉜다. '핵심 전략'은 해당 활동 영역에서 기대할 수 있는 변화의 규모와 방향을 정리했다. '파괴'의 경우 실리콘밸리의 어휘인 이 단어를 미래연구소는 해당 영역에 새로운 방향을 제시할 기술적 변화로 해석했다. '불확실성 요소'가 마지막 하위 범주로, 확률은 매우 낮지만 만약 실제로 일어난다면 모든 것을 바꾸어놓을 사건을 나열한다. '생산' 구역의 '파괴' 범주에는 "모든 표면에서 식량 재배하기"(도시 농업의 기본 내용), "농장에 로봇 일손 대량 투입하기", "달걀 성분 재조합하기", "음식 평론가 속이기" 등이 나온다. '음식 평론가 속이기'는 식물단백질을 사용해서 현재의 고기와 거의 동일한 햄버거 패티를 만드는 기업의 일화를 참고한 것이다. 그 기업은 배양고기의 기술 경쟁자라고 할 수 있다. 적어도 한 음식 평론가는 해당 기업의 햄버거 패티가 진짜 고기로 만든 것이라고 철석같이 믿었다고 인정했다.

파괴와 불확실성 요소의 일부 항목이 이미 현실이라는 점이 눈에 띈다. 방목을 통해 초지를 복원하는 프로젝트도 그중 하나다. 드론으로 식료품 배달하기나 3D프린터로 현장에서 제품 제조하기 등은 이미 시범적으로 실시된 적이 있고, 배양고기와 마찬가지로 테크-언론의 과대광고주기를 타고 있다. 미래연구소에서 출간한 한 책자는 소비재가 오직 주문 제작되는 새로운 생산 체제라는 아이디어를 다루면서, 이것을 '물物-류流'matterstream라고 부른다. 이런 생산 체제는 아마도 출력 가능하거나 필요할 때마다 구체물로 직조될 수 있는 디지털 파일에 의존할 것이다. 따라서 대다수의 물건이 출력되기 전까지는 실리콘 상태로 존재할 것이다. 그렇다면 자연자원을 보호할 수 있을 뿐 아니라 엄청난 양의 에너지를 아끼고 환경 폐기물도 줄일 수 있을 것이다. 그러나 명심해야 할 것은, 이런 것들이 하나같이 가정假定이라는 마법주문으로 만들어낸 환상이라는 사실이다. 희망/우려 말하기 과제를 실시하기 전, 미래연구소의 대강당에서 아침식사를 하는데, 데이비드 보위의 노래 〈스페이스 오디티〉Space Oddity가 스피커를 통해 울려 퍼진다. "원하면 강당 뒤편에 가상현실 헤드셋이 있으니 시험해봐도 좋아요"라는 말을 듣는다. 〈스페이스 오디티〉가 "지상통제권은 톰 소령에게/ 단백질 알약을 먹고 헬멧을 쓰자"라는 가사로 시작한다는 것을 잊고 있었다.

'파괴의 씨앗' 지도에는 흐름도가 나온다. 지도 중앙에는 농업, 식품 생산, 마케팅, 구매, 소비 영역에서의 일상적 활동들이 나열되어 있다. 지도 중앙에서 시선을 돌려 가장자리로 옮기면 점점 가능성이 떨어지는 사건 목록을 보게 된다. 그러나 흐름도의 논리 전개와 식품 부문의 변화를 설명하는 기본적 이론이 어떤 식으로든 연결되어 있다면, 그것이 어떤 관계인지는 여전히 수수께끼로 남아 있다. 구체적 이론이 부재한 원인은 지도를 뒤집으면 금세 알 수 있다. 지도 뒤편에는 이런 문구가 나온다. "이 지도는 기술을 어떤 식으로 활용하면 식품 체계의 중요한 틈새를 현명하게 메울 수 있을지에 관한 대화를 시작하는 도구입니다." 미래연구소 직원들은 온갖 도구를 만들어내는 것을 선호하는 듯하다. 대부분 경제 부문보다는 그래픽디자인이나 연극에서 이력을 쌓았고, 인구학보다는 인류학 전공자가 많다. 현재 온갖 형태의 진짜 데이터를 생성할 뿐 아니라 '빅데이터'라 불리는 추상화 집착증도 탄생시킨 실리콘밸리에서 운영되는 미래연구소는 최근 비디오게임을 제작하고, 스토리텔링을 하고, 워크숍을 기획하고, 기업가와 전문가 간 미팅을 주선했다. 미래연구소 직원이라면 데이터보다 신호에 대해 이야기할 가능성이 높지만, 이들은 신호로 설득하는 법을 안다.

비슷한 지도와 소책자와 유인물과 포스터가 미래연구소의 행사에서 시각 공간을 채우고, 그에 대응하는 인지 공간에 형태를 부여한다. 그러나 이번 모임에서는 또 다른 카리스마 넘치는 시각적 요소가 보태진다. 뾰족뾰족한 염색 머리에 검은색 옷을 입은 한 남자가 회의실 벽면을 가득 채운 커다란 포스터 크기의 종이 앞에 차분하게 서 있다. 다양한 색깔의 마커로 무장한 그는 우리 모임에서 언급되는 주요 용어와 주제를 실시간 만화 컷으로 바꾸는 그래픽아티스트다. 이런 서비스의 공식 명칭으로는 '그래픽조력'graphic facilitation이 선호되는 듯하다.[8] 각 강연의 키워드가 우리를 에워싼 벽면에 마치 길들여진 그래피티처럼 밝게 빛나는 글자로 나열되는 것을 보면서 이 모임은 특정 방향으로 전개되어야 한다는 사실을, 우리가 '보호'와 '혁신' 같은 단어를 개념이라는 무대 위의 배우로 여겨야 한다는 사실을 쉽게 알아차릴 수 있다. 키워드 사이로 새로운 행렬이 생겨난다. 애덤 웨스트가 주연을 맡은

TV시리즈《배트맨》이 떠오른다. 그 시리즈에서는 히어로가 악당에게 주먹을 날리면 "픽!"과 "슈욱!" 같은 단어가 갑자기 나타나 시청자의 시야를 채웠다가 사라졌다. 이 모임의 미학적 채색 활동의 확실한 장점 한 가지는, 어떤 말이 오갔는지 돌아보고 기억하기가 쉽다는 것이다. 나는 그래픽 조력자에게 이 일을 익히는 데 시간이 오래 걸렸는지 묻는다. 그는 주의 깊게 관찰하는 법만 알면 충분히 할 수 있는 일이라고 말한다. 더 나아가 내가 묻지 않았는데도 자신이 베이에어리어에서 사는 예술가이며, 이 일로 버는 돈이 큰 보탬이 된다고 말했다. 그룹 전체가 식료품, 옥수수, 웃는 돼지, 밀에 대해 이야기하는 동안 그것들 하나하나가 하얀 종이 위에 노란색, 분홍색, 갈색의 싹을 틔운다. 예술가는 소의 트림에서 배출되는 메탄가스에 시각적으로 역동적 에너지를 불어넣을 수 있다.

얼핏 보기에는 미래연구소가 하는 일이 지난 세기에 전개된 미래주의자의 활동사와는 한참 동떨어진 작업처럼 보인다. 또한 그런 활동을 생성한 이념적, 철학적, 그리고 무엇보다 정치적 용광로와는 아무런 관련이 없는 것처럼 보인다. 그러나 전문적인 미래 연구가 실질적으로 시작된 20세기의 지적 불확실성의 메아리가 21세기 초의 미래 연구에서도 들리고, 미래연구소의 미래 연구도 여기서 예외는 아니다.[9] 역설적이게도 미래연구소의 설립자 중에는 적절한 기술을 축적해서 축소 불가능한 불확실성을 포용하는 것(현재 미래연구소의 모델)이 아니라, 예측 모델을 통해 불확실성을 제거하는 것을 목표로 삼은 사람들도 있었다. 미래연구소가 세워지기 몇 년 전에 랜드연구소 소속 연구원이자 미래연구소 공동 설립자 중 두 명인 올라프 헬머와 시어도어 고든은 자연과학 같은 정확성을 추구하는 예측 모델 이론을 발표했다. (노먼 달키와 함께 이 방법론을 만든) 헬머가 밝혔듯이, 두 사람의 목표는 "물리학과 화학 문제를 다루듯이 사회경제학과 정치학 문제를 확신을 가지고 해결하는 것"이었다.[10] 이 모델이 바로 델파이 기법 Delphi technique이다. 고대 그리스 델포이에 있는 아폴론의 성소에서 아폴론으로부터 받는 예언을 의미하는 델포이의 신탁에서 따온 명칭이지만, 예언이 아닌 예측 모델이다.[11]

지금도 다양한 형태로 사용되는 델파이 기법은 전문가 의견들 중에서 공통되는 내용을 찾는 방식이다. 기획자가 특정 주제의 전문가 집단을 꾸리고 그들에게 설문 조사를 실시한다. 여러 단계를 거치면서 같은 질문으로 같은 과정을 반복한다. 전형적인 설문 내용은 특정 사건이 일어나거나 특정 결과가 나올 확률, 가령 냉전시대 미래 연구에 등장한 표준 문구를 예로 들자면 핵 공격 등의 확률에 관한 것이다. 각 설문 조사 단계가 끝날 때마다 다수 의견을 확인하고, 그다음 설문 단계가 시작할 때 전문가들에게 전 단계에서의 다수 의견이 무엇이었는지를 알린다. 이 절차는 전문가 집단의 의견이 하나의 예측으로 수렴하도록 살짝 등을 떠미는 역할을 한다. 델파이 기법은 군사 문제 관련 전문성만이 아니라, 근대사회 같은 복잡한 주제에 관한 전문성이 특별한 지위를 누린 시기에 개발되었다. 이런 분위기는 제2차 세계대전 기간에 과학자들이 전문가로서 명성을 얻은 데다가 전후에 미국 정부가 군사정

책과 사회정책 관련 교육과 전문가 의견에 투자하면서 강화되었다. 냉전시대가 길어질수록 정부의 컨설팅 프로젝트 발주가 많아졌고, 그 결과 랜드연구소 같은 싱크탱크가 번창했다. 헬머와 고든, 그리고 그들의 동료들의 사회적 위상도 높아졌다. 그들은 혁명가와 시인의 유토피아주의가 확산되는 것을 막겠다고 약속했고, 실제로도 성공하는 것처럼 보였다. 핵전쟁이라는 위협의 등장으로 가까운 미래와 먼 미래에 대비해야 했고, 따라서 그런 목적에 부합하는 지적 도구를 만드는 사람들에게는 보상이 지급되었다.

미래와 유토피아주의

헬머, 고든, 그리고 그들의 랜드연구소 동료들은 20세기에 북미와 유럽의 전문가 공동체에서 주류를 차지한 대표 접근법 두 가지를 대변한다. 그중 한 가지 접근법은 구체화되고 특정된 상태를 추구하는 것이 곧 미래주의라고 이해하며, 그래서 유토피아주의자로 불린다 해도 크게 개의치 않을 것이다. 다른 한 가지 접근법은 자신들이 합리적이고 전략적인 선택을 한다고 생각하며, 만약 이념적이라는 평가를 받는다면 당황할 것이다. 왜냐하면 이들은 자신들이 적용하는 과학적 방법론이 편향에서 완벽하게 자유롭다고 믿기 때문이다.[12] 이 두 집단을 각각 낙관주의와 비관주의로 명확하게 나눌 수는 없다. 헬머의 경우에는 유토피아주의에 기대지 않고도 기술의 미래에 관해 아주 낙관적인 견해를 제시했다. 물론 예상을 다루는 새로운 과학은 냉전시대가 억지로 만들어낸,

소비에트 정권이 제공하는 예후 prognostik 와 상반되는, 자유주의 서구를 위한 미래의 밑그림을 제시하려는 시도의 산물이다. 소비에트의 예후도 공식적으로는 구체적 상태를 추구하고 역사적 발달 과정에 관한 이론을 참고했지만, 여전히 확률에 관한 것이었다. 게다가 냉전만이 당시에 주어진 유일한 맥락은 아니었다. 상대적으로 더 합리주의적인 무늬를 띤 미래 연구 관행이 자리 잡기 시작한 서유럽과 미국에서 1960년대 초는 기술적 근대성에 대한 환호와 신랄한 비판이 공존한 시대였다. 델파이 기법을 주도하는 전문가들은 핵전쟁이 일어날 확률을 중점적으로 검토한 반면 다른 전문가들, 특히 유럽의 철학자들은 핵전쟁의 도구가 필수품이 된 세계에 반대하는 글을 썼다. 1964년 프랑스 신학자 자크 엘륄은 『기술 사회』를 출간했다. 이 책에서 그는 기술이, 우리가 더 높은 효율성을 위해 인간성을 희생하고 종래에는 인간성을 상실하게 만들도록 이끌게 될 것이라고 말한다. 같은 해에 프랑크푸르트학파의 일원인 독일의 사회이론가 헤르베르트 마르쿠제는 『일차원적 인간』에서 서구 자본주의 사회와 동구 공산주의 사회를 막론하고 인위적 필요를 끊임없이 만들어내는 산업사회를 호되게 비판했다.

예측 모델은 미국 방위산업에서 민간 부문으로 퍼져나갔는데, 냉전시대의 사회적 분위기에 의해 왜곡된 채로 실천되었고, '근대화 이론'으로 불리는 발전에 관한 경제사상과 사회사상의 후원을 받았다. 사회사상 쪽에서는 1960년에 경제학자 월트 휘트먼 로스토가 소비에트연방의 계획경제 모델에 대한 대안을 제시한다고 밝힌『경제성장의 단계: 비공산주의 선언문』을 내놓았다. 로스토는 거시적 역사 모델의 정확성에 대해서는 겸손한 태도를 취했지만, 자신이 제시한 단계들('전통 사회'부터 '높은 대중 소비의 시대'까지)이 "카를 마르크스의 근대사 이론에 대한 대안"이 될 수 있다고 말했다.[13] 헬머와 고든이 델파이 기법에 관한 논문을 발표한 1964년에 사회학자 대니얼 벨은 매사추세츠주 케임브리지에 소재한 미국예술과학협회에서 발주한, 미국의 향후 25년을 예측하는 프로젝트의 책임자가 되었다. 그 프로젝트의 결과물이 벨이 1968년에 발표한『2000년을 향해: 현재진행형』이다.[14] 이 프로젝트에서 파생한 또 하나의 책이 1973년에 발표한『탈산업사회의 도래: 사회 예측 방법론의 탐험』이다.[15] 닐스 길먼의 지적대로 자유 근대화 이론가들에게 주어진 핵심 정치 문제는 제3세계의 지위 설정과, 소비에트연방의 마수가 뻗치기 전에 어떤 희생을 치러서라도 포섭해야 하는 개발도상국의 마음과 머리를 사로잡기 위한 경쟁에서 이기는 것이었다.[16] 그런데 학문적 측면에서 근대화 이론가들에게는 상대적으로 더 유토피아적인 이론가들과 달리 진보의 마지막 단계라고 제시할 수 있는 구체적 청사진이 없다는 것이 문제였다. 요컨대 그들은 진보가 1이라는 숫자에 꾸준히 가까워지지만 결코 1에 도달하지는 않는 점근 공식의 그래프 같은 형태를 띤다고 생각했다. 바로 이것이 예측이 목적인 미래주의와 유토피아적 미래주의의 결정적 차이점이다. 유토피아주의적 미래주의는 그들이 제시하는 에덴동산의 나무 하나하나의 학명을 말해줄 수 있으며, 심지어 그 나무의 과실에 어떤 약효가 있는지도 말해줄 수 있을 것이다. 이 두 미래주의는 매우 다른 경험을 제공하고, 현재에서 다른 유형의 방식으로 작업할 것을 요구한다. 현대의 미래연구소가 실천하는 미래주의는 둘 중 어느 쪽에도 속하지 않지만, 이따금씩 미래연구소의 시나리오에서 두 미래주의 중 한쪽의 목소리가 들리기도 한다.

자본주의적 민주주의 사상과 사회주의 사상, 더 정확하게는 마르크스주의 사상의 역사가 두 미래주의에 스며들어 있지만, 예측 모델이 자본주의적 민주주의의 편을 든다거나 유토피아주의가 사회주의에 동조한다는 식으로 단순하게 설명할 수 없는 복잡한 측면이 있다. 시장 메커니즘을 통해 생성되는 유토피아를 제안하는 자본주의자들이 있는가 하면, 마르크스 사상의 헤겔주의적 요소에도 불구하고 마르크스주의의 역사가 시간의 흐름에 따라 이성적으로 전개되는 일은 드물며 역사가 목적론적이고 유기적인 과정이라는 것을 아는, 그래서 지역적 전략에 관심을 가지는 사회주의자들도 있다. 헬머는 '구조주의적 유토피아주의자'의 출현을 희망했는데, 이것은 그가 유토피아주의라는 단어를 두려워하지 않았다는 것을 보여준다. 배양고기의 미래에 관한 몇몇 환상은, 미래관이 정치적 입장이나 방법론적 입장과 합치하는 경우가 드물다는 사실을 일깨운다. 내가 이야기를 나눈 많은 비건과 동물보호 운동가들은 시장경제가 사회적 변화를 유도할 수 있다고 믿는다. 그러나 또한 우리가 동물이 더 이상 희생되지 않는 유토피아라는 구체적이고 이미 잘 알려진 최종 단계를 향해 나아가고 있다고도 믿는다. 미래주의자의 대화는 이데올로기적 입장을 이리저리 혼합하는 것으로 유명하고, 따라서 그런 대화에서는 일관성을 찾기가 어려우며 절충주의적이기 쉽다. 그러나 역사적 맥락에 맞춘 더 구체적인 해석도 가능하다. 소비에트연방의 몰락 후 한 세대가 지났고 (많은 사람에게) 시장의 승리를 거둔 것이 확실해 보이므로, 자본주의적 기술-유토피아는 불확실성을 줄여주는 지적 도구와 기꺼이 공존한다. 아마도 그런 이념적 입장이 서로에게 위협이 되는 일이 드물기 때문일 것이다. 절충주의적 성향은 마르크스주의 사상의 징후는 아니고, 그저 자유시장 세계의 아이디어 시장에서 판매되는 여러 입장 중 하나일 뿐이다.

풍요의 척도이지만 비효율적인

우리는 여전히 작은 탁자 주위에 서서 곤충을 보고 있다. 거저리가 좋아하는 환경과 거저리 가루로 만들 수 있는 음식에 대해 더 배우고 나서 나는 고개를 돌린다. 미래연구소의 대강당과 대강당과 연결된 회의실은 워크숍 운영진이 '미래에서 온 인공물'이라고 부르는 것들로 장식되어 있다. 미래연구소 소속 디자이너들이 만든 3차원 모형 또는 평면 그림 또는 사진이 주말 내내 우리의 시선을 붙잡는다. 다른 프로젝트가 남긴 기념품 중에는 미래의 독성 공기에 대비한 방독면도 있고, 합성생물학 덕분에 우리가 주변 생명체에 압도적 통제력을 행사하는 미래의 그림들도 있다. 박테리아가 바이오연료를 생산하고, 유전자조작 나무가 우리가 배출하는 탄소를 고스란히 흡수하고 제거해서 공기를 맑게 유지한다. 개인적으로 내 마음에 쏙 든 것은 세라 스미스의 작품이다. 미래연구소 식품부의 일원인 스미스의 작품명은 〈내일의 정육점 진열대〉이다. 2023년 한 정육점의 고기 진열대를 보여주는 이 그림은 눈에 익은 고깃덩어리로 꽉 채워져 있다. 오늘날 정육점 진열대와의 차이점은 라벨에 숨어 있다. "초지 재생 방목 소고기 윗등심 스테이크-뼈 없음", "A등급 로드킬-사슴고기 어깨살", "시험관 비육 돼지고기 목살". 이 인공물이 노골적으로 강조하는 요지는, 고기 공급 문제를 더 유연하고 창의적인 태도로 접근한다면 더 지속 가능한 공급이 가능하다는 것이다. 암묵적으로 기존의 공장식 축산업 방식으로는 지속 가능한 고기 공급이 불가능하며, 아주 가까운 미래에는 기존에 활용하지 않은 자원을 활용하거나 새로운 기술을 적용해 우리가 지금까지는 식용으로 쓰기를 거부했던 것들을 씹고 삼켜야 할 것이라고 말한다. 이 '인공물'은 미래 서사에서 꺼낸 한 단편에 불과하다. 관객을 사건의 중심에 곧장 집어넣었기 때문에 우리가 이 특정 미래에 어떻게 도달하게 되었는지에 관한 설명은 없다. 그러나 이 '정육점 진열대'의 각 고기 부위가 어떻게 해서 그 자리에 있게 되었는지를 상상하기는 그리 어렵지 않다.

관람객에게 스스로 스토리텔링 작업을 하도록 격려하는 것이 바로 '미래에서 온 인공물'의 역할이기도 하다. 나는 각 고기 부위에 어울리는 이야기를 만들어낼 수 있다. 미국에서 시골길을 운전하면 심심치 않게 로드킬의 잔해를 보게 된다. 불행한 사고로 고기가 된 동물, 또는 한 작가의 표현을 빌리자면 '미니밴이 선사한 만나'다.[17] 일부 주에서는 '차 사고 사슴고기'라고 부르는 것을 푸드뱅크에서 배급 가능한 식품으로 허용하지만(알래스카주에서는 모든 로드킬 사체가 엄밀하게 말해 주 당국 소유물이 되고 빈곤층에게 지원된다), 일반적으로는 거의 활용되지 않는 식량 자원이다. '초지 재생 방목'은 생물학자이자 생태학자인 앨런 세이버리가 제안한 것으로, 때때로 '전체론적 초지 관리'로 불리기도 한다. 이 방식은 세심한 농사와 선택적 '재야생화'rewilding를 통해, 흔히 지나친 방목의 결과로 여겨지는 지구 초지의 사막화를 어느 정도 되돌리는 것을 목표로 한다.[18] 세이버리가 제안한 방법대로라면 (이론적으로는) 환경보호주의자들도 양심의 가책을 느끼지 않고 환경에 가장 해를 끼친다고 알려진 방목 사육 소고기를 먹을 수 있다. 2023년에는 우리가 '시험관 비육 돼지고기 목살'을 먹을 수 있으리라는 아이디어에는 나도 모르게 미소를 짓게 된다. 이미 실험실에서 키운 최초의 햄버거 패티가 탄생했지만, 그토록 복잡한 구조의 조직 덩어리가 그렇게 가까운 미래에 생산될 것이라는 기대가 터무니없을 정도로 낙관적이라고 생각되었기 때문이다. 스미스가 배양고기를 이 그림에 포함시킨 것은, 미래연구소가 기술적으로 한참 앞서 나간 비밀 배양고기 실험실의 정보원에게 얻은 정보가 있어서라기보다는 배양고기의 대중적 인지도가 점점 높아지고 있다는 방증일 것이다.

　로드킬, 초지 재생, 시험관 배양 기술이 〈내일의 정육점 진열대〉가 보여주는 고기의 세 가지 미래라면, 그 세 가지는 우리가 혁

•　manna. 이스라엘 민족이 모세의 인도로 이집트에서 탈출하여 가나안 땅으로 가던 도중, 광야에서 먹을 음식과 마실 물이 없어 방황하고 있을 때에 여호와가 하늘에서 날마다 내려주었다고 하는 기적의 음식.

명적 방법을 동원하는 한이 있더라도 어떻게 하면 미래에 계속 고기를 먹을 수 있을지를 고민하는 더 큰 서사의 일부이기도 하다. 스미스의 〈내일의 정육점 진열대〉는 공장식 축산업을 빼고도 현재와 크게 다르지 않은 식성을 충족시킬 수 있다는 걸 보여준다. 이것은 생산 또는 공급이 변한 미래이고, 아마도 고기의 존재론적 의미에 대한 우리의 감각 또한 변했을 것이다. 그럼에도 불구하고 식단에서 고기가 차지하는 비중은 변하지 않았다. 이런 식으로 〈내일의 정육점 진열대〉는 의도했건 의도하지 않았건, 음식의 미래 역사에서 거듭 등장하는 지배적 가설과 타협한다. 고기는 풍요의 척도이자 일반적인 건강 식단의 고정 요소다. 그래서 일정 면적의 농지가 얼마나 많은 인구를 먹여 살릴 수 있는지를 결정하는 척도이기도 하다.

고기는 식량 생산에 관한 미래주의 시나리오에서 지나치게 큰 비중을 차지하며, 스미스의 〈내일의 정육점 진열대〉가 그런 현실을 풍자적으로 해석했다고 볼 수도 있다.[19] 거의 200여 년 동안 유럽과 북미에서 음식의 미래에 관한 대화는 모두에게 충분한 식량을 공급할 수 없게 될 것이라는 우려에서 추진되어왔다. 그런데 고기는 비효율적인 음식이다. 고기를 생산하려면 비교적 적은 양의 동물성 음식을 얻기 위해 엄청난 양의 식물성 음식(물은 말할 것도 없고, 은유적으로는 땅도)을 포기해야 한다. 플라톤의 『국가론』 제2권에서, 소크라테스는 근대 민족국가가 탄생하기 수천 년도 더 전에 글라우콘과 나눈 대화에서 이 문제를 국제 관계라는 틀에서 설명했다. 소크라테스가 사치품으로 여기는 고기를 얻으려면 가축을 키워야 하고, 가축을 키우려면 땅이 필요하다. 땅에 대한 수요는 끝없이 늘어난다. 결국 고기는 영토 확장을 위한 전쟁을 의미했다. 프랜시스 무어 라페Frances Moore Lappé의 책『작은 행성을 위한 식단』Diet for a Small Planet(1971)은 다양한 가축 종에 대해 일정량의 고기를 생산하는 데 필요한 사료의 양을 대중에게 알리는 데 큰 역할을 했다. 소의 경우에는 그 비율이 21.4 대 1로 아주 형편없었다. 소로 인해 전쟁까지 벌어지지는 않는다 하더라도 라페가 제시한 수치는 적어도 소가 식품 체계에서 비효율성을 생성하는 기계라는 주장을 뒷받침하는 확실한 근거가 된다.

　나는 메뚜기를 하나 더 먹으려고 잠시 생각을 멈춘다. 메뚜기는 맛도 좋고 부유한 국가의 생태 발자국에서 큰 부분을 차지하지도 않는다. 나는 소의 비효율성이라는 문제를 천천히 곱씹어본다. 고기(특히 영국계 미국인이 즐기는 소고기 스테이크)가 풍요의 척도라는 가설은 싱크탱크의 음식 미래주의에 널리 퍼져 있다. 이 미래주의는 랜드연구소 이후에 나온 전문 미래주의보다 한참 오래된 미래주의다. 워런 벨라스코Warren Belasco의 말에 따르면, 영국계 미국인 사상가들은 오래전부터 이상적 생활수준을 묘사할 때, 그리고 인구통계학적 한계에 관한 주장을 펼칠 때 반드시 고기를 언급했다. 18세기 말부터 고기에 대한 선호가 영국 사상가의 펜 끝에서 정책으로 흘러 들어갔고, 그런 선호는 영국의 식민지, 특히 인도와 아일랜드 사람들의 삶에 영향을 미쳤다.

　아마도 강력한 펜을 쥔 것은 영국국교회 목사 토머스 로버트 맬서스(1766~1834)였을 것이다. 그는 정치경제학으로 알려진 학문 분야의 아버지이며, 영국동인도회사가 설립한 대학교의 교수로도 활동했다. 맬서스는 식물성 음식과 비교하면 고기가 매우 비효율적인 음식이라는 사실을 잘 알았지만, 그럼에도 사람들이 고기를 워낙 선호하다 보니 인구 관련 정책에 영향을 미칠 수밖에 없다고 전제했다. 만약 인구 증가로 식물성 음식에 훨씬 더 많은 농지를 할애하고 고기 생산을 위한 농지 사용을 급격히 줄여야 한다면, 이것은 동물 대신 식물을 먹어야 할 이유라기보다는 출산을 제한해야 하는 이유라고 그는 생각했다.[20] 맬서스는 자신의 개인적 취향 때문에 이런 입장을 취한 것으로 보이지는 않는다. 그는 고기를 사람들이 쉽게 포기할 수 없는, 사람들의 사기를 북돋우는 일종의 문화적 필수재로 여겼다. 그러나 고기값이 인상되면 고기가 그런 값을 감당할 여력이 있는 부유층의 전유물이 될 수밖에 없다는 것도 알았다. 훗날 맬서스주의의 신조가 된 인구와 인구 통제에 대한 맬서스의 주장은 잡식을 전제로 했으므로 고기에 대한 우려가 곳곳에 등장했다.

맬서스의 대표작인 1798년도판 『인구론』에서, 맬서스는 인간의 식욕(과 성욕)과 인간의 생산력 간 관계를 설명하는 이론을 제시했다. 18세기 말 영국 농가의 생산량을 늘리기 위한 계획들을 보면서 그는 농업을 기술과 기법으로 (어느 정도까지는) 향상할 수 있는 대상으로 여겼다.[21] 그러나 식욕이 훨씬 더 앞서 나갔다. 맬서스는 인구가 기하학적으로(즉 기하급수적으로) 증가하는 반면 식량 생산은 오직 가산법적으로(즉 산술급수적으로) 증가하는 경향이 있다고 판단했다. 그렇다면 식량 생산량의 증가 속도가 인구 증가 속도를 따라가지 못해 주기적으로 식량이 부족해지고 최빈곤층이 영양실조나 기아의 위기에 처하리라는 것을 예상할 수 있다. 이런 비관적 그림에 빈곤층 자체에 대한 절망적 평가가 더해졌다. 맬서스는 빈곤층을 식욕과 성욕을 스스로 통제할 수 없는 집단으로 묘사했다. 20세기 말 영미권에서 가장 대표적인 맬서스주의자였던 파울 에를리히는 21세기 초 이 글을 쓰고 있는 지금도 활발하게 활동 중이다. 그는 아내 앤과 함께『인구 폭탄』(1968)이라는 책을 썼다. 이 책은 이르면 1970년대부터 가뭄이 일상이 될 것이라고 예견하면서, 강제 피임부터 (선진국에서) 출산권을 무작위 당첨으로 할당하고 (개발도상국에) 불임 약물을 섞은 식량을 원조하는 등의 매우 엄격한 인구 통제 조치들을 제안했다.[22] 이 미래연구소 워크숍에는 에를리히의 책을 통해 맬서스의 사상을 처음 접한 사람이 많다. 나도 그중 한 명이다. 대화를 나눠보니 몇몇은 파울 에를리히가 그보다는 더 낙관적인 경제학자 줄리언 사이먼과 1만 달러를 걸고 내기를 했다가 진 사건에 대해서도 알고 있었다. 사이먼은 경제성장의 힘을 찬양하는 경제학자로, 그는 1980년과 1990년 사이에 다섯 가지 원자재, 즉 크롬, 구리, 니켈, 주석, 텅스텐의 실질 가격이 오르지 않는다는 데 돈을 걸었다.『인구 폭탄』출간 이후에 (선진국에서는) 대대적인 가뭄은 일어나지 않았고, 따라서 에를리히의 주장에 대한 전반적 견해는 우호적이지 않았다. 또한 에를리히-사이먼 내기는 경제성장 지지자들에게 자원 추출과 생산 활동이 앞으로도 계속 수요와 보조를 맞출 수 있다는 확신을 주었다. 그러나 에를리히는 자신의 주장을 어떤 식으로도 철회하지 않았다.[23] 21세기 초에도 여전히 확신에 찬 맬서스주의자가 많다. 그들은 각 국가만이 아니라 지구 전체의 인간 '환경수용력'*을 계산에 포함한다.

기술만능주의

맬서스를 비판한 집단으로는 동시대 인물인 채식주의자이자 유토피아주의자이자 사회주의자인 윌리엄 고드윈과 그의 지지자들이 있다. 이들은 채소와 곡물로 구성한 식단을 제안했고, 21세기 초라는 시대적 관점에서는 엉뚱해 보이는 전제를 토대로 논리를 전개했는데, 식물 중심 식단이 더 많은 인구를 먹여 살릴 수 있고 인구가 많을수록 인간 행복의 총합이 늘어나기 때문에 채식 식단을 실천해야 한다고 주장했다. 채식의 목표가 단순히 인간의 생존을 확보하는 것이 아니라 인간 행복의 총합을 최대화하는 것이라는 주장만으로도, 관점이 다르면 미래상도 다를 수밖에 없다는 사실을 환기한다. 벨라스코는 음식의 미래를 두고 경쟁관계에 있는 입장들의 포괄적 유형을 제시하면서, 맬서스주의자와 고드윈에게 영감을 받은 '평등주의자' 외에 제3의 집단을 추가한다. 실제로 그 제3의 집단이 선진국에서 근대 식품 체계의 형성 과정에서 가장 큰 영향력을 행사하게 된다. 제3의 집단은 '기술만능주의자'다. 단순히 식물의 생산만이 아니라 동물 살코기의 생산도 인구 증가 속도를 따라잡을 수 있다고 믿는 사람들에게 어울리는 명칭

•   carrying capacity. 특정 환경이 안정적으로 부양할 수 있는 특정 종의 최대 개체 수.

이다. 정책 논쟁의 역사를 재구성하는 학자들은 마르키 드 콩도르세를 맬서스와 대략적으로 동시대를 살았던 18세기 기술만능주의 사상가로 꼽는다. 그러나 '기술만능주의자'는 맬서스주의자에 비해 독립된 학파로서의 자각이 부족하다. 또한 기술만능주의는 훨씬 더 보편적인 이념이다. 왜냐하면 정책 전문가뿐 아니라 기업가도 자신이 기술만능주의자라는 자각이 있건 없건 사고방식 자체가 기술만능주의적이기 때문이다. 역사가 프레드릭 알브리튼 존슨의 표현대로 "이 두 집단은 기술 발전에 대해 대립적인 예측을 경쟁적으로 내놓으면서 상대 집단의 성장에 기여했다." 물론 기술이 제공할 수 있는 것의 한계에 대한 대립적인 해석 또한 경쟁적으로 내놓았다.[24] 알브리튼 존슨의 분석에 따르면, 1817년에 데이비드 리카도가 정치경제학의 직설적 용어로 자신의 기술만능주의적 관점을 나타냈다. 맬서스가 땅이 유한한 자원이라고 생각했다면, 리카도는 노동과 자본으로 열등한 땅의 생산성을 향상할 수 있다고 주장했다. 리카도 원칙을 확장해본다면, 우리는 주어진 장소에서 그곳의 자연자원을 전부 소진한 뒤에 다른 장소로 이동해서 기발한 재주를 발휘해 활용 가능한 새로운 자원을 찾고, 그 장소에서 더 많은 가치를 추출할 수 있을 것이다. 리카도의 입장은 산업혁명을 통해 얻은 명시적인 경제적 교훈을 반영하고 있다.[25] 또한 화석연료 대신 태양 전지판을 통해 태양 빛을 에너지로 활용하는 식으로, 자연의 기본 물질을 바꾸는 단순한 방법으로 지속적인 경제성장이 가능하다는 관념의 원형을 리카도의 논리에서 발견할 수 있다.[26] 더 나아가 정보경제를 통해 경제성장을 환경

자원으로부터 완벽하게 분리할 수 있을지도 모른다는 현대의 관념 또한 다소 기이하고 간접적인 형태로나마 도출할 수 있다.[27]

　콩도르세는 이렇게 말한다. "자연은 우리의 희망 실현에 아무런 한계도 부여하지 않았다." 이번 주말 미래연구소에서 우리가 접한 많은 기술과 프로젝트는 식량 공급이라는 문제를 생명 유지에 필요한 기본 물질을 바꾸는 방식으로 접근한다는 점에서 기술만능주의적이다. 환상적인 '물-류' 사례처럼 때로 그런 기술과 프로젝트는 유럽 산업혁명기에 정립된 영토 통제 시스템, 자원 채취 시스템, 물질 정제 시스템, 직조 시스템을 완전히 바꾸는 새로운 유형의 생산 방식을 제안한다. 특히 고드윈과 그의 지지자들, 그리고 이후에 등장한 기타 평등주의자(와 사회주의자)는 기술적 측면을 포함해서 농업을 발달시켜 인구 증가와 보조를 맞출 수 있다는 견해에 우호적이었다. 카를 마르크스의 공동 집필자이자 대표적인 맬서스 비판가인 프리드리히 엥겔스는 확실히 그랬다. 자본주의자와 마찬가지로 사회주의자는 기술이 부여하는 일종의 제2의 본질적 특성을 입증하는 환상을 오랫동안 간직했다.

　대체로 자유시장의 독실한 신자들인 현재의 기술만능주의자들은, 자원 고갈과 기후변화 문제는 제2차 세계대전 이후 경제사상의 주요 동력이었던 경제성장에 대한 신뢰를 살짝 손보기만 하면 해결된다고 주장한다. 그들은 인간의 천재성이 승리할 것이라고 믿는다. 우리는 적응하고 번성할 것이고, 아마도 화석연료에 의존하느라 받아들여야 했던 한계를 뛰어넘을 수도 있을 것이다. 이런 기술만능주의적 관점에서 공장식 축산업의 지속적 팽창은 단순히 환경적, 그리고 아마도 윤리적인 몇 가지 도전 과제만 해결하면 되는 문제다. 실험실 비육 고기가 매력적인 것은 이 기술이 그런 도전 과제를 해결하겠다고 약속하기 때문이다. 생물반응장치는 새로운 자연자원의 보고 또는 알브리튼 존슨이 '무한한 대체제라는 경제 신조'라고 부른 것에서 찾은 새로운 인공 개척지가 될 수 있다.[28] 배양고기 운동을 연구하면서 배양고기 지지자라고 해서 다 기술만능주의자는 아니라는 것을 알게 되지만, 많은 배양고기 지지자에게 기술만능주의자라는 꼬리표가 잘 어울리는 것도 사실이다.

19세기 중반부터 20세기에 이르기까지 공장식 축산업이 점점 더 집중화되고 효율적이 되면서 고기는 서구 사회의 기술만능주의를 대표하는 음식이 되었다. 공장식 축산업은 윌 스테펀, 파울 크뤼첸, 존 맥닐이 1950년과 2000년 사이에 풍요한 사회에서 성장의 '거대한 가속'Great Acceleration이라고 부른 것의 일부였다. 이로써 전 세계 인구가 25억 명에서 60억 명으로 두 배 이상 증가했고, 같은 기간 지구 대기 중 이산화탄소량은 3분의 1 더 증가했다.[29] 이런 상황을 염두에 두고 본다면 사람들이 (곤충 같은) 다른 단백질 공급원을 먹도록 유도하면서 단순히 고기의 대안이 아닌 완벽한 대체제를 제공하려는 시도는 시사하는 바가 크다. 이런 시도는 한 장소에서 그 땅의 자원을 모두 소진한 뒤 다음 장소로 옮겨 가면 된다는 리카도의 원칙을 소환한다. 이것은 현재 많은 음식에 관한 미래주의가 성장에 따른 최악의 부작용을 완화하려고 노력하는 와중에도 유연하고 지속적인 성장이라는 이데올로기에서 벗어나지 못했다는 것을 의미한다. 〈내일의 정육점 진열대〉는 창작물로서 아주 매력적이지만, 20세기 중반에 저렴한 고기가 우리 일상의 인프라 중 하나가 되면서 시작된 고기 소비 패턴을 답습한다. 우리가 눈에 익은 고깃덩어리에 대한 애착이 워낙 강해서 그런 고기를 제공할 수 있는 자원은 무엇이든 최대한 활용할 것이라고 상정한다.

또한 〈내일의 정육점 진열대〉는 기존의 산업화된 대규모 고기 생산이 불가능해졌거나 그것을 포기한 사회를 보여준다. 짐작건대 그런 사회에서 (새로운 형태의) 육식을 하는 사람에게 요구되는 덕목은 기후변화에 대처할 수 있는 절약 정신, 지략, 유연성 등일 것이다. 그러나 그런 사회는 또한 근대성의 해석도 바꾸어놓을 것이다. 사회학자이자 근대화 이론가인 에드워드 실스가 뉴욕 돕스페리에서 제2차 세계대전 이후 탈식민지화 물결을 타고 탄생한 '신생 국가들'이 직면한 위기를 다룬 기조연설의 일부를 살펴보자.

어떤 국가도 경제적으로 발달하거나 성숙하지 않고는 근대적인 국가가 될 수 없습니다. 경제적으로 성숙하려면 근대적 기술이 토대가 되는 경제를 갖춰야 하고, 산업화가 완성되어야 하고, 생활수준이 높아야 합니다. 이 모든 것을 이루려면 계획이 필요하며, 경제학자와 통계학자를 고용해야 합니다. 그래야만 조사를 통해 저축과 투자의 비율을 조정하고, 새로운 공장을 설립하고, 도로와 항구를 건설하고, 철로를 확충하고, 관개 수로를 정비하고, 비료를 생산하고, 농업·산림·광물·에너지 연구를 실시할 수 있습니다. '근대적'이라는 것은 서구를 모방해야 한다는 부담없이 서구적이 되는 것을 의미합니다. 서구 세계의 지리학적 기원과 위치에서 다소 분리된 서구식 모델입니다.[30]

그런 국가에서 고기는 값이 저렴해야 하고 산업화된 방식으로 대량생산해야 한다. 산업화된 방식으로 생산한 배양고기가 실스의 비전에 어떤 식으로 접합될 수 있을지는 쉽게 그려져도, 로드킬을 어떤 식으로 집어넣을 수 있을지는 잘 떠오르지 않는다. 초지 재생 소의 고기도 실스의 비전에는 어울리지 않는다. 초지 재생 소는 특정 지역에 얽매이지 않는 지구적 보편성과는 거리가 멀어 지리학적 기원에 주목하게 만들기 때문이다. 실스가 제시한 모델은 암묵적으로는 지역 땅에 대한 고려 없이 어디든 골라서 곧장 생산에 들어가는 전략을 제안한다.

〈내일의 정육점 진열대〉는 다원적 서사를 담고 있다. 진열대의 배양고기는 기술에 대한 의존도가 계속 커진다는 것을 의미한다. 반면에 진열대의 다른 고기들은 과거의 고기 생산 기술이 버림받고 창의적 재활용이라는 다른 부류의 기술로 대체되었음을 암시한다. 이것은 기존 근대화 모델이 실패했음을 암시하는데, 우연히도 그 근대화 모델은 실스가 설명한 모델이다. 햄버거는 실스식 근대성을 비추는, 살이 여문 고기 거울이다.

파괴와 혁신

미래연구소 직원은 특정 이데올로기를 지지하지 않는다. 적어도 공식적으로는 그렇다. 우리가 '파괴의 씨앗'에서 접한 것은 대부분 실리콘밸리에서 들여온 것이다. 이것은 문자 그대로 해석해도 된다. 우리는 햄튼크릭푸드라는 기업에서 달걀을 쓰지 않은 식물성 마요네즈를 개발하는 생화학자의 강연을 듣는다(햄튼크릭푸드는 나중에 배양고기 연구에도 뛰어든다). 가정용 수비드* 장비를 제조하는 회사의 대표가 와서, 아주 세밀하게 조정된 물통을 준비해 요리 시범을 보인다. 우리는 현장 체험 학습도 떠난다. 미래연구소 팀이 우리를 이끌고 두 블록 떨어진 홀푸드 슈퍼마켓 체인점 한 곳으로 간다. 미국 대다수 지역에서는 고급 식품점으로 분류되지만 팰로앨토에서는 동네 슈퍼 정도로 여겨진다. 일정표에는 이렇게 적혀 있다. "워크숍의 일환으로 참가자들은 앞으로 10년 안에 파괴가 임박한 식료품을 구매해보자." 나는 진열대 사이를 오가며 워크숍 참가자와 미래연구소 직원과 수다를 떤다. "'파괴'는 무슨 의미로 사용한 건가요?" 실리콘밸리를 둘러싼 언론 담론에서 최근 이 용어는 문제의 본질을 흐리는 쓸데없는 전문어라는 비판을 받고 있다. 경영대학원 문헌에서 처음 대중적으로 사용되기 시작한 '파괴'라는 용어는 기의보다는 기표가 된 것 같다. 기존 산업이 파괴되면(세포농업이 공장식 축산업의 파괴를 꾀하듯), 자사의 기술이 옛 기술의 부족했던 점을 보완한다고 약

---

*   sous vide. 고기 등의 식재료를 비닐로 밀폐하여 미지근한 물에 장시간 데우는 조리법.

속하는 젊은 기업들이 우르르 몰려든다. 배양고기는 '혁신적'이기 때문에 '파괴적'인 것으로 여겨진다. 두 용어의 관계는 거의 재귀적이다. 많은 사람이 진실이라고 믿는 두 단어로만 이루어진 이야기다.

참가자들과 함께 욕실용품 진열대 앞에서 잠시 멈춘 동안 나는 이 두 용어에 대해 생각해본다. 두 단어 모두 지루하고 진부하지만, 아마도 지나치게 혹독한 비난을 받고 있다. 몇 년만 지나면 낡은 표현처럼 느껴질 것이다. '파괴'와 '혁신', 그리고 무엇보다 이 두 단어를 나란히 함께 쓴 용어는, 기존 사업 영역(또는 영역 은유인 '공간')이 몰락하는 이유가 변화의 속도가 달라지면서 사업 관행의 리듬이 흔들린다는 데 있음을 시사한다. 덜 고정적이고 더 유연한 참가자가 나타나 그 변화의 속도에 보조를 잘 맞춘다. 그런데 만약 파괴의 핵심 원인이 중심이 흔들렸기 때문이라면 결국 파괴 자체도 시간의 희생양이 되지 않을까? 특히나 투자 가능한 벤처 자본이 줄어든다면, 벤처 자금의 지원을 받는 작은 기업이라는 유행이 저문다면 말이다. 우리는 멈춰 서서 알록달록한 치약통들을 살펴본다. 치과 부문에서 어떤 혁신이 일어나 치약이 더는 필요 없는 물건이 될 수 있을지 생각해본다. 일부 논평가들은 파괴라는 관념이 한물간 고루하고 낡은 관념이 된 점진적 진보의 대안이라고 주장했다. 다른 이들은 파괴-혁신이라는 쌍이 모든 성공 신화를 타불라 라사*로 만들어버린다는 점에서 기이한 조합이라

---

*   tabula rasa. 아무것도 쓰여 있지 않은 종이, 즉 백지白紙라는 의미로, 감각적 경험을 하기

고 지적한다. 그로 인해 한때는 탁자에 놓였던 장기 말이 지금은 바닥에 흩어져 있다는 것이다. 파괴-혁신은 연속성을 삭제하고 그런 연속성의 가치를 무시한다. 그렇게 우리는 2013년 어느 주말 펠로앨토를 방문한 관리자급 참가자들의 입장에서는 아주 중요한 딜레마인 식품 체계의 혁신 주위로 모여들게 되었다. 농업부터 소비에 이르기까지 식품 산업은 연속성과 신뢰성에 의존한다. 그러나 사회적·환경적 변화로 인한 꾸준하고 점진적인 파괴, 그리고 훨씬 더 많이 언급되고 빠르게 변하지만 시험되지 않은, 새로운 기업과 신제품의 등장으로 인한 파괴에 시달린다. '파괴의 씨앗' 참가자들 대다수는 파괴당할까봐 걱정하는 식품 회사를 대표하고 있다. 앞으로 몇 해가 지난 뒤 내 연구가 마무리되기 전에 주요 식품 기업들은 배양고기 기술에 예비적 투자를 하게 된다. 아마도 같은 걱정에서 비롯된 행보일 것이다.

이런 현상을 지켜보면서 파괴적 혁신이라는 관념과 맞닥뜨릴 때 이를 아주 잘 설명한 마르크스의 『공산당 선언』 문구를 떠올린 사람은 나뿐만이 아닐 것이다.

> 부르주아계급은 생산도구를, 그리고 그와 함께 생산의 관계와 사회의 모든 관계들을 끊임없이 개혁하지 않고는 살아남을 수 없다. (…) 생산의 끊임없는 변혁, 모든 사회관계의 지속적 동요, 영원한 불확실성과 불안이 부

이전의 타고난 마음의 상태를 가리킨다.

르주아 시대가 앞선 모든 시대와 차별화되는 점이다. 모든 고정된, 꽁꽁 얼어붙은 관계들이 오래되고 신뢰받던 일련의 편견과 견해와 함께 씻겨 내려가고, 모든 새롭게 만들어진 관계들은 단단해지기 전에 낡은 것이 되어버린다.[31]

마르크스는 부르주아계급이 스스로를 재창조하고자 하는 끊임없는 충동이 혁명의 씨가 되어, 자본주의 세계 내부에서 자본주의 이후의 세계로 우리를 데려다줄 최종 혁명이 싹틀 것이라고 주장했다.[32] 그 결과 "단단한 모든 것이 공기 중으로 녹아 없어"지는 현상이 목격된다고 말하는데, 이 말에는 공산주의 자체를 포함해 그 어떤 정치적·경제적 답변보다도 훨씬 더 심오한 의미가 깔려 있다. 이것은 아무 이유 없이 재창조를 하고, 인간의 실제 필요와는 무관한 새로운 발상이 나올 수 있다는 것, 심지어 그럴 가능성이 거의 100퍼센트에 가깝다는 것을 의미한다.

내가 속한 팀은 견과류 봉지, 손질된 과일 꾸러미, 육포 봉지, 케첩병을 골라 담는다. 전부 우리가 변화가 임박했다고 여긴 것들이다. 사람들이 실제로는 음식이 절대로 파괴적 혁신을 겪지 않기를, 첨단 기술이든 뭐든 현재의 식품 체계를 이대로 유지할 수 있는 방법을 찾기를 바라는 것도 충분히 이해가 된다. 나는 물에 대해 생각한다. 물은 앞으로 수십 년 내에 공급이 확연히 부족해질 것이라고 예측되는 자연자원이다. 캘리포니아주에서 생산된 아몬드가 든 봉지를 본다. 아몬드 재배에는 물이 아주 많이 든다. 정육점 코너에서 포장된 햄버거용 다진 고기를 골라서 배양고기가 그것을 '파괴'할 거라고 주장하기는 쉬울 것이다. 그러나 나는 아직까지는 그런 미래 시나리오에 대한 책임을 지고 싶지 않다.

프로메테우스

프로메테우스가 처음 훔친 것은 고기였다

2014년 여름. 아일랜드 코크를 돌아다니며 오후를 보내고 라이언 판디야Ryan Pandya에게 이메일을 받는다. 20세기 초에 활동한 유전학자이자 열렬한 사회주의자인 존 버든 샌더슨 홀데인J. B. S. Haldane의 『다이달로스*, 또는 과학과 미래』Daedalus: or, Science and the Future(1923)에서 발췌한 글을 보냈다. 『다이달로스』는 케임브리지

대학교의 이설異說 학회Heretics' Society라는 모임에서 진행한 강의 내용을 엮은 책이다. 인용문은 이렇게 시작한다. "화학 발명가나 물리학 발명가는 프로메테우스일 수밖에 없다. 불부터 비행까지 모든 위대한 발명은 항상 신에 대한 모독이라는 평가를 받았으므로." 홀데인은 판디야와 내가 오늘 코크대학교의 초록빛 캠퍼스를 산책하면서 토론을 벌일 때 판디야가 공장식 낙농업에 제기한 비판과 유사한 방식으로 논리를 펼친다. 그는 인간이 소의 젖통에서 우유를 취하는 것은 소에게 '무례'를 범하는 행위라고 주장했다. "어미와 새끼의 친밀한 관계, 신성하다고까지 할 수 있는 관계"를 침범하는 행위라는 것이었다. 판디야의 목표는 세포농업 기법을 도입해 유제품 생산 과정에서 젖소를 대체하는 것이다. 그래서 페루말 간디Perumal Gandhi와 함께 무프리Muufri라는 회사를 창업했다. 현재는 아직 초기 단계여서, 코크대학교의 실험실 공간을 사용하는 인큐베이터 프로그램의 지원을 받는 프로젝트로 진행 중이다. 무프리는 젖소를 홀데인처럼 신성한 존재로 취급하지는 않지만 공장식 낙농업에 내재한 구조적 폭력을 적극적으로 알리고 있으며, 동물이 고통받는 현실을 지적함으로써 간접적으로 동물의 도덕적 지위를 높이고 있다.

홀데인이 프로메테우스를 언급했다는 점을 가볍게 넘겨서는 안 된다. 많은 작가가 프로메테우스가 불을 훔쳐 인간에게 선물한

• 그리스신화에서 미노스 왕의 미궁迷宮 라비린토스를 만든 장인으로, 날개를 달고 태양 가까이 날아올랐다가 떨어져 죽은 이카로스의 아버지이자 날개의 제작자이다.

사건을 기술과 문명의 시작과 연결하듯이, 홀데인은 프로메테우스를 발명가로 내세운다. 그런데 프로메테우스는 불을 창조하지 않았다. 그는 불을 훔쳤다. 또한 일부 버전에서는 누락되어 있지만, 프로메테우스는 불을 훔치기 전에 이미 신들에게서 무언가를 훔친 전력이 있었다. 불을 훔친 사건에 가려졌지만 프로메테우스가 제일 처음 훔친 것은 고기였다.

고대 그리스 시인 헤시오도스의 『신통기』는 한 남자가(당시 인류는 남성 한 명이 전부였다) 신들에게 최초로 올린 제사에 프로메테우스가 끼어든 사건을 기록하고 있다. 남자가 신들에게 바친 제물은 황소였다. 프로메테우스는 가장 좋은 살코기만 모으고 소의 뱃가죽을 덮어 내장처럼 보이도록 눈속임했다. 그 옆에는 고기를 발라낸 뼈를 쌓아두었다. 프로메테우스는 번들거리는 지방을 발라 뼈의 칙칙한 하얀색을 가리고 윤기가 흐르도록 했다. 프로메테우스는 제우스에게 두 더미 중 하나를 선택하도록 요청했다. 헤시오도스는 제우스가 프로메테우스의 속임수를 알아차렸다고 암시하지만, 어쨌거나 신들의 아버지는 알면서도 기꺼이 뼈 더미를 골랐고 프로메테우스는 고기를 남자에게 주었다. 제우스는 프로메테우스가 그런 속임수를 시도한 것에 대한 벌로 남자가 불을 사용하지 못하게 막았다. 이 첫 번째 절도행위와 더 널리 알려진 두 번째 절도행위가 어떤 관계에 있는지는 명확하지 않다. 제우스가 남자에게 불 사용을 금지했기 때문에 프로메테우스가 두 번째 절도를 감행하게 된 걸까?[1] 아니면 단순히 속임수로 얻은 고기를 불로 조리해야 했으므로 불을 훔칠 수밖에 없었던 걸까?

그 이후의 핵심 줄거리는 굳이 다시 확인하지 않아도 될 것이다.[2] 프로메테우스는 올림포스에 있는 신들의 집에서 불을 훔쳐 남자에게 주었다. 홀데인의 버전을 포함해 많은 버전에서, 불을 선사한 것은 곧 문명을 선사한 것으로 이해되었다. 불을 가진다는 것은 통제가 가능한 열과 빛의 원천을 손에 넣는다는 것을 의미했고, 그로 인해 인간의 활동 범위가 낮이라는 한계에서 벗어나 저녁의 어둠 속으로 확장되었으며, 인간이 단순히 매일매일의 신체적 욕구를 충족하는 것을 넘어서는 문화를 일굴 수 있었기 때문이다. 제우스가 프로메테우스에게 내린 형벌도 불을 훔친 사건 그 자체만큼이나 널리 알려져 있다. 프로메테우스는 바위에 묶였고 독수리가 날아와 그의 배를 찢고 간을 쪼아 먹는다. 간은 다시 자라나서 독수리는 다음 날도 같은 일을 반복한다. 일부 버전에서는 헤라클레스가 프로메테우스를 구하기도 하지만, 프로메테우스의 형벌은 애초에 영원히 지속되도록 예정된 것이었다. 이 형벌은 '살아 있는' 불과 살아 있는 살을 상징적으로 연결하는 장치다. 왜냐하면 이 장면에서 프로메테우스가 보여준 능력이 단순한 자기 치유가 아니라, 자신의 조직을 완벽하게 재생하는 것이었기 때문이다. 역사가 힐렐 슈워츠가 한 말을 뒤집어서 인용해본다면, 신화는 그 자체로 생물학의 수많은 양가성을 담고 있다.[3]

헤시오도스의 『신통기』에서는 프로메테우스가 불을 훔친 행위가 인간 생물학을 생식이라는 뿌리에서부터 바꿔놓는 결과를 낳는다. 프로메테우스처럼 남자도 형벌을 받는다. 남자에게 내려진 형벌은 여자의 창조다. 헤시오도스는 여자를 남자의 정신을 산

만하게 만들고 잠재적 배우자에게 경제적 부담을 안기게 될 존재로 묘사한다. 그런데 이런 다분히 여성혐오적인 이야기에서 또 다른 감출 수 없는 핵심 요지가 삐죽 튀어나와 있다. 여자는 유성생식을 통한 종의 불멸화에서 필수불가결한 존재가 되었다. 가장 기본적인 단위의 생명에 대해서는 아니라 해도, 우리가 현재 아는 유성생식을 통해 번식하는 생명의 기원은 바로 프로메테우스가 불을 훔친 사건이라고 할 수 있을 것이다. 과학철학자 가스통 바슐라르는 그의 저서 『불의 정신분석』에서, 각기 다른 속도로 작동하는 한 쌍의 쌍둥이 설명 원칙이라는 시적 표현으로 불과 생명의 관계를 설명한다. 바슐라르의 표현에 따르면 "느리게 변화하는 모든 것을 생명으로 설명할 수 있다면 빠르게 변화하는 모든 것은 불로 설명할 수 있다."[4] 바슐라르는 현명하게도 그 이상의 부연 설명은 덧붙이지 않는다. 그러나 그는 여기서 자연과 문화의 차이, 달리 말해 인간이 등장하기 전의 변화 속도와 인간과 인간의 기교가 등장한 이후의 변화 속도가 확연하게 다르다는 점에 대해 이야기하는 듯하다. 더 나아가 바슐라르는 불을 통제하고자 하는 욕망이 '프로메테우스 콤플렉스', 즉 우리가 부모나 스승보다 더 많이 알고자 하는 지적 욕구의 일부라고 주장한다. 그런 콤플렉스는 아이가 성냥을 가지고 노는 것을 부모가 금지할 때 불꽃이 확 타오른다.

문명의 파멸을 막을 수 있을까?

프로메테우스의 이야기가 수없이 재탕된 것도 당연하다.[5] 기원과 재생이 켜켜이 쌓인 이야기이기 때문이다. 고기, 불, 여자, 그리고 인간의 유성생식까지 전부 태곳적 죄에서 탄생했다. 인류라는 종은 신에게 제대로 된 제를 올리는 대신 신을 배신하는 것으로 시작한다. 이 모든 일이 벌어지는 동안 바위에 매달린 것은 티탄의 불멸하는 간이다. 티탄은 제우스의 올림포스 신전을 가득 채운 신들이 존재하기 전에 존재했던 신들이다. 프로메테우스가 때로는 인류의 창조주로 일컬어지는 것도 놀라운 일이 아니다. 세상 이치에 대한 플라톤의 서술을 따른다면, 인류를 창조한 것은 신이었다 하더라도 인간을 동물보다 우월한 존재로 만든 것은 프로메테우스의 불이었다. 프로메테우스의 동생, 에피메테우스는 이미 온갖 좋은 것들(치아, 발톱, 수염, 깃털, 단단한 껍데기)을 인간이 아닌 동물들에게 나누어 주었다. 프로메테우스라는 이름은 '선견지명'forethought으로 풀이되고, 에피메테우스라는 이름은 '사후반성'hindsight으로 풀이된다(그리고 에피메테우스는 종종 프로메테우스보다 다소 생각이 짧은 프로메테우스의 쌍둥이 형제로 묘사되기도 한다). 홀데인의 『다이달로스』는 의도치 않게 일종의 전조로서 인간의 수정과 생식에 체외 기법을 적용할 수 있는 잠재적 가능성에 대한 성찰을 담고 있는데, 체외수정 기법으로 잉태된 최초의 아기가 태어난 날로부터 거의 60년 전에 쓰인 책이다. 홀데인의 성찰은 헤시오도스가 암묵적으로 지적한 프로메테우스의 부정행위와 인간 생식의 미래 사이의 연결고리를 효과적으로 되살릴 뿐만 아니라, 마찬가지로 프로메테우스에게 체외 기법을 적용하는 세포농업의 수호신 자격을 부여하기도 했다. 동물에게 마구를 채우고 길들여서 가축으로 삼는 법을 가르친 것도 프로메테우스라고 쓴 고대 그리스의 극작가 아이스킬로스의 버전까지 염두에 둔다면, 프로메테우스에게는 그런 수호신을 맡을 자격이 차고 넘친다고 봐야 할 것이다. 그렇다면 프로메테우스가 공장식 농업에서 동물을 해방시킴으로써 동물의 마구를 풀어주는 것이 당연한 수순이라고 생각할 수 있지 않을까?

19세기 영국의 채식주의 문헌에서 프로메테우스의 이야기가 언급된 것도 아주 멋진 우연이라 할 만하다. 1813년 채식주의 시인 퍼시 비시 셸리Percy Bysshe Shelley는 이탈리아 스페치아만에서 익사하기 9년 전 「자연 식단의 정당성」A Vindication of Natural Diet이라는 제목의 소고를 발표했다. 이 소고를 통해 "오로지 동물의 살만 먹는 사람은 매 끼니마다 1에이커에 달하는 땅을 먹어치움으로써 자신의 건강을 [파괴한다]"라는 그의 유명한 재담이 탄생하기도 했다. 셸리는 존 프랭크 뉴턴John Frank Newton이 『자연으로의 회귀, 즉 채식 식단 옹호론』The Return to Nature, or, A Defence of the Vegetable Regimen(1811)이라는 책에서 제시한 프로메테우스 신화의 해석을 인용한다. 뉴턴은 프로메테우스가 고기와 불 모두를 훔친 사건을 인간 육식의 기원으로 여겼다. 그래서 그는 우리의 기원 자체에서 우리의 파멸의 기원을 찾았다. 누가 봐도 그리스신화를 성경적으로 해석한 셈이다. 질병, 삶의 불안정성, 한때는 영원했던 젊음의 종말. 뉴턴과 셸리에 따르면, 이 모든 것이 동물의 살을 요리하고 먹었기 때문에 생긴 결과다. 셸리는 자신의 소고에서 이와 같은 프로메테우스 신화의 해석을 인용함으로써 그런 해석이 지적하는 역설을 성찰하도록 한다. 어떻게 하면 프로메테우스가 우리를 위해 쟁취한 문명의 혜택을 계속 누리면서도 "현재 우리의 존재 자체에 촘촘하게 엮인 체제의 악"을 몰아낼 것인가. 육식이 우리 인간의 영구적 조건일 필요는 없을 것이다. 아마도 우리는 셸리가 '자연'(즉 자연 식단)이라고 부른 것으로 돌아갈 수 있을 것이다. 프로메테우스가 불을 붙인 문명을 포기하지 않더라도 말이다.[6]

메멘토

요리 모더니즘 vs 요리 러다이트 운동

담론의 흐름이 깨졌고, 술이 들어간 셰프들은 더 이상 불만을 감
추지 않는 것 같다. 나는 자리에서 일어나 회의실 뒤쪽으로 가서
맥주 한 캔을 딴다. 주위에는 온통 짧은 인생들뿐이다. 더 정확히
말하자면, 마치 어떤 성의 커다란 복도 양옆에 일정한 간격으로
걸린 의전 깃발들처럼 회의실 양쪽 벽면에 죽 붙어 있는 동일한 포

스터들이 인생은 짧다고 선언하고 있다. 물고기처럼 우리도 눈이 얼굴 양옆에 붙어 있었다면 입체적인 필멸의 이미지를 만들어냈을 것이다. 큰 글씨로 인쇄된 "인생은 짧다"라는 문구가 대표 메시지이지만, 포스터는 다른 문구들로도 가득하다. "당신의 꿈을 살아라, 그리고 당신의 열정을 나눠라", "천생연분 찾는 일을 멈춰라, 그 사람은 당신이 사랑하는 일을 시작하는 순간 나타날 테니까" 등. 심지어 반갑지 않은 인류학자나 문학평론가를 쫓아내기 위한 경고문도 보인다. "지나친 분석을 멈춰라." 홀스티Holstee라는 곳에서 우리는 점점 무너져내리는 토론의 한복판을 지나가고 있었다. 홀스티는 브루클린에 있는 디자인 전문점이며, 포스터에 나오는 메시지들로 사업을 일궜다. 그 메시지들을 머그잔, 카드와 엽서 등 화장지를 뺀 모든 물건에 찍어내고 있는 듯하다. 건물은 깔끔하고 현대적이다. 무채색 벽은, 인생은 짧다는 홀스티의 계시와 우리의 목소리에 답하는 든든한 우주 안에서 인생의 모든 가능성을 실현하라는 메시지의 전시 공간이 되었다. 홀스티의 슬로건에 따르면, 근본적 문제는 인간이 인간을 비인간적으로 대하는 것이나 기본적으로 '모든 것의 덧없음'이 아니라, 바로 시간이 모자라다는 사실이다. 아르투어 쇼펜하우어의 『의지와 표상으로서의 세계』(1818)를 저절로 떠올리게 된다. 독일의 탈관념론 철학자인 그는 이렇게 말한다.

죽음을 앞둔 사람이 돌아보는 완결된 인생은 이렇게 소멸되는 개별성 속에서 의지 전체를 객관화하는 효과를

낸다. 이는 동기가 인간의 행위에 대해 발휘하는 효과와
유사하다. 그런 성찰은 새로운 방향을 제시하며, 그것은
곧 그 인생의 도덕적·본질적 결과물이다.[1]

그런데 우주는 인생에 끝이 있다는 사실에서 인생의 목적이
나온다는 홀스티의 주장에 대해 내가 느끼는 회의적 반응에 철저
히 무심한 것 같다. 그럼에도 단정한 정자체와 화려한 흘림체로
쓰인 통찰들이(시각적으로 꽤 멋진 디자인이다) 배양고기와 배
양고기의 잠재적 이점과 위험에 관한 가벼운 토론의 장場을 마련
한 오늘 저녁 행사를 위한 무대를 장식했다. 셰프들은 배양고기에
대해 다소 적대감을 느끼고 있었다. 물론 셰프만 그런 것은 아니
다. 레스토랑에서 배양고기로 요리를 할 의향이 있느냐는 질문에
셰프 중 한 명이 웃음을 터뜨리며 "아니요!"라고 답하였고, 그 말
과 함께 튀어나온 침에는 오늘 저녁 토론의 어조가 여실히 담겨 있
었다.

오늘 토론의 쟁점은 표면상으로는 배양고기의 잠재적 요리
사 및 소비자의 눈에 비친 실험실에서 키운 고기의 '천연성'natural-
ness이다. 이 토론과 이 토론이 실패했다는 사실은, 우리에게 시사
하는 바가 크다. 우리가 문제의 근원에 더 가까워지고 있기 때문
이 아니라, 더 근본적인 쟁점을 다루는 와중에도 별다른 합의점을
찾지 못했기 때문이다. '자연스럽다'와 '부자연스럽다'라는 단어
에 담긴 잠재적 의미들을 샅샅이 살펴보는 대신, 그리고 그런 단
어가 산업화된 농업과 소규모 농업이나 유기농업과 어떻게 연결

될 수 있는지를 탐색하는 대신, 우리는 대부분의 시간을 고함만 내지르며 보냈다. 각자의 이데올로기적 입장이 다르다 보니, 우리는 우리 중 일부가 먹는 고기의 의미는 고사하고 농업과 식품 생산의 목적에 관해서도 합의에 이를 수가 없었다.

인류학자 헤더 팩슨의 용어를 조금 바꿔서 정리하자면, 이 토론에서 배양고기를 반대하는 진영의 주된 비판은 배양고기가 '생산의 도덕적 생태계'의 밖에 존재하는 것이 된다는 점이었다.[2] 생산의 도덕적 생태계는 생산자, 소비자, 자연자원을 연결하는 닫힌 선순환을 만들어낸다. 그 선순환은 생산 주기가 아닌 세대라는 시간 단위에서 지속 가능하다. 달리 말해 이 토론에서는 배양고기를 대량생산된 전통적 고기가 아니라, 환경을 배려하는 농가에서 소규모로 생산된 고기와 비교하고 있다. 레이철 로던의 지적처럼 '천연' 식품과 '비천연' 식품의 구별 짓기는 향수를 불러일으키는 측면이 있지만, 이런 구분은 무언가를 설명하기 위한 목적보다 수사학적 이점을 고려해서 사용될 때가 더 많다.[3] 이런 구별 짓기는 이른바 '요리 모더니즘'을 거부하는 움직임, 즉 로던이 말하는 '요리 러다이트 운동'의 근거가 된다. 로던이 제시한 두 운동이 무엇을 의미하는지는 거의 자명하다. 토르티야를 밀고, 밀가루를 빻고, 초콜릿을 찍고, 커피를 볶는 기계들이 등장했고, 각각 그런 기계를 파괴하는 진영과 그런 기계를 찬미하는 진영을 가리킨다. '도덕적 생태계'라는 관념을 당연하게 받아들일 러다이트 운동은 "단순히 취향의 문제가 아니다." 그것은 '도덕적·정치적 성전聖戰'이다.[4] 요리 러다이트 운동은 음식 전문가의 책과 글, 요리책, 그리고 산업용 제분소가 아닌 포도나무 줄기, 쇠스랑, 무쇠팬 등이 그려진 레스트랑 메뉴 등에서 다양한 형태와 수준으로 나타난다. 모더니즘에 대한 수요 못지않게 러다이트 운동에 대한 수요도 있는 것이다.

실험실에서 키운 근육조직이라는 사례를 두고 러다이트 운동(좀 더 너그럽게 표현한다면 신농본주의라고 부를 수 있을 것이다)과 모더니즘이 충돌한 오늘 저녁 행사의 제목은 "음식 전쟁: 배양고기 더 자세히 들여다보기"이다. 비는 내리지만 가을치고는 따뜻한 2014년 11월 13일 저녁 내가 맥주를 집어든 현재는 토론을 시작한 지 서너 시간 정도가 지난 시점이다. 오늘 행사는 권위를 인정받는 과학기술 잡지『파퓰러 사이언스』, 기자들이 팀을 구성해 기후 관련 주제를 다루는 웹사이트 클라이미트 컨피덴셜, 세련된 도시 감각과 농장의 현장 경험을 감각 있게 잘 버무려 음식과 농업 관련 주제를 다루는 잡지『모던 파머』, 이 세 기관에 속한 저널리스트들이 기획했다.『모던 파머』의 웹사이트에서는 원격 '고트캠'GoatCam을 통해 반추동물*의 초지 모험도 관찰할 수 있다. 오늘 행사의 여러 패널 중 첫 번째 패널로 나를 지정한 것은 아마도 클라이미트 컨피덴셜인 것으로 짐작된다. 지난 두세 달 동안 클라이미트 컨피덴셜 팀원들과 이따금 채팅을 하면서 배양고기를 주제로 한 내 초기 연구 진행 상황에 대해 이야기했기 때문이다. 그런 식으로 허물없이 정보를 교환하다 보면 가끔 이런 행사에 초대

---

* 기린, 소, 양처럼 삼킨 먹이를 게워내 다시 먹는 일명 되새김동물.

될 수도 있으리라는 기대가 있었다.

홀스티는 (우리를 지켜보는 포스터를 제외하면) "음식 전쟁"에 직접 관여하지 않는다. 그러나 음식 문제에 있어 홀스티가 아무 의견이 없는 것은 아니다. 홀스티의 디자이너들은 미국에서 제1차 세계대전 당시 가정에서 지켜야 할 음식 관련 지침을 제시한 전형적인 포스터에서 영감을 얻어 '음식 지침'Food Rules이라는 포스터를 제작했는데, 그중에는 "지역 음식을 살 것"이라는 지침도 나온다. 1920년대에서 날아온 이 지침은 21세기 초에 흔히 접하는 한 부류의 음식 관련 지혜, 즉 생산자와 소비자 간 유통 사슬의 길이를 최소화하면 우리 식량 체계의 탄소 발자국을 줄일 수 있다는 관념과 합치한다.[5] 애초에 19세기 도시화의 결과물인 유통 사슬은 도시와 시골을 하나로 연결하고, 도시와 도시로 몰려드는 인구의 필요에 적합하도록 북미 지역의 땅과 생물량을 바꿔놓았다. 윌리엄 크로넌은 '공간 말살하기'라는 표현으로 고기 산업의 근대화를 묘사했다. 이중적 의미를 지니는 이 표현은 19세기 시카고 (현대 고기 산업의 산실 중 하나)의 가축우리와 고기 공급 사슬이 동물의 수정과 탄생, 성장, 필연적 도축, 최종 소비까지 각 단계 간 물리적 거리를 말 그대로 말살한 것을 가리킨다.[6] 공급 사슬은 공장의 조립 생산 라인과 마찬가지로 근대화의 엔진이었다. 이른바 지역음식주의자의 관점에서 보면, 산업화된 식품 산업을 개혁하기 위해서는 공급 사슬의 길이를 줄여야만 한다. 지역음식주의자는 명칭에서 알 수 있듯이 자신의 거주 지역 내에서 재배·생산된 음식만 먹어야 한다고 믿는다. 이런 지혜(논란의 여지가 있지만)

는 지역 농업을 활성화하고 더 나아가 도심에서의 농업을 촉진해서 농부와 소비자 간 거리를 좁혀야 한다는 주장으로 이어진다. 수경 재배를 하거나, 마천루에 수직으로 층층이 쌓아올린 농지를 조성하거나, 도시의 빈 창고를 활용해 농사를 짓는 등 도심 농업은 음식의 미래를 다루는 학회에서 아주 인기 있는 주제다.[7]

동물을 희생시키지 않는 바이오 산업

홀스티의 신농본주의 감성은 이 디자인 회사가 자리 잡은 동네를 대표하는 물 생태계와 크게 대비된다. 홀스티 본사의 주소지는 브루클린 거와너스로, 거와너스 운하와 지척에 있다. 19세기에 건설된 거와너스 운하는 제지 공장과 가죽 공장 등 브루클린에서 운영되는 공장의 수송로로 사용되었다. 홀스티의 사무소 근처 창고들에는 당시의 공장 이름들이 옛 직조 및 소비 체제와 한때 뉴욕시에서 여러 상품을 만들어 수출했던 시절을 환기하며 흐릿하게 남아 있다. 운하가 건설되기 전 거와너스의 저지대는 동쪽의 지대가 더 높고 부유한 이웃 동네 파크슬로프에서 흘러들어온 하수가 모이는 곳이었다. 서쪽에는 캐럴가든스, 남쪽에는 레드훅, 북쪽에는 보럼힐이 있다. 20세기 내내, 특히 폭우가 내리면 브루클린 지역의 하수구가 넘치기 일쑤였고, 산업폐기물이 하수와 섞이는 바람에 거와너스는 수질오염의 대명사가 되었다. 2010년 미국 환경보호국에서 거와너스 운하를 슈퍼펀드˙ 수혜 지역으로 선정했는데,

---

˙ 　화학 및 석유 산업으로부터 조세를 창설하여 연방기구가 공공 보건이나 환경을 위협할

선정 당시 1.8마일(약 2.9킬로미터)에 달하는 이 운하는 미국에서 가장 오염이 심각한 수로로 알려져 있었다.[8]

게다가 특히 오염을 찬미하는 반어적 표현들이 특징인 거와너스 지역 문화에는 신新이 붙건 안 붙건 농본주의적이라고 할 만한 구석이 없다. 오염을 찬미하게 된 배경에는 이 지역의 부동산 버블도 관련이 있는데, 거와너스는 브루클린치고 부동산 버블에 뒤늦게 합류했다. 만약 짧은 데다가 다리도 여러 개 있는 거와너스 운하에서 요트를 탈 수 있었다면 거와너스 요트클럽 같은 풍자적 이름을 단 술집이 생기지 않았을 것이다. 라벤더레이크바Lavender Lake Bar라는 이름은 19세기에 거와너스 운하를 묘사한 표현에서 딴 것인데, 당시에 운하의 수면은 보랏빛을 띠었는지 몰라도 끈적끈적한 운하 바닥은 '검은 마요네즈'로 묘사되었다. 어떤 사람은 반어법적 찬미가 같은 브루클린에 속하는 주변 동네의 젠트리피케이션과 상대적으로 더디게 진행되는 거와너스의 젠트리피케이션 사이에서 발생한 아주 특수한 긴장관계의 산물이라고 추정한다. 그런 긴장관계로 인해 거와너스는 하수와 풍요가 마침내 서로 맞닥뜨린 현장, 도시적 세련미의 아슬아슬한 경계에 속한 탈산업화 시대의 유물이 되었다. 홀스티의 디자이너들은, 지역민들이 미국 환경보호국 슈퍼펀드 수혜 지역 선정 결정을 이끌어내고 환영한 동네에서, 필멸하는 존재의 성취를 독려하는 메시지를 빚어내

수 있는 유해물질 방출에 직접적으로 대응하도록 한 '종합적 환경 대응, 보상, 책임법'The Comprehensive Environmental Response, Compensation, and Liability Act(CERCLA)을 말하며, 일반적으로 '슈퍼펀드'로 알려져 있다.

고 있다. 거와너스 지역 공동체의 일원들은 거와너스 운하의 슈퍼 펀드 수혜 지역 지정이 부동산 개발업자로부터 자신들의 동네를 지켜주리라는 것을 알았다. 지금은 고급 식료품 체인점인 홀푸드 의 지점이 근처에 들어섰다. 나는 여기서 서너 블록 떨어진 캐럴 가든스에서 산 적이 있다. 나는 홀푸드 슈퍼마켓이 문을 열기 전 에 이 동네를 떠났지만, 그런 슈퍼마켓이 생긴다는 것이 이 동네 에 어떤 영향을 미치게 될 것인지를 둘러싸고 벌어진 논쟁을 기억 한다. 그것은 이 동네가 젠트리피케이션 대상이 되었는가에 관한 논쟁이라기보다, 오히려 단순하게 젠트리피케이션의 진행 곡선 에서 어느 지점까지 왔는가에 관한 논쟁이었다. 또한 물론 몇 세 대에 걸쳐 이 지역에 터를 잡고 살았던 원주민들이 이곳을 떠나지 않고 계속 남아 있을 수 있겠는가에 관한 논쟁이기도 했다. 내가 브루클린에서 살던 시절에 거와너스 운하의 자연사가 궁금한 방 문객은 프로테우스 거와너스의 전시물을 살펴보면 되었다. 프로 테우스 거와너스는 현재 홀스티 건물에서 그렇게 멀지 않은 운하 바로 옆에 위치한 벽돌 건물에 있는 작은 박물관 겸 화랑이다.[9]

내가 홀스티 사무소의 넓은 홀에 도착했을 때는 아직 사무 용 책상들이 가득했다. 행사 운영진은 하나둘씩 도착하는 토론 자와 초대 손님을 맞이했다. 주중 일과가 막 끝이 나고 저녁 일과 가 시작되었다. 하나둘 책상이 사라지고, 그 자리를 일렬로 놓인 간이의자들이 채웠다. 홀의 한쪽 끝에는 토론자를 위한 즉석 무 대가 만들어졌다. 홀에 붙은 작은 사무실에서는 한 기자가 모던 메도Modern Meadow의 공동 창업자이자 CEO인 안드라스 포각스에게 카메라 초점을 맞추고, 모던메도의 고기 생산 프로젝트와 조직배양 기술을 활용해 콜라겐으로 가죽 유사 제품을 만드는 프로젝트에 관한 인터뷰를 녹화했다(모던메도는 고기 생산 프로젝트를 2014년 말 중단한 뒤로 고기 제조를 목적으로 하는 별도의 회사를 설립한다). 포각스와 구면인 나는 그가 신생 생명공학 기술의 대변인 노릇을 열심히 한다는 것을 알고 있었다. 오늘 저녁 토론회에서 포각스는 배양고기 측 대표 역할을 맡았다. 그리고 그는 상당한 반대에 부딪히게 될 것이다. 홀스티의 소형 음식 지침 포스터에 나열된 것과 유사한 신농본주의 가치관, 즉 생산과 소비 및 토지 책임 관리를 아우르는 도덕적 생태계의 구성 요소로 흔히 꼽히는 지역성, 유기농법, 진정성을 열렬히 지지하는 사람들이 그런 반대의 목소리에서 대다수를 차지할 것이다.[10] 이런 것들은 또한 로던의 지적대로 음식에 대해 요구하기에는 상당히 근대적인 가치들이며, 우리의 조상이 무엇을 어떻게 먹었는가에 관한 정확한 역사적 지식보다는 거짓 향수鄕愁에서 비롯된 것이다. 21세기 초 선진국의 부유층 사이에서 음식이 두 가지 '가치', 즉 경제적 가치와 도덕적 가치가 하나로 통합되는 현장이라는 새로운 지위를 얻고, 자본주의적 행위(생산, 운송, 판매, 구매)가 경제적 목적만이 아니라 도덕적 목적에도 기여하는 것처럼 보이는 현상을 목격한 사람은 내가 최초가 아니다. 이와 유사하게 장인적 방식으로 음식을 수제 생산하는 일 또한 막스 베버가 '프로테스탄트 윤리'라고 부른 직업 정신에서는 일종의 천직과 같은 성격을 띠게 되었다.[11] 오늘 저녁 토론회에서 가장 뼈아픈 실패는 '천연'의 정의에 합의하지 못한 점이 아니라, 산업화된 식품 생산 인프라와 대비되는 음식의 수제 생산에 가치를 부여하는 과정에서 우리가 이데올로기적 순수성에 지나치게 함몰되었다는 사실을 깨닫지 못한 점이다.

　차례차례 나타난 청중 대다수는 세련된 옷차림의 젊은 백인이었다. 나는 이 사실에 놀라지 않았다. 배양고기에 관한 논의는 상대적으로 젊고, 학력이 높고, 경제적으로 여유가 있는 사람들을 청중으로 모으는 경향이 있다. 다만 인종이나 종교적 배경은 비교적 다양한 편이다. 행사 기획자가 청중에게 환영 인사를 건네고 패널을 소개한 뒤 토론이 시작되었다. 첫 연사인 포갈스와 내가 무대로 올라갔다. 포갈스의 재킷에 인쇄된 문구에 나는 잠시 정신을 빼앗겼다. "X를 해결하라"$^{Solve for X}$. 이것은 구글이 기획한 강연 시리즈의 이름인데, 초대 연사들은 대개 기술을 통해 거대한 글로벌 과제를 해결할 방안을 제시한다. 포갈스는 "기후변화를 해결하라"나 아마도 "가축의 고통을 해결하라" 같은 제목으로 그 시리즈의 연단에 선 것이 분명하다. 실리콘밸리에서 열리는 학회에서 연사들이 그런 재킷이나 티셔츠를 걸치고 나타나는 일은 드물지 않다. 그리고 그런 옷차림은 한때 미국 고등학교나 대학교 운동선수들이 많이 입었던 스타디움 점퍼●와 다소 유사한, 아주 특수한 사회적 신호를 보낸다. 포갈스가 젊기는 하지만 모던메도는 그가

● 　원래 운동선수들이 경기장에서 입던 것으로 목·손목·허리둘레에 밴드가 있고 문자 또는 다양한 패치로 장식한 점퍼.

세운 첫 회사가 아니다. 그는 이론물리학을 전공하고 이후 생물물리학 전문가가 된 자신의 아버지 가보 포각스와 함께, 약물검사에 적합한 인간 조직을 3D 프린팅 기술로 제조하는 오가노보^{Organovo}라는 회사를 세운 경험이 있다.

간략한 자기소개와 함께 포각스는 모던메도를 소개하고 2014년 현재 모던메도의 미션에 대해 설명한다. 그가 모던메도를 세우게 된 계기는 오가노보에서 진행한 조직공학 연구와 3D 프린팅 기술이었다. 만약 인간 조직을 3D 프린터로 출력할 수 있다면 인간이 아닌 동물의 조직을 출력해서 옷이나 음식을 만드는 데 활용할 수도 있지 않을까? 2013년 6월(포스트가 배양고기 시연회를 열기 2개월 전 무렵) 테드^{TED} 글로벌 강연회에서 포각스는 모던메도의 목표를 발표했다. 그는 먼저 21세기 중반에 이르면 동물로 '핸드백이나 햄버거'를 만드는 것이 단순히 미친 짓일 뿐 아니라 촌스러운 구태로 취급될 것이라고 주장했다. 포각스가 인용한 자료에 따르면, 인간에게 고기와 가죽을 공급하는 육지 동물의 '지구 단위 무리'는 600억 마리에 달한다. 이것은 지리학자 바츨라프 스밀이 고기와 지구상 동물 생물량의 관계에 대해 쓴 논문에서 제시한 수치와 크게 차이 나지 않는다. 포각스는 2050년이 되면 100억 명의 지구인을 먹이고 입히기 위해 이 숫자가 1000억 마리로까지 늘어날 수 있으며, 그로 인해 우리의 자원과 환경이 엄청난 타격을 입게 될 것이라고 경고한다. 또한 포각스는 우리에게 이미 익숙한 수치도 인용해 가축 사육이 우리가 대기 중으로 배출하는 온실가스의 18퍼센트를 차지한다는 점도 강조한다.[12] 물론 그렇다고 해서 포각스가 가축 사육이 제기하는 도덕적 문제에 무관심한 것은 아니다. 도덕적 문제점을 제외하더라도 현재 고기와 가죽을 얻기 위한 산업 전략은 '환경, 공공 보건, 식량 안보'에 치명적 위협을 가하고 있다.

포각스는 다행히 우리가 다른 길을 찾을 수 있다고 말한다. "동물 생산물은 그저 조직들의 결합에 불과하기 때문입니다." 아마도 이것이 세포농업 운동을 대표하는 가장 핵심적이고 근본적인 관점일 것이다. 포각스는 묻는다. "만약 복잡하고 지각력이 있는 동물에서 출발하는 대신 조직을 구성하는 생명의 기본 단위, 바로 세포에서 시작하면 어떨까요?" 이런 주장에 대해서는 합리적 반론이 제기될 수 있다. 닭, 소, 돼지에게 지각력이 있는지는 아직 논란의 여지가 있다. 동물 생산물이 '조직들의 결합'일 수는 있어도 '그저'라는 수식어를 붙이면 동물 생산물의 구조적 복잡성을 감춰버린다. 고기의 경우 '조직들의 결합'이라는 표현은 공간이라는 요소는 물론이고 아주 중요한 시간이라는 요소를 빼버린다. 근골격 근육을 생성하고 키우려면 몇 개월 내지 몇 년이 걸린다. 또한 하나의 온전한 동물이 살아가는 환경(공장식 축사이건 목가적 초지이건, 밀집시설이건 비교적 여유로운 공간이건)을 간과한다. 포각스는 '조직들의 결합'이라는 표현을, 동물의 생애사를 재현하지 않고도 조직을 복제할 수 있다는 관념의 보증으로 삼고 있다. 그러나 포각스는 논문을 쓰거나 각주를 다는 것이 아니다. 그는 한 산업의 관점을 대변하고 있었다. 그 강연이 아주 훌륭한 영업 멘트였다고 생각하지만, 그렇다고 해서 그 강연의 가치를 펌훼하려는 것은 아니다.

2014년 말 (이 글을 쓰는) 현재 모던메도의 목표는 동물 가죽에서도 발견되는 자연의 건축 자재 콜라겐 단백질로 가죽 유사 물질을 만드는 것이다. 그리고 이것은 모든 면에서 정답인 전략이다. 고기와 비교하면 가죽은 더 적은 종류의 세포로 이루어진다. 또한 구조도 가죽이 더 단순하다. 근섬유를 가닥가닥 모으거나 얇은 근육층을 쌓는 등 입체적으로 복잡한 모양을 만들어내지 않아도 된다. 기술적 어려움의 측면에서도 모던메도의 과학자들에게 가죽은 고기보다 뛰어넘기가 더 수월한 낮은 장애물이다. 또한 가죽은 시장에 내놓기에 더 유리한 제품이기도 하다. 우리가 씹고 삼키는 것들과 달리 우리가 입는 것들에 대해서는 "소비자와 규제 당국의 반응이 덜 극단적"이라고 포각스는 말한다. 모던메도의 이런 생체 물질은 배양고기가 통과해야 하는 규제 장치를 걱정하지 않아도 된다. 포각스는 가죽을 '관문 물질'gateway material이라고 부른다. '동물을 희생하지 않는' 다른 바이오가공 제품의 길을 터주는 제품이라는 뜻이다. 무엇보다 일반적으로 가죽의 수익률이 보통 고기의 수익률보다 훨씬 높다.

포각스는 배양고기 지지자들이 공유하는 아이디어를 설명하기 시작한다. 배양고기 생산물을 도축장과 정육점이 아니라 맥주 양조장을 연상시키는, 반짝거리는 멸균 시설에서 생산한다는 비전이다. 맥주 양조장은 배양고기 생산 시설을 상상할 때 가장 널리 사용되는 이미지다. 포각스는 더 추론적이고 광범위한 주장으로 강연을 마무리한다. "아마도 바이오가공 기술은 인류의 제조업에 예정된 자연스러운 진화 단계일 것입니다. 환경적으로 책임 있고, 효율적이고, 인도주의적입니다. 창의력을 발휘할 여지도 많습니다. 새로운 재료, 새로운 제품, 새로운 시설을 설계할 수 있습니다." 그는 이어서 말한다. "우리는 동물을 자원으로 취급하고 죽이는 것을 멈추고, 더 문명화되고 진화한 무언가로 넘어가야 합니다. 아마도 우리는 문자 그대로, 그리고 비유적으로도 더 정제된 것을 맞이할 준비가 된 것 같습니다." 이제 그는 청중이 볼 수 있도록 가죽 같은 물질로 만든 길쭉한 끈들을 들어 보인다. 모던메도의 실험실 작업대에서 탄생한 초기 성과물이다. 하나는 검고 불투명하다. 다른 하나는 세포로 이루어진 얇은 편을 두세 개 겹친 정도의 두께로 색유리처럼 빛을 통과시킨다. 이것은 모던메도가 몇 년 후 발표할 첫 바이오가공 제품의 원형原型이다.

　포각스는 하나의 관점을 제시했지만 또한 약속의 한 종을 제시했다. 완전히 새로운 기술을 홍보하는 기업가가 그 기술이 선사할 미래의 혜택에 관한 이야기를 들려주는 그런 약속이, 이런 부류의 강연의 본질이다. 일반적인 두 가지 유형의 약속 중 어느 것을 제시하고 있는지가 불명확할 때도 있다. 신생 기술이 '전도유망하다'는 점을 '약속'한다는 것일까, 아니면 그 기술을 활용한 결과 밝은 미래가 도래할 것이라는 점을 '약속'한다는 것일까? 이렇게 모호한 약속은 나름의 유용성이 있다. 약속한 미래가 약속된 시간표에 맞춰 실현되지 않는다 해도 책임을 묻기가 힘들어진다. 달리 말하면 이와 같은 약속의 모호성은 모던메도 같은 투기적 연구 프로젝트에 내재한 위험관리에 도움이 된다.

배양고기에 대한 거부감은 어디서 오는가

포각스의 테드 강연을 비롯해 이런 부류의 강연은 배양고기를 둘러싼 대화를 이해하는 데 중요한 역할을 하는 장르의 일부다. 포각스가 브루클린에서 발표를 하는 동안 내 생각은 딴 곳으로 흘러갔다. (웹사이트의 시청자 수 기록에 비추어보면 약 100만 명정도 되는 다른 사람들처럼) 인터넷으로 시청했던 포각스의 테드 강연뿐 아니라, 테드와 테드가 속한 '빅아이디어' 학회 시리즈의 논평들에 대해서도 생각했다. 테드와 (무한정 증식하는 것처럼 보이는) 지역 중심의 테드엑스TEDx 강연, 테드 글로벌, 테드메드TEDMED 등의 테드 관련 학회 외에도 대표적인 예만 꼽더라도 아스펜 아이디어 페스티벌Aspen Ideas Festival, 사우스 바이 사우스웨스트South by Southwest(SXSW) 등이 있으며, 이런 학회들은 모두 공통된 특징이 있다.

저널리스트 네이선 헬러는 2012년에 쓴 글에서, 테드를 '디지털 시대의 지적 스타일을 선보이는 전시장'이라고 불렀다.[13] 고급차 전시장은 나쁘지 않은 비유다. 테드 역사에서 가장 인기 있는 강연 대다수의 연사는 공학자나 과학자가 아니었지만, 그래도 테드 강연은 늘 기술과 관련이 있었기 때문이다. 그리고 거대한 규모의 (그리고 실제로 전 지구적인) 도전 과제, 그중에서도 특히 개발도상국이나 선진국이 직면한 환경 문제, 건강 문제, 교육 문제를 해결하기 위해 노력과 부를 움직이는 것이 주제였다. '빅아이디어'라는 용어로 그 중대함을 표현했다는 사실은 관념적인 것과는 확실히 거리를 둔 무언가, 요컨대 구체적인 새로운 기술이나 사회적 관행을 통해 전 세계를 바꿀 가능성에 초점을 맞추고 있음을 암시한다.

테드와 테드 강연은 비판도 많이 받았다. 지식 콘텐츠를 인지적 저작 작용이 거의 필요 없는 한입 크기 메시지로 바꾼다는 점이 특히 비난받았다. 캘리포니아주립대학교 샌디에이고캠퍼스의 시각예술학과 교수 벤저민 브래턴Benjamin Bratton은 테드엑스 강연 무대에서 테드를 비판했다. "테드는 물론 기술Technology, 오락Entertainment, 디자인Design의 약어입니다. (…) 저는 테드가 대중을 상대로 한 대형 교회식 인포테인먼트*를 의미한다고 생각합니다." 이것은 원래부터 비꼬려는 의도로 한 말이었겠지만, 일부 학자와 과학자가 공유하는 우려를 조금 더 강하게 표현한 것에 불과하다. 테드를 비판하는 학자들은 현재 인기를 얻고 있는 테드를 비롯한 '빅아이디어' 학회가, 프로젝트가 어렵거나 모호할 때가 아니라 오직 "X를 해결하라"에 답을 제시하면서 영감을 줄 때만 그들의 연구가 가치 있다고 판단하도록 대중을 훈련시킨다고 경고한다. 헬러의 글을 조금 더 우호적으로 해석한다면, 빅아이디어 강연은 현대의 '감상적' 공연의 장場이 되었고, 이 공연은 정보나 사업적 이유로만 소비되는 것이 아니라 느슨하게는 영감을 갈구하는 대중에 의해 도덕적 이유로 소비된다. 이런 강연들 중 일부는 심지어 홀스티의 신호체계와 동일한 정서 음역대에서 연주한다.

• infotainment. 정보information와 오락entertainment을 합성해 만든 신조어로서 '정보오락'이란 의미.

결국 필멸하는 존재라는 사실을 깨달았다면 그에 대한 반응으로 세상으로 나가 행동하라고, 각자의 꿈과 열정을 쫓으라고 명령한다. 2009년 테드 강연에서 로봇 수술 장비 디자이너 캐서린 모어는, 생명을 위협하는 질병은 "당신이 얼마나 많은 책을 썼는지, 얼마나 많은 회사를 세웠는지, 앞으로 노벨상을 받을 운명인지 아닌지, 자녀와 얼마나 많은 시간을 보내기로 계획했는지" 상관하지 않는다고 말한다. 모어의 장비는 사람들이 건강을 회복해서 "세상으로 나아가 세상을 구할" 수 있도록 돕기 위해 만들어졌다.[14] 진부한 표현들은 슬쩍 눈감고 넘어가자. 핵심 요지는 새로운 기술이 쇠약해진 몸을 잠시나마 고치면 그 기술 덕분에 목숨을 구한 사람의 이력을 잠재적으로 조금이나마 늘리고, 그들이 자신의 뜻을 세상에서 조금이나마 더 펼칠 수 있다는 것이다.

심지어 미국공영라디오[NPR]조차도 테드 강연을 방송하는 프로그램을 편성하고 있다. 이렇듯 (테드의 슬로건대로) '공유할 가치가 있는 아이디어'의 편재성遍在性은 공유하기가 쉽지 않은 아이디어를 연구하는 일을 생계로 삼은 많은 학자의 심기를 건드린다. 지식인이 테드의 지적 얄팍함에 불만을 표하는 것은 지식인층 집단 내부의 하찮은 세력 다툼처럼 보일 수도 있다. 그러나 테드 강연의 초대 설립자인 리처드 워먼은 자신이 오래전에 시도한 것의 더 근본적인 문제를 다음과 같이 아주 효율적으로 묘사했다. "그들은 그곳에 올라가서 '선행'을 판매하고 있습니다."[15] 이 주장은 다소 신중하게 접근할 필요가 있다. 많은 테드 연사는 또는 아스펜 아이디어 페스티벌이나 구글의 'X를 해결하라'의 발표자는 충분히 순수한 의도로 무대에 오른다. "'선행'을 판매"한다는 위면의 지적은 단순한 눈속임이나 부정행위보다 더 복잡한 문제다. 필멸하는 존재라는 렌즈로 들여다보면 각 개인 삶의 개별성과 고유의 도전 과제가 흐릿해지기 쉽다. 로봇 디자이너는 세상을 구하는 것에 대해 말한다. 비디오게임 설계자는 게임을 하는 사람들에게 던지는 심리적 인센티브가, 인과관계는 불분명하지만 어찌 되었건 사회적 선을 위해 활용될 수 있다고 주장한다. 언어학자부터 유전공학자, 물리학자, 그리고 비디오게임 설계자에 이르기까지 다양한 전문가가 물리적으로 동일한 무대에 올라 동일한 논점 지침에 짜 맞춰진다. 알고 보니('알고 보니'it turns out라는 구문은 테드 강연에서 자주 들을 수 있는 표현이다) 그 논점은 영향력에 관한 것이었다. 시와 정치와 양자는 모두 상당 부분 같은 방식으로 세상에 영향력을 행사할 것이라고 기대된다. 조명을 세심하게 조절한 무대에서는 차이점이 사라져버린다. 그 차이점이 음성학과 광자를 구분하는 범주의 차이이건, 조직배양 실험과 패스트푸드 햄버거 제조를 구분하는 규모의 차이이건 말이다.

테드 강연이 감상적 공연의 양상으로 진행된 것은 철저히 우연의 산물인 것처럼 보이지만, 그럼에도 불구하고 이 점은 배양고기 대화를 이해하는 데 아주 중요하다. 인터넷으로 시청되는 테드와 테드 유사 강연은 대중이 인공 살코기를 만들기 위한 연구 프로젝트에 관해 알게 되는 주요 통로 중 하나가 되었다. 그뿐만이 아니다. 배양고기와 연관된 윤리 프로젝트와 '빅아이디어' 공동체가 보여주는 기본 전제 사이에는 밀접한 관련성이 있다. 배양고기는 기술적이고 혁신적이며, 잠재적으로는 게임 체인저* 후보다. 이 서술어들은 모두 강연장 밖이나 언론 보도자료에서 흔히 들을 수 있는 유행어들이다. 배양고기는 또한 시장과 식욕과 소화기를 따라 돌아다니면서 세상을 개선할 목적으로 기획된 것이기도 하다. 소비재로 기획된 배양고기의 형태는 학회 무대에서 소비재로 구현된 아이디어를 연상시킨다. 이날 저녁 늦게 한 청중이 포각스에게 모던메도가 그와 그의 아버지에게 '단순한 회전문', 요컨대 한 사업 기회에서 다른 사업 기회로 이동하는 통로에 불과한 것은 아닌지 물을 것이다. 가보와 안드라스 부자父子에게 상당한 결례를 범하는 질문이지만, 시장경제 메커니즘을 통해 긍정적 사회 변화를 이끌어내자고 제안하는 사람이 있다면 한 번쯤 물어볼 만한 가치가 있는 질문이다.

안드라스 포각스와 함께 무대에 선 나는 신생 기술의 사회-과학 연구에 관해, 그리고 식생활 습관이 세월에 따라 변화하는 방식에 관해 몇 마디를 더듬더듬 풀어냈다. 솔직히 말하면 포각스가 더 자세히 설명해주기를 바라면서 포각스의 프로젝트에 관한 질문을 던지고 싶은 마음이 더 컸다. 나는 포각스의 메시지와는 다소 어긋난 질문으로 토론을 시작했다. "그러니까, 마크 포스트가 햄버거를 만들고 싶어 한다면, 모던메도는 기존의 고기 형태를 답습하는 데는 관심이 덜 한 것 같군요"라고 나는 말했다. 포각스는 그렇다고 답했다. 모던메도는 포각스가 '스테이크 칩'이라고 부

---

* 상황 전개를 완전히 바꿔놓는 사람, 아이디어, 사건을 일컫는 말.

른 것을 몇 개 만들었고, 배양고기 운동에 동참하고 있는 내 지인 서너 명이 그것을 먹어봤다. 포스트의 햄버거만큼은 아니지만 스테이크 칩의 생산비도 비싸고, 포각스는 이날 행사에 스테이크 칩 샘플을 가져오지 않았다. 나는 계속 질문을 이어나갔다. "햄버거의 최종 목표가 동물에서 얻는 고기와 동일한 대체물을 제공해서 공장식 축산업의 기반을 약화시킨다는 것인데, 만약 자연산 고기와 동일하지 않은 배양고기를 사람들에게 제공하면 어떻게 될까요? 그래도 같은 목표를 달성할 수 있을까요?" 포각스는 이미 답변을 준비하고 있었다. 그는 내가 '미메시스'mimesis라고 부르는 것이 불필요하다는 입장이다. 소비자가 새로운 형태의 고기를 선택하면 기존 형태의 고기 소비는 필연적으로 줄어들 것이다. 고기의 대안 형태에 대한 생각은 이미 내 머릿속에서 큰 부분을 차지하고 있었다. 브루클린으로 오기 직전에 나는 네덜란드의 디자인 스튜디오 넥스트네이처네트워크Next Nature Network가 펴낸 아트 프로젝트 『시험관 고기 요리책』In Vitro Meat Cookbook 한 권을 받았다. 이 책은 배양고기의 개발이 미메시스가 아닌 완전히 새로운 무언가로 이어질 가능성을 탐색한다. 넥스트네이처네트워크와 책 작업에 참여한 저자 및 예술가는 집단적 상상력을 발휘해 '고기 페인트'(핑거페인트를 떠올리면 된다)부터 시험관 굴까지 모든 것이 존재하는 미래를 그려낸다. 시험관 굴은 생물반응장치 역할을 하는 작은 껍데기 안에서 키운 것으로, 아마도 바다의 독특한 테루아terroir(식물이나 동물이 자란 장소가 그 식물이나 동물로 만든 음식이나 음료의 맛과 향에 들어 있을 것이라는 관념)를 더하기 위해 껍데기 하나하나에 북대서양이나 일본 연안의 바닷물 등으로 만든 첨가물을 주입할 수 있을 것이다(일종의 '해海루아'mer-oir랄까?).

내 다음 질문은 다분히 도발하려는 의도가 있었고 청중에게 던지는 질문이었다. 나는 배양고기가 인간 본성에 대한 냉소적 태도를 반영하고 있지는 않은지 물었다. 인간이 고기에 대한 식욕을 억제할 수 있다고 믿기보다는 조직공학 기술을 더 신뢰하는 것처럼 보이기 때문이다. "흥미로운 질문이지만, 매우 학술적인 질문이기도 하죠"라고 포각스는 답했다. 그는 이렇게 덧붙였다. "결국 이 세상 모든 사람이 채식주의자나 비건이 되는 것이 가장 이상적인 해결책이겠지만, 그건 비현실적인 기대일 겁니다." 포각스는 많은 사람(선진국의 부유한 사람들, 브루클린 고급 주택지의 거주민들)이 자신의 건강을 위해서라도 고기를 덜 먹으려고 노력한다고 인정하면서도, 그런 변화가 축산업이 낳은 문제들을 해결하기를 기대하는 것에 대해 합리적인 의심을 제기했다. 북미와 서유럽에서는 어느 정도 개선이 이루어지더라도, 나머지 지역에서 동물 생산물의 소비 증가 속도와 규모가 그런 개선 효과를 상쇄하고도 남을 정도로 클 것이라고 말했다. 그는 개발도상국에서 고기 소비가 증가할 수밖에 없다는 논거의 대표적 버전을 전개했다. "개발도상국에서 중산층이 되면 가장 먼저 돈을 쓰는 항목이 더 좋은 음식, 영양이 더 풍부한 음식입니다. 그리고 그런 음식은 일반적으로 고기이고요." 사회자의 재촉에 못 이겨 포각스는 이렇게 마무리한다. "우리는 사람들에게 선택권을 주는 제품을 만들기를 원합니다. 종합적으로 더 나은 결과로 이어질 선택권을요."

다음 패널로는 환경적으로 지속 가능한 지역 농업, 그중에서도 특히 축산업을 지지하는 단체들의 대표들이 참여했다. 그들의 메시지 다수가 홀스티의 '음식 지침'이나 지역성 강조와 궤를 같이했다. 일부는 신농본주의 운동가 사이에서 흔히 목격되는 또 다른 감상주의적 주장, 요컨대 자연이 고유한 '지능'을 지니고 있다는 주장을 펼쳤다. 그들은 이와 달리 우리의 식량 문제를 해결할 특효약을 찾는 과학의 접근법은 완전히 잘못되었다고 말했다. 한 연사는 우리가 자신이 먹는 것에서 더 멀어질수록 문제가 더 악화된다고 주장했다. 배양고기는 동물과 인간을 상당히 멀리 떨어뜨려놓는 것 같다고 그녀는 말했다. 포각스는 외교적으로 답변했다. 그는 모던메도가 산업화된 식품 체계에 편입되기를 원하지 않는다고 강조하면서, 오히려 장인식 수제 생산 방식을 염두에 두고 있다고 말했다(그는 "우리 팀 과학자 중 한 명은 프랑스인"이라고 덧붙였다). 실제로 포각스와 그의 반대자들은 환경을 보호한다는 신념을 공유하고 있었다. 다만 그들은 환경보호주의가 구체적으로 무엇을 의미하는가에 대해서는 깊이 파고들지 않았다. 어느 순간 신농본주의자 중 한 명이 잠시 헷갈렸는지 포각스와 포스트가 다른 인물이라는 것을 잊고는 '안드라스의 햄버거'에 대해 말하기 시작했다. 그러나 두 번째 토론 참석자들의 이야기에서 공통된 내용은 배양고기가 우리의 환경 문제, 식량 안보 문제, 동물 복지 문제의 해결책이 아니라는 것이었다. 그들은 생태친화적이고 상대적으로 더 인간적인, 신농본주의자들이 추앙하는 소규모 사육 방식이 더 나은 해결책이라고 주장했다. 대량생산이라는 문제, 그리고 허기진 지구를 먹이는 문제는 예고도 없이 사라져버렸다. 소규모 자영농의 이익을 대변하는 한 토론자는 배양고기가 농부에게 거의 내지는 전혀 힘이 되지 않는다고 불평했다. 배양고기 운동을 관찰하고 연구하는 동안 반反농업 정서는 거의 내지는 전혀 접해본 적이 없지만, 대다수 배양고기 연구가 지역 생산자보다는 도시 소비자의 관점에서 음식 생산 문제를 다루는 것은 사실이다. 다른 사람들은 모두 더 나은 미래를 향해 달려가는데, 자신과 자신의 기술과 자신이 아는 세상이 점점 티끌이 되어 날아가버리는 서사를 마음에 들어 할 사람은 아무도 없다.

마이크라는 이름의 요리사가 포각스에게 물었다. "당신은 누구의 돈이건 돈이라면 마다하지 않죠?" 마이크는 포각스가 대형 농업회사가 흔들어 보이는 돈의 유혹에 빠졌다고 확신하는 듯했다. 포각스는 모던메도의 투자자들은 대부분 대형 농업회사 대표가 아닌 투기성 벤처 투자자라고 주장했다. 포각스가 굳이 자세히 설명하지는 않았지만, 실제로 모던메도는 동물 생산물 회사라기보다 소규모 테크 기업에 가깝다. 모던메도는 자사가 스미스필드와 타이슨 등의 거대 식육업체에 팔리는 것을 원하지 않는다. 포각스의 아버지 가보 포각스도 청중석에 앉아 있다. 그는 모던메도가 소규모 자영농의 적인 대형 농업회사의 편이 아니며, 전통적 농업 방식을 말살하려는 것도 아니라는 점을 분명히 알리려고 이미 노력했다. 더 나아가 가보는 이러나저러나 개발 가능한 기술은 개발될 것이고, 좋은 형태로도 나쁜 형태로도 구현될 것이라고 주장했다. 실험실 고기는 수제 방식과 공장식 방식이라는 양쪽 방식

모두로 개발될 가능성이 높다.

과학적이기보다 도덕적인 논쟁

마이크의 질문은 이날 토론에서 벌어지고 있는 음식/과학 구별 짓기의 정확한 의미를 파악하는 데 도움이 된다. 실제로는 과학 자체가 문제가 아니라, 산업화된 대형 자본주의 농업회사가 문제인 것이다. 이 행사장에 모인 모든 사람은 아무리 못마땅하더라도 쟁기부터 세심하게 교배된(또는 유전자조작을 거친) 종자에 이르기까지 농업의 역사가 우리가 '기술적인 것'이라고 묘사 또는 지칭할 수밖에 없는 것들로 가득하다는 것을 인정할 수밖에 없다. 게다가 우리는 누구나 식물 육종의 기술적 속성과 식물 유전자조작의 기술적 속성이 다르다는 것을 알 수 있다. 더 나아가 비록 내키지는 않더라도 누구나 미국 정부의 규제 체제 내에서 생산·판매·구매되고 정부 당국의 건강 및 안전 관련 기준을 적용받는 모든 식품은, 과학자들이 그런 식품이 따르는 기준을 설정하는 데 참여했다는 점에서 느슨한 의미로 '과학적'이라는 점에 동의할 것이다. 그러나 그런 동의를 발판 삼아 이 자리에 모인 신농본주의자들로 하여금 배양고기가 좋은 아이디어일 수도 있다는 데 동의하도록 설득할 수는 없을 것이다. 이 자리에 모인 토론자들은 사실 천연성을 정의하는 밑작업에는 아무 관심이 없다고 해야 할 것이다. 이들의 주장은 산업, 대량생산, 상업적 거래에 초점을 맞추고 있다. 배양고기는 기존의 식량 생산 기술과 완전히 다른 유형, 생산의 도덕적 생태계와는 완전히 단절된 유형의 식량 생산

기술이다.

나는 행사장 뒤쪽 맥주 탁자 옆에 서서 마지막 토론자들을 지켜보며 이 모든 것에 대해 곰곰이 생각한다. 요리사들이 무대를 장악했고, 공기는 분량을 채우기 위한 사소한 코멘트로 가득했다. 모두가 서로의 말을 끊고 끼어들면서 자신의 생각을 욱여넣기 시작했다. "어차피 우리는 고기를 너무 많이 먹어요." "거대 기업도 윤리적일 수 있답니다." "만약 배양고기가 상용화된다면 그건 맥도날드 같은 곳에서일 거예요." "왜 벤처 투자자들은 농지 재생에 투자하지 않죠?" "왜냐하면 그건 돈이 안 되니까요!" 포각스는 배양고기를 만드는 일과 액젓 등 전통적 발효 방식 사이에 직접적 유사성이 있다고 설명하기 시작한다. 청중석에 있던 한 음식저술가가 그건 사기라고 외친다. 로마의 액젓이나 베트남의 액젓이 담긴 항아리가 세균배양이 일어나는 생물반응장치라고 아무리 주장해도, 그런 항아리에서 일어나는 발효 작용은 실험실에서 고기를 키우는 데 사용하는 세포배양 기술과는 다른 유형의 생물학 공정이라는 것이다. 포각스는 여기저기서 무차별 폭격을 받고 있지만 비교적 침착함을 유지한다. 현재로서 포각스가 할 수 있는 일이라고는 식품 생명공학이 사탄의 기술이라고 주장하는 대다수 청중을 상대로 모던메도의 악마 이미지를 조금이나마 벗겨내는 것이 전부였다.

신농본주의 연사 중 한 명이 농업을 풍요의 한 형태로 묘사한다. 우리는 언젠가 죽지만 농업과 식생활 습관은 계속 이어지고, 그래서 우리가 그것을 올바른 방식으로 수행하고 물려주는 것이 중요하다고 그는 말한다. 무대 위 토론자들은 서로 자녀가 있는지 묻기 시작한다. 신농본주의자(기분이 언짢아질 때면 러다이트주의자라고 부르는 나쁜 습관이 도진다)는 세대교체를 포함해 자연과 조화를 이루는 농업 생활의 미덕을 찬양한다. 토론자 한 명은 부모가 되면 인생에서 무엇이 중요한지 진정으로 깨닫게 된다고 말한다. 나는 토론자들에서 홀스티의 "인생은 짧다" 포스터로 시선을 돌렸다가 다시 토론자들을 바라본다. 내 뇌의 일부는 지크문트 프로이트의 용어 '중층결정'에 닿아 있다. 이 용어의 전문적 의미는 (프로이트의 『꿈의 해석』에서는) 특정 꿈 이미지는 환자가 깨어 있을 때의 삶의 여러 조각들을 원재료로 삼기 때문에 꿈을 해석하기가 복잡해진다는 것을 의미한다. 그러나 일상에서 가장 흔히 활용되는 구문적 의미는 그것과 다르다. 때로는 너무나 당연해서 더 미묘한, 아마도 더 중요한 의미를 가리는 것을 뜻한다. 나는 홀스티의 신호체계가 우리를 혼란에 빠뜨리고 있는 것은 아닌지 고민할 수밖에 없었다. 분명한 것은, 아마도 이날 저녁 행사에서만이 아니라, 어떤 음식의 천연성에 관한 논쟁은 과학적 논쟁이라기보다 도덕적 논쟁이라는 사실이다. 이 사실은 음식의 미래에 관해 이야기할 때 적용할 수 있는 공통된, 그리고 모호하지 않은 언어를 찾는 이들에게 아주 중요한 시사점을 제공한다. 우리의 어휘가 최신 과학 발견보다는 우리의 가치에 초점을 맞춰야 한다는 것, 기술적descriptive이기보다는 규범적prescriptive이어야 한다는 것을 보여준다. 로던의 지적대로 산업화된 근대적 식품체계에 효과적으로 '기생한' 요리 러다이트 운동은 도덕적 생태계라는 유령을 투사하고 그 숙주가 투사된 이미지보다 열등하다고 믿는다. 그리고 그 와중에 한편에서는 산업화된 생산이 그와 대비되는 장인식 수제 생산을 압도해버린다.[16] 거와너스의 탈산업화적 위치는 이런 현상을 고찰할 수 있는 완벽한 전망대를 제공한다. 음식의 수제 생산자와 판매자는 그들이 결코 경쟁할 수 없는 무언가의 그림자 속에서 활동하고 있다. 거와너스의 모든 것이 산업화에 대한 헌사나 다름없다. 어떤 각도에서 보면 추한 헌사일지라도. 산업화는 우리의 생활수준을 급격히 향상시켰지만, 그 방식이 땅과 물이 영원히 지원할 수는 없는 방식이었다.

오늘 밤 거와너스에서는 현재의 공장식 농업을 개혁해야 한다는 필요성에 대해 이견이 없다. 마침내 청중은 부슬부슬 내리는 빗속으로 흩어진다. 우리는 여전히 그 개혁이 상상된 과거의 자원을 활용해야 하는지, 아니면 상상된 미래의 자원을 활용해야 하는지를 두고 첨예하게 대립하고 있다. 그로부터 얼마 지나지 않아 모던메도는 사업의 주요 방향을 바꿀 것이다. 배양고기 연구는 중단하고, 조직배양 기술로 가죽을 만드는 프로젝트에 집중하며 패션 및 디자인 부문에서 바이오가공 물질이 지닌 잠재력에 투자할 것이다. 2017년 뉴욕 현대미술관MoMA은 모던메도에서 주문 제작한 티셔츠를 확보할 것이다. 모던메도의 제작부 부장 수전 리 Suzanne Lee는 이 티셔츠를 '만약 ~라면'이라는 질문에 대한 답이라고 설명할 것이다. '액체 형태의 물질에서 시작한다면 의류를 어떻게 다시 상상할 수 있을까?' 모던메도는 지금도 비동물 대체 추출물에서 동물 생산물과 동일한 제품을 만들어내는 것이 목표일 것이다. 특히 동물의 몸에서 보통 풀 같은 역할을 하는 세포외 재료인 콜라겐을 만드는 새로운 방법을 찾고 있을 것이다. 만약 액상의 바이오가죽을 대량생산하고, 그래서 결국 동물 가죽의 대체품을 만들어낼 수 있다면 그야말로 재료 혁명이라 할 만하고, 아마도 배양고기보다는 논란이 덜한 혁명일 것이다. 옷의 천연성은 배양고기의 천연성보다 갈등의 소지가 덜한 쟁점이므로.

모방

고기의 아우라와 미메시스

합성수지 보존 처리되어 부르하버박물관에 전시된 작은 원반 모양의 햄버거 패티를 떠올린다. 마크 포스트가 배양고기 시연회에서 요리한 햄버거 패티의 창백한 쌍둥이다. 자신의 쌍둥이와 마찬가지로 그 햄버거 패티도 기존의 전통적인 햄버거 패티를 모방했다. 그러나 모방이나 복제라는 말은 신중하게 써야 한다. 은연중에 가짜라는 의미를 덧붙이고 싶지 않다. 조직을 형성하기 위한 세포의 대사와 분열 및 결합이 소의 몸체 안에서가 아니라 생물반응장치 안에서 일어난다고 해서, 그런 활동이 덜 진짜가 되는 것일까? 당신이 '진짜' 고기라고 말할 때 무엇을 의미하는지에 따라 답이 달라지는 문제다. 진짜라는 속성은 당신이 소화하는 것의 속성인가? 염색체의 유사성에서 나오는 속성인가? 풀을 먹여서 얻은 고기의 테루아가 만들어내는 속성인가? 그것도 아니면 아직 명명되지 않은 다른 어떤 신체적 특징에 관한 원칙에 의해 규정되는 것인가? 그런데 어떤 의미에서는 체외배양 햄버거가 모조품인 것은 확실하다. 왜냐하면 배양고기는 우리가 익숙한 고기의 형태를 모방한 것, 단어 선택이 조심스럽지만 '원본'과 아주 조금 다른 특성을 지닌 새로운 재료로 만들어낸 것이기 때문이다.

미메시스mimesis('흉내 내는 자'를 의미하는 그리스어 미모스mimos에서 유래했다)는 배양고기의 생산과 홍보의 핵심으로 부상했고, 대량생산하기만큼이나 중요하다. 2017년에 발표된 배양 닭고기 홍보 영상은 포스트가 2013년 시연회에서 보여준 홍보 영상과 사뭇 달랐다. 이 영상은 닭의 깃털을 그리는 화가의 모습을 재차 보여준다. 손에 연필이 들려 있고, 종이 위에 남겨진 흑연 자국은 아름답고 깔끔하다. 이런 장면을 보여준다는 것이 내게는 아주 뜻밖의 선택으로 느껴진다. 시청자로 하여금 기계나 전기신호를 이용한 완벽해 보이는 복사본과 불완전해 보이는 수기 재현본의 차이를 인식하게 만든다. 아마도 우리가 음식을 수제 생산하는 방식을 떠올릴 것이라고 기대하였거나, 아니면 그 손이 그린 그림은 공장을 감춘 무화과 잎인지도 모른다. 에밀리 디킨슨의 시 「희망이란 깃털 달린 것」Hope is the thing with feathers을 인용하고 싶은 유혹을 느끼지만, 세포배양 닭고기는 깃털 없이 키워질 것이 분명해 보인다.

포스트가 지향하는 배양고기는 미메시스를 전제로 한다. 배양고기 햄버거의 두께, 식감, 가격이 기존의 햄버거와 동일해야만 소비자가 배양고기 햄버거를 선택할 것이라고 그는 주장한다. 기존 상품에 비해 다소 비싼 가격을 책정하되 윤리적 상품이라는 점을 강조하면서 판매하는 사례(공정무역 커피나 방목 닭고기 등)도 있지만, 포스트는 소비자의 이타성에 지나치게 기대고 싶어 하지 않는다. 그는 소비자가 이미 선호하는 식단을 계속 유지할 수 있을 때에만 윤리적 선택을 할 것이라는 입장이다.

독일의 유대계 문학평론가 발터 벤야민은 1936년에 발표한 유명 에세이 「기술복제시대의 예술작품」에서, 20세기 초반에 대량으로 재생산된 예술작품에 집착한다.[1] 미술관에 걸린 그림처럼 기존에는 제의적 거리를 유지하면서 경험해야 했던 독창적 예술작품이 지닌 '아우라'라는 특징이 어느 순간 사라졌다. 관객이 그런 작품을 엽서로도 찬찬히 들여다볼 수 있게 되었기 때문이다. 미술관에 직접 방문해야 하는 절차를 면제받은 사람들은 그런 예술작품의 이미지를 만지고, 빛에 비춰 보고, 탁자에 쌓아둘 수 있게 되었다. 그러나 복제로 잃는 것도 있었다. 문화역사가 힐렐 슈워츠는 벤야민의 통찰에 이렇게 주석을 단다. "기술복제시대에 시드는 것은 예술작품에 우연히 깃든 아우라가 아니라, 우리 자신의 원기元氣에 대한 확신이다." 원본에서 무언가를 잃었다는 것은 문제가 되지 않는다. 그렇다 하더라도 미술관의 예술작품이건 건축가 지망생들이 연구하는 그런 부류의 유명하고 중요한 건물이건 우리는 그 예술작품을 여전히 찾아가고 감상할 수 있으니까. 복제품의 문제는 그것이 우리로 하여금 자신의 원기와 고유성 자체를 의심하고 불안감을 느끼게 만든다는 것이다. 우리는 원기와 고유성을 소유하고 있는가? 원기와 고유성이라는 것이 존재하기는 하는 걸까? 승화의 대상은 물리적 예술작품 자체가 아니다. 우리는 현재 고정된 형체가 있는 물체와 그 물체의 미래인 기체의 차이를 알 수 있다는 확신을 잃는다.

　이런 논리 전개에 당연히 제기될 반박은, 햄버거 패티와 벤야민이 언급한 부류의 예술작품은 완전히 다른 것이라는 주장이다. 하나는 음식이고, 다른 하나는 적어도 벤야민의 설명에 따르면 경험이라는 것 자체를 할 수 있는 우리의 능력, 그리고 경험(자연물과 달리)을 복제하는 것이 가능한가라는 문제와 연결되어 있다.[2] 게다가 햄버거는 이미 대량으로 존재하며, 실질적으로는 서로의 복제품이라고 할 수 있다. 이런 경우에 아우라라는 개념을 적용할 수 있기는 할까? 그러나 벤야민이 시인 샤를 보들레르를 다룬 다른 에세이에서 아우라에 대해 말한 내용을 생각해보자. 아우라가 깃든 물건에 투자하는 것은 "역으로 그 물건에 우리를 바라볼 수 있는 능력을 부여하는 것을 의미한다."[3] 이때 지나치게 문자에 얽매이지 않는 것이 이해에 도움이 된다. 우리의 예술작품(또는 우리의 음식)이 우리를 탐색하는 장면을 상상하는 것은, 실제로는 미학적 감상의 순간을 다른 각도에서 바라보는 것을 의미한다. 그리고 그 결과 우리의 예술작품 경험이 두터워진다. 복제가 아우라를 부패시킨다면, 그래서 예술작품을 감상하는 순간 또는 음식을 먹는 순간의 '원기'에 의문을 제기하게 만든다면, 우리는 벤야민이 복제된 음식을 어떻게 평가했을지에 관한 단서를 얻을 수 있다. 1986년 이탈리아 농부 카를로 페트리니가 시작한 슬로푸드 운동을 벤야민의 관점에서 이해하기는 어렵지 않다. 그것은 다시 한번 음식에 '아우라'가 깃들게 만들려는 시도이다. 음식 숭배를 부활시키려는 것이다. 1986년 로마에 첫 맥도날드 지점이 문을 열었을 때, '즐거움을 누릴 권리'에 대해 이야기한 페트리니는 패스트푸드 체인점 진출에 반대하는 시위에 참여해 시위대에게 펜네 파스타를 나눠 줬다. 슬로푸드 운동 지지자들은 파스타 한 접시가 햄버거 100개보다 낫다는 표현을 즐겨 썼다. 이 문구는 동일한 햄버거가 대량으로 제조된다는 사실과 햄버거가 근본이 없는 음식이라는 사실(햄버거는 글로벌한 음식이면서 또한 미국적인 음식이며, 이것이 햄버거의 모순된 속성이다)에 반발하는 이탈리아의 지역주의를 아주 깔끔하게 정리한다. 슬로푸드의 원칙에 따라 요리하는 사람들은 기계보다 수작업을, 그리고 불완전한 수작업 결과물의 고유성을 선호하는 경향이 있다.[4] 레이철 로던은 페트리니의 주장에 아주 중요한 응수를 내놓는다. 로던은 페트리니가 펜네 파스타를 가져왔을 당시에는 "패스트푸드 식당이" 로마에서 이미 "카이사르 시절로 거슬러 올라가는" 오래된 전통이었다고 지적한다. 패스트푸드 식당, 즉 노점상은 값싸고 빠르게 조리되는 튀김 음식을 제공했다. 이탈리아의 유명한 로마 도넛도 그런 음식에 포함된다. 튀김은 집에서 하기 어려운 음식이었기 때문에 전문점에 맡기는 게 나았던 것이다.[5]

가설로만 존재하고 이론적으로 음식의 산업화와 함께 사라진 음식의 아우라를 복구하는 것은 배양고기 프로젝트 실무자들의 주된 관심사가 아니다. '진정한' 햄버거를 요구하는 것은 모방하기와 대량생산하기에 관한 대화에서는 큰 의미가 없다. 배양고기 프로젝트 관여자들이 가장 대체하고 싶어 하는 고기의 형태(대표적으로 패스트푸드점 햄버거)가 통상적으로 '진정성'이라는 측면에서 높은 평점을 받는 것도 아니다. 미메시스의 문제는 기술적 문제이면서도 전략적 문제다. 어떻게 하면 스테이크나 닭고기의 맛을 거의 정확하게 재현하는 데 최적인 근육조직의 형상을 만들어내고 지방을 최적의 비율로 더할 것인가라는 측면에서는 기술적 문제이고, 배양고기가 소비자의 마음을 얻으려면 어떤 유형의 고기로 제공되어야 하는가라는 측면에서 전략적 문제이다. 이런 의미에서 포스트가 시연용 배양고기로 햄버거 패티를 만들기로 결정한 것은 전략적 선택이었다. 배양고기 소시지를 만들었다면 배양고기 햄버거만큼 국제적인 주목을 받을 수 없었을 것이다. 포스트가 햄버거를 만들기로 선택한 것이 옳은 결정이었듯이 배양고기에서 미메시스가 중요하다는 그의 판단이 옳은 결정이라고 볼 근거는 충분하다.

그러나 배양고기의 미래를 위해서 미메시스가 아무리 중요하다고 해도 이것은 여전히 곁가지와 도전 과제에 둘러싸인, 확정되지 않은 유동적 질문이다. 앞서 말했듯이 미메시스와 관련된 도전 과제는 기술적인 것이다. 우리가 고기라고 부르는 동물의 근육과 지방을 복제하는 것은 초창기에 제시된 것보다 훨씬 더 어려운 작업임이 밝혀졌다. 여기서 곁가지란(나는 비난이 아닌 긍정적인 뜻으로 이 단어를 쓰고 있다) 인간의 발명과 놀이 충동을 의미한다. 우리가 근육과 지방과 기타 세포들로 요리의 원재료들을 만들어낼 수 있다면 굳이 기존 식재료의 형태에 얽매일 필요가 있을까? 블록 모양의 닭고기, 종이처럼 얇은 골수, 완벽한 공 모양의 돼지고기, 삼각뿔 모양의 연어로 요리하는 법을 배우면 어떨까? 물론 비건 고기라는 대체제가 이미 수년간 세계 여러 나라의 시장에서 유통되었으며, 비건 고기는 기존의 고기 형태, 그중에서도 특히 햄버거와 소시지의 형태를 매우 엄격하게 지키고 있다고 주장할 수도 있다. 조직식물단백질(곧 콩고기)을 왜 십이면체의 형태로 만들어 유통시키지 않는지 묻는 사람은 아무도 없다. 그런데 배양고기의 경우에는 실험실에서 고기를 배양한다는 사실 자체가 충격적인 아이디어이다 보니, 고기를 완벽하게 배양하기 위한 기술적 어려움이 더해져 다양한 대안들을 제안하게 만드는 영감으로 작용했다. 자연의 살이 자연이 부여한 형태를 깨뜨리겠다고 위협하는, 또는 보는 관점에 따라서는 약속하는 현상이 나타난 것이다. 누군가는 시스루 초밥을 만들 수 있는 투명한 생선 근육을 키우는 꿈을 꾼다. 누군가는 잭프루트*로 고정 구조물을 만들어

---

* 과육과 종자를 모두 먹을 수 있는 열대 과일로, 과일 가운데 가장 크다.

그 구조물에 칠면조의 세포를 부착해서 키우는 합성 너깃 제품 출시를 꿈꾼다. 체내에서 키운 고기와 체외에서 키운 고기가 생물학적으로 동일하다는 관념을 토대로 미메시스라는 서사가 배양고기 연구를 전진하게 만들고는 있지만, 그럼에도 불구하고 배양고기는 여전히 자연의 형태를 모방한다는 것과 자연의 형태를 깨뜨린다는 것이 무엇을 의미하는가에 관한 문제를 제기한다.[6]

모방과 창조

복제, 모방, 배증倍增에는 다양한 버전이 있다. 의도한 것도 있고 (이를테면 초등학교 과학전람회용 드라이아이스 화산 작품), 의도하지 않은 것도 있다(이를테면 쌍둥이 출산).[7] 철학에서 다루는 모방에서 살펴보자면, 플라톤의『국가론』에서는 미메시스가 혹평을 받는다.『국가론』제10권에서는 일반적으로 재현 예술을 비판하는 주장들이 나온다. 재현 예술은 자연을 모방한다는 점에서 자연과 무관한 철저한 창작 예술에 비해 그 존재 자체가 열등하다는 것이 그 이유다.『국가론』에서 미메시스의 대안으로 추앙받는 것은 메텍시스methexis다. 미메시스가 이상적 형태인 이데아가 아닌 현상적 사물의 결함을 소환하는 반면, 메텍시스는(플라톤이 제시한 예에 따르면 탁자를 만드는 행위 등을 통해) 개물 그 자체와 직접 교감하는 접근법이다. 미메시스에 대한 이런 비판을 정교하게 되살린 논리로는 영지주의靈智主義적 우주론이 있다. 영지주의적 우주론은 데미우르고스˙ 중 특히 눈먼 바보인 얄다바오트Ialdabaoth라는 데미우르고스가 세상을 창조했으며, 얄다바오트가 실재 세계의 완벽한 이데아를 현실 세계에서 제대로 구현하지 못하는 바람에 그 형상이 왜곡되고 말았다고 주장한다. 그런데 배양고기에서 뼈에 가장 가까운 곳으로부터 이루어지는 복제는 세포 복제이고, 이 세포 복제에 배양고기 기술 산업 전체의 운명이 달려 있다. 배양조직은 세포 복제를 통해 자라는데, 세포배양 실험에서는 세포를 의인화해 표현하는 경향이 있고, 이때 쓰는 표현이 세포가 분열하고 성장하길 "원한다"는 것이다. 그러나 배양고기만큼 자연적 성장 과정을 조직의 최종 형태와 무관한 것으로 만드는 것도 없다. 배양고기 제품의 최종 형태는 세포를 처음 생검한 동물의 몸을 닮을 필요가 없기 때문이다. 아마도 이런 가소성可塑性이 유명 인사의 세포로 고기를 만들자거나 본인의 살을 배양해 먹자는 등의 천박한 농담이 나오는 이유인지도 모른다. 그리고 이런 농담들은 누구나 예상할 수 있듯 인터넷에서 쉽게 찾을 수 있다. 배양고기의 유연성이 서늘한 불편함을 낳는 것이다.

모방이 완전히 새로운 것의 창조로 넘어가면 더 의미가 있을까? 정신사학자 한스 블루멘베르크는 1957년에 발표한 에세이 「자연의 모방: 창조적 존재라는 관념의 기원을 향해」에서, 유구한 유럽사를 배경으로 이 질문을 탐구한다.[8] 그는 새로운 것 만들기를 대하는 근대주의적 태도는, 인간 인공물의 본질과 의미가 일련의 변화를 겪으면서 형성되었다고 말한다. 블루멘베르크가 말하

* 플라톤의 우주생성론에서 처음 등장한 창조신. 세계를 무無에서 창조했다는 기독교의 전능한 신과는 달리, 데미우르고스는 이미 주어진 표준(이데아)과 재료(장소)로 세계를 창조했다고 한다.

는 근대주의적 태도는 새로운 창작물에 대한 우리의 열광과, 우리가 만들어낸 피조물과 살아가려고 노력하는 과정에서 종종 겪는 정당성 위기, 두 가지 모두를 가리킨다. 넓은 의미에서 '만들기'에 해당하는 기술은 자연의 과정을 모방하는 것에서 출발하지만 최종적으로는 자연 모델에서 분리된 자유로운 창작 시도로 이행한다. 블루멘베르크가 제시하는 이야기는 물론 철학적 조감도이기는 하지만, 모든 기술을 자연 과정의 모방 내지는 확장으로 이해한 일종의 아리스토텔레스주의적 정원에서 시작한다. 이 정원에서는 모방이 형태나 기능의 복제에 머물지 않는다. 모방은 자연 질서 내에서 그 나름의 자리도 확보한다. 블루멘베르크의 이야기는 기술의 경험 밑바탕에 우리 인간 스스로 창조주의 지위로 올라섰다는 깊은 불안감이 깔려 있는 근대 시대에 들어서면서 끝이 난다. 힘에 취한 우리는 숙취를 느끼지만, 이 숙취는 사실 근대적이되면서 우리가 벗어난 이전 세계의 우주론적 역학에서 비롯된 것이다. 이 모든 이야기에는 보충 설명이 필요하다.

블루멘베르크는 니콜라우스 폰 쿠스의 1450년판 『세 개의 대화』에 등장하는 주요 대화 참여자 중 한 명인 숟가락 장인을 묘사하면서 자신의 에세이를 시작한다. 니콜라우스 폰 쿠스의 책에 등장하는 숟가락 장인은 창작 능력이 워낙 뛰어나서, 숟가락을 만들 때 그 어떤 자연의 형태도 참고하지 않았다. 대신 최종적으로 오직 인간의 머릿속에서만 존재하는, 인간이 생각해낸 도구 아이디어만을 참고했다. 그렇게 숟가락 장인은 신적 존재의 즉흥적 창조력을 모방한다. 블루멘베르크가 보기에 근대성은 자연 모방에 대한 인간의 반발과 인간 스스로 유효한 창조물을 만들어내는 창조주가 되고 싶은 욕망으로 규정할 수 있다. 그러나 인간은 스스로 창조주가 됨으로써 '근본 없는' 존재로 지내기로 한 선택에 따른 대가를 치른다. 왜냐하면 미메시스는 언제나 그 무엇보다도 세계와의 연결 내지는 교감을 위한 것이었기 때문이다. 비록 영어의 접두사 '에코'eco-가 그리스어 오이코스oikos(집 또는 가정)에서 유래했다고는 하지만, 그 세계는 지극히 근대적인 용어인 '생태계'ecosystem로는 완전하게 포착할 수 없는 세계다. 우리는 미메시스에 반기를 들기는 했지만 그런 선택이 마냥 마음 편하지만은 않다. 니콜라우스 폰 쿠스 이전에 철학적 골칫거리 중 하나는, 기존에는 넓은 의미로 아리스토텔레스주의가 지배했고 미메시스의 가치에 대해서는 순순히 받아들이거나 무심했던 공예와 창작의 영역에 미메시스보다는 메텍시스, 즉 개물과 그 개물과 연결된 이데아의 관계에 더 큰 가치를 부여하는 플라톤주의가 침투했다는 것이었다.[9] 달리 말해 플라톤주의로 인해 만들기라는 영역에 이전에는 존재하지 않았던 위계질서가 도입되었고, 이 위계질서는 모방을 통해 금세 신앙적 의미의 반역으로 변환되었다. 즉 여기서 말하는 반역에는 단순히 자연만이 아니라 신에 대한 반역도 포함된다. 블루멘베르크는 이렇게 주장한다. 우리 근대인은 현재 테크네techne[흔히 '(공예)기술'craft로 번역된다]를 형이상학적 사건으로, 완전히 새로운 것은 형이상학적 필요로 경험한다. 이런 주장은 기술공학자들이 느끼는 충동과도 상당 부분 연관성이 있다. 그러나 우리의 필요 그 자체와 그런 필요의 적절성에 대해서는 여전히 물음표가 따라온다. 호모이오시스 테오이$^{homoiosis\ theoi}$, 즉 신을 닮고자 하는 욕망은 매력적이지만 그런 욕망을 계속 품고 살아가기는 쉽지 않다. 문명의 불균형과 기술에 관한 이야기는 그동안 자주, 정치적으로 다양한 방식으로 굴절되어 전해졌다. 블루멘베르크가 그 이야기에 더한 내용은 우리의 창조물이 세상과 우리 인간의 몸과 마음에 미치는 영향도 문제지만, 창조물 자체의 속성 또한 문제라는 사실이다.

블루멘베르크가 설명한 세계에서 배양고기는 흥미롭게도 중도적 위치에 놓이게 된다. 세포와 근육을 발달시키는 자연 과정을 자연이 허용하는 범위 밖으로 '확장'한다는 점에서, 기술에 대한 아리스토텔레스주의적 접근법에 부합하는 것처럼 보인다. 그러나 또한 배양고기가 살이 완전히 새로운 형태를 취할 수 있는 기회를 제공한다는 것이 너무나 확실한 나머지, 기존의 익숙한 형태를 아주 철저하게 따라야만 자연 모방의 패러다임 내에 머물 수 있다. 배양고기 생산을 위한 연구와 실험을 하는 많은 과학자가 자신들이 키우는 근육세포를 동물의 몸 내부에서 자라는 근육세포와 동일한 것으로 간주한다. 그러나 실험실에서 세포의 성장과 건강을 증진할 수 있는 환경적 조건을 찾기란 결코 쉽지 않고, 그래서 그들은 그런 조건을 찾기 위해 엄청난 노력을 들여야 한다는 사실만으로도, 현재 배양고기가 미메시스로부터 얼마나 멀리 떨어져 있는지를 예리하게 느낄 수밖에 없다. 그들은 현재로서는 그리고 아마 앞으로도 영원히 배양고기가 실험실에서가 아니라 오로지 최종 형태를 달성했을 때만 모방 효과를 낼 수 있으리라는 것을 잘 안다. 배양고기 지지자들 다수의 주장과는 달리, 배양고기 생산은 고기를 '동물 체내 대신 실험실에서 키우기'라고 할 수 없다. 그 두 경우에서 '키우기'는 각기 다른 것을 의미하기 때문이다. 내가 이야기를 나눈 과학자와 공학자는 스스로를 아리스토텔레스주의자라고 여기지는 않겠지만, 그들은 생명공학으로 인해 나투라 나투란스natura naturans(즉 산출하는 과정으로서의 자연을 뜻하는 능산적 자연계)와 나투라 나투라타natura naturata(즉 특정 모양들의 집합으로서의 자연을 뜻하는 소산적 자연계)의 핵심 차이점이 노출되었다는 말을 들어도 놀라지 않았을 것이다.[10]

배양고기의 경우 모방이 필수 조건이라는 점은 앞서 살펴본 철학적 역학관계 전체를 햄버거 패티라는 모양 속에 욱여넣어야 한다는 것을 의미한다. 배양고기가 그 모양 틀을 충분히 뛰어넘을 수 있는데도 말이다. 아리스토텔레스는 자연 모방을 관계와 교감의 원칙으로 여겼다. 왜냐하면 자연을 모방해 무언가를 만드는 인간의 손은 인류의 등장 이전에 존재한 선례를 참고하는 것이었고, 인간이 자연에 의존한다는 사실을 상기시켰기 때문이다. 21세기 초의 조직배양과 조직공학에서는 그런 의존성이 미미한 것이 되었고, 인류의 존재감은 더욱 뚜렷해졌다. 1957년 에세이에서 블루멘베르크는 우리 근대인에게 온전한 창작보다는 미메시스와 미메시스를 통해 느끼게 되는 유대감이 더 도움이 될 것이라고 주장하지 않았다. 또한 우리가 넓게는 테크네의 역사 내지 좁게는 기술의 역사를 아리스토텔레스의 사상을 중심으로 풀어나가야 한다고 주장하지도 않았다. 다만 그는 유기물이건 인공물이건 키워진 것이건 만들어진 것이건 현실을 정당한 것으로 받아들이고, 다음으로 손에 넣어야만 하는 도구나 장난감을 강박적으로 찾는 데 집착하지 않아도 인간에게 창작의 자유가 있다는 사실을 인지할 수 있는 능력이 우리 인간에게 있다고 확신했다. 블루멘베르크는 인간이 지력과 창작력으로 인해 너무 심한 고뇌에 빠지지 않기를 바랐다.

배양고기 실험실에서 일하는 내 대화 상대자들은 딱히 고뇌에 빠진 것 같지는 않다. 적어도 모방과 창작의 차이점을 두고 고뇌하는 것처럼 보이지는 않는다. 조직배양 작업에서 능산적 자연계natura naturans와 소산적 자연계natura naturata 간 간극은 대체로 새로운 가능성으로 통하는 문을 여는 역할을 했다. 모방을 위한 기술은 (모방에 성공한다는 전제하에) 필연적으로 모방을 넘어서는 무언가로 이어질 것이고, 결국에는 블루멘베르크가 종교와는 무관한 인간의 영혼에 해당하는 곳에 존재한다고 말하는 원 창조물에 도전장을 내밀게 될 것이다. 그렇다면 우리는 이런 질문을 던지게 된다. 우리가 실험실에서 고기를 창조하게 되었을 때, 그 창조물은 우리 인간과 우리의 식욕에 대해 어떤 이야기를 들려주게 될까?

철학자들

나는 채식주의자입니다, 공리주의자이기 때문이죠

"저기요, 여러분은 지금 피터 싱어가 참가한 토론회의 논점을 흐리고 있다고요!" 철학자 피터 싱어가 자타 공인 전문가로 꼽히는 동물의 고통을 주제로 한 철학 좌담회를 동물보호 운동가들이 방해하는 기이한 현상을 목격하고 있다. 2014년 10월 나는 뉴욕시 로어이스트사이드에 있는 매니캔터커뮤니티센터 Manny Cantor Community Center에서 열린 단백질의 미래에 관한 좌담회에 참가했다. 그런데 질의응답 시간이 되자 토론의 장場이 어느 순간 눈이 펑펑 도는 대활극의 무대가 되어버렸다. 식음료박물관Museum of Food and Drink, MOFAD이라는 단체에서 뉴하비스트의 이샤 다타와 고유 재래종 고기 유통업체인 헤리티지푸드USAHeritage Foods USA의 대표이자 마이크 에디슨과 함께 『육식동물 성명서』를 공저한 패트릭 마틴스가 참가하는 좌담회를 기획했다.[1] 좌담회의 연사 중에는 싱어 외에도 마크 부돌프손Mark Budolfson이라는 철학자가 한 명 더 있다. 싱어의 1975년 저작 『동물 해방』은 종종 동물권익보호 운동의 경전으로 불린다.[2] 오늘 좌담회의 사회자는 셰프이자 식음료 부문의 혁신 전문가인 데이브 아널드Dave Arnold다. 아널드는 요식업계의 비주류 취향 집단에서 유명한 인물이다. 아널드의 아주 짧고 대표적인 성과들만 나열하자면, MOFAD를 설립했고, 그에 앞서 칵테일 감정인들 사이에서 인기가 높은 술집 부커앤댁스Booker and Dax를 창업했다. 한때 철학을 전공하고 조각가로도 활동한 아널드는 최근에는 '시어잘'Searzall이라는 장비를 만들었다. 시어잘은 쉽게 말해 가정용 토치 끝에 부착하는 철망으로, 이것을 달면 음식의 겉을 재빠르게 구웠을 때 깊은 풍미만 남기고 그 향에 탄내가 섞이는 것을 막아준다. 질의응답 시간에 훼방을 놓은 동물권익보호 운동가들에게 소리를 지르는 일은 아널드의 몫이 되었다.

2014년 현재 싱어의 『동물 해방』이 출간된 지 39년이 지났다. 내가 배양고기 운동을 주제로 현장 연구를 진행하면서 이야기를 나눈 사람들 중에 철학적 소양이 있는 사람들 대다수의 견해는 싱어가 『동물 해방』에서 펼친 공리주의에 뿌리를 두고 있었다. 지금까지도 『동물 해방』은 화장품업계 및 기타 잡다한 산업과 연관된 동물 실험을 비롯해 인간의 식량 생산 체계와 의료 실험 체계에서 동물을 해방시키자는 진영이 내세우는 대표적 논거다. 이 책은 동물에 대한 사랑이 아니라, 동물의 권익을 옹호하게 만드는 철학적 신념에서 시작한다. "나는 채식주의자다"라고 싱어는 말한다. "나는 공리주의자이기 때문이다."³ 그렇다면 동물권익보호 운동가들은 왜 이 행사에서 시위를 벌이기로 결정했을까? "피터, 우리는 당신을 존경합니다. 당신을 사랑해요. 하지만 동물들이 살도록 내버려두자고 앞장서서 말하는 사람이 없잖아요." 운동가들을 대변해서 한 여성이 말한다. 의도한 것은 아니겠지만 그녀의 이 말은 동물의 고통에 접근하는 싱어의 관점과 동물보호 운동가의 관점의 차이를 보여준다. "살도록 내버려두자"라는 말은 동물이 온전한 개체로서 삶을 영위하도록 허락하는 것을 의미하는 듯하다. 그러나 이 구호는 그런 삶이 인간의 삶만큼 존중받아야 한다는 것 외에는 그 삶이 어떤 모습일지에 대해서조차 아무런 설명도 하지 않는다. 이와 대조적으로 싱어의 논리는 동물의 삶이 어떤 내재적 가치를 지닌다는 철학과는 거리가 멀다. 싱어에게 인간의 삶이건 동물의 삶이건 모든 삶은 항상 쾌락 또는 고통의 경험으로 그 윤곽이 형성된다. 내재적 가치라는 관념과 달리, 공리주의자가 세상을 더 나은 곳으로 만들 수 있다는 희망을 품고 측정할 수 있는 삶의 조건은 오직 쾌락 또는 고통이다. 인간의 경험에 민감한 철학자들은 공감과 감정이입 같은 감정적 반응을 비난하기를 꺼린다. 그

러나 싱어는 우리의 감정이 아닌 논리에서 출발해야 한다고 강조
한다.

동물이 느끼는 '고통'과 '만족'이라는 척도

컬렉티블리프리Collectively Free라는 단체 소속 운동가들은 소, 돼지,
바닷가재 등 인간이 먹는 동물의 사진을 붙인 피켓을 든다. 피켓
에는 "나는 살고 싶어요"라고 쓰여 있고, 운동가들의 외침은 질문
과 답변 형식으로 진행된다. "동물들도 살고 싶어 합니다. 당신이
살고 싶어 하는 것처럼요. 동물들이 살아가도록 내버려둬요."[4] 컬
렉티블리프리가 왜 이 좌담회를 훼방 놓기로 했는지는 여전히 수
수께끼다. 오늘 토론회 연사들은 동물의 대량 사육, 도축, 섭취를
옹호하는 괴물 같은 육식주의자와는 거리가 멀다. 패트릭 마틴스
는 육식의 일종을 옹호하기는 하지만, 마틴스가 국제 슬로푸드 운
동에 참여하기 위해 설립한 슬로푸드USA는 고기를 소량만 소비
하라고 권한다. 슬로푸드가 제시하는 복잡한 식단은 다음과 같이
간략하게 요약할 수 있을 것이다. 산업화된 농업을 이전으로 되돌
리고, 패스트푸드를 없애고, 전통과 공동체의 가치를 되살리자.
마틴스는 대량생산이 목표인 공장식 축산 문화에 반대한다. 그는
공장식 축산이 환경 폐기물과 불필요한 학대라는 엄청난 외부효
과를 낳는다고 지적한다. 마틴스는 이탈리아 농부(이탈리아가 산
업화하기 이전)의 선한 식습관을 찬양한다. 그는 과거 이탈리아
농부는 아마도 1온스(약 28.3그램) 정도의 다진 고기를 먹었을 것
이며, 그것도 소스의 재료로 아주 가끔씩만 먹었을 것이라고 말한

다. 따라서 마틴스의 말에 따르면 칠면조 한 마리로 마을 전체도 먹일 수 있었다. 그런 소량의 고기는 작은 농가에서 사육하는 가축으로 충분히 공급할 수 있으며, 이것이 환경적으로 더 지속 가능한 선택지라는 것이다. 육식을 지지하는 사람 중에 고기를 덜 먹으라고 하는 사람은 매우 드물지만, 마틴스는 그런 사람이다. 또한 그는 빈곤층에게 부유층이 먹는 고기보다 더 값이 싼 고기를 먹으라고 권하는 것은 아주 부끄러운 계급 편견을 보여준다고 기꺼이 말할 것이다. 그는 저렴한 고기를 시장에서 아예 없애야 한다고 생각한다. 누구나 더 질 좋은 고기를 비교적 적게 먹는 편을 택해야 한다고 믿는다.

이샤 다타 또한 개혁가다. 뉴하비스트의 대표로서 다타의 목표는 조직배양 기술을 적용한 동물 제품의 대체품 개발을 지원하는 것이다. 오늘 저녁 토론회에서 다타가 맡은 역할은, 동물이 고통받는 일이 없는 식량 생산 체계라는 비전에 대해 이야기하는 것이다. 다타가 뉴하비스트가 하는 일을 설명하는 동안, 나는 다타의 온건한 어조에 주목한다. 다타는 배양고기를 우리가 탐색하고 시간과 노력을 투자할 만한 가치가 충분한 전도유망한 기술로 제시하면서도, 개발이 완료된 기술이라거나 배양고기가 우리 식품 체계의 모든 문제점을 해결해줄 거라고 단언하지 않는다. 그런데 우연히도 오늘 행사에서는 세포농업이라는 새로운 가능성이 전통적 고기 생산 방식, 즉 동물 체내에서 고기를 생산하는 방식을 둘러싼 기존의 윤리 논쟁에 의해 잠식당하고 있다. 피터 싱어도 개혁가다. 싱어는 공리주의 원칙, 더 넓게는 '결과론적' 도덕철학을 대중에게 널리 알리는 데 힘을 쏟고 있다. 부돌프손도 결과론적 도덕 논리를 따르지만, 싱어의 주장에 완전히 동조하는 것은 아니다. 특히 소비자의 선택을 사회 변화의 지렛대로 삼아야 한다는 싱어의 견해에 반대한다. 부돌프손은 대신 정부 규제를 통해 현재의 축산 방식이 동물과 환경에 가하는 해악을 줄여나가는 방법을 선호한다. 오늘 토론회에서 부돌프손이 맡은 역할은 탄소 발자국을 살짝 비튼 '해악 발자국'이라는 용어를 소개하는 것이다. 해악 발자국은 단순히 고통을 측정하는 것이 목적이 아니라, 우리가 환경 훼손을 걱정하는 만큼 우리 자신의 도덕적 결함에도 주의를 기울이도록 유도하려는 의도가 들어 있다. 부돌프손은 우리의 도덕적 결함 또한 현대 문명의 구조적 문제에서 비롯되었다는 입장이다.[5]

토론회 연사들은 동물권익보호 운동가들의 기습 공격을 너그럽게 받아주지 않는다. 그럴 만하다는 생각이 든다. 컬렉티블리프리는 마틴스에게 집중 폭격을 가한다. 만약 그가 지금 당장 죽을 운명이라면 어떤 기분이겠느냐고 몰아붙인다. 마틴스는 얼마 동안 스스로를 변호한다. 아마도 이성적 토론이 가능하다고 생각한 것 같다. 그는 레드와틀이라는 돼지 품종을 언급한다. 사육자가 멸종 위기종이었던 이 품종을 식육용으로 키우기 위해 되살리지 않았다면 영영 사라졌을 품종이라고 설명한다. 그러다 계속 거친 말을 듣게 되자 당연히 기분이 상한 마틴스는 "나는 살고 싶어요"라는 구호를 다시 읽어보더니 이렇게 말한다. "흠, 저 같은 경우 늘 살고 싶은 건 아니에요." 자살 충동을 느낀다는 말이 아니라 인간의 관점에서 살고 싶다는 바람이나 의지는 고난이나 좌절, 재기 등으로 채색되는 복잡한 여정이라는 뜻이다. 싱어는 만약 그런 동물이 있다 하더라도 어떤 동물이 자신의 미래에 대해 생각하는지 우리로서는 알 길이 없다고 주장한다. 또한 우리가 음식으로 소비하는 동물이 수명을 연장하고 싶다는 바람을 스스로 의식하고 있는지도 불분명하다고 지적한다. 생존 본능은 존재에 대한 인식의 증거라기보다는 단순히 본능에 불과할 수 있다는 것이다. 나는 일부 동물권익보호 운동가가 동물 생명의 존엄성 문제에 있어 싱어가 충분히 극단적인 입장을 취하지 않는다고 비판한 것을 떠올린다. 컬렉티블리프리는 단순히 자신들의 캠페인에 어느 정도 동의하는 것만으로 만족하지 않는다. 그들은 완전하고 무조건적인 동의를 원한다. 싱어는 어떤 대가를 치르더라도 동물의 생명을 지켜야 한다는 주장에 동조하지 않았고, 앞으로도 그럴 것이다. 그런 주장은 싱어의 입장과는 다르기 때문이다.

공리주의자인 싱어는 18세기 말 영국에서 태동한 철학 분파의 지지자다. 고전적 공리주의(라고도 불리는 그 사상)는 학술적이기도 하고, 정치적·사회적이기도 한 유산을 남겼다. 공리주의는 다음과 같은 특징을 지닌다. 행위 자체의 성질은 따지지 않고 우리 행위의 결과를 두고 옳고 그름을 판단한다는 점에서 결과주의적이(며 결과주의의 하위 범주이기도 하)다. 수단이 아니라 결과에 초점을 맞춘 원칙이다. 모든 존재의 이익을 동등하게 취급해야 한다고 주장한다는 점에서 보편주의적이다. 사람들의 욕구 만족도를 기준으로 사람들의 행복을 파악하고 측정한다는 점에서

복지주의적이다. 또한 다수의 행복을 극대화하고 다수의 고통을 최소화하는 것을 목표로 모든 사람의 이익의 총합을 고려하므로 집합주의적이다. 개인은 오직 전체의 일부로서만 취급된다. 각각의 개체는 오직 하나로 세며, 결코 하나 이상으로 세지 않는다.

공리주의를 이런 식으로 나눠서 설명하는 것이 도해적으로 느껴진다면 세상에 대한 공리주의의 많은 설명이 평면도나 청사진처럼 느껴질 것이라는 점도 말해둬야겠다. 철학자 버나드 윌리엄스가 공리주의를 비판한 에세이에서 지적했듯이, 이런 접근법은 "기술적 어려움이 (…) 도덕적 불명확성보다는 낫다고 생각하는 사람이 선호한다. 왜냐하면 그런 사람이 보기에는 당연히 도덕적 불명확성이 더 심각한 문제이기 때문이다."[6] 요컨대 공리주의자는 무엇이 바람직한 결과에 해당하는지 확신하지 못하는 것보다는 여러 이익의 균형을 헤아리는 복잡한 작업을 수행하는 편이 더 낫다고 생각한다. 공리주의는 도덕적 모호함을 싫어하고 결과에 집중하는 사람에게 어울리는 원칙이다. 그리고 축산업의 종말을 열렬히 기대하는 많은 배양고기 운동 관여자가 여기에 해당한다. 실제로, 그리고 잠재적으로 공리주의는 문제를 해결하는 사람들을 위한 철학이라고도 말할 수 있을 것이다.

공리주의의 기록자 중 한 명인 철학자 바트 슐츠Bart Schultz는 초기 공리주의자를 '행복 철학자'라고 부른다. 이 별칭은 윌리엄 고드윈, 제러미 벤담, 제임스 밀, 존 스튜어트 밀의 철학 프로젝트에서 가장 긍정적인 면만을 포착한 이름이다. 철학자 버트런드 러셀은 1926년에 발표한 에세이 「선한 사람이 행하는 해악」에서, 19

세기 영국 공리주의의 영향으로 여러 중요한 사회 개선이 이루어 졌다고 말했다. 그는 영국의 1832년 1차 선거법 개정(영국 의회에 귀족의 이해관계에 극렬하게 반대하는 의원의 비중이 높아졌다), 1833년 노예제도 폐지법, 1940년대 말 곡물법 폐지(덕분에 식품 가격이 인하되었다), 의무교육 제도의 도입 등을 그런 예로 들었다.[7] 따라서 기능적 측면에서 매우 진보적으로 보이며 모든 존재의 고통을 줄이고 행복을 극대화하고자 하는 이런 훌륭한 도덕철학이, 러셀의 활동기로부터 수십 년이 지난 후에 개인의 자유와 존엄성에 역행하는 관료주의적이고 제한적인 논리로 여겨지기도 한다는 것이 흥미로울 수밖에 없다. 미셸 푸코도 공리주의의 한계에 주목했다. "철학 역사가들의 비난을 받을 수도 있겠지만, 나는 벤담이 칸트나 헤겔보다 우리 사회에 기여한 바가 크다고 믿는다. 우리 사회는 벤담에게 경의를 표해야 한다." 이것은 벤담의 행정 부문 발명품인 '원형 감옥'panopticon을 두고 빈정대려고 한 말이다. 원형 감옥은 수감자에게 더 나은 환경을 제공하고 교정 효과를 높이고자 설계된 건축물이다.[8] '원형 감옥 건축양식'이야말로 벤담의 진짜 유산이라는 푸코의 주장은 다소 가혹한 평가지만, 아주 틀린 말은 아니다. 공리주의의 상상은 공리주의 태동기부터 (항상은 아니지만) 종종 행정 영역과 관련이 있었다. 공리주의는 철저히 객관적인 관점에서 행복과 고통의 측정 대상이 마치 동일한 행정 단위인 것처럼 취급한다. 이를 위해서는 행정이 적용되는 범위 내 모든 별개의 개체를 동일한 존재로 설정할 수 있는 근거가 필요하다. 싱어는 인간과 동물의 필요와 욕구가 아주 많이 다를 것이라는 점을 인정하면서도 인간과 동물 모두 공리주의자가 흔히 '만족'이라고 부르는 것을 느끼는 존재라는 논리로 이 문제를 해결한다.

이런 의미에서 만족은 분석적 이점 때문에 만들어진 관념이다. 당신과 나는 당연히 다른 필요와 욕구를 가지고 있겠지만, 우리는 둘 다 그런 필요와 욕구가 많이 채워졌는지, 조금 채워졌는지, 전혀 채워지지 않았는지에 대한 감각이 있다. 그러나 만족의 원칙이 개인들의 각기 다른 이해관계의 차이를 매끄럽게 다듬는 일종의 함수 역할을 한다는 점을 알아둘 필요가 있다. 한 명을 각각 하나로 취급하고 결코 하나 이상으로 취급하지 않는다는 것은 결국 특정 개인이나 특정 개인의 사적 목표들에 우선순위를 두기를 철저하게 거부한다는 것을 의미한다. "최대 다수의 최대 행복이 옳고 그름의 기준이다"라고 1776년 벤담은 썼다.[9] 싱어는 우리가 도덕적 직감(즉 특정 생물에 대한 우리의 동정심)에서 출발해 그런 직감을 설명하고 정당화하는 역할을 하는 새로운 이론을 구축하기보다는, 기존의 이런 '탄탄한 이론'을 바탕으로 올바른 행동이 무엇인지 제시할 수 있다고 믿었다. 뛰어난 공리주의자는 자신의 선입견을 알아차릴 것이고, 도덕적 계산을 해야 할 때 그런 선입견을 경계하는 것을 잊지 않는다. 그런데 철학자 알래스데어 매킨타이어가 지적하듯이 이런 '경계하기'의 문제점은, 이런 경계의 필요성 때문에 공리주의는 마치 부모가 자녀에게 하는 것과 같은 '진정한 의미에서의 무조건적 헌신의 여지'를 아예 남기지 않는다는 점이다.[10]

'공리주의'는 벤담이 자신의 철학적 성과로 남을 중요한 연구를 시작한 지 몇 년이 지난 1781년 어느 여름날 꾼 꿈에서 아이디어를 얻어 붙인 이름이다. 이 운명적인 꿈에서 벤담은 '공리주의자'로 불리는 종파를 창설한다. 꿈속에서는 자신이 쓴 논문이 신념과 확신을 공유하는 공동체 형성으로 이어진 것이다. 벤담의 비전이 단순히 다른 사람을 설득하고자 하는 가벼운 희망 사항 이상이었음을 보여준다.[11] 영국의 고전적 공리주의의 역설은 '행복 계산법'이 다음의 두 가지를 한 번에 충족하려는 충동을 담고 있다는 점이다. 첫째, 공리주의는 인간의 향상에 방해가 되는 전통적 사회 관습을 개선하고, 전복하고, 해체하려고 노력한다. 둘째, 일종의 관료주의적 논리에 빠지는 경향이 있다 보니 특히 다른 도덕철학의 관점에서 보면 '행복' 또는 '만족' 같은 다층적 개념을 단순화함으로써 도덕적 결정의 복잡성을 축소한다. 실제로 공리주의는 우주의 시점에서 세상의 눈물과 웃음을 관찰하고 싶어 한다.

　그렇다고 해서 공리주의가 인간이 아닌 동물과 함께 살아가는 것의 철학적 중요성(철학자 크리스틴 코스가드의 표현)에 관한 더 거시적인 담론에 관심이 있는 것도 아니다.[12] 코스가드는 동물이 우리가 세상에 대해 생각하는 방식을 "근본적으로 뒤흔든다"고 믿는다. 그래서 우리 "시야에 동물들을 완전히 담기도 힘들고, 그 동물들의 진짜 모습을 보지 못한다"는 것이다.[13] 동물에 대해 생각하는 것이 유익한 이유는 동물에 대해 생각하는 것이 어렵다는 데 있다. 동물은 우리가 우리의 삶을 꾸리는 것과 같은 조건으로 그들의 삶을 꾸려나가지 않는다. 곰은 베리를 좋은 베리와 나쁜 베리로 구분할지 모른다. 그러나 그런 활동에는 내가 스스로를 좋은 아들 또는 나쁜 아들로 구분할 때 적용되는 동일한 문화적 환경이나 동일한 인지 작용이 적용되지 않는다. 곰과 인간은 둘 다 동물이고 나름의 규범을 따르지만, 그 규범은 서로 다른 유형의 규범이다. '이상한 별도의 차원', 삶이란 우리가 매일 노력을 들이고 개선해야 하는 과제라는 인식이 인간의 삶을 동물의 삶과 구분 짓는다. 시인 폴 멀둔은 이렇게 말한다.

> 나 자신과 팽거, 내 하얀 고양이,
> 거의 같은 사명을 타고났다, 요컨대
> 팽거는 생쥐를 쫓아다니고
> 나도 사냥에 나선다 적확한
> 단어를 찾아서. […][14]

그러나 단어 사냥은 생쥐 사냥과 다르고, 멀둔의 시는 그런 긴장감을 활용한다. 적확한 단어는 다른 단어들과 연결되어 있고, 고양이가 생쥐를 사냥하는 시간을 넘어서는 시간에서도 유효한 표현을 찾고자 하는 목적의식과도 연결되어 있고, 아마도 동료 인간에게 그 단어를 선보이고 싶은 욕구와도 연결되어 있을 것이다. 시인과 그의 고양이는 똑같지만 차별화되는 것과 마찬가지로, 주어진 과제의 질이 내가 경험한 살고자 하는 욕구와 바닷가재의 유사한 욕구를 구별한다. 이것은 나와 바닷가재의 욕구가 상대적 타당성을 확보했는지에 대해서는 아무것도 알려주지 않지만, 각 욕구의 서로 다른 특징에 대해서는 아주 많은 것을 알려준다.[15] 그러나 동물과 살아가는 것이 인간의 독자성에 관해 중요한 질문을 던진다고 해서, 우리가 동물을 대하는 방식에 따르는 도덕적 문제가 해결되는 것은 아니다. 우리가 한술 더 떠서 인간의 독자성을 동물을 죽이고 먹는 것을 정당화하는 논리로 삼지 않는 한은 말이다. 그런 논리를 펼치려면 인간중심주의를 있는 그대로 온전하게 받아들이고 우리가 인간이라는 것 자체가, 그리고 우리 내부에서 솟구치는 식욕을 충족하는 것 자체가 인간이 아닌 생물을 잔인하게 다루는 것을 허락하는 면죄부라고 결론 내려야 한다.

싱어의 『동물 해방』의 중심에는 앞서 언급한 동물의 고통이라는 문제가 있다. 싱어의 목표는 언제나 우리가 도덕적 고려의 대상으로 삼을 가치가 있다고 여기는 존재의 범위를 표시하는 '도덕적 원을 확장하는 것'이었다.[16] 싱어는 동물의 삶이 인간의 삶과 동일한 가치를 지닌다고 주장하지 않았지만, 인간이 도덕적으로 우월하다거나 인간의 필요가 도덕적으로 우선시되어야 한다는 주장도 결코 하지 않았다. 또한 싱어는 동물의 삶이나 인간의 삶이 어떤 내재적 가치를 지닌다고 주장하지도 않았다. 다만 그는 우리('우리 생명체'라는 의미로)가 행복 또는 고통을 느끼는 존재라는 점이 도덕적 고려의 대상이 될 자격을 부여한다고 주장했다. 우리의 현재 및 잠정적 미래의 경험적 상태의 총합이 도덕적으로 유효한 잣대인 까닭에, 우리는 동물을 식량으로서 키울지 말지 같은 어려운 도덕적 선택을 해야만 하는 것이다.

『동물 해방』은 철학서라기보다 철학적 관점에서 출발한 사회운동가의 책이다. 철학적 논증을 펼친 단락과 우리의 식품 체계 및 의료 연구 체제에서 학대받는 동물들의 실상을 묘사한 단락의 비율은, 티끌만큼 적은 양의 베르무트와 훨씬 더 많은 양의 진을 섞은 드라이 마티니의 주조 비율을 떠올리게 한다. 이런 비율이 싱어의 철학적 논증을 무효화하지는 않는다(물론 일부 철학자는 내가 철학을 진이 아니라 베르무트에 비유한 것에 반발할 수 있다). 철학적 논증이 길어야만 탄탄해지는 것은 아니다. 싱어는 '종차별주의'라고 명명한 선입견, 즉 인간이 다른 동물보다 월등히 뛰어나므로 다른 동물의 고통은 고려 대상이 될 수 없다는 편견을 타파하기를 원한다. 코스가드가 지적하듯이, 종차별주의를 가장 요란스럽게 드러낸 철학 논리는 이마누엘 칸트가 인류의 기원을 고찰한 부분이다. 칸트는 인간과 다른 동물의 차이점을 이렇게 분석한다.

인간을 동물 사회를 초월한 완벽하게 우월한 존재로 승격하는 네 번째이자 마지막 논리는, 인간의 (…) 자신이 진정한 자연의 최종 목적이라는 깨달음 (…) 인간이 처음으로 양에게 "네가 걸치고 있는 털과 가죽은 네가 사용하라고 자연이 네게 준 것이 아니라 내가 사용하라고 자연이 네게 준 것이다"라고 말한 뒤 양에게서 그것들을 취해 스스로 걸쳤을 때 그런 특권을 인지하게 되었다. 그 특권은 (…) 인간이 다른 모든 동물들을 대상으로 누릴 수 있는 것이었다. 그리고 이제는 다른 동물들을 동료 생물이 아니라 오로지 자신이 원하는 어떤 목적을 위해서라도 마음대로 취하고 사용할 수 있는 수단과 도구로 여기게 되었다.[17]

　인간이 원하는 '어떤 목적'과 비교했을 때 동물이 도덕적 고려의 대상이 될 자격이 없는 '수단과 도구'에 불과하다는 관념은 분명 싱어와 그의 추종자들의 공분을 살 것으로 보인다. 우주의 관점에서 보면 인간이 아닌 동물의 고통은 인간의 고통과 다르지 않다. 제러미 벤담 자신도 『도덕과 입법의 원리 서설』에서, 도덕적 고려라는 관점에서 동물의 고통과 인간의 고통을 구별하는 것이 가능한지에 대해 서술했다. "이성적 판단을 할 수 있는가, 말을 할 수 있는가 등은 중요하지 않다. 고통을 느낄 수 있는가, 이것이 중요하다."[18] 싱어는 동물의 도덕적 자격을 부정하는 것을 가리켜 '종차별주의'라는 용어를 썼다. 옥스퍼드대학교에서 만난 심리학자이자 동물권익보호 운동가 리처드 라이더가 쓴 용어를 빌려 온 것이다. 라이더는 1970년에 '종차별주의'라는 제목을 붙인 소논문에서 처음으로 그 용어를 썼다.[19] 종차별주의가 전달하는 의미는 철학적이라기보다 사회과학적이다. '종차별주의'는 인종차별주의와 유사한 사회적 편견의 진단명이다. 그러나 또한 공리주의의 보편주의를 인간이 아닌 생물에게 적용한 것으로 이해할 수도 있다. 다시 한번 말하지만, 고통 또는 행복을 느낄 수 있는 능력으로 정의되는 지각력을 근거로 인간과 동물에게 동등한 자격을 부여한다고 해서 완전히 다른 유형의 생물들이 더 광범위한 의미에서 도덕적으로 동등한 존재라고 주장하는 것은 아니다.

싱어는 산업화된 식품 체계에서 동물이 고통받는 것에 반대했다. 그러나 다소 흥미롭게도 그런 체계에서 일어나는 동물의 죽음 그 자체를 반대하지는 않았다. 싱어의 논리에는 싱어로 하여금 생명 그 자체 또는 각 동물의 삶을 신성한 것으로 여기도록 설득할 만한 내용이 전혀 없다. 싱어는 살면서 고통을 겪는 것이 삶이 종료되는 것보다 더 심각한 문제라고 강조한다. 싱어는 많은 동물이 자신의 삶과 미래를 자각하고 있는지는 불분명하며, 그렇기 때문에 동물의 죽음을 인간의 죽음과는 다른 관점에서 접근하게 되는 것이라고 지적한다. 다만 그는 동물을 고통 없이 죽이는 행위가 종차별주의라는 혐의에서 자유로우려면 그 동물과 같은 수준의 인지 능력을 지닌 인간도 기꺼이 죽일 수 있어야 한다고 말한다. 싱어가 이런 주장을 한 이유는 종차별주의를 그 자체로 도덕적으로 잘못된 것으로 제시하기 위해서가 아니라, 그가 종차별주의를 동물의 고통을 용납할 여지를 주는 통로로 이해했기 때문이다.[20]

동물의 도덕적 권리와 동물을 먹는 인간의 관행

싱어의 『동물 해방』도 비판에서 자유롭지는 못했다. 그중에는 동물의 고통에 도덕적 중요성을 부여하는 논리 자체를 부정하는 비판도 있지만, 그보다는 동물의 권익을 보호한다는 큰 주제에는 공감하면서도 싱어의 공리주의적 접근법을 비판하는 철학자들의 반론이 흥미롭다.[21] 그런 비판자 중 한 명이 법학자 게리 프란치오네로, 그는 싱어가 (벤담과 마찬가지로) 동물이 고통받는 것에 반대하면서도 동물의 죽음 또한 그에 못지않게 도덕적 시정이 필요한 해악임을 간과했다는 점에 의문을 제기한다.[22] 프란치오네는 싱어가 지각력의 목적이 행복 또는 고통을 인식하는 것이라고 전제함으로써 지각력의 의미를 오해했다고 지적한다. 프란치오네는 지각력의 진짜 기능은 각 동물 개체가 생존하는 것을 돕는 것이라고 말한다. 그러므로 고통의 총합을 계산할 때 동물의 죽음을 빼는 것은 지적·도덕적 책임을 회피하는 것이 된다. 프란치오네의 주장도 일리가 있다. 생물이 단순히 즉각적인 정서적·인지적 상태의 조합은 아니기 때문이다.

싱어의 주장을 의무론적(즉 행위의 결과가 아니라 행위 자체의 내재적 옳고 그름에 초점을 맞추는) 관점에서 비판하는 철학자로는 『동물권리를 위한 변론』(1983)의 저자 톰 리건이 있다. 그는 이 책에서 우리가 동물에게 가하는 가장 큰 해악은 고통이 아니라고 주장한다. 송아지와 산 채로 끓여지는 바닷가재가 겪는 모든 고통은 그 자체로 권리를 인정받아야 마땅한 생물을 도구로 취급하는 더 심각한 해악을 심화할 뿐이다. 사회계약론을 혹평한 리건은 공리주의의 평등주의적 속성이 매력적이라고 인정하면서도 공리주의에 반대한다. "공리주의가 말하는 평등은 동물보호나 인권 운동가들이 생각하는 그런 평등이 아니다. 공리주의는 개체가 내재적 가치나 자격을 지닌다는 것을 부정하기 때문에 각기 다른 개체가 동등한 도덕적 권리를 지닌다는 논리가 끼어들 여지가 없다"라고 적었다. 이 주장은 상당히 미묘한 부분을 들추어낸다. 리건이 보기에 공리주의는 평등주의를 지향한다는 점에서 칭찬받을 만하지만, 각 개체의 가치 같은 관념에 무심하다는 점에서 아쉬움이 남는다. 공리주의는 각 개체를 그 개체의 경험(행복, 고통)으로부터 분리했고, 오직 경험만이 가치를 지닌다고 보기 때문이다. 리건의 반론은 지각력이 동물의 경험에 속하는 내용에 불과한 것이 아니라는 프란치오네의 주장과도 일맥상통한다.

리건은 초창기 논문에서 어떤 인간(이를테면 지적장애인이나 영아)에게 권리가 있다면 동물에게도 권리가 있다고 주장한 이후 사회계약이 아니라 인간과 동물, 즉 모든 '생명을 지닌 개체'의 내재적 가치라는 관념에서 도출한 권리 이론을 제시한다.[23] 현재의 축산업과 관련해서 리건의 권리 이론은 싱어의 공리주의에 비해 훨씬 더 엄격한 가축노예폐지론abolutionist(동물권익보호 운동권에서 흔히 사용되는, 역사성이 가미된 용어)을 주장한다. 물론 권리 이론은 동물의 천부권 보호가 현실에서 어떤 식으로 실행될 수 있을지, 또 동물의 권리를 보호하기 위해서 인간이 어떤 대가(실질적 대가 내지는 기회비용 등으로 계산한 대가)를 치를 준비가 되어 있는지 등은 거의 다루지 않는다. 동물의 도덕적 처우에 관한 철학 논쟁의 역설은 같은 결과로, 즉 축산업 자체의 종말로 주요 논객들이 지향하는 목표가 대부분 달성된다는 것이다. 주변 사람과 수다를 떨면서 나는 매니캔터커뮤니티센터에 모인 많은 사람이 비건 가축노예폐지론자이며, 그들이 그 무엇보다도 바라는 것이 바로 축산업의 종말이라는 것을 알게 되었다. 나머지는 산업화된 축산업에 비판적이고 음식을 진심으로 사랑하는 미식가들이었다. 그들은 소규모 축산으로 동물의 고통을 완화하는 것만으로도 충분히 만족할 사람들이었다. 그리고 가끔 돼지고기나 소고기를 조금 먹고, 이따금 칠면조 고기도 한 조각 먹는 식으로 자신들의 고기 섭취량도 기꺼이 딱 그만큼만 줄일 의향이 있을 것이다.

당장 시급한 문제는 인간이 동물을 먹는 관행을 정당화할 만한 논리적으로 타당한 도덕적·철학적 근거가 있는가이다. 인간의 생명이 위험에 처해 있다든가 하는 식으로 특수한 상황에서 동물을 먹는 행위를 옹호하는 논리(많은 공리주의자가 폭설로 비행기가 외진 산에 추락한 비상 상황 등의 극단적 조건하에서 그런 행위를 허용할 것이고, 아주 엄격한 의무론자가 아닌 한 의무론자라도 그런 행위를 허용할 것이다) 말고 대규모 공장식 축산업, 즉 저렴한 고기를 매일 먹는 식습관을 옹호하는 논리가 과연 존재하는가. 싱어가 지적하듯이 공리주의적 관점에서 그런 주장을 펼치려면 인간의 쾌락과 동물의 고통의 가치를 측정하고 비교하는 과정이 필요할 것이고, 같은 단위의 인간의 쾌락이 같은 단위의 동물의 고통보다 훨씬 더 크다는 것을 입증해야 한다. 실제로 이것은 우리가 현재 살아가는 세상을 묘사한 것이기도 하다. 그러나 현재의 관행은 그에 대한 도덕적 판단의 결과가 아니라 순전히 동물 교배, 도축, 정육, 소비 사례들이 역사적으로 축적되고, 더 나아가 산업화 및 근대화를 통해 그런 사례들이 (공리주의자에게 특히 중요한 고려 사항인) 대량으로 발생하면서 일반화된 결과다. 여기 MOFAD 행사에 모인 모든 사람이 각자의 철학적 입장에 관계없이 그런 현상을 안타까워하는 것처럼 보인다.

종차별주의가 도덕적으로 부당하다는 싱어의 주장에 맞서 종차별주의를 옹호한다고 가정해보자. 1978년 철학자 마이클 앨런 폭스는 톰 리건과 싱어의 주장에 대한 반론을 내놓았다. 그리고 그 반론은 서로 꽤 차이가 있는 별개의 두 접근법을 하나로 통합했다.²⁴ 폭스는 동물에게도 어떤 형태로든 권리가 있을 수 있다고 인정한 다음, 그가 보기에 싱어와 리건의 주장에서 공통되는 내용, 곧 동물의 권리가 인간의 권리와 동급이라는 논리를 반박한다. 더 나아가 그는 인간이 동물을 대변해 그 어떤 권리라도 주장하는 것이 불가능하다고 주장했다. 폭스는 동물 학대를 철학적으로 옹호할 의도는 없었지만, 인간이 동물에 비해 어떤 식으로든 도덕적으로 우월하다는 관념과 동물이 인간의 도덕적 원 밖에 존재한다는 관념을 지지했다. 폭스는 지각력을 고통과 쾌락을 느낄 수 있는 능력으로 규정하면서, 인간과 인간이 아닌 동물을 지각력이 있는 존재라는 범주로 묶는 것은 문제가 있다고 주장했다. 왜냐하면 그런 논리는 도덕적 권리의 근거를 구체적 경험에서 찾고 있기 때문이다. 폭스는 실제로 보편적이고 경험적으로 관찰 가능한 일련의 속성에서 인간의 도덕적 권리의 근거를 찾으려는 시도가 단순히 인간 능력의 폭 자체가 엄청나게 넓다는 사실만으로 좌절된 경우도 많다고 주장했다. 폭스는 도덕적 권리의 근거를 다른 곳에서 찾아야 한다고 말하면서, 비록 인지 능력은 그 자체로 우리의 도덕적 권리의 근거가 될 수 없지만 (인지 능력에 의해 확보되는) 우리의 자율성 추구 성향이 그런 권리의 근거가 될 수 있다고 주장했다. 인간은 자연스럽게 도덕적 자율성에 필요한 능력을 획득하기 때문에 도덕 공동체의 일원이 될 수 있고, 도덕 공동체에 속해야만 비로소 도덕적 권리를 진정으로 확보할 수 있기 때문이다.

여기서 중요한 것은 철학적 논쟁에서 폭스가 리건과 싱어를 상대로 점수를 땄느냐가 아니다(리건과 싱어 둘 다 그렇지 않다고 부정하기는 했다).[25] 중요한 것은 인간이 도덕적으로 독자적 존재라고 폭스가 열렬히 주장하는 중에도 그런 논리가 인간이 아닌 동물을 학대하는 행위에 면죄부를 부여한다고 여기지는 않았다는 점이다. 다만 그는 동물의 입장을 대변하는 도덕적 권리를 뒷받침하는 논리의 부재가 곧 인간이 동물을 음식으로 소비할 면죄부가 된다고 생각했다. 동물을 인도주의적으로 대우해야 한다는 조건은 붙는다. 폭스는 공장식 사육 환경은 결코 인도주의적 처우가 아니라고 인정했다. 싱어가 '종차별주의'라고 지칭한 것에 대한 폭스의 변론은 육식을 부분적으로만 옹호했다. 아마도 마틴스가 제안하는 고기 생산 방식은 폭스의 논리로 옹호 가능한 범위 안에 들겠지만(마틴스가 약속한 대로 가축을 인도주의적으로 처우한다면), 저렴한 고기 공급을 위한 생산 방식을 옹호하지는 못할 것이다.

이 글을 쓰는 현재까지 나는 저렴한 고기의 생산을 옹호하는 그럴듯한 철학적 논리를 찾지 못했다. 창세기 9장 3절[26]에서 하느님이 모든 동물을 노아와 그의 아들들(즉 대홍수 이후 복원된 인류)에게 음식으로 사용하도록 허락했다는 해석을 제외하면 말이다. 동물을 먹는 것을 옹호하는 논리를 생각해낼 수는 있다. 문화적(종교 포함) 전통이 부여하는 정당성이나 자신이 직접 가축을 키워서 먹는 사람들의 음식 주권을 존중해야 한다는 정치 논리를 다양하게 변형한다면, 그런 논리를 만들어내는 것이 불가능하지는 않을 것이다. 그러나 양심에 손을 얹고 말하건대 그런 주장들로는 동물을 먹는 것에 반대하는 공리주의 논리와 의무론적 논리를 뒤집을 수 없다. 무엇보다 오로지 저렴한 고기가 되기 위해 태어난 동물을 먹는 관행을 정당화할 수는 없다. 그런 까닭에 나는 나 자신의 육식 습관을 내 도덕적 결함의 증거로 여긴다. 육식을 옹호하려고 내가 그 어떤 도덕적·철학적 논리를 내세운다고 해도, 그런 논리는 내 소화기의 편의를 유지하기 위한 무화과 잎에 불과한 것이다.

배양고기가 던지는 철학적 질문

철학이 철학 자체가 선호하는 조건하에서 이데올로기 논쟁을 접하는 경우는 매우 드물다. "갑각류의 통각에 대한 기록을 읽어보기는 한 거요?" 데이브 아널드가 짜증을 내며 묻는다. 그의 질문은 바닷가재 피켓을 든 운동가를 향해 쏘아붙인 것이다. 컬렉티블리프리는 바닷가재가 통증을 경험하는 방식을 다룬 과학 문헌을 살펴보기는 했을까? 운동가는 답한다. "당신에게 지금 거기 앉아서 그들을 죽이는 것에 대해 이야기할 권리가 있다면, 그들에게는 살 권리가 있어야 하는 거 아닌가요?" 아널드는 운동가들에게 이 좌담회가 대체적으로 그들의 편이라는 사실을 다시금 일깨워주려고 노력한다. 그러다 운동가들이 계속 고집을 부리자 당연하게도 짜증을 낸다. "지금 장난하는 거요? 꼬마 돼지 베이브의 그림을 들이밀고 있지 않소?" 그는 피켓 하나에 그려진, 초지에서 방목 중인 돼지 그림을 언급한다. "그냥 질문이나 하시죠." 아널드가 한숨을 내쉬면서, 그가 나중에 후회할 만한 말을 하지 않도록 그에게서 마이크를 가져간 것처럼 보이는 동료에게서 마이크를 도로 건네받는다. 싱어는 토론회장의 전체적인 분위기를 풀어보려고 노력한다. 싱어는 운동가들의 메시지를 언급하며, 그런 메시지들이 살고자 하는 열망을 의식하려면 어떤 인지 능력이 뒷받침되어야 하는가 같은 진짜 철학적 질문을 던진다고 말한다. 싱어는 돼지나 소에게는 아마도 그런 능력이 있을 것이라고 인정하면서도 바닷가재의 경우에는 그런 능력이 있는지 다소 의심스럽다고 지적한다.[27] 그러나 고통을 받는다고요, 운동가가 말한다. 물론 그렇겠죠, 싱어가 말한다. 그들이 통증을 느낄 수 있다는 건 확실합니다. 마틴스는 싱어가 고통에 방점을 둔 것을 놓치지 않고 끼어든다. 자신의 기업 같은 업체가 가축이 행복한 삶을 살고 고통 없이 죽을 수 있도록 하는 것을 사명으로 여기며, 동물의 고통을 종식시킬 수 있는 해결책의 하나라고. 물론 배양고기도 상용화된다면 그런 해결책이 될 것이다. "모든 것이 살고 싶어 합니다." 다타가 말한다. "우리가 무언가를 죽이지 않고 식량을 생산할 수 있다면 그렇게 하지 않을 이유가 없다고 생각합니다." 싱어는 청중에게 자신은 고기에 미래가 아예 없기를 희망한다고 말했다. 그 말에 청중에서 박수갈채가 쏟아지자 그는 자신의 말을 정정한다. 고기에 미래가 아예 없기를 희망하지만 그나마 배양고기라는 미래만은 예외일 수 있다고 말이다. 더 큰 박수갈채가 쏟아진다.

그러나 배양고기도 도덕적 질문을 제기한다. 채취된 세포들에 대한 우리의 도덕적 입장에 관한 질문이 아니라, 배양고기로 인해 동물을 대하는 우리의 도덕적 입장이 어떻게 바뀔 것인지에 관한 질문이다. 실제로 동물을 대하는 우리의 도덕적·철학적 관점이 배양고기에 미치는 영향보다는 배양고기가 동물을 대하는 우리의 도덕적·철학적 관점에 미치는 영향이 더 클 수도 있다. 배양고기가 동물보호의 근거가 되는 여러 철학적 논리에 부합할 수 있는지 없는지는 비교적 쉽게 판단할 수 있다. 싱어가 지지하는 것으로 추정되는 배양고기 서사의 내용은, 시험관 배양 기술이 단순히 우리가 기존의 식육 생산 인프라의 전부 내지 대부분을 제거할 수 있도록 이끌고, 그 결과 동물 수백만 마리의 고통을 끝내고 가축을 사육해야 할 필요성을 제거하는 것이다. 각 종은 아주 적은 수의 종자 집단, 아마도 유전적 다양성을 보존하기 위한 수만 마리 정도만이 남을 것이다. 그런 서사와 가장 관련이 있는 철학적 반론은 톰 리건의 주장일 것이다. 그는 세포 채취도 동물의 몸을 도구로 사용하는 한 가지 방법에 불과하며, 아마도 동물의 권리를 침해하는 행위에 해당할 것이라고 말한다.

그런데 배양고기가 축산업의 폐지로 이어진다는 가정만으로도 이 생물들, 인간이 아닌 이 동물들이 이 세상에서 무엇을 하고 있는가에 대한 우리의 인식이 바뀔 것이다. 완전히 또는 부분적으로 해방된 동물은 어떤 모습일까? 그런 동물의 세포를 조금 사용해야 한다 하더라도 세포농업의 세계는 식량 생산용 동물이 알아서 살아가도록 놓아 둘 가능성이 높다. 따라서 우리 눈에 비친 그 동물들은 지금과 다른 모습일 것이다. 리건이 사용한 '삶의 주체'라는 표현이 그런 동물을 묘사하기에 점점 더 적합한 표현처럼 느껴질 것이다. 시골로 나가면 자연스러운 방식으로 자신의 잠재력을 자유롭게 탐색하고 발휘하는 동물들을 만날 수도 있을 것이다. 풀을 뜯고, 짝짓기를 하고, 새끼를 기르고, 늙어가고, 집단생활을 하고, 동물만이 이해할 수 있는 방식으로 사색할 것이다. 여기서 중요한 것은 더 충만한 삶을 사는 돼지나 닭이 발톱과 날개가 잘리고 밀집 사육되는 불행한 돼지나 닭보다 그런 삶을 누릴 자격이 있다는 생각이 들 것인가이다. 그런 동물들은 마치 인간처럼 자신만의 텔로스^{telos}, 즉 목적인目的因을 지닌 생물처럼 보일까? 아마도 그 동물들은 우리가 자신의 삶을 살고 싶어 하는 것과는 다른 방식으로 '살고 싶어 하는' 생물이겠지만, 그럼에도 우리는 그런 사실을 알아차릴 수 있을까? 우리가 세상이 얼마나 행복해질 수 있는지를 논의할 때 동물의 물리적 형상에서 흐르는 긍정적이고 부정적인 느낌만이 아닌 각 개체의 경험을 중요한 고려 사항으로 삼아야 할까?

마스트리흐트

캘리포니아의 상상력

네덜란드는 어떻게 배양고기의 첫 본거지가 되었을까? 네덜란드 과학자들은 어떻게 배양고기라는 아이디어를 받아들이고 그 아이디어를 실현하기 위한 연구를 진행한 첫 무리에 속하게 되었을까? 가장 손쉬운 답은 아마도 순전히 우연의 소산이라는 것이다. 즉 유독 배양고기에 강력한 지지를 보냈고, 말년에는 연구팀을 꾸리고 마크 포스트의 햄버거 시연회로 이어진 네덜란드 정부 보조금을 얻어낸 빌럼 판 에일런^{Willem van Eelen}이 마침 네덜란드인이었기 때문이다. 2014년과 2015년에 기회가 닿을 때마다 내가 찾아갔던 네덜란드의 의사 겸 과학자 겸 교수 겸 기업가인 포스트는 다른 답을 내놓는다. 네덜란드인은 다른 유럽인과 달리 자국의 요리를 숭배하지 않는다. 음식을 단순히 연료로 취급하는 분위기이다 보니 음식의 모양·구성·생산에 대해서도 마음껏 창의력을 발휘할 수 있다는 것이다. 네덜란드인이 땅에 대해 창의력을 발휘한 덕분에 수백 년에 걸쳐 국토의 5분의 1을 바다에서 건져낸 것처럼 말이다.[1] 네덜란드 곳곳을 여행하다 보면 나라 전체의 땅이 단 한 치도 낭비되지 않고 어떻게든 쓸 만한 생산적인 땅으로 개발되었다는 것을 깨닫게 된다. 포스트의 답이 정답인지 확인할 길은 없지만, 네덜란드의 제방과 댐의 역사, 그리고 고기를 상당한 가공을 거친 크로켓과 소시지의 형태로 먹는 문화와 잘 어울리는 답이다. 특히 프리칸델[•]이라는 요리는 그 기원이 성욕 충족과 관련이 있는지 업계에서 공식적으로 확인된 바는 없지만, 어쨌거나 네덜란드에서 가장 대중적인 고기 요리로 꼽힌다. 포스트는 몇 년째 매일 점심으로 똑같은 샌드위치를 먹고 있는데, 네덜란드 요리에 대한 포스트의 평가를 얼마나 진지하게 받아들여야 하는지를 판단하는 데 있어 그런 점을 반드시 염두에 두어야 할 것이다.

나는 샌프란시스코에서 출발해 멀리 돌고 돌아 마스트리흐

•   frikandel. 다진 소고기에 향신료를 섞어 길쭉한 소시지 모양으로 빚은 다음 튀긴다.

트에 있는 포스트의 실험실에 도착한다. 샌프란시스코는 2014년 내가 포스트를 처음 만난 곳이다. 포스트는 친근한 태도로 나를 굽어본다. 내 키는 180센티미터로 우리 가족 중에서는 큰 편에 속하지만 네덜란드에서는 남성 평균 키 정도에 해당하고, 포스트는 평균보다 키가 크다.[2] 포스트를 처음 만났을 때 우리는 배양고기에 관한 대화와 토론을 위한 만찬 행사에 연사로 초대되었다. 샌프란시스코의 네덜란드영사관이 주관한 행사였다. 네덜란드영사관은 페리빌딩 근처에 있는 샌프란시스코 북동쪽 부둣가, 오클랜드와 연결된 베이브리지 철탑과 가까운 곳에 있다. 햄버거 시연회가 있은 지 1년이 지났지만 포스트는 여전히 시대적 영웅 대접을 받고 있었다. 아마 네덜란드영사관에서 주관한 행사여서 더 그랬을 수도 있다. 50대인 포스트는 활기가 넘치고, 자주 웃고, 그에 못지않게 농담도 자주 하고, 자신이 아주 좋아하는 오페라에 관한 대화에 적극적으로 참여했다. 영사관 창을 통해 샌프란시스코만의 멋진 경관을 보면서 포스트는 내게, 지중해 섬에서 방문했던 원형극장 유적지와 이탈리아 시칠리아섬에서 바다 건너 보이던 이탈리아 본토 해안의 풍경에 대해 이야기한다. 포스트를 활동성의 화신, 마침내 진료소와 실험실에서 벗어나 훨씬 더 큰 무대에서 재능을 펼치는 의사-기업가로 묘사하는 것이 자연스럽게 느껴진다. 나는 2013년 포스트의 시연회 홍보 영상을 만든 다큐멘터리 제작사 디파트먼트오브익스펜션이 후속 영상을 제작했다는 사실을 알게 된다. 이번 영상은 포스트가 아니라 햄버거를 주인공으로 삼아 그 햄버거가 만들어지기까지의 과정을 담았다고 한다.

그 영상은 완성되지 않았고 유통된 적도 없지만, 제작자들은 내게 포스트가 가족과 함께 식사를 하는 장면, 뒷마당에서 윗몸일으키기를 하는 장면, 배를 운전하는 장면 등 몇몇 클립을 보여준다. 판 에일런이 시작한 네덜란드 배양고기 연구 프로젝트에 2008년도에 합류한 포스트는 신생 산업의 얼굴이 되었고, 잠깐만 인터넷 검색을 해도 그의 미소 띤 얼굴이 화면에 등장한다.

그날 만찬은 팰로앨토에 있는 미래연구소와 네덜란드 경제부 산하기관인 과학기술청Netherlands Office for Science and Technology, NOST 실리콘밸리 지부의 공조로 성사되었다. 도시의 부유한 지역에 있는데도 세련된 외관이 시선을 끄는 프로스펙트 레스토랑에서의 저녁 식사가 첫 일정이다. 프로스펙트 레스토랑의 음식은 '캘리포니아 요리'로 분류할 수 있을 것이고, 레스토랑에 모인 참석자 중에는 영사관 직원, NOST 직원, 미래연구소 직원, 그리고 음식저술가 해럴드 맥기Harold McGee도 있다. 처음부터 토론은 다소 예기치 못한 방향으로 흘러간다. 우리는 이념적으로 캘리포니아 요리의 반대편 끝자락에 있다고 할 만한 음식, 즉 소일렌트Soylent라고 불리는 식사 대용 음료의 덕목과 결점에 대해 의견을 주고받았다. 한 젊은 영사관 직원은 소일렌트를 찬양했다. 소일렌트는 비교적 최근에 시장에 출현한 제품이다. 그러나 요리하는 시간과 남들과 함께하는 식사 시간을 줄이기를 원하는, 그 결과 아마도 일에 더 많은 시간을 할애하고 싶어 하는 젊은 남성 컴퓨터 프로그래머 사이에서 인기가 있고, 그런 집단과의 관련성 때문에 베이에어리어에서 점차 인지도가 높아지고 있다. 이것은 약한 형태의 신체적

한계를 초월하려는 시도로 볼 수 있을 것이다. 캘리포니아 요리는 설명하기가 다소 복잡하다. 셰프 세 명을 붙잡고 캘리포니아 요리를 정의하고 이 요리의 기원을 설명해달라고 하면 조금씩 다른 네 가지 답을 듣게 될 것이다. 그리고 그 네 가지 답에는 대부분 지역 생산 식재료, 요리에 들어가는 정성, 특정 메뉴와 그 지역의 특정 농부 및 채집가 집단의 관계에 관한 내용이 들어 있을 것이다. '캘리포니아 요리'는 고가치 용어이며, 이 캘리포니아 요리 전문점으로 꼽히는 레스토랑의 음식 값은 상당히 비싼 편이다. 이와 대조적으로 소일렌트는 건조 분말이나 걸쭉한 죽 형태로 제공되고, 원료 목록에는 어떤 지역명도 붙지 않은 일반적 식재료가 나열된다. 캘리포니아 요리와 소일렌트는 모두 엘리트층에서 주류 문화라고 할 수 있지만, 두 음식은 사람이 시간을 어떻게 써야 하는가에 대해서뿐 아니라 음식과 땅, 음식과 사회성의 관계에 대해서도 매우 다른 관념을 적용한다. 소일렌트의 한 광고는 소비자에게 한 손에는 비디오게임기를, 다른 한 손에는 자사 제품을 들라고 권한다.

프로스펙트 레스토랑 같은 곳에서 잘 차려입은 세련된 손님들과 저녁 식사를 하며 소일렌트를 비판하는 것은 가벼운 오락거리에 가깝다. 소일렌트가 현대적 아노미 현상, 예컨대 디스토피아적이라고 할 수 있는 고독한 식생활을 부추긴다고 비난할 수도 있다. 그러나 영사관 직원은 흥미로운 지적을 한다. 식생활사의 서사 구조를 살펴보면 우리의 식생활은 산업화를 거치면서 식사 준비에 시간을 점점 덜 쓰는 방향으로 진화했다. 소일렌트는 이런 추세의 종착역 후보일 수 있다. 물론 음식의 적극적 분자화, 즉 온전한 전체로서의 음식을 영양소라는 단위로 대체한다는 점 때문에 모든 사람이 그런 추세를 흔쾌히 받아들이는 것은 아니다. 레이철 로던의 주장대로, 농업과 식품 가공의 근대화는 성별에 따른 노동 분업의 결과 여성이 대다수인 요리하는 사람이 할머니 세대가 부엌에서 보냈을 시간의 일부만 요리에 써도 되는 세계를 만들어냈다.[3] 어쨌거나 캘리포니아 요리나 소일렌트가 우리 연명 전략의 일반적 선택지라고 생각하는 것은 어리석어 보인다. 오히려 아주 드문 경우에 특정 소수에게나 그런 선택지가 주어진다고 봐야 할 것이다. 그중에는 자신의 음식이 상징적 가치로 풍성하게 채워지기를 원하는 사람도 있고, 자신의 음식에서 그런 상징적 가치가 완벽하게 제거되기를 원하는 사람도 있을 것이다.

소일렌트라는 제품명은 1973년에 개봉한 동명의 영화에 나오는 신비한 음식 '소일렌트 그린'에서 따온 것이다. 영화《소일렌트 그린》Soylent Green의 원작 소설은 1966년 해리 해리슨Harry Harrison이 맬서스가 발표한 에세이를 참고하고 인구 과잉 상황을 배경으로 쓴 판타지 소설『공간을 만들어! 공간을 만들어!』Make Room! Make Room!이다.[4] 이 영화에서 가장 유명한 대사가 선언한 대로 소일렌트 그린은 "곧 사람이다." 소일렌트 그린의 초록색 전병은 시체를 가공해서 만든다. 그렇다면 현실 세계의 제품인 소일렌트의 개발자가 도대체 어떤 메시지를 전하고 싶은 것인지 의문을 품게 된다. 커피맛 소일렌트 음료에는 또 다른 디스토피아 판타지에서 차용한 '커피스트'Coffiest라는 명칭을 붙였다. '커피스트'는 배양고기를 가장 충격적으로 묘사한, 프레더릭 폴과 시릴 M. 콘블루스의 소설 『우주 상인』(1952)에서 기업의 월급 노예들이 먹는 커피 대용품이다. 앞으로 얼마나 더 많은 풍자가 통할지는 불분명하다.

포스트는 로든베리재단에서 강연하는 일정 때문에 다음 날 로스앤젤레스로 갈 예정이다. 포스트와 나는 만약 《스타 트렉》의 원작자 진 로든베리의 아들이 세운 그 재단이 실험실에서 키우는 고기 연구에 자금을 지원한다면 아주 기가 막힐 것이라는 데 동의한다. 포스트는 《스타 트렉: 넥스트 제너레이션》(1987~1994)에서 등장하는 '복제기'replicator를 언급한다. 복제기는 공상과학 장르에서 만들어낸 기술로, 아무것도 없다시피 한 상태에서 미세하고 세밀한 분자 조립을 통해 음식과 음료를 만들어내는 장비다. 극중 인물은 종종 "레시피를 수정하는 중"이라고 말하는데, 이것은 따뜻한 우유에 넣는 육두구와 생강이 조화를 이루도록 컴퓨터에 프로그램을 재입력하는 것을 의미한다. 배양고기가 네덜란드 문화와 관련이 있건 없건, 포스트의 연구를 지탱하는 돈과 영감의 출처는 캘리포니아의 후원자와 캘리포니아의 상상력이다.

포스트가 배양고기를 접시에 올린 기업가 과학자라면, 빌럼 판 에일런(1923~2015)은 그 배양고기 운동의 촉매제였다. 1990년대에 수십 년 동안 배양고기라는 아이디어를 붙들고만 있다가, 본인은 비록 과학자가 아니었지만 시험관 고기 배양 기법을 개발하기 위해 의학 연구원들과 손을 잡았다. 네덜란드와 미국에서 배양고기 특허권을 출원했지만 실험실에서는 대단한 성과를 거두지 못했다. 2000년대 중반 판 에일런은 자신의 비전을 하루 빨리 실현하고 싶다는 초조함에 위트레흐트대학교의 수의학과 교수이자 고기 과학자인 헹크 하그스만Henk Haagsman과 협동 연구를 진행했다. 하그스만은 규모가 꽤 큰 연구 프로젝트의 책임 연구원이 되었고, 하그스만은 위트레흐트대학교 동료 교수 베르나르트 룰런Bernard Roelen, 칼레인 바우턴Carlijn Bouten(에인트호번공과대학교), 클라스 헬링베르프Klaas Hellingwerf(암스테르담대학교)와 함께 연구팀을 꾸린다. 연구팀은 네덜란드 정부 기관인 혁신청으로부터 2005년부터 2009년까지 자금 지원을 받는다. 에인트호번공과대학교 소속이던 포스트가 이 연구팀에 합류한 것은 2008년으로, 그는 바우턴이 빠진 자리에 들어간다. 포스트 본인도 인정하듯이, 포스트는 네덜란드 배양고기 운동의 선구자라기보다 상속자다.

포스트는 이따금 자신이 유명해진 계기는 우발적으로 찾아왔다고 말한다. 한 기자가 로이터통신과 연합통신에 보내는 기사를 작성하는데, 마침 인터뷰가 가능한 연구원이 포스트뿐이었고, 이후 명성은 저절로 따라왔다. 포스트가 비록 의도적으로 명성을 쫓거나 이미지 메이킹에 신경을 쓰지 않았다고는 하지만, 그는 확실히 무대에서 주목받는 것을 즐긴다. 비록 그 무대가 이 저녁 시간을 함께 보낼 조촐한 모임이 진행되는, 샌프란시스코 네덜란드 영사관이 제공한 작은 무대라 하더라도 말이다. 북쪽으로 샌프란시스코, 이스트베이, 마린을 연결하는 탁 트인 전경은 여러 해 동안 내가 이곳에서 살면서 본 것 중 가장 뛰어난 광경이었다. 그리고 한스 블루멘베르크의 문장 한 쌍이 떠오른다. "정상회담은 흔히 아무런 성과를 내지 못하는데도 그 후광을 유지한다. 최고 권한에는 늘 따라다니는 미신이 있다. 그런 권한만 있으면 재앙을 막고 피해자를 구제하는 일을 모두 해내는 데 필요한 합의가 가능하고, 그 누구도 상상할 수 없을뿐더러 책임조차 지지 않으려고 하는 예방 조치를 취하는 것이 가능하다는 미신이다."[5] 최고 권한이라. 물론 이 모임은 최고 권한은 부여받지 못했다. 그러나 우리가 모인 장소는 지대가 높고 전망이 좋으며, 지구적 규모의 재앙을 막고자 하는 바람을 공유한다. 비록 그 재앙이 구체적으로 무엇인지에 대해서는 의견이 완벽하게 일치하지 않지만. 이 자리에 모인 모든 사람이 기후변화가 실질적이고도 절박한 위협이라는 데 동의하지만, 식량 안보의 미래와 동물복지가 얼마나 중요한 문제인가에 대해서는 의견이 갈린다. 길쭉한 피라미드 모양의 48층짜리 상업 빌딩 트랜스아메리카가 또렷하게 보이고, 저 멀리 언덕 위에는 1933년에 문을 연 전망대 코이트타워도 보인다. 이런 풍경을 배경으로 해가 저무는 가운데 네덜란드 영사는 아주 장엄한 개회사를 읊는다. "수익, 사람, 지구"의 피라미드의 중요성을 강조하면서, 우리 모두가 협동해서 그것을 만들어나가길 희망한다고 말한다. 또한 지금부터 일곱 세대에 걸친 번영을 염두에 두면서 미래 계획을 짜야 한다는 이로쿼이족의 이상을 예로 든다. 개회사를 마친 그는 선약이 있다면서 사과의 말을 남기고 떠난다. 그는 네바다주 사막에서 열리는 버닝맨 축제*에 참가하기 위해 암

---

* 매년 8월 마지막 주에 미국 네바다주 블랙록 사막 한가운데 일시적으로 형성됐다 사라지는

스테르담에서 오는 딸을 데리러 공항에 나가야만 한다고 미리 양해를 구했었다.

포스트는 약 40명 정도 되는 참석자들 앞에서 발표를 한다. 발표 내용의 중심에는 고기와 우리 인간의 관계라는 익숙한 수수께끼가 자리 잡고 있다. 인간은 육식을 즐겨 먹지만, 전 세계의 건강한 채식주의자 수백만 명이 증명하듯이 영양학적 필요에 의해서 고기를 먹는 것 같지는 않다. 우리는 뭔가 설명할 수 없는 이유로 식단의 필수 요소와는 기껏해야 느슨한 연관성밖에 없는 듯한 욕구에 사로잡혀 있는 셈이다. 포스트는 배양고기 운동 관여자들이 대부분 공유하는 입장을 설명한다. 대중이 채식주의를 받아들이고 실천할 가능성은 매우 희박하고, 공장식 축산업 때문에 이 세상의 종말이 점점 앞당겨지고 있는 현실에서, 우리는 행동 변화에만 기대할 수 없는 불가능한 목표를 기술로써 달성하는 쪽에 희망을 걸어야 한다고 그는 말한다. 포스트는 전문 영업사원이 아니지만, 현재 배양고기 연구가 해결해야 하는 기술적 과제를 투명하게 공개하고 그런 과제를 해결하는 속도가 더디다는 점을 숨기지 않는 과학자이고, 그런 점은 칭송받아 마땅하다. 그러나 이 주제를 거의 처음 접하는 청중이라면, 앞으로 소비자가 배양고기를 받아들이도록 설득해야 하는 과제가 당장 해결이 시급한 기술적 과제에 비해 훨씬 덜 중요하다는 인상을 받을 수 있다. 포스트는 올해 안에 (소태아혈청을 대체할) 경제적인 비동물성 배양액을 찾

도시인 블랙록 시티에서 벌이는 예술 축제.

는 것이 목표라고 말하고, 나는 그 소식에 놀란다. 이어서 포스트는 소를 마치 기계처럼 묘사하고, 그것은 내가 이미 자주 들어본 이야기다. 소는 사료를 사람이 먹을 수 있는 근육으로 바꾸는 기계인데, 효율성이 엄청 떨어지는 낡은 기술이라는 것이다.

포스트는 그런 '낡은' 소를 생물반응장치로 대체하고자 한다. 2만 5000리터짜리 생물반응장치 한 대로 4만 명의 사람이 먹을 고기를 생산할 수 있다. 2만 5000리터면 대략 소형 물차의 탱크 정도 크기로, 그 안을 물로 가득 채운다 해도 수영조차 제대로 할 수 없는 공간이다. 또한 포스트는 자신의 연구팀이 현재 사용하는 줄기세포를 제공한, 일반 소보다는 조금 더 효율적인 소 블랑-블로 벨주Blanc-Bleu Belge (즉 벨지언 블루Belgian Blue)에 대해 소개한다. 블랑-블로 벨주는 소의 근육 생성 능력을 강화한 교잡종이다. 보통 포유류는 근육 성장을 방해하는 마이오스타틴이라는 단백질을 생성한다. 블랑-블로 벨주의 세포는 마이오스타틴을 생성하지 않는다. 따라서 다른 소보다 근육이 두 배 더 많고 뛰어난 육질로 유명하다. 이것은 또한 벨지언 블루의 새끼 소가 태어날 때는 어미 소의 산도를 통과하기에 이미 몸집이 너무나 큰 상태여서 제왕절개가 필요하다는 것을 의미한다. 그럼에도 불구하고 벨지언 블루의 근육세포도 시험관에서 스스로 알아서 자라지는 않는다. 전기적·기계적·화학적 방법으로 인위적 자극을 주어야만 한다. 포스트는 시연회용 햄버거를 위해 한 가닥 한 가닥 근섬유를 만들어냈던 지난한 과정을 구체적으로 설명한다. 나는 지금 그와 유사한 과정이 진행되고 있는 것은 아닌지 궁금해진다. 청중 또한 시험관 기법을 고기를 생산하기에 합당한 생산 방식으로 여기도록 자극을 받고 있는 것 같다. 그런 자극 중 하나가 소를 기계로 묘사하기이다. 그렇게 하면 생물반응장치 안에서 세포와 근육을 키우는 작업이 체내에서 같은 과정을 진행하는 것과 크게 다르지 않다고 주장하기가 쉬워진다.

포스트가 초기 영국과 네덜란드 소비자 설문 조사에서 많은 사람이 실험실에서 키운 고기를 먹어볼 의향이 있다고 응답했다는 결과를 설명하는데, 스스로를 채식주의자라고 밝힌 한 청중이 끼어든다. 그녀는 앞서 대중이 채식주의를 받아들이고 실천하지 않을 것이라는 포스트의 진단에 동의할 수 없다고 말한다(그런데 두 사람 다 자신의 주장을 뒷받침하는 근거는 제시하지 않았다). 대화의 흐름을 바꾸려는 듯 그녀는 묻는다. "왜 사람들에게 그들이 먹고 있는 고기가 얼마나 큰 문제인지 알리지 않는 거죠?" 이날 저녁 처음으로 포스트는 잠시나마 할 말을 잊은 듯하다. 그러나 그는 곧 정신을 차리고서, 대중이 채식주의를 받아들이고 실천하는 것이 공장식 축산업의 문제에 대한 합리적 대응책이 맞지만, 인간이 음식을 선택할 때는 이성이 아닌 감성에 의존하게 된다고 답한다. 그는 네덜란드의 프리칸델을 예로 든다. 프리칸델은 건강부터 음식의 유래와 맛에 이르기까지 모든 면에서 끔찍한 음식이라고 대체적으로 인정하는 분위기지만, 그래도 여전히 인기 있는 음식이다. 포스트는 그런 감정적 반응이 그가 잠깐 언급한 '소고기 미메시스', 즉 체내에서 생성된 소고기 조직의 형태를 최대한 똑같이 모방하는 것이 중요한 이유라고 말한다. 식문화의 관성은 강력해서 사람들에게 새로운 입맛을 개발하라고 제안하기보다는 기존의 입맛을 최대한 맞추려고 노력해야 한다는 것이다. 포스트의 말에 청중은 박수갈채를 보내고, 다른 연사의 차례로 넘어간다. 발표자들 중에는 사람들이 새로운 입맛을 개발하기를 기대하는 이도 있다. 곤충 가루, 유제품이 들어가지 않은 비건 치즈, 귀뚜라미 공급업자 등이다. 저녁 만찬 행사는 지구온난화로 체온을 낮추는 데 소중하고 유한한 에너지를 써야 하므로 동물의 생존 활동 자체의 난이도가 높아질 뿐 아니라 가용 농지가 줄어들기 때문에 축산업 자체가 변화할 가능성을 논의하는 것으로 마무리된다. 채식주의자의 반론이 저녁 내내 들은 말 가운데 유일한 반대 의견이었다. 그 누구도 포스트가 제시한 기본 전제, 예컨대 동물단백질의 미래라는 문제는 기술을 통해 해결해야 하며, 그것이 아마도 다른 어떤 형태의 사회 변화보다 더 손쉬운 해결책일 것이라는 가설에 의문을 제기하지 않았다.

당신에게 궁극의 고기란?

마스강(프랑스어로 뫼즈강)이 이 도시를 둘로 나눈다. 마스트리흐트는 로마인이 라틴 유럽 쪽 마스강을 건너 정착촌을 건설하면서 시작되었다. 그 정착촌을 트라이엑툼 아드 모샴Traiectum ad Mosam이라 불렀고, 훗날 네덜란드어로 마스트리흐트가 된다.[6] 어느 날 아침 조깅을 하면서 네덜란드에서 가장 오래된 다리 위로 마스강을 건너는데 큰 도로의 중앙에 느긋하게 앉아 있는 양 떼가 보인다. 양 떼를 에워싸는 울타리가 세워져 있고, 양치기는 어디로 갔는지 코빼기도 보이지 않는다. 워낙 이른 아침이어서 근처에 사람이 없다. 나는 도시에서 양 떼를 보는 것이 신기한 나머지 잠시 그 자리에서 차가운 날씨에 다리가 굳지 않게 제자리 뛰기를 하면서 행복하게 양 떼를 바라본다. 런던에서 벨기에를 거쳐 이곳에 이르는 기차를 타고 지나오면서 본 양과 소들을 떠올린다. 내가 탄 칸은 미국 관광객으로 가득했고, 그중 많은 수가 텍사스 억양을 썼으며, 대부분 30대보다는 70대에 가까웠다. 런던 세인트판크라스역의 우아한 쇠지붕 아래에서 천천히 빠져나온 기차는 겨자로 노랗게 물든 들판, 초지에 방목된 양과 소, 밀집도가 다소 낮은 축산시설들을 지나쳤다. 한 남자가 동행을 돌아보며 대형 사육장이 도입되기 전 텍사스에서 자란 시절의 아련한 추억을 소환했다. "그런 게 진짜 영농인데." 그는 학교에서 집으로 돌아가는 길에 만나는 가축 한 마리 한 마리를 알아볼 수 있었던 세계의 몰락을 아쉬워하는 듯 한숨을 내쉬었다. 나는 도시에서 자라 그런 기억은 없다. 이전에는 이렇게 많은 양을 본 적이 없었다.[7] 나는 내가 포식자처럼 보이지는 않을까 걱정한다.

마스트리흐트에 온 뒤로는 표면적으로 소강상태에 빠졌다. 포스트는 생리학과 학과장으로 교수 일과 행정 사무를 병행하는 데다 가족과의 일상으로 바쁘다. 포스트의 배양고기 연구 프로젝트에 참여하는 기술자와 조교와 자원봉사자는 실험을 진행 중이지만, 당장은 고기를 만들고 있지 않다. 만약 내가 이곳에서 햄버거 패티를 찍어내는 작은 공장을 기대했다면 지금쯤 아주 크게 실망했을 것이다. 그러나 나는 내가 극적 발달의 서사가 아닌 점진적 진보의 서사에 참여하고 있다는 관념에 익숙해졌다. 그 와중에도 포스트 실험실의 작업 루틴은 종종 언론의 취재 요청으로 깨지곤 한다. 2015년 초에도 포스트는 여전히 배양고기를 취재하는 기자가 가장 먼저 연락을 취하는 인물이다. 그런데 소강상태에 빠졌다는 느낌은 아주 큰 오해다. 포스트는 자신이 공동 설립자로 참여할 모사미트^{Mosa Meats}라는 스타트업의 창업을 위한 논의를 진행 중이다. 유명 스니커즈 제작사에게 요청을 받아 시작한 가죽 생산 작업도 논의 중에 있다. 인턴과 학생들이 포스트의 실험실을 드나들며 실험을 진행하고 있고, 일부는 조직배양고기를 만들 수도 있다는 기대를 품고 이곳을 찾아온 외국 학생들이다. 포스트는 현재 배양고기 연구 프로젝트의 진행 속도를 늦췄다기보다는 필요에 의해 어쩔 수 없이 자신의 책임 범위를 행정 사무와 자금 마련과 프로젝트의 사업적 측면으로 좁힌 상태다. 내가 찾아왔을 때 그는 한창 자신의 기술이 실험실 환경에서 안정적이고 효과적임을 입증하는 단계에서 그 기술이 실험실 밖의 더 넓은 세상에서도 충분히 통한다는 것을 입증하는 단계로 넘어가는 중이었다.

마스트리흐트는 인구 10여만 명 정도의 작은 국제도시다. 림뷔르흐주의 주도인 마스트리흐트는 수백 년간 벨기에, 독일, 네덜란드의 국경이 교차하는 지역이었다. 마스트리흐트 원주민은 로마인 정착촌이 세워지기 이전부터 이 도시를 거주지로 삼았지만, 근처 신트피테르스베르흐산(세인트피터산)에서 처음으로 수석과 석회암을 비롯해 백악을 채굴한 것은 로마인이었던 것으로 보인다. 로마인들은 백악을 대량으로 채굴해서 훗날 마스트리흐트가 될 지역 주위에 16피트(약 4.9미터) 높이의 담을 쌓았다. 어디로 가야 하는지만 알면 이곳에서 로마 유적의 흔적을 찾기는 어렵지 않다.[8] 이 지역 사투리는 내가 암스테르담에서 접한 네덜란드어보다는 독일어에 가깝다는 말을 들었고, 거리를 돌아다니는 내귀도 그 말에 동의한다. 내가 묵고 있는 호텔에서 마스트리흐트대학교까지 가는 길은 꽤 멀고, 차가운 봄바람이 바삐 통과하는 터널을 만들어내는 거대한 20세기 말 건물들 사이를 지나가야 한다. 1976년에 설립된 마스트리흐트대학교는 건축물로는 매력이 떨어지지만 기능에 충실한 건물들로 구성되어 있으며, 도심 바깥쪽에 자리하고 있다. 대학교 교정에 도착한 나는 누구라도 도와주고 싶은 길 잃은 양처럼 보이려고 애쓰면서, 이따금 학생들의 도움도 받아가면서 콘크리트와 유리로 만들어진 블록들 사이를 헤맸다.

생리학과 행정 직원 피비안 셸링스가 나를 포스트의 사무실로 안내하고서 기다리라고 말한다. 심심한 방이지만 그럼에도 포스트의 과외 활동의 증거가 두세 가지 보인다. 푸치니의《나비부인》공연 홍보 포스터가 눈에 들어온다. 멋지게 꾸민 일본 여인이 부채를 들고 포즈를 취하고 있다. 시몽 샤이에라는 화가의 전시회와, 뉴욕 메트로폴리탄미술관의 렘브란트전展 기념 포스터도 보인다. 나는 포스트가 미국에서 몇 년간 일했다는 사실을 떠올린다. 정확하게는 보스턴 비컨힐에 살면서 베스이스라엘병원에서 6년 동안 일했고, 뉴햄프셔주 하노버의 다트머스-히치콕의료센터에서도 잠깐 일했다. 사무실에는 컴퓨터가 놓인 책상 하나와 학생들을 면담할 때 사용하는, 의자가 서로 마주 보도록 놓여 있는 책상 하나가 있다. 포스트가 들어왔고 우리가 가장 먼저 나눈 대화는 프라이버시권에 관한 것이다. 나는 그에게 내가 인터뷰할 때마다 인터뷰 상대에게 제출하는 문서를 내민다. 정식 인터뷰의 내용을 내가 인용하는 방식과 조건을 설명하고 서명한 문서다. 포스트는 그런 문서는 필요하지 않다면서 받지 않는다. 그는 프라이버시권은 어차피 한물간 유행이라고 말하고, 내가 방문하는 동안 그런 말을 서너 번 반복할 것이다. 나는 나도 프라이버시권에 대해 잘 알지 못한다고 인정하면서도 그가 왜 그런 말을 하는지 더 이상 묻지 않는다. 포스트는 인터넷 기업이 우리에 대해 수집하는 엄청난 양의 데이터를 염두에 두고 있는 걸까? 투명성에 대한 그의 관심에 나는 '체외에서/시험관에서'로 사용되는 라틴어 "인 비트로"in vitro의 원래 의미인 '유리 아래'가 절로 떠오른다.

우리는 앞으로 한 주 동안의 일정에 대해 이야기를 나눈다. 그동안 나는 가능하면 포스트를 그림자처럼 쫓아다닐 계획이다. 포스트는 강의, 학생 면담, 실험실 일정 외에도 서너 개의 특별 일정을 소화할 것이다. TV 뉴스채널 두 곳의 취재팀 방문도 그런 특별 일정인데, 나중에 한 팀이 약속을 취소했고, 취재팀이 방문하면 오히려 번거로워지는 포스트의 연구팀은 아마도 안도했을 것이다. 또한 포스트는 에인트호번공과대학교에서 멀지 않은 근처 네이메헌이라는 도시의 강당에서 의과대 학생들을 대상으로 강연을 할 예정이고, 그가 정기적으로 출연하는 지역 TV 방송 프로그램에 전문가 패널로 참가할 예정이다. 포스트는 이런 바쁜 일정에 대해 말하면서 웃는다. 네덜란드에서는 자신 같은 학자가 공무원이나 마찬가지라서 학자로서의 일 외에도 다른 많은 일을 떠맡게 된다고 설명한다. 포스트는 연구팀이 배양고기 햄버거를 만들었던 곳을 비롯해 자신의 실험실을 구경시켜준다. 나는 포스트와 기술자들이 T형 플라스크와 배양액과 피펫*을 들고 씨름할 때 썼던 보호 장구와, 근섬유를 형성하는 세포를 관찰하기 위해 사용한 현미경을 본다. 복도에 걸린 학회 포스터들은 포스트 실험실의 연구가 대부분 의학 연구라는 사실과, 마스트리흐트심혈관연구소의 관리·감독 아래 실시되었다는 사실을 환기한다.

햄버거 고기 제조와 관련된 작업의 흔적은 거의 보이지 않는다. 런던 시연회 행사에서 남은 축하 플래카드나 포스터도 없다. 그러나 내가 그곳을 방문하는 동안 사용할 작은 책상이 놓인 공동사무실에는 영어로 "나는 고기 과학자입니다"라는 표어가 붙어 있고, 사무실 벽에는 네덜란드어로 '배양고기'를 뜻하는 'kweekvlees'가 적힌 티셔츠가 걸려 있다. 티셔츠에는 네덜란드어로 이런 문장도 적혀 있다. "당신에게 궁극의 고기란? 타조 살코기. 제품 정보: 실험실에서 제조함, 유전자조작 고기 아님, 광우병 없음." 그 문구에서 판타지를 자극하는 배양고기의 잠재력을 엿볼 수 있다. 당신이 세포배양으로 어떤 생물이든 만들어낼 수 있다면 어떤 동물의 고기를 먹겠는가? 누가 봐도 세포 고정대 후보는 아니라는 것을 알 수 있는 즉석 라면 몇 봉지를 빼면 음식 문화

---

* 실험실에서 소량의 액체를 재거나 할 때 쓰는 작은 유리관.

의 다른 흔적은 거의 눈에 띄지 않는다. 실험실 규정이 담긴 서류 철이 실험 지침서 및 실험실 도구 카탈로그와 책장에 나란히 꽂혀 있다. 나는 포스트 실험실에서 진행하는 연구 대부분이 인간의 심장 조직과 유사한 심장 조직을 지닌 돼지 같은 큰 동물의 심부전과 관련되어 있다는 것을 알게 된다. 포스트의 실험실은 동물을 대상으로 한 연구를 많이 실시하고, 포스트는 그 연구가 인간에게 도움이 되는 한 그 사실에 괴로워하지 않는다고 말한다. 나는 포스트가 배양고기를 대량생산하기 위해 크기를 키울 계획인 생물반응장치 하나를 볼 기회를 얻는다. 생물반응장치는 삼각플라스크 모양이고, 배양액을 생물반응장치 안팎으로 순환시키는 관과 연결된 금속 회전날이 안쪽에 들어 있다. 만약 이것이 맥주 양조장의 탱크만큼 커진다면 어떤 모습일지 상상해본다.

아논 판 에선Anon van Essen은 포스트의 햄버거 아이디어를 현실로 만든 기술자 중 한 명이다. 그는 2012년부터 배양고기 프로젝트의 정규직 연구원으로 일했다. "아이디어가 마음에 들었어요." 다소 어눌하지만 능숙한 영어로 말한다. 소를 덜 먹고 "더 환경친화적인" 생활을 위해 "세포로 햄버거를 만든다는 거요." 그는 자신이 만든 배양고기가 "햄버거처럼 생겼고, 햄버거랑 맛은 살짝 비슷하다"라고 말한다. 아논은 채식주의자가 아니다. 조직공학을 전공한 그는 현재 첫 햄버거 고기를 만들 때 사용한 소태아혈청을 대체할 배양액을 찾고 있다. 시장에 유통되는 후보 물질은 수백 개에 달하지만 대부분 대량생산용으로 쓰기에는 값이 너무 비싸다. 핵심은 배양하려는 특정 위성세포에 적합한 배양액을 찾아서 역공학 과정을 통해 더 값이 싸면서도 동일한 물질을 만들어낼 방법을 연구하는 것이다. 아논은 현재 배양고기 연구가 당면한 다른 기술적 문제들도 다시 한번 짚어준다. 지질 생성법, 요컨대 햄버거에 적합한 지방세포 생산법을 개발하는 과제와, 아마도 알지네이트alginate를 기본 베이스로 해서 세포를 키우는 데 적합한 고정대 내지는 마이크로비드를 개발하는 과제 등이 남아 있다. 나는 아논에게 언제쯤 패스트푸드 햄버거와 경쟁할 만한 가격에 배양고기를 상업적으로 유통할 수 있을 거라고 생각하는지 묻고, 그는 15~20년 후라고 답한다. 다음 날 나는 포스트가 3~5년 후로 예상하는 것을 듣는다. 포스트가 2013년에 예상한 것보다 앞당겨진 시점이다. 나는 아논이 실험실 작업대에서 매일 기술적 과제와 씨름하면서 많은 시간을 보내는 탓에 목표 달성 시기를 더 멀리 잡게 된 것은 아닐까 생각한다. 그러나 나는 무엇보다 포스트가 연구팀 팀원들도 자신의 예상을 그대로 반복해서 말하도록 애써 노력하지 않는다는 점이 마음에 든다. 아논의 책상 앞쪽 벽에는 2013년 런던 시연회 행사 때 받은 것으로 짐작되는 출입증이 걸려 있다. 당시에 그는 아들이 태어난 지 얼마 되지 않았는데도 그 행사에 참석했다.

나는 실험실 복도에서 이런저런 단편적 대화들을 나눈다. 포스트의 실험실에 합류한 지 오래된 박사후과정생 다닐Daniel은 네덜란드인이 왜 그렇게 키가 큰지를 설명하는 추론을 펼치면서, 한때 네덜란드인이라면 누구나 무료로 자유롭게 낚시를 할 수 있었던 연어가 풍부한 강들을 그 이유로 꼽는다. 다닐은 현대사회에

만연한 모든 음식이 '자연산'이어야 한다는 강박을 비판한다. 그는 '자연산'이라는 라벨 자체가 그야말로 비과학적이라고 지적한다. 또 지역 특산품 인증 라벨을 언급하면서 실은 네덜란드가 파르마 햄의 대표 생산지라는 사실을 알려준다. 네덜란드에서 키운 돼지를 이탈리아 파르마로 보내 돼지고기에 테루아를 더할 지역 사료로 충분히 '마감 작업'을 한 다음 이탈리아 땅에서 도축한다. 아논의 배양액 데이터를 분석하는 작업을 담당하는 자원봉사자 기술자 미하엘Michael은 소태아혈청의 대체물을 찾을 가능성 자체는 매우 높지만 소태아혈청만큼 효율적인 대체물은 없을 거라고 말한다. 그는 비건 배양액을 사용하면 현재 배양 속도의 80~90퍼센트까지는 구현할 수 있을 거라고 예측한다. 이 견해는 내가 만난 다른 실험실의 연구원들도 피력한 견해다. 단Daan이라는 젊은 연구원은 생물공학과 경영학을 이중 전공하는 석사과정생으로 포스트 실험실의 방문학생 인턴인데, 자신이 배양고기 연구에 얼마나 열정적으로 임하고 있는지 내게 꼭 인정받아야겠다고 마음먹은 것 같았다. 그가 현재 맡은 일은 연구팀이 목표한 대로 세포가 증식할 수 있으려면 마이크로캐리어 비드와 세포의 비율이 어느 정도여야 하는지를 알아내는 것이다. 단은 음식에 과학을 적용하는 것에 대한 유럽 대중의 태도에 불만을 표했다. 그는 유전자 조작 기술을 활용하면 지방세포 배양을 비롯해 배양고기 생산 공정의 많은 부분들이 더 쉽게 해결될 것이라고 지적한다.[9] 또 다른 젊은 인턴 마르코Marco는 세포배양을 통한 가죽 생산을 위한 예비 탐색 연구를 진행 중이었는데, 특히 섬유아세포가 세포 성장에서 어떤 역할을 하는지 살펴보고 있다. 그는 몇 주 전 조직배양 연구에서는 아주 흔한 실패를 경험했다. 그동안 배양한 섬유아세포가 곰팡이에 오염되어 전부 폐기해야만 했던 것이다. 포스트는 조직배양 작업을 수행하는 로봇 작업자를 도입해 완벽한 멸균 시설을 만들면 그런 오염의 가능성을 제거할 수 있을 것이라고 생각한다.

자본주의 근대화와 윤리적 명령

그로부터 이틀 뒤 나는 메모를 하고 실험 과정을 관찰하는 루틴에 적응했다. 아논이 독일의 국제방송국 도이체벨레에서 보낸 취재팀이 왔다고 알려준다. 연출 감독인 안드레아스 하우스만이 카메라맨과, 촬영 내내 붐마이크를 들고 있는 힘든 일을 담당할 보조를 대동하고 들어선다. 촬영은 양쪽 모두가 능숙하게 구사하는 영어로 진행될 예정이다. 내 짐작으로 이 촬영의 목적은 포스트 연구팀이 햄버거를 만든 과정을 재구성하는 것인 듯했다. 실험실 가운을 입은 아논이 실험실 작업대에 앉아서 작은 소고기 덩어리의 포장을 푼다. 취재팀은 아논이 소고기에서 작은 조각을 떼어내 용액이 든 샬레에 넣는 장면을 카메라에 담는다. 이것은 휴면 상태인 검체의 줄기세포를 효과적으로 활성화시키기 위해 조직을 분해하는 과정을 보여준다. 이 세포들은 포스트 연구팀이 햄버거를 만드는 데 사용한 것과 동일한 종류의 골격근세포이고, 어느 정도 증식하면 고기가 될 근섬유를 형성할 것이다. 그런 골격근세포는 체내에서 근육이 손상되면 근육을 재생하는 아주 중요한 역할을 담당한다. 막 도살된 동물에서 근육 샘플을 채취하면 여전히 살아 있는 줄기세포가 곧바로 작업에 들어간다. 배양고기는 근육 재생 메커니즘에서 출발한다. 치유 과정이 미래의 생산 과정이 되는 것이다.

안드레아스는 아논에게 햄버거 패티 하나를 만드는 데 필요한 양을 얻기까지 얼마나 오래 걸리는지 묻는다. 아논은 자신이 지금 시연하는 기법을 활용하면 "두세 달 정도" 걸린다고 답한다. 이것은 아직 수공예 작업에 가깝다. 그래서 제품성이 있으려면 산업화가 필요하다. "이것이 미래라고 생각하나요?" 안드레아스의 질문에 아논이 말한다. "네, 저는 그렇다고 생각해요." 취재팀은 사진을 몇 장 찍기 위해 잠시 촬영을 멈춘다. 아논은 카메라 앞에서 고기 조각이 든 시험관을 흔들어 보인다. 햄버거 패티 하나에 세포가 얼마나 많이 들어 있나요? 안드레아스가 묻자, 아논은 근육조직은 많은 근섬유로 구성되고 각 섬유는 150만 개의 세포로 이루어져 있으므로, 단 30개의 세포가 들어 있는 고기 조각으로 만든 햄버거 하나에는 수십억 개의 세포가 들어 있을 것이라고 말한다.

이즈음 포스트가 나타나 안드레아스와 인사를 나누고 실험실 가운을 입는다. 다음 단계로 고기 샘플을 원심분리기에 돌린다. "딱히 대단한 광경은 아니에요." 포스트가 사과하듯이 말한다. 시각적으로 대단할 것이 없다는 뜻이겠지만, 이 원심분리기에는 이름도 있다. 일반 원심분리기에 비해 회전 속도가 느리다는 점을 반영해 젠틀 맥스라고 부른다. 포스트는 마이크에 대고 일반론적인 이야기를 두세 문장 정도 말한다. 이론적으로는 배양고기가 기존의 소고기보다 자원이 덜 들고, 같은 자원을 들이더라도 더 많은 식량을 생산한다. 기존 사육 방식보다 온실가스를 덜 배출한다. 소들이 희생되지 않는다. 포스트는 마치 일종의 미니 강연을 진행하는 것처럼 네덜란드의 배양고기 연구의 역사와 최근 동향을 간략하게 소개한다. 안드레아스는 포스트에게 그도 판에일런만큼 배양고기에 집착하는지 묻는다. 포스트의 답은 웃음을 이끌어낸다. "아니요, 전 그렇게까지 심하지는 않아요." 포스트는 대중에게 분별력 있는 사람으로 보이고 싶어 한다. 그는 2013년 시연회에서 배양고기 햄버거를 맛본 사람들로부터 배양고기 햄버거가 전통 햄버거와 동일하다는 평가를 받지 못했다고 솔직하게 말한다. 아직은 개선의 여지가 많다.

내가 미처 알지 못한 영양학적 반전에 대해서도 이야기한다. 포스트는 배양고기에 B_{12}와 같은 비타민을 별도로 첨가해야 한다는 사실을 인정한다. 체내에서 만들어진 근육과 달리 조직배양으로 만든 근육은 주변 조직에서 B_{12}를 흡수할 수 없기 때문이다. 그러나 그는 덕분에 지방세포가 콜레스테롤을 줄이는 오메가3 지방산을 생성하도록 유도하는 등 강화 배양고기를 만들 수도 있다고 덧붙인다. 이런 방식으로 고기를 더 건강한 음식으로 만드는 아이디어에 대한 논의는 상대적으로 드물다. 아마도 일부 청중에게 이런 이야기는 유전자조작 음식을 연상시키기 때문일 것이다. 요컨대 더 건강한 고기는 원 고기와 다소 다른 고기가 될 것이고, 그래서 거부감을 유발할 가능성이 있다. 카메라가 돌아가는 동안 포스트는 소비자가 당연히 배양고기 제품을 구매할 거라고 장담한다.

붐마이크를 든 채 조금씩 뒷걸음질 치는 보조에게 방해가 되지 않으려고 나도 자꾸 뒤로 물러선다.

우리는 실험실 밖으로 나와 오로지 내레이션이 들어갈 장면을 촬영할 목적으로 대학교 건물 복도로 이동한다. 안드레아스는 포스트가 과학도서관을 돌아다니는 장면(비록 포스트는 연구와 강의로 바빠서 과학도서관에 오는 일이 거의 없다고 고백하면서 과학도서관에 들르지 않은 지 몇 년은 되었다고 말했다), 자전거를 타고 대학교에 도착해 자전거 거치대에서 자물쇠를 채우는 장면을 촬영하고 싶어 한다. 만약 그런 것이 실제로 존재한다면 이것이야말로 네덜란드식 액션 장면이군, 나는 생각한다. 포스트는 자전거보다 비싼 자물쇠를 쓰는 것이 중요하다고 말한다.

우리는 도이치벨레 방송 취재팀의 밴을 타고 마스강에서 가까운 마스트리흐트 도심의 한 햄버거 식당으로 간다. 셰프의 아내는 포스트가 사는 동네 이웃의 딸이고, 포스트는 이 식당의 단골이다. 식당의 인테리어는 소도시의 식당치고 꽤 세련된 편이다. 블루치즈, 갈색이 될 때까지 졸인 양파, 그리고 아마도 칠면조 고기나 양고기처럼 소고기가 아닌 고기로 만든 패티를 제공할 법한, 샌프란시스코나 보스턴이나 시카고에 있을 법한 햄버거 가게를 연상시킨다. 안드레아스는 포스트에게 '블랙 타이거'라는 이름이 붙은 소고기 햄버거를 주문하라고 요청한다. 카메라가 돌아가는 동안 포스트는 그 햄버거를 먹고, 패스트푸드 햄버거와 경쟁할 수 있는 배양고기 햄버거가 출시되기까지 얼마나 기다려야 하는지에 관한 자신의 견해를 밝힌다. 그는 식당에서 팔릴 만한 햄버거를 만들기까지는 3~4년이 걸릴 것이고, 대형 패스트푸드 체인점과 가격경쟁이 가능한 햄버거를 만들기까지는 7~8년이 걸릴 거라고 말한다. 블랙 타이거의 소스와 치즈가 접시 위로 뚝뚝 떨어지는 것을 보면서 포스트는 햄버거 빵이 제 역할을 못 하고 있다고 말한다. 안드레아스는 포스트가 손에 들고 있는 햄버거를 소품으로 활용해 메시지를 전달하도록 연출한다. 포스트는 성실하게 연출 감독의 지시를 따르면서 이렇게 말한다. 이 햄버거에 들어가는 패티를 만들기 위해 자원이 덜 들고 동물이 고통당하거나 희생당하지 않아도 된다면 더 좋겠죠.

포스트는 지금은 문을 닫았지만 한때 아주 유명했던 엘불리 레스토랑의 셰프 페란 아드리아가 2013년 햄버거 시연회에서 햄버거를 요리할 셰프 후보로 거론될 당시에 그와 나눈 대화 내용을 들려준다. 아드리아는 포스트의 제안을 받아들일지 말지 고민했지만, 결국 자신이 그 자리에 있는 것이 시연회에 도움이 되지 않는다고 결론 내렸다. 아드리아는 흥미로운 이유를 댔다. 그는 자신이 시연회에서 배양고기에 손을 대는 순간 그 햄버거의 요리적 가치가 달라져버릴 것이라고 말했다. 마치 아드리아의 요리계에서의 명성이 전이 가능하다고 믿는 듯하다. 아드리아가 요리를 하면 배양고기가 그 자체로 일상에서 쓸 만한 식재료라는 아이디어를 제대로 전달할 수 없을 것이라는 주장이었다. 나는 이 연구를 하면서 내가 참가한 많은 언론 행사 중 하나에서 배양고기라는 아이디어에 또 다른 유명 셰프가 보인 반응이 생각났다. 아드리아처럼 '분자요리학' 전문가로 꼽히는 셰프였다. 분자요리학 전문가라는 수식어가 붙는 셰프들은 그 꼬리표를 별로 달가워하지 않지만, 분자요리학은 일반적으로 정교한 도구, 때로는 실험실에서 쓸 법한 도구를 활용해 식재료를 우리에게 익숙하지 않은 형태로 변형하는 요리법을 의미한다. 공기를 주입해 구름처럼 부풀린 푸아그라나, 빵가루를 묻혀 사각형으로 성형해 튀겨서 포크로 찌르면 달걀노른자가 터져 흘러나오는 에그베네딕트를 만드는 식이다. 그 셰프는 자신이 배양고기로는 절대 요리하지 않을 거라고 단언하면서, 배양고기는 '진정성'이 결핍된 재료라고 주장했다. 나는 재료를 그 원형과는 전혀 동떨어진 모습으로 변형하는 일이 흔한 분자요리학 전문가인 그가 진정성에 집착하는 이유가 궁금했다. (농장에서 교배와 번식을 통해 몇 세대에 걸쳐 만들어낸) 자연에서 취한 재료가 셰프라는 행위자를 통해 문화가 되는, 현재의 자연과 문화의 경계를 보존하고 싶은 마음인 걸까? 진짜 동기는 통제권이 아닐까? 요컨대 셰프가 무엇이 자연이고 무엇이 문화인지 결정할 권한을 쥐고 있다는 신념 때문이 아닐까?

우리는 레스토랑 주인 부부에게 감사하다고 말하고 다시 이동한다. 이번에는 로마 시대에 마스강에 건설된 후 여러 번 재건된, 네덜란드에서 가장 오래된 보행자 전용 다리 신트세르바스뷔르흐에서 멀지 않은 장소로 간다. 포스트는 강을 등지고 섰고, 안드레아스는 그에게 자신의 메시지를 다시 말하게 한다. 나는 그동안 얼마나 많은 취재팀이 마스트리흐트로 왔고, 포스트가 얼마나 많은 관광 명소를 배경으로 촬영을 했을지 생각해본다. 이런 모든 촬영 활동이 포스트에게는 지겹게 느껴지지 않는지 궁금하다. 취재팀과 연구팀이 감사 인사를 서로 주고받은 뒤 안드레아스와 그의 촬영팀은 밴에 도구를 싣고 자신들의 집으로 돌아갈 준비를 한다.

이른 저녁 포스트와 나는 자전거를 타고 포스트의 집이 있는 근교 마을로 가면서 농장을 지나친다. 포스트는 오소리가 판 굴을 가리키고, 그의 이웃 중 어느 집에서 돼지를 키우는지 알려준다. 나는 끊김없이 자연스럽게 대화를 이어나가는 포스트의 능력에 속으로 감탄하면서 포스트가 그의 아내 리스베스, 두 십대 자녀와 함께 사는 커다란 집 앞에 자전거를 세운다. 포스트가 직접 복원한 헛간이 집의 일부를 이루고 있다. 포스트의 취미 중 하나는 목공이다. 포스트 실험실의 박사후과정생이 동네의 낡은 집을 구매할까 생각 중이라는 말을 들은 포스트가 그 자리에서 자신의 목공 도구를 빌려주겠다고 제안해서 알게 된 사실이다. 리스베스는 친절하게도 다섯 명을 위한 저녁을 준비했고, 우리는 페스토와 베이컨을 넣은 파스타 접시를 앞에 두고 뉴잉글랜드에 대한 추억을 회상했다. 뉴잉글랜드는 리스베스와 포스트가 여러 해 동안 살았던 곳이고, 내가 나고 자란 곳이기도 하다. 대화 주제는 곧 포스트의 실험실로 옮겨 갔고, 포스트가 앞으로는 지금처럼 자신의 배양고기 연구를 개방적으로 운영할 수 없을 것 같다고 말한다. 벤처 투자금의 지원을 받는다는 것은 지식재산권을 보호해야 한다는 것을 의미하고, 그것은 곧 나 같은 방문객을 덜 받는 것을 의미한다. 우리는 '음식'을 정의하는 방식에 대해 이야기하고, 포스트는 몇 년 동안 매일 점심으로 똑같은 샌드위치를 먹은 사람다운 정의를 제시한다. 음식은 연료라고. 어느 정도 시간이 지나 밤에 가까워지자 나는 연료를 공급해줘서 감사하다는 인사를 건넨 뒤, 점점 어두워지는 시골길을 따라 자전거를 타고 마스트리흐트로 돌아온다. 대여 자전거에 마찰력으로 전기를 공급하는 전구가 달려 있어서 다행이었다.

　다음 날 포스트의 실험실에서 마지막 날 오전을 보내고, 오후에는 포스트의 스테이션왜건을 타고 네이메헌으로 향한다. 우리의 목적지는 중세 수도원 건물 바깥쪽에 세워진 근교 마을의 한 대강당이다. 포스트는 이곳에서 의대생을 대상으로 강연을 할 예정이다. 나는 가는 길에 포스트에게 질문을 한다. 그동안 많은 논평가가 의학 연구에 더 많은 자금이 몰릴 것이므로 배양고기의 개발 속도는 재생의학 연구 속도보다 더딜 것이라고 주장했는데, 포스트는 어떻게 생각하는지 묻는다. 포스트는 배양고기 기술이 의학 분야의 조직공학에서 파생한 기술이라는 점은 인정했지만, 재생의학보다는 상대적으로 더 젊고 더 활력이 넘치는 배양고기 산업이 앞장서고, 재생의학은 배양고기 기술을 흡수하는 방향으로 흘러갈 것으로 보인다고 말한다. 우리는 양돈 축사를 지나치고, 나는 포스트에게 왜 소고기를 집중적으로 연구하게 되었는지 묻는다. 포스트는 자신이 환경과 식량 안보를 최우선 순위에 두고 있기 때문에 그런 선택을 하게 되었다고 답한다. 소는 가축 중에서 가장 환경에 해롭고 식량으로의 전환율로 따졌을 때 가장 비효율적인 가축이라고 지적한다. 만약 자신이 동물복지를 최우선 순위에 두었다면 닭을 집중적으로 연구했을 것이라고 덧붙인다. 사육 개체 수가 소보다는 닭이 훨씬 더 많고, 누가 봐도 닭은 소에 비해 훨씬 더 끔찍한 환경에서 사육된다. 포스트의 답변을 듣고도 내가 그냥 넘어가지 않고 이 문제를 더 깊이 파고들자, 포스트는 자신이 소고기의 상징성에는 전혀 관심이 없다고 강조한다. 그가 소고기를 선택할 때 햄버거의 세계적 인지도나 스테이크의 위상 같은 것은 고려 대상이 아니었다. 나는 그에게 배양고기를 대량생산하는 것은 불가능하다고 주장하는 비평가들에게 어떻게 응답하겠느냐고 묻고, 그는 그것을 입증할 책임은 그렇게 말하는 사람들에게 있다고 답한다. 배양고기처럼 의학 기술을 산업 기술로 전환하는 시도가 선례를 찾아보기 힘든 엄청난 도전인 것은 사실이지만, 포스트는 선례가 없다는 사실만으로 불가능하다고 단정 지을 이유가 없다고 말한다.

그날 포스트가 강연을 끝내고 질의응답 시간까지 마친 후 녹초가 된 상태로 마스트리흐트로 돌아가는 길에 포스트는 뜻밖에도 칼뱅주의를 언급한다. 미국의 민영화된 의료 체계에 대해 네덜란드인들은 믿을 수 없다는 반응을 보인다는 것에서 시작한 대화는, 과학과 공학을 구별하는 다양한 방법과 네덜란드 복지정책의 현주소로 이어졌다. 포스트는 자신의 직업윤리에 대해 이야기하던 중에 칼뱅주의를 언급한다. 자신이 배양고기 연구를 하게 된 동기로 제시하고 싶어서가 아니라, 과학자로서 안정적 지위를 확보한 그가 왜 그런 현실에 안주하기를 거부해야 한다고 느끼는지를 설명하기 위해서다. 현대 네덜란드 사회에서는 화이트와인 한 잔을 따라놓고 앉아서 하루를 한가롭게 보내기 쉽다고 포스트는 말한다. 그는 유유자적하고 태평한 분위기가 저지대 국가*에 고착

되었다고 믿고 있고, 그로 인한 정체를 걱정한다. 과학을 삶의 방식으로 선택하는 것이 그런 정체에 맞서는 포스트의 해독제였다. 쉴 새 없이 도전하는 생활에 너무나 익숙해져서 그에게는 자신의 성과에 안주하는 것보다 곧장 다음 프로젝트로 뛰어드는 것이 더 쉬운 일이 되었다.

포스트는 칼뱅주의에 대해 설명하면서 이미 잘 알려진 역사를 요약한다. 종교개혁 이후 칼뱅주의는 예정된 구원이라는 교리와 세속 활동의 원리를 통합했고, 네덜란드 문화에 큰 영향력을 행사했다. 네덜란드의 칼뱅주의자는 물질적 성공을 천국이 예정되었다는 보충 증거로 이해했다. 이런 사고방식이 세대에서 세대로 이어지면서 근면성과 실천의 문화가 형성되었고, 대표적 사회과학 이론에 따르면 이런 사고방식이 근대 자본주의의 출현에 기여했다. 적어도 사회학자 막스 베버는 『프로테스탄트 윤리와 자본주의 정신』에서 그런 주장을 펼쳤고, 마스트리흐트로 돌아오는 내내 나는 칼뱅주의 문화, 근대화, 대규모 축산의 위험성이 서로 연결되어 있다는 생각을 떨쳐낼 수가 없다. 내게 배양고기는 대략 근대화가 야기한 손상을 시장자본주의의 도구를 이용해(그리고 시장자본주의의 한계 내에서) 복구하려는 노력의 일환처럼 보인다. 이렇게 해석하면 전체 서사를 아주 깔끔하게 마무리할 수 있다는 것을 안다. 그러나 많은 배양고기 기업가가 자신이 배양고기

• Low Countries. 스헬데강, 라인강, 그리고 마스강의 낮은 삼각주 지대 주변에 위치한 지역 일대를 일컫는 말로, 오늘날의 벨기에, 네덜란드, 룩셈부르크, 그리고 프랑스 북부 지역 일부와 독일 서부 지역 일부를 포함한다.

사업에 뛰어든 이유가 윤리적 명령에 부응하기 위해서라고 말한다는 사실이 마음에 걸린다.

고기의 정의를 상상하기 어렵게 된 이유

몇 달 뒤 나는 여러 과학자, 저널리스트 등과 함께 마스트리흐트와 팔켄뷔르흐 사이에 위치한 동굴에서 저녁 식사를 하는 중이다. 우리는 포스트의 제1회 배양고기 연례 학회를 기념하는 만찬에 초대받았다. 배양고기를 주제로 하는 최초의 국제 학회는 아니지만 포스트의 햄버거 시연회 이후 개최된 첫 학회라는 점, 포스트가 주관하는 학회라는 점, 벤처 투자자들이 배양고기에 아주 큰 관심을 보이는 시점에 열린 첫 학회라는 점에서 특별하다. 포스트는 조직공학, 줄기세포, 고기과학, 식품과학의 전문가들을 섭외해 토론회 일정을 짰고, 심지어 사회과학자들이 패널로 참석하는 토론회도 있다. 회의 일정표에는 그 토론회 옆에 치켜든 엄지 그림과 함께 '승인'Acceptance이라는 도장이 찍혀 있다.

그런데 사회과학 패널로 참석한 학자들은 치켜든 엄지 그림에 꼭 맞는 데이터를 제시하지 않는다. 그들이 발표하는 연구 내용은 아마도 '양가감정'을 의미하는 수평으로 기울어진 엄지손가락에 가깝다. 빔 페르베커의 설문 조사 연구는 설문 응답자들이 배양고기의 '부자연스러운' 태생에 대해 느끼는 혐오와 걱정 등의 감정을 비롯해 위험성 문제에 어떤 식으로 대처하는지를 탐구한다. 생명윤리학자 코르 판 데르 베일러와 클레먼스 드리선은 그런 양가감정이 사람들이 육식의 즐거움과 동물복지에 대한 관심사이에서 느끼는 갈등을 반영한다고 주장한다.[10] 시험관에서 키운 고기를 가리켜 '여전히 규정되지 않은 존재론적 대상'으로 묘사한 사회학자 닐 스티븐스는 배양고기가 초기 단계의 모호성에서 어느 정도 벗어난 것 같다고 지적한다. 요컨대 시험관에서 키운 고기의 본질에 대한 합의가 점차 도출되고 있으며 '배양고기'라는 용어 자체가 그런 합의를 포착했다고 주장한다. 사회과학 토론회에서 논의된 내용의 일부만이 배양고기의 잠재적 고객을 대상으로 실시한 초창기 설문 조사를 다뤘는데, 회의실의 기업가들은 오히려 그런 내용을 발표할 때 스마트폰을 꺼내 들고 슬라이드를 찍는다. "벤처 투자자들을 다시 만나는 자리에서 보여주려는 거예요." 나와 대화를 나누던 한 과학 기자가 속삭인다. "그리고 그걸 영업 멘트에 녹여내죠. 시장이 존재한다는 증거라면서요."

정말 냉소적이군, 동굴의 바위 벽을 바라보면서 나는 생각한다. 그 벽은 '이회암'으로 이루어져 있다. 이회암은 점토, 진흙, 석회암, 탄산염 등이 뒤섞인 혼합 퇴적암을 일컫는 느슨한 지리학 용어다. 신트피테르스베르흐산에서는 백악과 이회암을 채굴하는 과정에서 긴 굴이 여러 개 생겼다. 나치와 나치 정권에 동조한 네덜란드인들이 마스트리흐트를 장악했을 때 약 만 명의 주민이 그 안에서 숨어 지내기도 했다.[11] 연합군의 비행기가 추락했을 때는 조종사들을 그 동굴에 숨긴 다음 조종사 선로라고 불린 지하 통로를 통해 벨기에로 피신시켰다. 렘브란트의 그림 〈야간순찰〉은 1944년 9월에 마스트리흐트가 해방될 때까지 돌돌 말아서 석순으로 위장해 안전하게 보관했다. 그러나 현재 이 동굴은 신트피테르스베르흐의 굴이 아니다. 우리는 버스를 타고 대학교에서 조금 떨어진 이곳으로 왔다. 버스에서 과학 저널리스트인 친구는 과학 저널에 실린 대다수 기사의 기본 구조는 미래를 향한 손짓으로 볼 수 있다고 말했다. 소개 단락으로 시작해서 최근에 있었던 과학적 돌파구를 설명하고, 지식과 정보를 근거로 그 과학적 발견이 우리 삶을 어떻게 바꾸어놓을지에 관한 추론으로 마무리한다. 나는 생각한다. 어설픈 약속들, 적어도 비공식적 약속에 우호적인 분위기는 아마도 과학 저널리즘과 가벼운, 즉 '아마추어' 미래주의 간 친밀성에서 비롯된 것은 아닐까. 학회 개회사에서 포스트는 배양고기 연구가 현재 언론의 엄청난 관심을 받고 있다는 점과, 배양고기 공동체 내에서도 비판적 토론이 필요하다는 점을 환기한다.

물론 내 배는 아직 배양고기로 채워지지 않았다. 내가 마스트리흐트를 떠난 지 5개월이 지났고, 기술적으로 5개월은 조직배양 기법으로 햄버거 패티를 만들기에 충분한 시간이다. 오늘 저녁 우리는 세포배양된 벨지언 블루 고기를 먹지는 않을 것이다. 학회 일정은 강연으로 채워져 있고, 많은 강연이 줄기세포 의과학 연구와 배양고기 생산 간 연결 고리를 집중적으로 다룬다. 그런 강연의 내용은 대개 자신의 연구가 배양고기 생산에 기여할 여지가 있다고 믿는 근육세포와 줄기세포 연구자들이 내놓은 추론이다. 줄기세포의 기능부터, 생물반응장치를 주제로 한 강연에서 세포배양 실험에 사용되는 T형 플라스크 하나하나마다 낭비되는 공간이 정말 많다는 화학공학자 매리앤 엘리스의 주장에 이르기까지, 연구의 각 세부 사항은 놀라울 정도로 세분화되어 있다. 산업화된 고기 생산 방식의 현재 상황과 유럽의 규제 체제를 살펴보거나, 배양고기의 생애 주기 분석 작업 등을 주제로 한 강연도 있다. 이샤 다타는 세포농업의 다른 생산물을 소개하고 배양고기를 홍보하기 위해 뉴하비스트가 어떤 일을 하고 있는지 발표한다.

학회의 기조연설자는 캐나다의 오타와병원연구소 소속 줄기세포 전문가 마이클 루드니키다. 그는 골격근의 성장기와 재생기에 근육줄기세포의 기능을 통제하는 분자기전을 파악하는 연구에 대해 발표한다. 보통은 잠잠하게 지내던 근육줄기세포는 신체가 부상을 입거나 하중을 이기지 못해 스트레스를 받으면 그에 대한 반응으로 세포주기를 시작한다고 설명한다. 이것은 아논이 도이체벨레 TV 취재팀의 카메라 앞에서 고기 샘플을 자를 때 촉발시킨 반응이기도 하다. 그러면 근육줄기세포는 비대칭 세포분열 과정을 통해 근육조직을 형성하도록 지정된 딸세포를 생성하고, 이 과정은 다시 더 많은 근육조직용 간세포를 생성한다. 이런 과정이 끝나면 다른 반응들도 일어나서 첫 줄기세포는 다시 휴면 상태로 돌아간다.

루드니키의 연구 대상은 근디스트로피* 등의 질병이나 외상에 대한 반응으로 일어나는 근육 재생이며, 그는 그 과정을 분자기전 수준에서 설명하고자 한다. 루드니키는 줄기세포 기능 감소 현상을 조사하며, 그중에서도 줄기세포의 대칭(동일한 줄기세포 두 개를 생성한다는 의미로) 증식 감소를 조사한다. 줄기세포

---

* 유전적 요인으로 진행성 근력 저하 및 위축을 보이는 퇴행성 질환.

302

의 대칭 증식은 당장 사용 가능한 첫 휴면 줄기세포를 보충하는 역할을 한다. 일반적으로 대칭 및 비대칭 증식은 치유되는 조직에서 보내는 피드백에 따라 일종의 균형을 이루며 진행된다. 그래야 근육이 재생될 뿐 아니라 손상되거나 스트레스를 연속적으로 받은 경우에도 재생 능력을 유지할 수 있기 때문이다. 루드니키는 특정 단백질을 첨가하면 치유 과정에서 줄기세포의 대칭 증식을 늘릴 수 있다는 사실을 발견했다. 이런 발견은 의학적으로 근육 기능 이상과 근육 관련 질환뿐 아니라 노화로 인한 줄기세포 기능 저하에도 적용 가능하다.

루드니키의 연구는 지금 여기에 앉아 있는 청중의 관심도 사로잡는다. 왜냐하면 루드니키가 발견한, 줄기세포에서 근육 성장을 촉진하는 법은 고기 생산에도 적용 가능할 것이기 때문이다. 현재 인체가 아닌 실험 쥐를 대상으로 한 그의 연구 결과를 치료법 개발이나 식품 분야에 적용하기까지 얼마나 걸릴지에 관한 질문을 받자, 루드니키는 자신도 모른다면서 구체적인 답을 제시하지 않았다. 발표자에게 답변을 거부할 권리가 있다고 믿는 나는 손상 치유가 생산을 촉발하는 이런 현상이 무엇을 의미하는지, 치유 과정이 '대량생산하기'를 가능하게 하는 능력에 한계는 없는 것인지를 두고 생각에 잠긴다.

줄기세포 과학 분야의 연구 결과 발표가 계속 이어지는 동안 여기저기서 반박과 의심의 목소리가 들리기 시작한다. 어떤 사람은 냅킨에 수학식을 적더니, 누군가 올림픽 수영장만 한 스테인리스스틸 생물반응장치를 만들겠다고 나선다면 그렇게 많은 스테인리스스틸을 구할 수 없음을 곧 깨닫게 될 거라고 내게 말한다. 나는 그런 비판이 얼마나 정확한지 의구심이 든다. 뉴욕 크라이슬러빌딩 꼭대기는 스테인리스스틸로 휘감았다. 미주리주 세인트루이스의 게이트웨이아치도 마찬가지다. 또 다른 비판은 조금 더 그럴듯하다. 과학 저널리스트 친구는 배양고기를 생산할 수 있는 생물반응장치가 존재한다면 과연 그 생물반응장치를 그런 일에 쓰는 것이 정당한가 같은 생명윤리학적 문제가 제기될 것이라고 지적한다. 인간이 먹을 수 있는 고기를 생산하는 생물반응장치라면 인간 환자에게 이식하기에 적합한 인간 조직도 생산할 수 있을 것이다. 심장병 환자의 생명을 구할 수 있는 심장 조직을 만들 수 있는데, 굳이 미식가의 하루살이 창작물에 불과한 햄버거를 만들겠는가? 윤리적·경제적 관점에서 이 질문에 대한 답은 이미 정해져 있다. 만약 순전히 가정을 해보는 거라면, 식품과 치료에 자원 배분을 자유롭게 할 수 있는 만능 권력의 존재를 상정한 것이므로, 이것 또한 배양고기에 관한 상상 사고 훈련의 한 단면을 포착한다. 배양고기 기술이 상용화되었다고 가정하는 것은 의료행위에 투입되어야 할 자원을 빼서 쓰지 않더라도 의학의 조직배양 기술로 식품을 대량생산할 수 있다고 상상하는 것을 의미한다. 또한 어떤 사람에게는 그런 가정이 배양고기 산업의 성공적 안착으로 얻는 도덕적·실용적 결과가 환경적·윤리적 관점에서 의학 발달보다 더 가치가 있다고 상상하는 것을 의미한다. 조직공학 기술 발달의 물결이 모든 배를 띄울 것이라고 믿는 과학자와 기업가도 있다. 만약 그렇게 된다면 의료 목적과 식품 생산 목적 양쪽 모두를 위해 조직을 키우는 풍요의 시대가 도래할 것이고, 우리 자신의 신체를 비롯해 우리가 모든 살아 있는 물질과 맺는 관계가 모조리 변화를 겪을 것이다.

포스트가 이 학회를 통해 달성하고자 한 목표는 배양고기 연구를 진행하면서 서로 협력하고 격려해줄 과학 공동체를 찾는 것이고, 따라서 그런 조직이 어떤 모습이어야 하는가에 관한 논의에 세션 하나를 할애한다. 하나같이 자신만의 전략 아이디어가 있는 과학자와 기업가들이 자유롭게 의견을 주고받는 방식으로 진행된다. 햄버거와 소시지 등 기존 고기의 형태를 모방한 고기를 생산해야 합니다, 한 참가자가 말한다. 아닙니다, 다른 참가자가 말한다. 우리는 소비자가 한 번도 본 적이 없는 새로운 고기를 만들어야 합니다. 유럽연합과 미국에서 고기의 생산 및 유통과 관련된 기존 규제를 살펴봐야 할까, 아니면 그런 규제를 우회할 방법을 찾아야 할까? 이 질문 또한 격렬한 논쟁으로 이어진다. 포스트는 자신이 제품을 홍보하고 그 제품이 규제 인프라를 통과하거나 우회해서 소비자의 일상 속으로 들어가도록 돕는 역할을 하는 대중 상대용 조직이 아닌, 배양고기 생산에 필요한 조직공학 기술에 전념하는 과학 조직을 염두에 두고 있다고 강조한다. 그러나 포스트가 이 말을 하는 중에도 과학의 관행과 사업의 관행을 구분하는 경계선이 휘발되어버린다. 누군가 묻는다. 현재의 고기 산업을 완전히 대체하는 것이 얼마나 중요한가? 나는 이 자리에 모인 사람 중에는 배양고기 그 자체를 시장 기회로 여기는 사람 외에도 동물보호 운동가로서 배양고기에 관심을 가지는 사람도 있다는 데 생각이 미친다.

누군가 생물학자와 공학자 간 노동 분업을 핑계로 생물학자가 프로그램을 설계하면 공학자가 그것을 실행하는 업무를 떠맡는 식으로 이루어져서는 안 된다는 아주 중요한 지적을 한다. 생물학자는 대량생산하기라는 과제를 다른 사람에게 떠넘겨서는 안 된다는 의미다. 그리고 아주 커다란 생물반응장치는 온도 조절부터 배양액의 순환, 생물반응장치 내부에 세포를 비교적 균등하게 퍼뜨리는 것에 이르기까지 다양한 공학적 과제를 낳는다. 이 목록도 빙산의 일각에 불과하다. 한 토론 참가자는 지금 같은 단절된 소통보다는, 적어도 배양고기 생산 공정을 개발하는 동안에는 두 유형의 전문가가 계속 대화를 이어나가는 것이 바람직할 것이라고 제안한다.

휴식 시간에 한 웨이터가 내게 북극곰 줄기세포로 만든 아이스크림 맛을 봤는지 묻는다. 북극곰 줄기세포? 나중에 나는 이것이 아주 정교한 농담이었음을 알게 된다. 『시험관 고기 요리책』을 펴낸 넥스트네이처네트워크에서 기획한 전시회를 염두에 두고 한 농담이었다. 그 전시회에서는 미래의 음식으로 추정되는 것들을 마치 이미 존재하는 음식처럼 전시했다. 다시 학회의 정규 일정으로 뛰어드는 내 머릿속은 북극곰과 얼음과 물(점점 사라지는 빙하 포함)로 가득하다. 고기는 대부분이 구조화된 물입니다, 한 연사가 말하는 것이 들린다. 그 말은 어느 정도 사실이다. 내가 자주 들은 고기의 구성 요소에 관한 설명들은 고기에서 물, 단백질, 지방이 차지하는 비율을 각각 75퍼센트, 20퍼센트, 5퍼센트로 제시한다. 다타는 실험실에서 고기를 키우기 시작한 순간부터 우리는 고기가 최종적으로 어떻게 정의될지 상상할 수 없게 되었다고 말한다. 그 말에 절로 고개를 열심히 끄덕이게 된다. 예컨대 만약 누군가 물의 형태가 무엇인지 묻는다면 어떻게 대답하겠는가? 세션이 끝날 무렵 포스트는 자리에서 일어나 박수를 치기 시작하고, 우리 모두 그를 따라서 박수를 친다.

코셔

어떤 고기가 '적합한' 고기인가?

유대인은 아주 오래전부터 인공고기가 코셔[•]인지를 두고 고민했다. 이 문제는 심지어 탈무드(히브리 성서에 대한 랍비 주해서)에도 나온다. 탈무드 산헤드린 소책자(65b)에는 매 안식일 저녁마

• 유대교의 율법에 따라 식재료를 선택하고 조리한 음식을 말한다.

다 카발라 창조의 서 세페르 예치라 Sefer Yetzirah를 공부하는 두 랍비 카니나Chanina와 오샤이아Oshaia가 등장한다. 두 사람은 창조의 서의 가르침에 따라 송아지를 창조한 뒤 카슈루트kashurut, 즉 유대교의 음식 계율을 지키지 않은 채로 그 송아지를 도축해서 먹는다. 이렇듯 계율을 어긴 것이 분명해 보이지만 산헤드린 소책자의 주해서에서 카니나와 오샤이아가 정말로 카슈루트를 어겼다고 단언하지 못하는 데에는 다 이유가 있다. 사람이 창조한 송아지는 '진짜 동물'이 아닐 수도 있기 때문이다. 적어도 랍비 예샤이아 할레비 호로위츠(16세기 말부터 17세기 초까지 활동)의 해석에 따르면 그렇다. 사람이 창조한 송아지는 자연의 산물이 아니므로 셰히타shechitah(코셔 계율에 따른 도축 방식)를 반드시 적용하지 않아도 된다는 것이다. 그러나 다른 권위자들은 그 송아지가 자연의 산물이 아니라 하더라도 셰히타를 적용하지 않은 것은 마리트 아인marit ayin이라는 또 다른 계율을 위반한 것이라고 주장했다. 마리트 아인은 실제로는 부적절하지 않더라도 부적절한 것처럼 보일 수 있는 행위는 삼가야 한다는 계율이다. 따라서 인공 송아지를 계율에서 정한 방식에 따라 도축할 필요가 없다고 해도, 카니나와 오샤이아의 행위는 겉으로 자연의 산물처럼 보이는 송아지를 카슈루트에 어긋난 방식으로 도축하고 먹음으로써 마치 자신들은 율법을 지킬 필요가 없다고 생각하는 것처럼 보일 여지가 있으므로, 아무리 인공 송아지라도 계율에 적합한 방식으로 도축했어야 한다는 것이다. 이것은 남들의 시선을 조심하라는 교훈을 담은 이야기이지만 동물을 어떻게 대해야 하는지, 고기와 동물의 생애 주기는 어떤 관련이 있는지에 관한 이야기이기도 하다.

다른 탈무드 일화(산헤드린 59b)에서는 다른 유형의 인공고기가 등장한다. 한 랍비가 여행길에서 사자와 맞닥뜨리자 하늘에 기도를 올렸고, 곧장 그 기도에 대한 답을 받는다. 하늘에서 고깃덩어리 두 개가 떨어져 사자의 주의를 돌린다. 사자는 당연하다는 듯 그중 한 덩어리를 차지했고, 랍비는 남은 한 덩어리를 연구실로 가져간다. 그곳에서 이 고깃덩어리는 다른 종류의 허기를 채워준다. 바로 토론에 대한 허기다. 랍비가 가져온 고기를 두고 내려진 최종 결론은 "하늘에서 불결한 것을 내릴 리가 없다"는 것이었다. 그 고기는 "유대인에게 좋은 것"일 뿐 아니라 몸과 마음 모두를 채우는 연료가 되었다. 이 이야기는 카니나와 오샤이아의 이야기와 마찬가지로, 기적이나 마법으로 탄생한 고기가 자연의 섭리와 어떤 식으로 조화를 이룰 수 있을지 자문하도록 유도한다. 우리가 바라보는 이 세상과 우리의 식단을 지배하는 규제 시스템에 새로운 형태의 고기를 편입시키려면 어떤 심적 수행이 필요할까?

카슈루트는 고대의 율법인 동시에 근대의 율법이다. 카셰르 kasher(코셔)의 원뜻은 '적합하다'는 의미의 '꼭 맞다'이다. 탈무드는 서기 5세기경에 바빌로니아 탈무드로 완성되었는데, 이것은 레위기와 신명기에 나오는 카슈루트의 성서적 원형과 비교한다면 상당한 시간이 흐른 뒤의 모습이다. 반면 카슈루트의 근대성은 유대인이 음식을 생산하고 소비하는 방식의 변화에 맞춰 바뀌는 데서 비롯된 것이다. 지난 수백 년 동안 선진국의 다른 모든 음식 소비자처럼 유대인의 식단과 식습관도 음식의 산업화에 따라 변화했다. 핸드크림과 샴푸 등 음식이 아닌 가정용품부터 젤라틴, 식빵, 고기에 이르기까지 모든 생활용품과 식품을 코셔 라벨이 붙은 대량생산 제품으로 구매할 수 있다. 코셔 인증을 관리 감독하는 기관이 발행하는 이런 라벨은 대부분 특정 재료의 코셔 여부를 두고 벌어지는 논의와 분쟁을 반영하며, 그런 논쟁은 그 자체로 유대교 근대화의 중요한 일부였다. 이제는 실험실에서 키운 고기가 여전히 현재진행형인 코셔 논쟁 목록에 오른 셈이다.

2016년 늦봄, 나는 캘리포니아주 오클랜드에서 열린 음식의 미래에 관한 좌담회의 방청석에 앉아 있었다. 뉴하비스트의 대변인이 토론자로 참석한 좌담회였다. 내가 배양고기가 코셔 인증을 받을 수 있을지 묻자, 그 대변인은 아주 기쁜 목소리로 최근 한 인터넷 토론에서 배양고기의 카슈루트 적합성을 둘러싼 논쟁이 마무리되었다고 전했다. 그 토론에서 한 참가자가 실험실에서 키운 고기는 검열을 통과할 것이라고 말한 랍비를 인용했다고 한다.[1] 뉴하비스트의 대변인은 이를 근거로 유대인이 단백질의 미래에 참여하지 않을 이유가 없다고 결론 내렸다. 그녀는 매우 자신 있게 답했지만 배양고기의 코셔 인증 통과 여부는 여전히 불투명하다. 랍비 공동체도 이 문제에 대해 아직 합의에 이르지 못한 상태다.

조직배양 기술로 고기를 생산하는 방식을 지지하는 또 다른 단체인 좋은식품연구소Good Food Institute는 (2016년 현재) '배양고기' 대신 '깨끗한 고기'clean meat라는 용어를 쓰자고 제안하고 있다. 이 용어는 구약성서인 레위기가 21세기에까지 영향을 미치는 놀라운 예에 해당한다. '깨끗하다'라는 단어는 반대 의미도 떠올리게 하는데, 이 경우에는 은연중에 전통적인 고기가 '더럽다'는 뜻도 함께 전달한다. 따라서 '깨끗한 고기'라는 용어는 많은 농부와 육가공업체 로비스트의 분노를 샀다. 인류학자 메리 더글러스는 이렇게 말한다. "오염은 결코 고립된 사건이 아니다. 체계적으로 정립된 이념의 관점 안에서만 일어날 수 있다." 깨끗함 또한 마찬가지다.[2] 더글러스의 렌즈로 들여다보면 카슈루트는 바로 그런 '체계적으로 정립된 이념', 즉 인간의 경험과 행동을 구조화하는 방식이다. 아주 오래전 내가 켄터키주 시골의 '돼지 수확'이 한창인 현장에서 돼지의 배 속에서 구워진 사과가 수증기를 모락모락 뿜어내는 가운데 돼지의 옆구리에서 녹아내리는 부드러운 고기를 내 손으로 직접 뜯을 때, 내 배낭에는 더글러스의 『순수와 위험』이 들어 있었다. 그 돼지는 땅속 구덩이에서 뜨거운 돌에 묻혀 몇 시간을 보냈다. 내 눈에 그 고기는 깨끗해 보였고, 내 기억이 정확하다면 아주 맛이 좋았다.

뉴하비스트가 언급한 인터넷 토론 참가자가 인용한 랍비는, 배양고기를 생산하는 과정에서는 동물이 도축되지 않으므로 그 고기는 애초에 카슈루트에서 말하는 고기에 해당하지 않는다고 주장했다. 그는 배양고기를 파르브pareve로 분류할 수 있을 것이라고 제안했다. 플레이시크fleischig(고기)도 아니고 밀히크milchig(유제품)도 아닌 음식이라는 뜻이다. 코셔 법에 따르면 고기와 유제품은 절대로 섞이면 안 되는 음식이다. 그 인터넷 토론 게시판에서 이 인용문에 대한 첫 반응은 이단적이기는 하나 기대에 찬 일종의 '베이컨 환희', 즉 베이컨과 돼지고기에 관한 풍자적 댓글들의 향연으로 이어졌다. 주목할 점은 반유대주의 정서는 전혀 찾아볼 수 없었다는 것이다. 댓글이 초반에 제안한 아이디어 중 하나는 소의 세포로 키운 고기가 애초에 고기로 분류되지 않는다면, '코셔' 돼지 세포를 키우는 것도 가능하지 않겠느냐는 것이었다. 그런 식으로 아슬아슬하게 선을 넘나들다가 종래에는 유대교와 유대인 관련 유머전으로 치달았다. "코셔 베이컨, 꿈은 이루어진다." "그걸 다음번 모금 캠페인 슬로건으로 삼아야겠어요." "코셔 베이컨을 만들면 랍비가 그 베이컨 먹는 장면을 꼭 영상으로 남겨주세요." 몇 년 전 누군가 다른 부류의 아슬아슬한 농담을 할 목적으로 웹사이트를 만들었다. 그 웹사이트는 유명인의 근육세포로 배양고기를 만드는 회사의 웹사이트임을 표방했다. 이것은 카니발리즘(식인 풍습)을 실천하자는 제안이 아닌, 사람들의 감춰진 욕망에 관한 2차 농담이었다. 스타의 삶을 취하고 싶은 욕망과 스타의 우월함과 사회적으로 금기시되기는 하지만 지극히 자연스러운 그들의 종말에 대한 우리의 불만 모두에 대한 반응이자, 타블로이드지가 우리가 늘 관심을 가져야 한다고 고집하는 대상인 스타를 소비하고 싶은 욕망을 표현했다.

조직배양 기술로 생산된 고기가 코셔인지 의문을 제기한 것은 뉴하비스트가 처음이 아니다. 언론의 큰 관심을 받은 마크 포스트의 배양고기 햄버거가 세상에 공개된 2013년 8월 즈음 호기심에 찬 질문들이 이미 인터넷에 차곡차곡 쌓이기 시작했다. 배양고기와 카슈루트에 관한 초기 담론은 레위기 11장에서 제시한 유대인이 먹어도 되는 동물과 먹으면 안 되는 동물에 대한 해석에 집중되곤 했다. 요컨대 초창기 질문들은 세포배양에 어떤 동물이 쓰이느냐가 카슈루트의 적용 기준이 될 것이라고 전제했다. 이런 논리에 따라 소에서 채취한 세포로는 코셔 배양고기를 생산할 수 있겠지만, 돼지나 낙타에서 채취한 세포로는 코셔에서 금지하는 고기밖에 생산할 수 없다는 결론이 도출된다.

그러나 랍비 카니나와 오샤이아, 그리고 그들이 만든 인공 송아지에 관한 탈무드의 일화에서 보았듯이, 어떤 고기가 코셔인지는 단순히 그것이 어떤 동물의 고기인가 하는 것 외에도 여러 가지 요소에 영향을 받는다. 첫째, 동물의 종에 관계없이 병에 걸리거나 부상을 당한 동물의 고기는 코셔가 아니다. 둘째, 적절한 종의 튼튼한 동물의 고기라도 세히타의 규칙을 지켜 올바르게 도축되지 않았다면 코셔가 아니다. 세히타를 따르는 도축 절차에서는 일반적 관행과 달리 도축할 동물을 전기 충격으로 기절시키지 않는다. 해당 동물은 정신이 또렷하게 깨어 있는 상태에서 캘리프chalif라는 긴 제의용 칼로 목을 그어서 즉사시키고, 곧장 피를 빼는 중요한 과정을 시작한다. 이런 도축 방식이 한순간에 뇌로 공급되는 산소를 끊어버리기 때문에 동물의 고통을 최소화한다는 주장도 있다.[3] 동물 사체에서 피가 완전히 제거되면 다른 결함, 종양, 파열된 혈관, 울혈 등이 있는지 꼼꼼하게 살핀다. 병에 걸린 동물이나 피는 먹으면 안 된다는 성서의 명령을 철저히 지키기 위해서다. 피를 먹으면 안 된다는 금기 때문에 코셔 계율을 지키는 많은 유대인은 동물의 몸체 뒷부분보다는 앞부분에서 얻는 고기만을 먹기도 한다. 동물의 몸 뒷부분에는 제거하기 힘든 혈관이 많이 분포

하기 때문이다. 좌골신경도 코셔가 아니다. 물론 이런 혈관 및 신경 제거 과정은 노동집약적 작업이다. 그래서 같은 고기, 같은 부위라도 코셔 고기가 비코셔 고기보다 훨씬 더 비쌀 수밖에 없다. 이디시어에는 이런 경구가 있다. "쉬베 추 자인 에이 이드." shver tzu zein a Yid 유대인으로 사는 것이 결코 만만치 않다는 뜻이다. 게다가 랍비 공동체 내에서도 과연 코셔 고기가 비코셔 고기보다 더 윤리적인 음식인지를 두고 이견이 있다. 2014년 한 랍비는 신문 논설란에 이런 내용의 글을 기고했다. 코셔 고기 생산이 상당 부분 산업화된 공장식 환경에서 이루어지고 있다 보니 실제로는 비코셔 고기보다 나을 것이 없다고.[4]

논쟁은 이제 막 시작되었다

배양고기라는 관점에서 특히 중요하고 주목해야 하는 계율은 에이버 민 하차이aver min hachai(살아 있는 동물의 갈비뼈) 원칙이다. 이 원칙에 따르면 동물이 여전히 살아 있는 동안에는 그 동물을 해체하거나 그 동물의 일부를 먹을 수 없다. 따라서 랍비가 동물에게 기증받은 생검 조직이 그 동물의 '일부'에 해당하는지, 그리고 그 조직으로 키운 햄버거 패티를 그 동물의 일부로 판단하는지 여부에 따라 달라질 것이다. 배양고기를 먹기 위해 그 동물을 죽여야 한다면 많은 배양고기 옹호론자들은 못마땅하게 생각할 것이다. (이론적으로는) 단 하나의 생검 조직만으로도 세포배양을 통해 몇 톤에 달하는 고기를 생산할 수 있다 하더라도 말이다. 다만 랍비가 긍정적인 쪽으로 판단해준다면 한 마리의 희생으로 아주 많은 양(여러 마리분)의 코셔 고기를 만들어낼 수 있을 것이다.

에이버 민 하차이 원칙은 유대교 계율이 아니었다면 미처 생각해낼 수 없었을, 배양고기를 둘러싼 더 일반적이고 더 철학적이며 더 흥미로운 질문들을 낳는다. 동물에서 채취한 조직으로 만든 배양고기와 그 원동물은 어떤 관계인가? 소의 세포에서 자라난 근섬유는 그 소와 본질적으로 동일한 개체인가? 만약 그렇다면 그런 점이 어떤 식으로든 생검으로 채취한 세포의 DNA에 새겨져 있을까? 세포 기증 동물과 배양고기의 관계를 부모-자식 관계라는 틀로 이해해야 할까, 아니면 여전히 살아 있을 수도 있고 이미 죽었을 수도 있는 원동물 몸체가 확장된 부분으로 봐야 할까? 더 나아가 동물 몸의 경계는 어디인가? 더 현실적인 질문을 던진다면, 배양고기가 플레이시크, 즉 고기가 아닌 파르브, 즉 고기도 유제품도 아닌 제3의 음식이라고 결론 내린다면, 그런 결론은 배양고기의 '고기다움'meatiness이라는 더 일반적인 질문의 답에 어떤 영향을 미칠 것인가? 그리고 이와 관련된 유대교의 입장은 조직배양 세포 덩어리가 고기로 분류될 수 있는가 없는가 하는 더 보편적인 (유대인과 비유대인 모두를 포함하는) 담론에서 얼마나 큰 영향력을 행사할 것인가? 한 종교의 권위자가 배양고기가 코셔라고 판단했는데 그 근거가 배양고기는 고기가 아니라는 것이라면, 배양고기 지지자들이 그런 판단에 순순히 동의하지는 않으리라는 추론이 가능하다. 배양고기 지지자들의 입장에서는 그런 판단이 잘못된 '체계적으로 정립된 관념'일 수도 있다.

2016년 배양고기 제조 경쟁에 새롭게 뛰어든 이스라엘 스타트업 슈퍼미트SuperMeat가 카슈루트를 배양고기의 주요 쟁점으로 부각시켰다. 저널리스트 세라 장이『애틀랜틱』의 기고문에서도 지적한 바 있듯이, 슈퍼미트의 공동 설립자 코비 버락Koby Barak은 코셔 인증을 둘러싼 논쟁에 투명하게 대처했다. 특히 아직 태동기에 있는 기술과 관련된 것에 대해서는 더 신중한 태도로 임했다.[5] 공산품이 코셔인지 아닌지 판단할 때는 그 제품을 만드는 데 들어간 모든 재료가 각각 검열의 대상이다.[6] 배양고기의 경우에는 세포에 주입하는 배양액, 세포를 부착해 배양고기를 키우는 구조물, 그리고 원原세포 자체가 모두 검열의 대상이 된다. 비코셔 원천 재료에서 생길 수 있는 문제를 의식한 슈퍼미트의 랍비 자문단은 곧 코셔 원칙 하나를 특정해 그 해석을 배양고기에 적용하고자 했다. 바로 파님 카다숏panim chadashot(새로운 얼굴)이다. 파님 카다숏은 만약 어떤 물질의 물리적 형태가 완벽하게 달라졌다면 원래 비코셔 재료였더라도 그 사실은 완전히 배제한 채 바뀐 형태로서 새로운 물질로 취급해 그 자체로 코셔인지 아닌지를 따질 수 있다는 뜻이다. 일례로 돼지 껍질의 콜라겐에서 추출한 젤라틴이 코셔 인증을 받았는데, 젤라틴이라는 최종 산물의 형태상 제조 과정 첫 단계에서 사용된 동물 제품과는 완전히 다른 물질로 이루어진 것처럼 보인다는 것이 그 근거였다. 그러나 여기에 파님 카다숏을 적용한 것을 두고 이견이 없었던 것은 아니다. 돼지 콜라겐 젤라틴 사례는 랍비의 긍정적 판단에도 불구하고 스캔들을 불러일으켰고, 결국 코셔 젤라틴 제조업자들은 돼지 껍질이 아닌 다른 재료에서 추출한 콜라겐을 사용하기로 했다. 이 특수한 사례가 배양고기와 관련해서도 참작할 여지가 있을 것이다. 콜라겐은 배양조직이 자라는 유기 구조물을 만드는 데 유용한 재료이기 때문이다.

공장 제조 식품과 카슈루트가 만나면 이야기가 더 복잡해진다. 이 이야기의 중심에는 현대 유대인의 경험에서 제기되는 중요한 질문이 있다. 요컨대 유대교 율법을 따르는 유대인이 유대교 율법의 경계를 넘어서지 않은 채 비유대인 세상에 참여하려면 어떻게 해야 하는가? 이 질문은 미국적 삶에서는 매우 특수한 형태를 띨 것이다. 미국 주류 사회와 문화에서 삶을 살아간다는 의미에서 미국 사회에 동화되면서도 유대교 율법을 준수하는 것이 가능할까?[7] 더 진부하게 표현하자면 코카콜라의 원래 레시피대로 제조되어 아주 적은 양의 글리세린을 포함하는, 그래서 원칙적으로는 코셔가 아닌 코카콜라를 유대인이 마셔도 될까? 유대교 율법을 따르는 유대인은 코셔 인증을 받은 글리세린이 들어간 코카콜라만 마셔야 하는 걸까? 물론 유대인은 수 세기 동안 할라카^{hala-cha}, 즉 랍비 유대주의 체계를 그들이 살아가는 나라의 관습과 자원에 맞춰 수정한 경험이 풍부하다. 다바 하마미드^{davar hama'amid}(핵심 구성요소)를 둘러싼 논쟁이 교훈을 제공한다. 일반적으로 비툴^{bitul}(무효) 원칙에 따르면, 코셔 음식이나 음료에 비코셔적인 요소가 들어 있더라도 그 비율이 60분의 1보다 작으면 그런 비코셔적인 요소는 무시해도 된다. 즉, 없는 것이나 마찬가지로 취급된다. 그러나 경우에 따라서는 비코셔 요소의 비중이 그보다 작더라도 전체 음식료의 구조에서 촉매제 내지는 결정적 역할을 담당하기도 한다. 그렇다면 다바 하마미드에서 말하는 무효 불가능한 '핵심 구성요소'인 것이다. 전근대 시대의 대표적 예로 우유로 치즈를 만들 때 사용하는 동물의 레닛•(일반적으로 송아지 위 내벽에서 추출한다)을 들 수 있다. 현대로 돌아오면 공장에서 생산되는 아주 많은 종류의 음식이 그런 식으로 촉매제를 사용하므로 해당 촉매제가 코셔인지 아닌지를 늘 확인해야 한다.

20세기에도 카슈루트의 역사는 여전히 규제 체제와 시장 변화의 역사였고, 일종의 '해석적 다원주의'가 지배한 역사였다. 코셔 검열기관이 여러 개 존재하고 유대인 사회 내에서도 각 기관의 인증을 유효한 것으로 받아들이는 지역공동체가 적어도 하나 이상 존재하다 보니 생긴 현상이다. 정통파 유대인, 보수파 유대인, 개혁파 유대인이 카슈루트를 각기 다르게 해석했고, 각기 다른 코셔 권위자가 각기 다른 코셔 인증 브랜드를 발행한다. 소비자는 어떤 코셔 인증 브랜드, 즉 헥셔hechsher를 신뢰하고 판단 근거로 삼을지를 정하고, 대체로 자기 종파의 견해를 따르지만 늘 그런 것은 아니다. 이외에도 코셔 검열 기관과 식품 제조업체가 발행하고 만들어내는 인증 표시의 종류를 규제하는 연방 법도 존재한다. 사업체가 활용할 수 있는 민사상 법적 수단과는 별도로 존재하는 법이다. 그 결과 코셔 제품을 규제하는 환경에는 공적 규제 체제와 사적 규제 체제가 혼재한다. 여기에다 사업적 이해관계도 중요한 역할을 한다. 코셔 인증을 발행하는 기관은 발행 서비스를 제공하는 대신 대가를 받는다. 코셔 인증을 발행받은 제품 생산자는 그

• 포유류의 위장에 들어 있는, 어미의 젖을 소화시키는 효소 복합체.

런 인증 덕분에 특수한 코셔 시장에 진출할 수 있다.

아마도 배양고기가 '꼭 맞는'가, 즉 카셰르인가 하는 문제가 우선적으로 제기된 것이 그다지 이상하지 않을 수도 있다. 이런 문제의식은 규제 상상력이 이제 막 발동되기 시작했다는 사실을 보여준다. 왜냐하면 우리 같은 구경꾼은 (유대인이건 비유대인이건) 새로운 식품이 매대에 오르려면 그 전에 정부기관의 검열을 통과하고 라벨이 부착되어야 한다는 것을 알기 때문이다. 배양고기가 코셔인지를 두고 벌어진 초기 논쟁은 이후 배양고기가 시장에 유통될 수 있을지, 유통된다면 어떤 조건하에서 판매가 허용될지에 관한 논쟁의 연습 무대처럼 보이기 시작한다. 탈무드 이야기에서는 이런 문제를 매우 단순하게 접근했다. 동물의 기원이 불분명하거나 자연산이 아닌 고기를 어떤 범주에 넣을 수 있을지를 물었다. 배양고기는 고기와 동물 몸의 관계에 관한 우리의 '체계적으로 정립된 관념'에 순조롭게 편입될 수 없을지도 모른다. 그런 관념의 질서를 다시 정비하거나 아예 폐기하도록 만들 수도 있다. 고기의 출처를 역으로 추적했을 때 그것이 커다란 동물의 몸으로 이어지지 않게 된다면, 이는 곧 이 세계의 어떤 부분들은 더는 우리와 조화롭게 공존할 수 없게 되었음을 깨닫게 되는 것일 수도 있다.

고래

대안으로 보이는 신기술

어쩌다 이 이야기에 고래까지 등장하게 되었을까? 나는 지금 스탠퍼드대학교 경영대학원의 강당에 와 있다. 미국동물보호협회의 정책부 부장 폴 샤피로가 세포농업과 배양고기에 관한 좌담회를 마무리하는 중이다. 지난 1시간 30분 동안 이곳에 모인 많은 사람은 샤피로의 이야기뿐 아니라 좋은식품연구소의 설립자이자 소장인 브루스 프리드릭의 이야기도 들었다. 좋은식품연구소는 뉴하비스트처럼 축산업의 대안으로 세포농업을 지지하는 기관이다. 좋은식품연구소는 지난해에 뜻밖이라고 할 만큼 불시에 나타났다. 아주 탄탄한 재정 지원을 받고 있고, 동물보호 단체와 강력한 연대를 맺고 있다. 배양고기 기업인 멤피스미트Memphis Meats의 설립자이자 CEO인 우마 발레티와, 배양고기의 초창기 생명윤리학 논평가 중 한 명인 바헤닝언대학교 철학과 교수 코르 판 데르 베일러도 발표를 했다. 지금은 저녁이고 청중 일부는 대학 캠퍼스에서 바쁜 일과를 소화하고 난 뒤라 피곤해 보였지만, 그 외에는 박수갈채와 함께 공식 좌담회가 끝나면 발표자들이 단체 사진을 찍고 명함을 교환한 뒤 시작되는 사교 시간을 간절히 기다리는 듯했다. 오늘 토론회의 분위기는 나쁘지 않았다. 프리드릭과 발레티 두 사람이 의식적으로 '깨끗한 고기'라고 부른 배양고기가 단백질의 지속 가능하고 안정적인 공급, 기후변화 완화, 동물권익 증진에 적합한 전략인지 아닌지를 두고 논쟁이 벌어지지 않았다. 배양고기 개발 및 생산에 투입되는 자원을 다른 곳에 쓰는 것이 더 낫지는 않은지를 두고도 논쟁이 벌어지지 않았다. 사소한 이견은 신기술과 그 기술이 약속하는 긍정적 변화의 가능성에 대해 참석자 모두가 공유하는 열정에 묻혀버렸다.

샤피로는 고래에 대해 생각하고 있는 사람이다. 청중에게 웃음과 박수를 이끌어내는 능력이 탁월한 그는 미국 고래잡이의 황혼기 이야기로 좌담회를 마무리한다. 그는 이렇게 설명한다. 미국 남북전쟁 발발 직전 고래 산업은 미국에서 다섯 번째로 큰 산업이었다. 미국 전역에서 집집마다 등불을 사용했고, 그 등불을 밝히는 연료는 고래기름이었다. 그러나 1853년과 1873년 사이에 고래잡이 선단의 규모가 80퍼센트나 줄어들었는데, 가장 큰 이유는 신제품인 등유의 등장이었다. 캐나다 지질학자 에이브러햄 게스너가 원유에서 등유를 분리하는 방법을 개발했고, 이 신제품은 연료 시장을 휩쓸면서 고래기름을 퇴출시켰다. 요컨대 단 하나의 신기술 개발로 동물 제품에 전적으로 의존하던 영역에 대안 제품이 탄생했다. 멋진 이야기다. 샤피로는 실험실에서 키운 고기의 선례로 이 이야기를 들려준다. 나는 신중하게 듣는다. 왜냐하면 이런 식으로 역사 속 특정 사례를 미래 기술의 선례로 제시하는 경우를 배양고기 운동 공동체 내에서 놀라울 정도로 흔하게 접할 수 있기 때문이다. 이런 식으로 역사 이야기를 채집하는 것은 신생 기술에 관한 많은 공공 담론의 특징이기도 하다.[1] 그러나 이 이야기에서 신기술은 유일한 '행위자'가 아니다. 시장도 개입하며, 마치 자연 선택 법칙이 적용된 것처럼 더 나은 대안이 이긴다. 이 이야기를 기술 상인이 아니라 동물보호 운동가인 샤피로가 들려주었다는 사실이 특히 흥미롭다.[2] 그가 기술 상인의 전술을 받아들였다는 것을 의미하기 때문이다.

샤피로가 들려준 버전이 이 이야기의 가장 대중적인 버전일 것이다.[3] 심지어 자연사박물관과 고래잡이박물관에서도 이 버전을 만날 수 있다. 그러나 고래기름 이야기에는 불명확한 점이 있고, 다른 맥락에서는 더 정치적인 다른 목적을 위해 다르게 이야기되기도 한다. 환경 역사가 빌 코바릭은 기술 혁신이 자유시장과 결합하면 자연환경의 요소를 산업과 개발이 야기한 최악의 운명에서 구해낼 수 있다는 주장에서 '고래기름 신화'가 시선을 집중시키는 화려한 장식물 역할을 종종 한다고 말한다.[4] 19세기 중반 신기술 개발로 새롭게 등장한 연료 덕분에 미국인들이 고래기름을 덜 쓰게 된 것은 맞다. 그러나 고래기름이 연료 시장에서 퇴장하기 시작했을 때 소비자가 가장 많이 선택한 대안 연료는 등유가 아니라 알코올을 기본 재료로 한 다양한 합성 연료였다. 그중에서 특히 인기가 있었던 것은 알코올과 테레빈유•를 섞어서 만든 캄펜이었고, 캄펜은 고래기름보다 값도 훨씬 더 쌌다. 캄펜의 가장 큰 단점은 불안정성이었다. 등유가 등불용 연료로 시장에 등장했을 무렵 고래기름은 (그리고 따라서 고래 산업도) 이미 오래전에 내리막길을 걷고 있었다. 등유가 알코올 계열 연료를 제칠 수 있었던 것은 성능이 월등히 좋거나 등유 상인들의 사업 감각이 뛰어났기 때문이 아니라 세금 때문이었다. 등유가 급부상할 수 있었던 것은, 그리고 더 크게 보면 원유 산업이 급부상할 수 있었던 것은 미국 정부가 남북전쟁 기간 중 알코올에 세금을 부과하는 조치를 단행했기 때문이다. 마시기 위해서건 등불을 밝히기 위해서건 알코올에는 등유에 부과되는 세금에 비해 훨씬 더 무거운 세금이 매겨졌다.

• 　소나무에서 얻는 무색의 정유精油.

고래기름 사례가 말해주는 것

샤피로가 들려준 이야기의 순조로운 전개는 해당 사례의 복잡성을 감춰버린다. 더 좋고 더 싼 제품에 대한 시장의 자연선택이 뒷받침된 기술 혁신 덕분에 고래가 구제받은 것이 아니다. 고래기름의 퇴장 이야기를 근거로 기술 개발을 칭송하거나 시장을 칭송할 수는 없을 것 같다. 다만 신기술의 탄생과 기존 기술의 퇴장에 관여하는 정부의 중요성을 잘 보여주는 사례이기는 하다. 어떤 시장도, 어떤 발명가도 정치적 공백에서 활동하지 않는다. 1830년, 고래기름 시장이 호황기를 맞이하기 약 15년 전쯤에 고래잡이 중개인 찰스 모건은 고래잡이의 중심지 매사추세츠주 뉴베드퍼드에서 '고래의 자연사'라는 제목으로 강연을 했다.[5] 경랍** 양초를 만드는 뉴베드퍼드의 작업장에 투자한 모건은 당시 경쟁 제품인 올리브유의 수입관세가 완화되는 것을 걱정했다. 그는 고래잡이가 규제와 세금이라는 조건 속에서 행해지며, 자신의 수익을 해칠 수도 있는 경쟁 연료가 존재한다는 것을 잘 알고 있었다. 모건은 또한 '탄화수소 기체'도 언급하면서 이 기체가 고래기름과 비교해 안정적인 불꽃과 불의 밝기 등 장점이 있다는 사실을 인정했다. 그러나 그는 이 기체가 운송하기 까다로운 '예민한'(즉 불안정한) 물질이라는 점을 지적했다.

고래기름 사례를 배양고기에 적용할 수 있을까? 긍정적 답을 할 수 없는 이유들이 있다. 고래기름이 희귀해진 것은 고래가 새

** 향유고래의 머리에서 얻은 기름을 냉각 및 압착해 얻은 고체.

끼를 낳고 키우고 다시 새끼를 낳는 속도보다 더 빠른 속도로 고래를 죽여가며 얻은 물질이기 때문이었다. 공장식 고기 생산이 개발도상국의 급증하는 수요를 따라가지 못한다고 하지만, 이것은 고래의 사례와는 다른 문제다.[6] 샤피로는 미소를 지으며 1861년 『배니티 페어』에 실린 고래 만화를 묘사한다. 고래 무리가 인간 사교계 명사처럼 파티에서 신나게 뛰어논다. 펜실베이니아주 땅에서 석유가 펑펑 솟아난다는 사실을 축하하기 위해서다. 펜실베이니아주는 에드윈 드레이크라는 남자가 구멍을 판 지역이다. '페트롤리아'라고 불린 드레이크의 유전은 곧 미국 전역에 공급되는 석유 대부분을 생산하게 되었고, 그 후에는 세계 전역에 공급되는 원유의 대부분을 생산했다. 등유가 바다의 구원자로 언급되는 것이 놀랄 일은 아니다. 소와 닭과 돼지가 신나서 날뛰는 만화, 그들의 고기를 대신할 인공물이 발명되었다는 사실에 축하 파티를 여는 그런 만화를 상상하기란 별로 어렵지 않다. 이것이 이 이야기의 정서적 핵심이고, 샤피로가 이 이야기를 들려주는 동기이기도 하다. 정부의 규제를 받고, 그래서 필연적으로 정치적일 수밖에 없는 시장에서 새로운 연료원이 급부상하는 복잡한 과정과는 완벽하게 대치되는 장면이지만 말이다. 역사의 거친 면은 모조리 매끄럽게 다듬어지고, 그렇게 고래 이야기는 앞으로 도래할 혁신의 선례, 자연스러운 근거 자료가 된다.

식인종

인간 세포로 배양한 고기

"그냥 자기 세포로 만든 배양고기를 먹는 건 안 되나요?"모두의
시선이 마크 포스트에게 집중된 대강당에서 맨 뒷자리에 앉은 의
대생이 농담을 던진다. 포스트는 배양고기에 관한 강연을 한 뒤
질의응답 시간을 가지고 있었다. 긴장한 웃음이 너울거리는 파
도보다는 부르르 떨리는 몸서리에 가까운 울림으로 강당을 채웠

다. 강당에는 이런 농담을 처음 듣는 게 아닌 사람들도 있다. 포스트의 햄버거 시연회 이후 관심과 흥분이 폭풍우처럼 몰아치는 동안 한 웹사이트가 유명인의 살점으로 키운 고기를 판매하는 허구의 기업을 상정한 광고를 게시했고, 자신의 세포를 채취해서 배양해 먹는다는 아이디어가 배양고기를 다룬 인터넷 기사의 댓글란을 떠돌았다. 겉보기에는 가벼운 농담 같지만 실상은 그렇지 않다. 결국 배양고기가 (다른 많은 것 중에서) 살상 행위 없이 우리의 육식에 대한 갈망을 잠재우는 낭만적 정원에 관한 판타지라면, 그 정원에서 밤에 어떤 일이 벌어지는지 걱정하는 것은 당연한 수순 같다. 밤은 하루 종일 억눌려 있던 우리의 야수적 기질이 튀어나오는 시간이기 때문이다.

포스트는 짧게 웃었다. 그도 이미 들어본 농담인 것이다. 포스트는 웃음기를 거둔 뒤에 되받아친다. "여덟 살부터 열두 살짜리 아이들에게 종종 듣는 질문이죠." 그는 덧붙인다. "말은 되니까요." 포스트가 한숨을 내쉰다. 나는 의료 목적 조직배양에서 배양고기 기술이 갈라져 나왔다는 사실을 고려하면 자신의 세포를 채취하고 배양해 먹는 것은 꽤 기묘한 변형이 될 거라고 포스트가 말하기를 기다린다. 그런데 포스트는 정신분석학 쪽으로 논의의 방향을 돌린다. 그는 이렇게 말한다. 지크문트 프로이트는 자기 자신을 맛보고 싶은 욕구가 정상적인 성적 발달 단계에 속한다고 말했다. 우리는 자라면서 그런 에로틱한 성적 환상을 억누르는 법을 배운다. 아이들은 어른과 달리 그런 절제력이 부족하지만. 또다시 청중석에서 웃음이 터져나온다. 포스트가 정신분석학적 해석을 제시한 탓에 의대생은 자기가 한 농담의 희생양이 되었다. 그는 자신이 웃음거리가 되었는데도 기꺼이 다른 사람들과 함께 웃었다. 적어도 메리 더글러스가 사물들 간 질서정연한 체계에 비춰 봤을 때 '제자리에서 벗어난 사물'을 오물이라고 규정했듯이 그와 유사한 논리를 적용하면, 우리 사회의 범주 체계를 흐트러뜨리는 그 학생의 농담 또한 '더럽다'고 말할 수 있을 것이다. 더 나아가 그 학생의 농담이 제안한 대로 우리의 조직을 배양해 음식으로 제공한다면 그렇게 배양된 조직은 기존에 돼지나 염소가 속해 있던 범주에 속하게 될 것이고, 따라서 음식 사슬에 비춰봤을 때 제자리에서 벗어난 사물이 된다.[1]

배양 인육이 제기하는 인간의 조건

프로이트는 「유아 신경증의 역사로부터」라는 에세이에서, 발달 단계 중 구강기는 우리의 언어 사용에 '영구적 표식'을 남겼다고 말한다. 그 결과 우리는 성적 욕망의 대상에 대해 "군침이 돈다"appetizing라고 말하거나, 연인을 가리켜 "달달한 사람"sweet이라고 표현한다.[2] 프로이트는 다른 글에서 아주 어린 아이의 경우에는 아직 식욕과 성욕(청소년기 초에 갑자기 생겨나는 것이 아니라 아동기 내내 존재하는 욕구다)이 분리되지 않은 하나의 욕구로 남아 있다고 말한다. 성적 잠복기에서 벗어나면 식욕과 성욕이 분리되지만 아직은 그런 일이 일어나지 않은 것이다.[3] 따라서 아이는 성욕을 오직 욕망의 대상을 소비해서 자기 몸의 일부로 만들고 싶은 소망으로만 이해한다. 식인 충동은 전前성기기의 성적 정체성에 해당한다. 프로이트는 자신의 글 여기저기에서 '구강'기와 '식인'기를 동의어로 사용한다. 후자는 콜럼버스의 서인도제도 여정에서 흘러나온 듯한 식인 풍습을 가리키는 용어다. 콜럼버스가 만난 부족 중에는 스스로를 '카니발레스'Canibales라고 부르는 집단이 있었고, 콜럼버스는 그들이 인육을 먹는다고 의심했다. 카니발레스에서 유래한 카니발cannibal, 즉 식인종이라는 단어는 콜럼버스를 통해 유럽의 언어에 스며들었다. 테라 인코그니타terrae incognitae, 즉 미지의 땅으로 시선을 돌린 유럽인들은 그 땅에 사는 인간들이 서로 잡아먹는 모습을 상상했다. 식인은 심지어 머나먼 오지와 고립된 지역, 그중에서도 특히 섬을 배경으로 일부 계몽주의 사상가들이 실시한 인구수용력 사고 실험에도 등장했다. 그런 사고 실험에서는 다음과 같이 터무니없는 가설적 질문을 던진다. 번식이 얼마나 진행되면 인구와 음식 공급의 균형을 맞추기 위해 식인 풍습이 시작될까?

식인 풍습은 초기 근대 유럽인들이 상상한 지도에서 흔한 특징이었다. 그런 지도에서는 식인 풍습이 도덕적 표식이었다고도 할 수 있을 것이다. 또한 식인 풍습은 그런 풍습에 대해 추론하는 많은 유럽인들의 눈에는 판단이 유보된 특성이었다. 식인 풍습은 인간의 사회적 삶과 연명 전략의 자연 질서에 위배되는 것인가? 아니면 그와 반대로, 그리고 거북하기는 하지만 자연 상태에서의 삶의 일부인가?[4] 프로이트가 이후에 내놓은 근대적 해결책은 (프로이트 이전에 활동했던 선배들과 달리) 식인 풍습이 둘 다에 해당한다고 주장하는 것이었다. 또한 그는 식인 풍습이 다른 지역에서, 우리와 완전히 다른 사람들 사이에서, 우리의 도덕 공동체 바깥에서 살아가는 사람들 사이에서 일어나는 일이라고 상상한 것이 실수였다고 지적했다. 프로이트는 종교를 다룬 그의 후기 저작 중 하나인 『환상의 미래』에서 식인 충동은 근친상간 욕구, 그리고 살인 욕정과 함께 "모든 아이가 태어날 때마다 함께 새로 태어난다"라고 말한다.[5] 프로이트는 이 세 가지 욕구 중에서 오직 식인 충동만이 "보편적으로 금지되고 비정신분석학적 관점에서는 완벽하게 정복된 것처럼 보인다"라고 주장했다.[6] 물론 이 말은 정신분석학적 관점에서 봤을 때 인간이 식인 충동을 완벽하게 극복했다는 의미가 아니라 문명의 억압에 의해 통제되었다는 것을 의미한다.[7]

프로이트는 우리 내부와 외부에 존재하는 자연의 힘으로부터 우리를 보호하기 위해 문명이 생겨난다고 주장했다. 그러나 문명 상태에서는 문화라는 힘이 자연에 맞서 우리를 보호하기도 하지만, 문화로 인해 우리는 인간 본연의 모습과 단절되기도 한다. 프로이트의 『모세와 유일신 사상』에서는 한 무리의 형제가 폭군인 아버지를 죽이고 그 살을 먹은 후에야 사회계약 비슷한 것을 맺고 문명사회의 전신前身 같은 것을 건설하게 된다.[8] 배양고기와 정교한 조직공학이 실현된 사회가 도래한다면, 우리 자신 또는 우리와 비슷한 종의 살을 먹을 수 있는 선택지를 완전히 무시하기는 어려울 것이다. 그래서 그와 관련된 농담이 꾸준히 나오는 것 같다. 식인 풍습에 관한 프로이트의 설명이 자신의 아이가 도덕적으로 순진무구하다거나 식인 충동은 인간 영혼의 무질서에서 비롯된다고 믿고 싶어 하는 이들에게는 거북하게 들릴 수도 있다.

　인육을 실험실에서 키운다는 아이디어가 처음에는 무엇보다 심리학적 도발처럼 보일 수 있다. 그런데 그것은 인류학적 도발이기도 하다. 왜냐하면 그런 아이디어는 우리도 또한 일종의 고기가 될 수 있다면 우리 인간은 과연 어떤 존재인지 자문하게 만들기 때문이다. 배양된 인육은 온전한 인체의 일부인 적이 없는 살일 것이다. 새로운 형태의 인간 생명이 순수한 세포 대사로 환원된다. 아마도 인육 조직배양 실험이라는 개념이 진정으로 거북한 것은 우리가 서로를 또는 자신을 먹을 수도 있다고 말하기 때문이 아니라, 그 기술로 인해 인간으로 살아간다는 것의 의미에 대한 우리의 사고에 새로운 가소성을 부여하기 때문일 것이다. 생물반응장치에 들어 있는 살은 잠자고 있는 것이 아니다. 우리는 그 살이 깨어나서 인간의 의지로 새롭게 활성화되기를 기다리는 것이 아니다. 조직배양으로 키운 우리의 세포들은 우리를 가축의 세계에 밀어넣는다. 그리고 그런 세포들을 먹는다면, 그런 행위는 인간의 조건이 그런 식으로 재편되는 것을 받아들인다는 뜻이리라.

만남/이별

예측과 전망의 어려움

"그 얘길 들으니 그림 하나가 생각나네요. 레비스트로스의 『혈족의 기본 구조』 읽어보셨나요?" 조던은 자신이 머릿속으로 찾아낸 관련성에 흥분한 것처럼 보였다. 나는 그에게 내가 뉴욕으로 다시 돌아온 계기가 된 2017년 뉴하비스트 세포농업 학회의 첫날에 대해 이야기하고 있다. 내 친구이자 숙소 제공자인 조던은 노트북을 연 다음 클로드 레비스트로스 책의 영역본에서 '버펄로'라고 번역한, 미얀마 북부에서 흔히 볼 수 있는 가축 소 미툰^{mithun}(즉 가얄)의 그림을 보여준다.[1] 자하우 친족^{Zahau Chins}이 가족과 어떤 의식을 치를 때 어떻게 가얄을 도축하고 어떻게 각 부위를 나누는지를 설명하는 그림이다. 레비스트로스는 말한다. "이 지역에서 고기를 나누는 방법은 여자를 나누는 방법 못지않게 독특하다." 맥락이 생략된 탓에 충격적으로 다가오는 이 문장은 결혼식을 올리고 소로 신부 값을 치르는 관습을 설명하고 있다. 레비스트로스의 그림은 헨리 스티븐슨^{H. N. C. Stevenson}이 1937년에 기고한 글 「버마 자하우 친족의 만찬과 고기 분배」를 참고해 그린 것이다. 스티븐슨의 글은 혼례 의식에서 고기를 분배하는 방식을 묘사하고 있는데, 그런 분배 방식은 지역 토착 가부장제하에서 혈족관계가 어떤 식으로 정리되는지를 보여준다.

이 문장은 문자 그대로 해석해서는 안 된다. 여기서 레비스트로스의 관심사는 고기도 아니고 여자도 아닌, 규범의 지배를 받는 사회, 요컨대 음식이 희귀하고 생식 기회가 드물 때 발생하는 생존 문제에 대처하기 위해 규범을 적용하는 사회에서 관찰되는 특징이다.[2] 레비스트로스는 20세기 초에 존재하는 사회임에도 불구하고 아직은 값싼 고기와 인구 과밀이라는 근대사회의 구조적 문제의 위협을 받고 있지 않은 사회를 묘사하고 있다. 그는 사회규범이 근친상간을 금지하는 시조^{始祖}-규범^{ur-rule}에서 출발했다고 말한다. 이 규범은 생식에 대한 최초의 사회통제 형태 중 하나였다고 말할 수도 있을 것이다. 우리가 하나의 종으로서 스스로 '가축화'한 예라고도 할 수 있다. 그러나 일단 규범이 자리를 잡자, 그것은 사회가 아무 생각 없이 따르는 상징체계가 되어버렸다. 문화의 언어는 규범을 정립한 문법으로 시작한다. 시간이 흐르면 이 문법이 세대를 초월하는 연속성을 부여하면서 그 규범의 가치를 입증한다. 개인의 생애라는 더 짧은 시간 틀 안에서는 의식의 관례가 사회관계를 형성하고 사회관계에 도덕적 무게를 부여한다. 자하우 친족의 사례에서는 고기 분배가 호혜적 임무를 토대로 연결된 인적 교류망에서 고기를 나누고 고기를 받는 사람들을 묶어준다. 가얄 그림은 정육에 관한 것이기보다는 관계 맺기에 관한 것이다. 가장 최근에 제물이 된 가얄처럼 사회유대는 학계의 표현을 빌리자면 "관절을 따라 쪼개진다." 레비스트로스의 그림은 공동체, 결혼, 동물 간 동권同權을 암묵적으로 전달한다. 짐승 전체, 집단 전체에는 관절이 있고, 관절을 통해 연결된다. 레비스트로스의 그림과 유사하다는 조던의 지적에, 내가 직접 경험한 배양고기 운동의 축이 완전히 뒤집힌다. 이런 방식으로 고기를 나누는 것은 도대체 어떤 느낌일까? 동물의 몸을 내가 호혜적 관계 속에서 유대감을 느낄 수 있도록 연결해주는 매개물로 상상하는 것은? 체외에서 배양된 고기도 체내에서 생성된 고기와 같은 감정을 전달할 수 있을까?

나는 어제 하루의 대부분을 학회장에서 보내면서 배양고기 운동과 세포농업 연구 공동체가 배출한 여러 가지 이미지와 도표를 들여다봤다. 내가 본 이미지와 도표 다수는 의식을 통해 호혜적 혈족관계를 공고화한다는 목적을 위해 아무 죄 없는 가얄이 희생당하는 일이 없는 세계를 꿈꾸고 있었다. 나는 또한 하루 종일 다른 부류의 호혜적 임무에 대해 생각하고 있었다. 지난 4년간 자신의 연구를 나와 공유해준 사람들에게 내가 진 빚도 내게 그런 호혜적 임무를 안겼다. 나는 내가 보고 들은 것을 전부 한 축에 꿰는 제대로 된 개요를 아직 만들어내지 못했다는 사실을 아주 잘 알고 있다. 또한 아직 배양고기의 미래에 대해 확실하게 예측되거나 전망된 것이 없다는 사실도 잘 알고 있다. 정보와 분석을 중시하는 미래주의자라면 그런 예측이나 전망을 내놓는 무책임한 일은 하지 않을 것이다. 그럼에도 불구하고 사람들은 오로지 내가 그들이 소비하기 좋은 예측을 자신 있게 내놓기를 바라는 것 같다. 핵심 항목 정리. 깔끔하게 마무리된 서사. 지금 연구자로서의 내 목표는 새로운 이해에 도달하는 것이고, 이것은 공공 담론의 수준에는 한참 못 미치는 목표다. 나는 별개의 이미지에 서사 구조를 억지로 얹느니 페이지에 답이 아닌 질문들을 잔뜩 남기는 쪽을 선택하겠다.[3] 그런데 정말로 솔직한 심정을 털어놓자면, 언론 보도자료와 속사포같이 쏟아내는 기자들의 찬사를 통해 자신의 서사 구조를 강요하는 사람들의 모습에 지치기도 했다. 그들은 어떤 신생 기술이건 그 주변에 몰린 불확실성의 구름이 마법처럼 저절로 사라지기를 바란다.

얼마나 더 기다려야 할까요?

뉴하비스트의 학회 첫 시간에는 뉴하비스트 소속 연구원들이 배양고기 기술 관련 실험 결과를 보고했다. 이 시간에 발표한 연사는 모두 여자였고, 이에 대한 청중의 반응은 다소 뜻밖이기는 해도 긍정적인 현상이라는 것이었다. 우리는 모두 공학 세계의 성비 불균형에 익숙해졌다. 심지어 테크 기업과 학계에 만연한 성희롱 사례를 접해도 놀라지 않는다. 그런데 여성이 이끄는 뉴하비스트는 우리에게 다른 미래상을 보여주었다. 연구원들은 무대에 마련된 스크린에 배양으로 키운 세포의 사진을 띄워놓고서 레이저 펜으로 길쭉한 근섬유 조직을 가리켰다. 숟가락 한 개 분량의 칠면조 근육세포 덩어리 사진으로 관중의 감탄을 이끌어내거나, 근육세포가 제대로 자랄 수 있도록 조직 플라스크에 단단히 고정하는 방식을 설명하기 위해 해면 등 생체 적합성 물질의 사진을 보여주기도 했다. 이날 발표된 연구들은 대부분 배양고기 상용화에 가장 큰 걸림돌로 꼽히는 두 가지 과제와 관련이 있었다. 그 두 난제는 2013년에 이미 난제로 꼽혔던 걸림돌과 동일했다. 소태아혈청을 쓰지 않는 가격이 적당한 배양액을 찾는 것과, '두꺼운' 즉 입체적인 조직을 생성하는 것이다. 후자는 어떤 식으로든 맥관 구조를 갖춘 정교한 생물반응장치를 제작해야 해결할 수 있다는 것이 일반적 견해다. 배양고기 제품을 시장에 출시하려면 이런 걸림돌을 반드시 제거해야 한다.

약 300명의 참가자가 파이어니어워크스Pioneer Works에 모였다. 이곳은 브루클린의 변두리 동네인 레드훅에 있는 커다란 벽돌 건물로, 각종 행사장으로 주로 사용된다. 우리는 무대 주위로 열을 맞춰 놓은 간이의자에 앉아 있다. 자꾸 딴 길로 새는 생각들과 함께 나는 이 건물이 바닥부터 천장까지 양조장에서 볼 수 있는 발효

조로 채워진 모습을 상상한다. 이 건물은 19세기 말 쿠바의 제당 업체로 수출된 보일러, 파쇄기, 엔진을 만드는 파이어니어아이언 워크스라는 회사의 공장이었다. 내 상상 속 '파이어니어미트워크스'는 굶주린 뉴욕 시민을 위해 돼지고기, 소고기, 닭고기를 생산하는 '육조장'肉造場으로 사용된다.[4] 이 건물의 과거 용도를 생각하던 나는 사탕수수 농장이 한때는 카리브해 지역에서 유럽인들이 자원을 착취하는 개척지의 일부였다는 사실을 떠올린다. 또한 우리가 이미 차지하고 있는 이런 공간에 새로운 내부 '개척지'를 만들자고 제안한다는 점에서 배양고기 운동이 독특한 시도라는 생각을 한다. 새로운 개척지에서는 세포 자체가 농업의 새로운 기본 물질이 된다. 영국 배스대학교의 화학공학과 교수 매리앤 엘리스가 다음 연사로 무대에 선다. 엘리스는 육조장에 대한 더욱 산업화된 대안을 제시한다. 원재료를 생물반응장치와 연결하고 생물반응장치를 조직공학 작업실과 연결하는 배양고기 생산 공정을 설명하는, 아주 복잡한 그림을 스크린에 띄운다. 이것 또한 간접적 부류의 혈족 그림이다. 엘리스의 제자를 포함해 아주 거대한 팀의 다양한 팀원들이 만들어낸 부분들 간 관계를 보여주기 때문이다.

엘리스는 상냥하고 점잖은 일투드 던스퍼드라는 양돈 농부와 작은 배양고기 회사를 공동 설립했다. 나는 던스퍼드를 마크 포스트의 마스트리흐트 학회에서 처음 만났다. 그는 실제로 지역 특산물로 가축을 키우는 소규모 축산 세계에서 찾아온 아주 드문 방문객이었다. 엘리스와 던스퍼드의 목표는 던스퍼드의 농장에서 직접 키운 재래종 돼지고기의 세포로 배양 돼지고기를 만드는 것이다. 이것은 현재로서는 대중적 상업 고기 제품 양산이 아닌 일종의 별미 고기 제품 출시를 지향하는 매우 드문 배양고기 프로젝트에 속한다. 나는 산업화된 고기 산업이라는 거대 조직을 대체하려는 욕구와, 엘리스와 던스퍼드가 설립한 것 같은 규모가 작고 유연한 스타트업 사이에 발생하는 긴장을 머릿속에 기록했다. 질의응답 시간에 "얼마나 더 기다려야 할까요?"라는 질문을 받았을 때, 존경스럽게도 엘리스는 자신도 모른다고 담백하게 답했다. 같은 질문을 2013년에 포스트도 받았고, 그 후로도 그 질문은 반복되었다. 2008년 PETA가 주최한 치킨너깃 경연 대회에서도 같은 질문이 나왔다. 1932년에 윈스턴 처칠이 출간한 「50년 뒤의 세계」는 그런 질문을 겉핥기식으로 다루었을 뿐이다(「50년 뒤의 세계」는 1980년대가 되면 식량 생산을 비롯해 이 세계가 사회적·기술적으로 어떻게 변했을지를 추정해서 기술했다). 이 질문은 우리가 수십 년간 답을 찾고자 애쓴 질문이고, 다소 진부해지기는 했어도 여전히 우리의 입가를 맴도는 질문이다. "얼마나 더 기다려야 할까요?"라는 질문은 2017년 뉴하비스트 학회에 참가한 내 주변인들 다수에게, 아주 익숙한 공상과학의 고전 《스타 트렉》의 언어를 빌리자면 고바야시 마루Kobayashi Maru다. 고바야시 마루는 미래의 우주선 함장들에게 어떤 죽음은 결코 막을 수 없다는 교훈을 가르칠 목적으로 만든, 그래서 절대 이길 수 없는 훈련용 시나리오를 말한다. 엘리스의 짤막한 "저도 모릅니다"라는 답은 그 질문을 불순한 의도가 담긴 속임수 질문으로 치부한다.

연구원들이 준비한 많은 슬라이드가 뉴하비스트에서 자금을 지원한 협동연구의 자료를 보여주었다. 뉴하비스트의 자금 출처는 대부분 개인 후원자의 소액 기부다. 연구원들은 자신들에게 투자한 뉴하비스트와 후원자들에게 성실하게 보답한다. 예컨대 연구 결과를 서로 공유하고, 대중의 접근권 제한을 최소화하는 오픈액세스 형태로 논문을 발표하는 등 뉴하비스트의 프로그램에도 참여한다. 무엇보다 배양고기와 기타 세포농업 생산물이 상용화된 세상, 그래서 공장식 축산업의 규모가 현저히 줄어들거나 축산업이 사라진 세상에 더 다가갈 수 있도록 연구 성과를 내는 데 힘쓴다. "동물성 식품은 아주 맛이 좋습니다." 기조연설에서 이샤 다타는 인정했다. 그러나 그녀는 또한 동물성 식품을 대량생산했을 때 환경에 얼마나 치명적인 영향을 미치는지도 설명했다. 전 세계적으로 축산업은 매년 약 71억 톤의 탄소를 대기 중으로 배출한다. 이것은 대략 지구에서 배출되는 총탄소량의 14~18퍼센트에 해당한다. 어마어마한 양이다. 소가 장에서 배출하는 메탄가스만 해도 27억 톤이나 된다. 뉴하비스트의 지원을 받는 연구원들의 연구 주제와 목표가 다양하다는 점이 강점으로 작용한다는 사실을 이따금씩 뉴하비스트의 모임에 참석하면서 느낀다. 뉴하비스트의 연구원들은 세포주*를 공유한다. 이 세포주는 변이나 바이러스 DNA 주입 같은 인위적 자극을 통해 분열하고 무한정 증식하면서 불멸의 존재가 되었다. 뉴하비스트는 배양고기 연구를 오픈액세

---

* 細胞株. 세포 배양을 통해 계속 분열·증식하여 대를 이을 수 있는 배양세포의 클론.

스 모델로 진행하는 모든 연구자에게 제공할 세포주 마련에 관심이 있음을 표명했다. 더 직접적으로는 세포주 혈통은 배양고기 실험실을 연결하는 유전적 연속성을 상징하며, 배양고기 운동 참가자들의 공동체를 하나로 묶어주는 비공식적 혈통관계를 어렴풋이 보여준다.

혈통이란 것은 아주 가까이에서 관찰하는 두세 참관인에게만 보일지도 모른다. 그러나 모두가 알아볼 수 있는 사회적 구별 짓기도 있다. 뉴하비스트의 지원을 받는 연구원들은 대학 실험실에서 일하고 있고, 박사과정을 밟고 있고, 자신의 연구 결과를 모두에게 공개한다. 이것은 현재 과학 연구에서 벌어지고 있는 오픈액세스 출판 및 정보 공유 운동의 일환이다. 퍼블릭라이브러리오브사이언스˝와, '해커스페이스'˝˝에서 작업하는 전문 취미인 모임 등이 이 운동의 대표적인 예다. 이번 학회에서는 일본에서 배양고기에 관심을 가진 사람들을 연결하는 쇼진미트Shojin Meats 프로젝트의 하뉴 유키羽生雄毅가 '바이오해킹'˝˝˝의 대변자 역할을 했다. 유키는 세포에 영양분을 공급하는 배양액으로 스포츠 음료를 사용한다. 그는 도쿄의 편의점에서 쉽게 구할 수 있는 재료들을 사용해 근육을 키웠고, 사진으로 그 사실을 증명했다. 쇼진미트는 채식 식단으로 구성되는 일본의 전통 사찰 요리 쇼진요리精進料

罪에서 따온 이름이다. 유키는 탁자 위에 놓인 자신의 노트북을 돌려, 쇼진미트 프로젝트에 참여한 고등학생 작가가 배양고기를 소재로 그린 만화를 자랑스럽게 보여줬다. 만화에는 탱크에서 배양고기를 생산하는 다른 세계의 육조장이 등장한다. 유키는 이 모든 것이 일본의 고질적 문제, 즉 수입 식품에 의존하지 않고서는 자국 국민에게 식량을 충분히 공급할 수 없는 섬나라라는 사실에 자극을 받아서 시작한 일이라고 말한다. 이런 공개 작업과 놀이의 증거들에도 불구하고 배양고기 스타트업의 직원들은 보안이 철저한 실험실에서 일하며, 실험실에서 얻은 성과물은 기업과 투자자의 지식재산권으로 전환된다. 스타트업에서 얻은 성과에 관한 정보는 제품이 출시되기 전까지 블랙박스 안에 머문다. 어떤 사람에게 이것은 거액의 벤처 투자금을 얻기 위해서라면 기꺼이 감내할 수 있는 대가다.

의심과 희망

학계의 연구자와 기업 소속 연구자 간 균열은 이번 뉴하비스트 학회에서는 다루지 않은 문제다. 아마도 의도한 바일 것이고, 현명한 선택으로 보인다. 학술 연구자와 산업 연구자가 협력하는 것이 세포농업 발전에는 최선일 것이라는 데 대부분 동의하며, 뉴하비스트의 지도부는 자신들이 스타트업보다는 학술 연구자를 더 지지하는 것처럼 보이지 않으려고 애쓴다. 그리고 실제로도 스타트업보다 학술 연구자를 더 선호하는 것도 아니다. 다타는 최소한 기업 두 곳의 설립을 도왔다. 우유를 만드는 퍼펙트데이Perfect

Day(개명 전 무프리Muufri)와, 달걀 단백질을 만드는 클래라푸드Clara Foods다. 그러나 뉴하비스트가 오픈액세스 모델을 채택하는 학술 연구와 새로운 과학자 교육 지원에 자금을 집중적으로 투자하는 탓에, 스타트업 경제의 입장에서는 고통스러울 정도로 느리게 성장하는 부문에 돈을 낭비하는 것처럼 보일 수 있다. 다타는 기조연설에서 스타트업에게 아주 의미 있는 찬사를 보냈다. 멤피스미트가 배양 닭고기의 생산 비용을 1파운드(약 450그램)당 9000달러(약 1000만 원)로 낮추는 데 성공했다는 소식을 전한 것이다. 9000달러도 천문학적 액수처럼 들리겠지만, 2013년 포스트가 처음 만든 햄버거 패티에 든 비용을 생각하면 엄청나게 저렴해진 것이다. 이런 소식이 우리 귀에는 성과로 들린다. 멤피스미트는 2016년 자사의 미트볼 생산 비용이 2400달러(약 280만 원)라고 보고했다.

학회를 참관한 저널리스트들은 산업 연구와 학술 연구 간 벽을 느끼자 내게 어떤 집단을 더 신뢰하느냐고 물었다. 모든 것을 신뢰성이라는 관점으로 해석하려는 이런 태도에 나는 당황했다. 그러나 일리가 있는 질문이었다. 우리는 오전에는 초기 단계에 있는 배양고기 연구에 관한 발표를 듣고, 정오에는 비건 출장 요리로 점심을 먹으면서 이야기를 나누고, 오후에는 배양고기 스타트업의 약속들을 듣고, 저녁에는 진지한 논쟁과 맥주에 이끌려 한자리에 모였다. 2017년 말 스타트업의 약속들은 미래주의자 피터 슈워츠가 '공식적 미래'라고 부른 것으로 수렴하기 시작했다. 여기서 말하는 공식적 미래란 미래 사건에 관한 추정들을 공유하는 다양한 행위자 집단이 합의한 기준점을 의미하며, 행위자들은 다시 이 기준점을 토대로 현재의 행동 방향을 정한다.[5] 배양고기 스타트업과 배양고기 운동에 관심을 보이는 동물보호단체 서너 군데를 중심으로 비공식적인 동호인 집단이 형성되었는데, 그런 단체 중 하나가 고기 대체품을 지원하고 홍보하는 좋은식품연구소다. 배양고기 동호인 집단은 배양고기, 즉 '깨끗한' 고기(좋은식품연구소가 공식적으로 인증한 용어)가 제품성이 충분하며 제품 출시가 임박했다는 입장이며, 따라서 공장식 축산업이 곧 더 빠른 속도로 몰락할 것이라고 전망한다. 뉴하비스트 연구원들의 연구 보고를 바탕으로 짐작해본다면 스타트업 배양고기를 위해 승리의 나팔을 불기는 아직 이른 것 같지만, 이와 관련해서는 뉴하비스트 연구원들 사이에서도 견해가 나뉜다. 일부는 스타트업의 공식적 미래를 훨씬 더 진지하게 받아들인다. 그러나 학회 첫날 내가 이야기를 나눈 사람은 모두 공식적인 '깨끗한' 고기 출시 임박 선포와 실제 연구 데이터(적어도 공개적으로 입수 가능한 데이터) 간 간극이 존재한다는 사실을 잘 알고 있었다. 다들 예의상, 그리고 학회에 모인 모든 사람이 궁극적으로는 같은 편이라는 생각에 이 문제를 부각할 만한 공식 발언은 하지 않았다.

　뉴하비스트는 투명성 원칙을 강조하고 과대광고가 야기하는 문제에는 선수를 치는 전술로 대응한다. 다타는 자신도 동물성 재료를 사용하지 않는 혈청의 제조 공식이 초콜릿칩쿠키 포장재에 나오는 쿠키 레시피처럼 자유롭게 유통되기를 바란다고 밝혔다. 또 다른 학회에서 뉴하비스트는 포스트 연구팀이 햄버거 패티를 만드는 데 든 것과 똑같은 개수의 빈 플라스틱 세포배양 플라스크를 전시해 말 그대로 투명하게 볼 수 있게 했다. 그 전시물에는 너무나 많은 투명 플라스틱이 쓰여서 나는 박물관 전시대에 놓인 현대 조각상이나 미래 메트로폴리스의 건축 모형이 떠올랐다. 그런 전시물과 마치 애초에 씨앗으로 접시에 놓여 그 자리에서 자라나 저절로 군침을 돌게 하는 완벽한 모습을 갖추게 된 것처럼 보이는 햄버거 패티의 공식 사진은 완전히 다른 메시지를 담고 있다. 배양고기 햄버거 패티의 사진이 그런 깔끔한 모습이 형성되기까지 들어간 오랜 노력을 감춘다고 한다면, 뉴하비스트의 전시물은 세포배양고기를 만든 무료함과 보살핌과 인내를 "터뜨린다." 뉴하비스트는 배양고기가 언젠가는 그런 힘든 수공예 작업을 자동화된 대규모 생산 공정으로 전환할 수 있다는 희망에 재를 뿌리려는 것이 아니다. 다만 청중에게 현재 배양고기 기술이 어디까지 왔는지를 솔직하게 보여주려는 것이다. 나는 새롭고 기이한 식품공학 기술 세계가 대중의 신뢰를 얻으려면 그런 투명성이 매우 중요하다고 믿게 되었다. 또한 배양고기 제품 출시가 임박했다는 전망이 나오는데 기업들이 그런 기대에 부응하지 못하면 오히려 역효과가 나지 않을까 걱정한다. 배양고기가 IT 컨설턴트 업체의 과대광고주기에서 신기술에 치명적이라고 할 수 있는 '환멸의 골짜기' 단계에 다시 한 번 빠진다면 이번에는 영영 신뢰를 회복하지 못할 수도 있다. 이 모든 것으로 인해 뉴하비스트는 전략적으로 불리한 위치에 놓여 있다. 뉴하비스트가 중도적 입장을 유지하면서 지원하고자 하는 기술들이 다른 한쪽에서는 공격적으로 무리하게 홍보되고 있다. 그래서 때로는 뉴하비스트가 공장식 축산업 퇴출이라는 감상적이고 윤리적인 호소에 의지하기를 거부하면서 이성적이고 객관적인 태도를 유지해야 한다고만 주장해도 배양고기 운동에 찬물을 끼얹는 것처럼 보이기 쉽다. 게다가 현재 배양고기 프로젝트는 온통 블랙박스뿐이라서 제대로 된 정보를 얻는 것조차도 쉽지 않다. 또한 서로를 무력화하는 두 힘, 즉 의심과 희망 사이에 끼어서 그 두 가지를 변증법적으로 통합한 더 균형 잡힌 제3의 정서가 출현하기를 기다리는 입장일 때는 그런 정보를 해석하는 것 또한 쉽지 않다. 그러나 의심과 희망은 그런 식으로 합슴에 도달하는 일이 거의 없다. 일반적으로는 의심과 희망 중에서 하나만 남는다. 이것은 현 시점에서 언론과 대중 사이에 떠도는 전망에서도 목격된다. 배양고기는 곧 상용화되거나 결코 상용화되지 않을 것이다. 스타트업의 일정표에 대한 반응은 극과 극으로 나뉜다.

실패는 이야기를 풀어나가는 하나의 방식

파이어니어워크스 건물 밖 넓은 정원을 돌아다니면서 소문을 모으기는 쉬웠다. 저널리스트, 기업가, 기타 구경꾼들은 돌과 나무 주변을 느긋하게 산책하면서 비공식으로 논평을 주고받았다. 저스트(햄튼크릭), 모사미트, 멤피스미트가 (적어도 그 셋 중 하나가) 비동물성 배양액 문제를 해결했고 더 이상 소태아혈청을 사용하지 않아도 된다는 소문이 들렸다. 그런가 하면 배양고기 스타트업들이 제시한 첫 시제품 출시일인 '2018년'(저스트)이나

'2019년'(모사미트와 멤피스미트)을 비꼬듯 언급하는 목소리도 들을 수 있었다. 단순히 기술적인 걸림돌이 여전히 (적어도 우리가 아는 한) 제거되지 않았기 때문이 아니라, 정부 규제라는 방해 요소를 해결하는 데에도 엄청난 시간이 걸리기 때문이다. 어떤 정부기관이 배양고기 규제를 담당하게 될지도 아직 확실하지 않다. 미국에서는 농무부가 고기·달걀·가금육을 담당하고, 식품의약국이 조직배양 기술로 만든 제품이 속한 '생물의약품'이라는 상당히 넓은 범주의 항목을 담당한다.[6] 첫 시제품은 아마도 고급 레스토랑에 공급하는 값비싼 고기가 될 테지만, 그렇다 하더라도 소비자가 구매할 수 있는 제품이 출시되는 것이다. 몇몇 기업은 일반 시장에도 제품이 유통되는 시점이 아마도 2019년보다는 2021년에 가까울 것이라고 인정했다.

언제부터 배양고기가 정해지지 않은 미래, 아마도 10년 내지 20년 뒤 미래의 이야기이기를 멈추고, 금융계의 분기 보고서에서 장면 단위로 추적하는 서사가 되었을까? 가장 간단한 답은 "벤처 자본이 관심을 가지기 시작했을 때"다. 더 자세한 답은, 투자자들이 요구하는 일정표가 동물권익보호 운동가들의 조급함과 맞아떨어졌을 때라는 내용도 언급할 것이다. 일부 운동가들은 시위, 교육, 지원, 로비 활동이 좀처럼 성과로 연결되지 않는 현실에 지쳤다. 그들의 불만은 빌럼 판 에일런이 느꼈던 초조함만큼이나 강했다. 2017년 9월, 저스트는 빌럼 판 에일런의 특허권을 사들였고, 판 에일런의 딸은 저스트 이사진에 합류해 힘을 보탰다.[7] 대형 식품회사가 배양고기 스타트업에 투자했다는 소문도 들린다.

단순히 만에 하나 시험관 고기가 상용화될 가능성에 대비하는 걸까? 아니면 회사 소속 전략팀도 배양고기 운동 관계자들 사이에 널리 퍼진 주장에 동의하는 걸까? 예컨대 기후변화로 인해 곧 전통적인 고기 생산 방식의 비용이 증가할 것이고, 어느 순간 갑자기 배양고기보다 더 불가능한 고기 생산 방식이 될 거라고 예측한 걸까? 학회 참석자 중에는 대형 식품회사를 대표할 만한 사람이 없었으므로 그쪽의 의중을 알 수는 없었다.

2017년 뉴하비스트 학회는 분홍색과 파란색 실험실용 장갑들을 부풀려 한데 모으고 뾰족뾰족한 공 모양으로 만들어 연단을 꾸몄다. 처음 그 모습을 봤을 때, 나는 뉴하비스트의 상징색을 입힌 플라스틱 젖통 묶음으로 착각했다. 오후 일정을 위해 우리가 다시 자리에 앉았을 때 (이오낫 주어와 함께 세계 최초로 배양고기를 만들었던) 바이오아티스트 오론 카츠가 내가 한 번도 생각해보지 않은 해석을 제시했다. 배양고기는 애초에 실패작으로 태어났다는 것이다. "재생의학의 실패에 관한 이야기잖아요"라고 그는 말했다. 조직공학 분야에서 급성장 중인 또 다른 개척지이자 배양고기보다 먼저 한 IT 컨설턴트 업체가 제시한 신기술의 과대광고주기 그래프에 표시되기 시작했던 재생의학이 사람들의 열띤 기대에 부응하는 데 실패한 것을 두고 하는 말이었다. 1995년 찰스 바칸티가 털이 없는 쥐의 등에서 인간의 귀처럼 생긴 조직을 키워 세상에 공개했는데, 재생의학이 대중에게 알려지는 계기가 된 이 사건은 카츠가 바이오아트에 관심을 가지게 된 계기이기도 했다. 언론은 사람 귀가 달린 쥐가 엄청난 대형동물이라도 되는 양 떠받들었다. 20년이 넘는 시간(즉 수명이 긴 실험실 생쥐 7마리의 수명을 죽 연결한 시간)이 흐르는 동안 카츠는 점점 커져만 가는 대중의 기대치에 대해 생각했다. 수천 명의 환자가 장기 기증 명단에서 순서를 기다리고 있고 재생의학은 이론적으로는 그들 모두를 구할 수 있었지만, 환자들의 시간표에 맞춰 제때 구해줄 기미가 전혀 없었다. 의학 분야의 조직공학 기술자들은 자신들이 몸담고 있던 분야에 환멸을 느껴서 배양고기로 전향한 걸까? 아니면 배양고기가 궁극적으로는 이 세상에 더 큰 '영향'을 미칠 수 있다고 생각했기 때문에 그렇게 한 걸까? 배양고기 과학자인 마크 포스트, 우마 발레티, 블라디미르 미로노프Vladimir Mironov만 해도 원래 줄기세포의 의료 잠재력을 탐색하던 과학자들이었다. 뉴하비스트의 연구원들 몇몇도 의학 분야 진로를 고려했던 이력이 있다. 만약 스타트업의 약속이 지켜진다면 뉴하비스트 연구원 대다수가 박사과정을 마치기 전에 배양고기 제품이 시장에 출시될 것이다.

시간이 흐르면서 언론의 과도한 기대에 재생의학 분야의 초기 주장들이 점차 약속으로 굳어졌다. 환자의 줄기세포를 이용해서 이식용 장기를 만들어낼 수 있고, 그 장기를 환자에게 이식하면 거부반응을 걱정하지 않아도 된다.[8] 굳이 말할 필요도 없겠지만, 그 약속은 일부 연구원들의 희망이나 약속과 달리 실현되지 않았다. 더 큰 문제는 연구 결과 조작에 따른 스캔들이 몇 번 있었고, 그로 인해 재생의학, 그리고 더 넓게는 줄기세포 연구 분야 전체가 여전히 그 여파에 시달리고 있다는 것이다.[9] 카츠와 나는 잠시 회의론에 흠뻑 빠져들었고, 나는 불에 기름을 살짝 부어보았다. 바이오연료에 대해서도 같은 이야기가 가능하지 않을까? 2000년대 말 '깨끗한 에너지'의 하나인 바이오연료에 투자가 몰렸지만 곧 대대적으로 망신을 당했다. 배양고기, 즉 '깨끗한' 고기는 이전에 바이오연료 등 '깨끗한 기술'에 몰렸던 벤처 투자자와 동일한 집단의 관심을 살 수도 있다.[10] 게다가 동물복지 분야의 뛰어난 인재들도 배양고기 스타트업과 배양고기 연구 지원 단체로 몰려들었다. 이런 이동은 많은 사람이 효과가 더디게 나타나는 시민운동을 통해 사람들의 마음과 머리와 식단을 바꾸려는 노력에 지쳤다는 것을 의미하고, 그들이 상업 활동을 통해 더 많은 것을 더 빨리 더 큰 규모로 성취할 수 있다는 희망을 품고 있다는 것을 보여준다. 개인의 식단을 바꾸는 대신 채택된 새 전략의 목표는 동물학대의 원인이 되는 식단 선택지를 줄이거나 없애는 것이다. 좋은식품연구소의 브루스 프리드릭은 공식 석상에서 이렇게 말했다. "우리는 지속 가능하고 인도주의적인 선택지를 기본 설정으로 만들어서 소비자의 식탁에서 윤리 문제를 아예 치워버리고자 합니다."[11] 배양고기가 다른 분야에서의 실망감에서 시작했다고 해서 당연히 배양고기 또한 재생의학과 같은 운명을 맞이할 거라고 생각하지는 않는다. 재생의학은 아직 실패를 인정하지 않고 있고, 여전히 앞으로 나아가는 중이기도 하다. 여기서 전달하고자 하는 요지는, 이 이야기의 등장인물과 자원은 종종 다른 이야기에서 스카우트되기도 했다는 것이다. 그리고 그런 인물과 자원은 각자의 과거를 꼬리에 달고 등장한다는 것이다. 실패는 이야기를 풀어나가는 하나의 방식이고, 적응도 또 하나의 방식이다. 카츠는 의도적으로 전자를 선택했다.

나는 이따금 내 사고의 흐름이 실패 쪽으로 넘어갈 때면 이런 생각을 했다. 배양고기 운동은 현재 그 운동을 장악한 특정 형태의 투자와 개발로 인해 실패할 위기에 놓인 훌륭한 아이디어인지도 모른다고. 벤처 투자자는 실험실에서 시장에 내놓을 수 있는 제품을 만들기까지 걸리는 시간보다 훨씬 더 빠른 시간 안에 투자 수익을 올리고 싶어 하므로, 스타트업 모델 자체가 배양고기를 위험에 빠뜨릴 수도 있다. 이 모든 것은 배양고기가, 2017년 시장에 출시된 아주 정교한 식물성 햄버거 패티와 달리 단순히 고기를 흉내 낼 뿐 아니라 실제로도 동물세포로 만들어진 무언가로 정의되어야 한다는 것을 전제로 한다. 따라서 배양고기는 더 인내심 있는 부류의 자본이 필요하거나, (이상적으로는) 정부의 자금 지원을 받는 대학 실험실처럼 더딘 속도로 연구가 진행되어야 한다. 그러나 잠재적으로 훌륭한 아이디어가 현실과 타협하는 바람에 실패했다는 묘사가 정확한 것으로 밝혀지더라도, 그것만으로는 배양고기와 자본주의의 관계를 제대로 설명했다고 할 수 없다.

시장 주도 유토피아

배양고기는 대규모 사육시설에 욱여넣어진 식용 동물의 고통을 완화하고 공장식 축산업이 환경에 남긴 거대한 발자국을 줄일 수 있다. 게다가 사육장이라는 미생물 연못에서 번성하는 동물원성 감염증을 박멸할 수 있다. 그러나 이 이야기의 시작부터 이미 명백했던 것은 그런 문제 자체가 더 깊은 문명 단위 문제의 징후라는 점이다. 이것은 역사상 최고점을 연신 갱신하는 세계 인구가 매일 또는 거의 매일 동물의 골격근을 즐겨 먹을 뿐 아니라 고기를 저장하는 냉장고와 그 냉장고를 작동시키는 전기, 그리고 심지어 고기를 요리하는 가스레인지와 연결된 가스 공급 배관에 이르기까지 산업 문명의 다른 혜택을 누리는 데서 기인한 문제다. 현재 고기의 가격은 싸다. 그러나 이 세상에 아무런 맥락 없이 값이 싼 것은 아무것도 없다. 자본주의는 근대화라고 불리는 복합적 과정을 지지한 유일한 경제체제가 아니며, 자본주의는 역사적으로 고기에 대한 과도한 관심을 불러일으킨 유일한 경제체제가 아니다. 그 증거로 소비에트연방은 한때 고기의 생산과 소비를 늘리는 데 열을 올린 나머지 사료를 수입해야 했다. 그러나 육식 중심의 서구식 식단의 보편화는 대부분 자유시장 자본주의의 세계화와 밀접하게 연결되어 있다. 아마도 맥도날드가 모스크바와 베이징에 지점을 연 것이 이런 현상을 가장 극적으로 상징하는 예일 것이다.[12]

저렴한 고기는 현재 정부 보조금과 규제 활동, 두세 대형 기업의 영농 활동 과점 행태, 가축이 자연 상태에서보다 훨씬 더 많은 살코기를 생산하도록 유도하는 도구와 장비 등 많은 것이 관여하는 연결망의 일부다. 이 연결망은 늘 '더'를 외치는, 지속적인 시장 확장을 추구하는 경제체제의 리듬에 맞춰 움직인다. 우리는 이데올로기적으로는 아니라 하더라도 적어도 기능적으로는 풍요로운 세계에서 산다. 이 세계에서는 아기와 고기가 그 자체로 무조건 좋은 것이 아니라는 말을 거의 하지 않고, 그래서 장외에서

352

그런 내용의 경고 표지판을 들고 서 있는 맬서스주의자들은 사람들이 원하지도 않고 예상하지도 못한 정신적 압박을 가하는, 턱수염을 덥수룩하게 기른 비판꾼들로 치부된다.

배양고기를 이런 식으로 묘사하는 배양고기 설계자는 없겠지만, 배양고기 연구는 자본주의적 근대성의 대표적인 문제 중 하나를 해결하겠다고 약속한다. 저렴한 가격이라고 부를 수 있는 이 문제는 어디서나 쉽게 접할 수 있는 비용 전가의 결과이며, 저렴한 고기도 그런 현상의 한 예시에 불과하다.[13] 사람들이 사고 싶어하는 재화와 서비스(음식, 연료, 옷, 노동 등)의 가격이 저렴한 것이 문제라는 말이 선뜻 이해되지 않을 것이다. 왜냐하면 저렴한 가격 덕분에 더 많은 사람이 재화와 서비스를 이용할 수 있게 되었고, 전 세계적으로 사람들의 생활수준도 향상되었기 때문이다. 저렴한 가격은 우리가 헤엄치고 있는 물에 해당하고, 그래서 간과하기 쉽다. 그러나 고기 '가격 인하'의 결과가 단순히 고기의 민주화만은 아니었다. 고기의 생산과 유통에서 발생하는 비용이 소비자의 눈에 덜 띄고 고기 생산 수단을 소유한 집단의 부담이 경감되도록 그 비용을 이리저리 분산시켰다. 그 비용은 육우 산업에서 막노동을 하는 노동자와 환경에 전가되었고, 짧아진 수명이라는 형태로 가축에게도 전가되었다. 공장식 축산업의 해악은 우리 눈에 보이지 않게 되었고, 동물권익보호 운동가들은 이 사실을 진즉에 알고 있었다. 그래서 일부 동물보호 운동가들은 카메라를 몰래 숨겨 사육장과 도살장에 잠입한다. 그런 행동을 하는 이유는 동물에게 가해지는 위해를 우리 눈앞에 들이밀어서 그것이 해악이라는 것을 똑바로 바라보게 하기 위해서다. 실제로 이들 운동가가 하는 일은 동물이 받는 고통을 눈에 보이게 만들고, 인간이 가축의 고통을 해악으로 인식하도록 세상에 알리는 것이다. 생산 및 유통망이 복잡해질수록 고기 중심 식단이 야기하는 건강 문제 외에 인간이 겪게 되는 다른 고통들이 감춰진다. 2017년 뉴하비스트 학회에서 나와 대화를 나눈 한 참석자가 지적했듯이, 그 학회의 연단에 선 발표자 중에서 현재 미국 남부에서는 양돈장 때문에 물이 오염되어 특히 흑인들이 큰 피해를 보고 있다는 사실을 언급한 사람이 아무도 없었다.[14] 저렴한 고기 가격은 또한 특권층은 걱정할 일 없는 해악이라고 불러도 좋을 것이다.

배양고기 운동이 꿈꾸는 유토피아적 미래에서는 조직배양과 조직공학 기술 덕분에 고기의 환경적·도덕적 외부효과가 확 줄어들기 때문에 고기의 가격이 저렴한 것이 문제되지 않는다. 그리고 배양고기가 대량생산 및 판매되는 이상적 미래에서는 잡식 문명이 현재와 거의 같은 모습으로 유지될 것이다. 대신 그 미래는 2017년을 살아가는 우리로서는 상상할 수 없을 정도로 지속 가능성의 전망도 아주 밝을 것이다. 이 모든 것을 조건부로 두는 것이 중요하다. 배양고기의 기술적 성공과 그런 유토피아적 미래 사이에 얼마나 많은 경우의 수가 존재하는지 나는 헤아릴 수조차 없다. 세포농업은 근대화가 낳은 재앙에서 탄생한 일종의 시장 주도 유토피아라고 묘사하면 가장 정확할 것이다. 달리 말해 공장식 축산업이 성장 추구 자본주의 기반의 문명을 지속 불가능하게 만드는 요인 중 하나라면, 세포농업이 상업적 성공을 거두었을 때 시장은 성장 자체가 성장을 파괴하는 것을 아슬아슬하게나마 막을 수 있을지도 모른다. 처칠은 시험관에서 키운 닭고기를 먹는 미래상을 묘사한 「50년 뒤의 세계」에서 이와 유사한 관점으로 미래에 대한 전망을 내놓는다.

> 만약 엄청난 동력원이 마련된다면 햇빛에 의존하지 않고도 식량을 생산할 수 있을 것이다. 인공 빛이 나오는 거대한 지하 창고가 이 세계의 옥수수밭과 감자밭을 대신할 수도 있다. 공원과 정원이 초지와 농경지를 뒤덮을 것이다. 때가 되면 도시가 더 넓게 확장할 수 있는 땅이 넉넉하게 확보될 것이다.[15]

처칠은 농업의 기본 재료가 바뀌면 더 많은 공원과 더 많은 정원, '넉넉함'이 생겨날 것이라고 (아마도 불가피하게 사실적 근거는 건너뛴 채) 추정한다. 처칠이 제안한 인공 빛이 나오는 지하 창고와 마찬가지로 세포농업은 새로운 유형의 내부 개척지를 대표하는 것 같다. 그래서 모든 개척지가 이미 다 개발되었고 현재의 농경지가 위협받고 있는 순간에도 새로운 투자, 수익, 성장을 촉진할 수 있을 것처럼 보인다. 자연자원 고갈과 기후변화가 축산업 비용을 올리는 동안 세포는 (적어도 관련자들의 이야기에 따르면) 점차 고기를 생산하는 작업에 있어 온전한 동물 개체보다 더 값싼 일꾼이 될 것이다. 세포주는 그 세포의 출처인 소, 돼지, 닭이 한때 수행했던 경제적 역할을 물려받을 것이다. 그러나 적어도 지금 당장은 세포가 온전한 동물 개체보다 더 값싼 일꾼이 아니며, 세포가 언젠가 그렇게 될 것이라는 가정은 명확하지 않은 개념인 기술 진보에 상당히 큰 판돈을 건 도박이나 다름없다.

2017년 뉴하비스트 학회의 연단에 선 나는 이런 이야기를 하나도 하지 않았다. 나는 고기의 역사와 조직배양의 역사가 어떤 식으로 배양고기와 얽혀 있는지, 특히 우리의 식생활 변화가 얼마나 예측 불가능하면서도 우리의 문화 전체에 영향을 미치는지를 짚어주는 짧은 강연을 하기 위해 무대에 올랐다. 내 강연의 요지는 새로운 음식의 출현, 보편화, 그 음식을 만든 선도 집단 내에서 궁극적으로 일어나는 변화를 전부 아우르는 전체 서사를 관찰하고 기록하기가 불가능하다는 것이었다. 배양고기가 동물의 몸이나 농업 자체를 바라보는 우리의 관점을 어떻게 바꿀지도 마찬가지로 알 수가 없다. 이런 맥락에서 나는 배양고기가 수많은 경우의 수와 역설로 채워진 문제라는 점을 이해해달라는 궁색한 변명을 늘어놓았다.

새로운 유형의 생명은 어떻게 인간의 도덕적 관점을 바꿀까?

오론 카츠가 심바이오틱A^{SymbioticA}에서 자신이 이오낫 주어와 함께 어떤 작업을 하고 있는지 설명하기 위해 나 바로 다음 차례로 무대에 오른 것이 천만다행이었다. 그는 심바이오틱A를 "생명과학 분야에서 이루어지는 연구, 학습, 비판, 직접적 참여에 바치는 예술 실험실"이라고 소개했다.[16] 카츠는 20년 넘게 조직배양 기술로 예술작품을 만들어왔다. 공동 작업 초기에 카츠와 주어는 ('귀가 달린 쥐' 프로젝트의 일환으로) 조지프 바칸티와도 협업했다. 그리고 지금 카츠는 뉴하비스트 학회 연단에 서서 청중에게 이렇게 말하고 있다. "당신들은 저기 위에 있고, 저는 여기 아래에 있습니다." 그는 한 IT 컨설턴트 업체가 제시한 과대광고주기 그래프를 보여주면서 그 그래프의 첫 고점을 가리킨 뒤 그다음에 나오는 저점을 가리켰다. 실험실에서 키운 고기에 대해 카츠가 내뱉는 회의적 발언들을 들으면서 어디까지가 기질적 요인에 의한 것인지, 어디까지가 이념적 요인에 의한 것인지 정확히 구별해내기가 어려웠다. 아니면 장기간에 걸쳐 하나의 기술이 제대로 정착하는 데 실패하는 전 과정을 지켜본 그로서는 당연히 그런 회의적 태도를 취할 수밖에 없는 것인지도 모른다.

　그러면서도 카츠는 그와 주어가 '반semi-살아 있는' 창조물이라고 부르는 것들을 만들어내고 있다. 반-살아 있다? 반semi이라는 접두사는 라틴어에서 유래하며 '절반'half이라는 뜻을 지닌다. 그러나 일상 영어로는 불완전하거나 부분적으로만 진행되었다는 의미가 추가된다. 배양고기 과학자는 생물반응장치에서 분열하고 증식하는 세포를 가리켜 살아 있다고 이야기할 때가 많지만, 시험관에서 생애 주기가 진행되는 세포가 살아 있다는 것이 무엇을 의미하는지에 대해 이야기하는 일은 드물다. 카츠와 주어가 만들어낸 합성어 '반-살아 있는'은 그것과 다르게 작동한다. 이 용어는 체외와 체내에서 전개되는 생애 주기의 차이, 몸 안에서 유기체가 사는 것이 의미하는 바와 그 유기체의 일부가 세심하게 통제된 조건 아래 유리나 플라스틱 용기에서 꾸준히 자라는 것이 의미하는 바의 차이를 강조한다. 세포가 체외에서 '번성한다'고 말한 다면, 그것은 무엇을 의미할까? 카츠와 주어는 다른 실험실에서 폐기하는 다듬어지지 않은 생체 재료에서 자신들이 쓸 만한 것들 을 수집한다. 이를테면 최근에 실험실에서 죽은 실험동물에서 조 직 샘플을 채취해 그 동물의 세포에서 거의 남지 않은 사후 생명을 악착같이 끄집어낸다. 2003년 개구리 튀김을 만들기 전에 두 사 람이 최초로 키운 스테이크용 고기는 세상 밖으로 나오지 못한 새 끼 양의 골격근으로 만들었다.[17]

카츠와 주어의 최신 작품은 핑크디자인Fink Design 소속 디자이 너 로버트 포스터Robert Foster와 협업해서 만들었는데, 작품명은 〈스 터 플라이〉Stir Fly다. 이 작품은 더블린의 사이언스갤러리에 전시되 었는데, 작가들의 의도와는 달리 폭발하고 말았지만 다친 사람은 없었다. 이 작품은 자폭하기 전까지 고기의 본질에 관한 관람객의 전제들에 도전했다. 〈스터 플라이〉의 일부는 생물반응장치였는 데, 그 생물반응장치에서 키운 세포는 곤충에서 채취한 것이었다. 배양액에는 소태아혈청이 포함되었고, 약 20리터에 달하는 배양 액을 담은 주머니가 생물반응장치 위쪽에 매달려 있었다. 그 모습 은 마치 액체 다모클레스Damocles의 검* 같았다. 조직 예술가와 함 께 배양고기를 들여다보는 것은 유용한 경험일 수 있다. 배양고기 의 광고 캠페인이 배양고기의 기이한 측면은 전부 지워버리려고

---

* 권좌는 한 올의 말총에 매달린 칼 아래 앉아 있듯이 위험한 것이라는 점을 빗댄 서양 속담 으로, 절박한 위험을 상징한다.

애쓰기 때문에 더 그런 것 같다. 기존의 '체외' 고기라는 용어를 버리는 것도 그런 캠페인에 포함된다. 이와는 다른 맥락에서 이샤다타는 그런 정상화 노력이 규제라는 측면에서 가치를 지닌다고 제시했다. "식품 규제 대부분은 이미 기존에 안전하다고 판명 난 식품에 새로운 제품을 끼워 맞추는 일을 합니다."[18] 또한 정상화는 어떻게든 소비자가 그 제품을 받아들이도록 한다는 목표에도 기여한다. 카츠와 주어는 최초의 체외 고기와 크게 다르지 않은 조직 조각을 키운다. 카츠와 대화를 나누는 중에 그는 내게 예술을 위해 키우는 배양조직과 음식으로 먹으려고 키우는 배양조직 간에 어떤 유사점이 있는지 이야기하면서, 생명공학자들은 인정하고 싶어 하지 않는 것 같지만 자신과 주어가 생명공학 기술의 미학적 잠재력을 발견했다는 주장을 펼쳤다. 생명공학 기술은 의도치 않게 예술의 기능을 수행하기도 하고 우리가 세상을 바라보는 관점을 바꾸기도 한다. 더 구체적으로 말하자면 우리가 생명체의 의미를 바라보는 방식을 바꾼다.

물론 이미 예상했겠지만 철학자들은 생명체가 '의미'라는 것을 지닐 수 있는지를 주제로 기꺼이 논쟁을 벌일 것이다. 다만 여기서 철학적 논쟁과 우리가 실제로 세상을 경험하는 방식에는 엄연한 차이가 존재한다는 사실을 명심할 필요가 있다. 비주류이기는 하나 시선을 끌 수밖에 없는 바이오아트는 일종의 사변적 미래주의로서, 동물의 몸이 어떤 식으로 바뀔 것인지를 물을 뿐 아니라 그런 새로운 유형의 생명과 함께 살 우리의 관점은 어떻게 바뀔 것인지를 묻는 두 가지 역할을 수행한다. (난자에) 푸른빛을 내게 만드는 해파리 유전자를 이식하면 토끼도 어둠 속에서 빛날 수 있다. 그런데 그런 토끼를 반려동물로 키우면 세상을 보는 눈도 달라질까?[19]

카츠는 스크린에 슬라이드를 띄워 그와 주어의 기존 작품들을 보여준다. 초창기에 미술관들이 '축축한' 액체 예술작품이나 '반-살아 있는' 예술작품 전시를 전반적으로 꺼리던 시기에 실시한 예술 실험들부터, 2003년 〈해체된 요리〉 프로젝트의 일환으로 키운 개구리 튀김까지 담겨 있었다. 개구리 튀김은 삶이 예술을 모방하는(다만 아주 다른 이유로, 더 낙관적인 목표를 위해) 놀라운 사례로, 2004년 뉴하비스트를 설립한 제이슨 머시니의 관심을 곧장 끌었을 것이다. 머시니가 하버드의대에서 레지던트 과정을 밟고 있을 당시에도 조직배양과 예술 프로젝트Tissue Culture & Art Project(카츠와 주어의 계속된 협업 명칭)에서 날개처럼 생긴 돼지 뼈 한 쌍을 키우고 있다는 사실을 알았는지는 확실치 않다. 그 돼지 뼈는 여러 생명공학 프로젝트의 실현 가능성을 재치 있게 표현한 작품이었다. 그 작품은 날갯짓을 거의 하지 않고도 〈돼지가 날 때〉When Pigs Fly라는 메시지를 전달했다. 〈스터 플라이〉나 카츠와 주어가 〈스터 플라이〉를 내놓기 여러 해 전에 아일랜드 더블린의 사이언스갤러리에 전시한 〈반-살아 있는 걱정 인형들〉Semi-living Worry Dolls은 고전적인 미학적 기준을 맞추려고 기획한 것이 아니다.[20] 카츠와 주어가 만든 작품의 목적 중 하나가 생산적 걱정을 부추기는 것이라면, 또 다른 목적은 형상이 뒤죽박죽 엉망인 걱정 인형들처럼 뜻밖의 대상에게 애정을 느끼도록 부추기는 것이다. '반-살아 있는' 것에게도 애정을 갖는다는 것은 무엇을 의미할까? 걱정 인형들의 경우에는 그 대상이 예술이라면 그런 애정을 고스란히 되돌려줄 것이라는 메시지를 담고 있다. 과테말라의 민속 공예품인 걱정 인형에서 영감을 얻어서 만든 카츠와 주어의 걱정 인형들은, 인형에게 걱정을 속삭이면 그 걱정들을 인형들이 거둬간다는 전통적 기능을 수행한다. 걱정 인형들의 극미-중력 생물반응장치 겉면에 부착된 마이크는 박물관 관람객이 속삭인 걱정들을 한창 자라고 있는 인형의 '귀'로 전달했다. 카츠와 주어의 설명에 따르면, 각 인형은 특정 걱정과 연계된 정체성을 부여받았다. 정체성은 알파벳 순서로 A부터 H까지 지정되어 있었다. "절대적 진리Absolute truths, 그리고 그런 진리를 안다고 생각하는 사람들에 대한 걱정"에서 시작해 "생명공학Biotechnology, 그리고 생명공학을 앞으로 나아가게 만드는 요인들에 대한 걱정"과 "자본주의Capitalism, 대기업 Corporations"을 거쳐 "희망Hope에 대한 두려움"으로 끝난다.

심바이오틱A에서 심바이오틱은 '공생하는'을 의미하는 영어에서 따온 것이다. 이런 명칭은 아주 다른 형태의 호혜적 돌봄, 즉 유기물과 다양한 유형의 세포 간 공생관계를 상기시킨다. 미생물학자 린 마굴리스는 공생관계가 진화론적 변화의 동력이라는 가설을 제시했다. 많은 사람의 지지를 받고 있는 마굴리스의 가설에 따르면, 우리에게 익숙한 진핵세포는 박테리아들이 서로 흡수하고 상대의 구조를 스스로에게 도입해 세포호흡 같은 유용한 기능을 획득하는 과정에서 출현했다.[21] 이런 내부-공생관계를 통해 유전자 정보가 수평적으로 통합되었고, 마굴리스의 주장에 따르면 종이 오랜 시간에 걸쳐 진화하는 과정에서 이런 공생관계가 자연선택과 변이 못지않게 종의 변화를 이끌어내는 중요한 동력이 되었다.[22] '심바이오틱A'라는 이름은 호혜적 돌봄이라는 것이 단순히 인간이 생명에 대해 취하는 윤리적 태도 이상의 무언가일 수도 있다고 말한다. 우리 같은 복잡한 유기물의 탄생에 기여한 진화 과정의 일부일 수도 있다는 것이다. 다른 반-살아 있는 전시물처럼 〈걱정 인형들〉 프로젝트는 애정을 생명공학의 영역으로 전이시킨다. 응용생명공학의 많은 프로젝트가 자연에 대한 통제를 강조한다면, 애정을 강조한 카츠와 주어의 프로젝트는 인간과 자연 사이에 존재하는 호혜적 관계를 상기시킨다.

카츠와 주어의 예술 활동은 배양고기 운동에 간접적 영향력을 행사했음에도 불구하고 생명공학 기술이 아니라 우리가 생명이라는 개념 자체와 맺고 있는 관계에 초점을 맞추고 있다. 카츠는 이 관계가 '불확정적'이며, 현재 도구주의에 의해 규정되고 있다고 내게 설명했다. 그리고 마침 현재 생명공학 기술은 생명을 도구로 만드는 수단으로 사용된다. 인간은 우리 조상이 최초로 야생동물을 가축화해 노동을 시킨 순간부터 생명을 도구화하기 시작했는지도 모른다. 그러나 심바이오틱A에서 이루어지는 예술 실험은 체외배양 기법으로 세포와 조직을 몸체에서 분리하는 것이 가능해진 순간부터 지금까지와는 질적으로 다른 방식으로 생명의 도구화가 이루어지기 시작했다는 것을 보여준다. 이것은 개의 품종 교배와는 다르다. 카츠와 주어는 생명이 우리가 알 수 있지만 감춰진 본질, 생명공학이 유전적으로든 직접적으로든 파괴하거나 오염시킬 수 있는 본질을 지닌다고는 결코 말하지 않는다. 카츠와 주어의 예술은 인간의 의지와 기술적 수단에 의해 규정할 수 없는 '순수한' 생명이나 베일에 싸인 엄청난 미스터리로서의 생명 같은 걸 찬미하는 예술과는 다르다.[23] 우리가 생명공학을 동물의 몸이나 인간의 몸에 어떤 식으로 적용해야 하는가 또는 적용하지 않아야 하는가 같은 질문에 대한 답을 제시하지도 않는다. 다만 배양고기 운동이 마주친 한 가지 주장, 즉 세포의 생명 과정을 간단하게 통제하거나 최적화할 수 있는 메커니즘으로 환원할 수 있다는 주장에 효과적으로 반박한다. 그들은 생명이 그런 식으로 보일 수 있다는 것을 부정하지는 않는다. 오히려 그들은 그런 분석적 환원으로 우리가 어떤 대가를 치러야 하는지, 우리가 어떤 이점을 얻을 수 있는지 묻는다.

　카츠와 주어의 생물반응장치 안에서 자라는 살덩어리 또한 이와는 다른, 훨씬 더 철학적인 문제, 도덕철학자들이 개념적으로 아주 꼼꼼하게 살펴본 문제에 대해 고민해보라고 권한다. 자연의 영역과 인간 도덕의 영역은 서로 다른 영역일까? 인간은 어떻게 두 영역 모두의 구성원으로 살아갈 수 있는 걸까? 자연의 영역은 다른 모든 동물과 마찬가지로 우리도 구속하는 규칙의 영역인가? 인간 도덕의 영역은 우리가 누리는 자유에 의해 나머지 동물과 구별되는, 자신의 열망을 가장 분명하게 표현할 수 있는 차별화된 존재로 인간을 규정하는 영역인가? 우리가 도덕 영역에서는 완벽하게 자유롭다고 주장하는 철학자도 있고, 어떤 철학 학파에 속하는가에 따라 신이라고 부르건 자연이라고 부르건 또는 단순하게 이성이라고 부르건, 인간은 초월적 존재인 선善의 구속을 받으며, 따라서 그 선에 순응하며 살아간다고 주장하는 철학자도 있다. 이런 논쟁은 도덕이란 단순히 우리가 개인으로서 또는 우리의 사회적 관습이나 규범을 통해 있는 그대로 받아들이는 것이 아니라, 적어도 열망한다는 의미에서 우리가 제대로 이해하려고 노력하는 것이라는 사실을 보여준다. 그렇기에 철학자 필리파 풋은 나무의 이미지를 떠올리면서 선행을 좋은 뿌리에 비유했다.

풋은 20세기의 저명한 철학자 조지 에드워드 무어G. E. Moore의 견해에 반론을 제기하면서, 선은 자연적 속성과 유사한 것이라고 주장했다.[24] 그러므로 선은 인간의 관습 밖에 존재한다. 풋은 1950년대 말 발표한 에세이들에서, 도덕철학이 사실 설명과 사실 평가를 구별하는 데 함몰되었다고 지적했다. 전자는 증거에 근거하고 확인의 대상이며 전혀 주관적이지 않은 반면, 후자는 커피맛 아이스크림에 대한 선호만큼이나 주관적이다. 도덕 진술에 대한 도덕철학자들의 입장은 도덕 진술이 사실이 아니며 평가의 대상이고 주관적이라는 견해로 수렴되었다. 풋은 이 견해에 반론을 제기한다. 그녀는 칼을 예로 든다. 칼에게 있어 선은 칼의 특수한 기능을 전제로 한다. 어떤 대상에게 '선'이 자의적이고 주관적이 아니라는 주장은 그 대상이 만들어지거나 키워졌을 때 어떤 본질적 목적을 타고났는지 돌아보게 한다. 그런 식으로 우리는 눈과 허파의 선을 이해할 수도 있다.[25] 우리는 눈과 허파와 칼에 대해 아마도 그것들의 미학적 수준(물론 겉으로 드러나지 않는 허파 같은 장기에 개인적인 미학적 견해를 지닌다는 것은 상상하기 어렵지만)

등 많은 '평가적'인 말들을 할 수 있다. 그런데 아주 화려한 음각이 새겨진 칼에 대해 '평가적'인 판단을 내렸다고 해보자. 해당 칼이 선한 칼인지 아닌지 답을 할 때, 우리는 먼저 이 칼의 목적이 실용적인 것이기보다는 장식적인 것이라는 점을 인정해야 할 것이다. 제각각 목적이 다른 굴 칼, 장어 칼, 푸주 칼 등이 있을 수 있고, 따라서 각 칼에 대응되는 선도 다르고, 뿌리도 다르다.

풋의 도덕윤리(라고 불린다)는 생명공학이 해결해야 할 문제라고 여기는 그런 자연에 근거를 두고 있는 듯하다. 풋은 "도덕적 주장의 근거는 궁극적으로 인간 삶에 관한 사실들이다"라고 말한다.[26] 실험실에서 사실은 변하는 것 같고, 자연은 신뢰할 만한 미확정의 토대라기보다는 좁디좁은 다리, 건너는 동안에도 계속 보수해야 할 것 같은 다리처럼 보인다. 아무리 많은 노력이 들고 아무리 비싼 대가를 치러야 하건 자연의 작은 부분들을 우리가 자유롭게 재설계할 수 있다는 사실을 입증하게 된다면, 자연의 영역과 자유의 영역을 나누는 선線은 어떻게 될까? 이것은 우리가 사물의 선善에 대해 생각할 때 그 사물의 자연적 속성은 더 이상 고려하지 말아야 한다는 것을 의미하는가? 이것이 카츠와 주어가 우리에게 고민해보라고 던지는 철학적 문제다.

그런데 이런 철학적 문제는 텅 빈 허공을 떠다니는 것이 아니다. 카츠와 주어의 바이오아트 작품과 만나는 순간 이 문제에 맥락이 부여된다. 카츠와 주어의 조직배양과 예술 프로젝트, 그리고 심바이오틱A는 유리벽을 사이에 두고 누가 봐도 완전히 다른 유형의 '반-살아 있는' 생명의 맞은편에 인간을 놓는다. 이것은 두

가지 강력한 효과를 발휘한다. 일단 우리는 동질성을 직시하게 된다. '반-살아 있는' 전시물들과 마찬가지로 우리도 세포와 조직으로 이루어져 있기 때문이다. 그리고 그 전시물들은 체내에서 만들어졌건 체외에서 만들어졌건 살덩어리는 필멸하는 취약한 존재라는 메시지를 전한다는 점에서 우리의 정곡을 찌른다. 그런데 다른 한편으로 '반-살아 있는' 생명은 다른 가능한 존재들의 살아 있는 바다에서도 눈에 띄는 '다른 것'이며, 우리는 이것을 인간이라는 존재를 규정하는 비교 대상으로 삼는다. 몸통과 팔다리와 머리 등을 단위로 삼는다면 우리는 어느 정도 완전한 몸을 지니고 있고, 도덕적 자유를 누린 경험도 있다. 스스로를 (배양조직은 말할 것도 없고) 다른 생명체는 할 수 없는 것처럼 보이는 지적 선택이 가능한 존재로 여긴다. 우리는 밀집사육시설과 도살장을 만들었고, 생물반응장치도 만들었다. 그리고 우리는 (실제로 실천하는 일은 거의 없다 해도) 축산업을 어떤 방식으로든 개선할 수 있고, 동물 생산물의 소비도 줄일 수 있다. 이 문제를 다른 식으로 표현해보자면 다음과 같다. 우리가 자유의 나침반 안으로 자연의 영역을 끌고 들어올 수 있다면 도덕적 자유의 내용도 달라지는가?

현재를 비추는 거울

카츠를 연사로 초대한 것은 뉴하비스트로서는 용감한 선택이었다. 단순히 카츠가 배양고기 운동에 회의적인 인물이라서가 아니라, 카츠와 주어의 작품이 배양고기 운동의 주류 담론에서 핵심을 차지하는 모방 어법에 의문을 제기한다는 점에서 그렇다. 배양고기 지지자들이 배양고기를 깨끗하고 익숙하고 시장성 있는 제품으로 알리는 일에 매진하다 보니, 그 과정에서 배양고기의 기이한 측면들은 슬며시 눌러버린다. 얼굴에는 미소를 띠고서. 카츠와 주어의 작품은 우리에게 익숙한 고기 부위를 활용하는 요리 관행에서 벗어나서 사고하라고 권한다. 나는 그 가얄을 다시 떠올리고, 고기가 정말로 어떤 것인지와 관련된 우리의 습성이 과연 얼마나 유연한 것일지 생각해본다. 한스 블루멘베르크의「자연의 모방」이라는 에세이는 50년 후가 아닌 지금 당장 카츠와 주어의 조직 배양과 예술 프로젝트를 이해할 수 있도록 돕는 해설서 역할을 한다.[27] 블루멘베르크는 우리가 현재 경험하고 있는 근대성을 중심으로 근대성 이론을 축약하면서, 점점 더 인공적이 되어가는 세계에서 우리가 우리의 창조물과 나란히 살아가면서 느끼는 불안감은 자연을 모방하는 것과 완전히 새로운 것을 발명하는 행위 사이의 차이에서 비롯된 것이라고 추정한다. 우리는 한때 무언가를 만들 때 자연의 힘·사물·과정을 모방하려고 했다. 그러다 오직 인간의 머릿속에만 존재하는 형상들을 원형으로 삼은 창조물들을 만들면서 자연에 반기를 들기 시작했다. 블루멘베르크는 아리스토텔레스주의와 성서 모두를 연상시키는 논의를 통해, 현재의 우리는 그런 반란의 여파를 우려하는 반란군과도 같다고 주장했다. 이런 논리는 생물반응장치에서 고기를 키우는 일에도 곧바로 적용할 수 있다. 배양고기 운동은 기존의 고기 형태를 모방해야만 육식에 길들여진 사람들이 사육장에 등을 돌리도록 설득할 수 있다는 주장과 함께 시작된다. 그리고 아마도 그 주장이 옳을 것이다. 그러나 곧 난관에 봉착한다. 그 난관은 순수하게 기술적 어려움도 포함하지만, 그것이 전부는 아니다. 고기, 이를테면 가얄의 엉덩이살 같은 고기와 동일한 고기를 만들어내는 과정에서 맞닥뜨리게 되는 기술적 어려움에서 불가피하게 도출되는 결론은, 우리에게 덜 익숙하고, 따라서 더 '반항적인' 단백질 형태를 만들어내는 편이 훨씬 더 쉬울 수도 있다는 것이다. 배양고기의 미래는 광고 캠페인에 담아낼 수 없을 정도로 기괴할 수도 있다.

　여기서 끝이 아니다. 짧은 휴식 시간(간식 보충, 대화 보충)이 끝난 뒤 일투드 던스퍼드, 마크 포스트, 뉴질랜드 농부 리처드 파울러, 그리고 멤피스미트의 대변인 데이비드 케이가 배양고기와 전통 농업의 관계를 주제로 한 대토론회를 위해 한자리에 모였다. 음식 관련 난제들에 대해 테크 산업 스타일의 '해커톤'*을 기획하는 푸드플러스테크커넥트Food+Tech Connect라는 단체의 설립자 다니엘 굴드가 사회자로 나섰다. 우리는 이런 부류의 대화를 대할 때는 어느 정도 긴장감이 돌 거라고 예상한다. 나는 영국에서 배양고기에 대한 소비자의 잠재적 태도를 주제로 실시한 설문 조사가 생각났다. 해당 설문 조사는 배양고기가 안타까운 "한 체계의 종말", 인간과 동물을 연결한 농업관계의 종말처럼 느껴진다는 응답을 이끌어냈다.[28] 생산의 도덕적 생태계의 종말이라고도 할 수 있겠다. 포스트는 배양고기와 전통적 축산업이 공존할 수 없다고

---

* hackathon. 해킹과 마라톤의 합성어로, 개발자와 디자이너는 물론이고 인사, 마케팅, 재무 등 관계자들이 모여 이런저런 아이디어와 생각을 주고받는 시간을 갖는 것을 말한다.

믿는다고 공식적으로 밝힌다. 새로운 것이 등장하면 낡은 것은 자연히 사라진다고 그는 생각한다. 그러나 대화의 전체적인 분위기는 우호적이었다. 케이는 멤피스미트가 단지 산업화된 축산업을 '파괴'하고 싶을 뿐이라고 열심히 설득했다. 던스퍼드는 농부가 없으면 땅의 관리인도 사라진다고 지적했다. 토론자들 사이에서 마이크가 이 손에서 저 손으로 바삐 옮겨 다녔고, 모두가 타협할 수 있는 주제가 모습을 드러냈다. 그것은 농부와 세포농업 산업 간 협업이 모두에게 이득이 된다는 것이었다. 기본적으로 전통적 축산 활동과 배양고기 산업은 양립할 수 없다고 믿는 포스트도 전통적 농업 방식을 고집하는 동료들이 세포농업에서 필요로 하는 많은 식물성 원료를 공급해줄 것이라고 말했다. 포스트의 미래상은 19세기 내지 20세기 초의 유토피아상에 등장하는, 농경지에서 완전히 고립된 식량 생산 체제와는 다르다.

그때 갑자기 날카로운 소리가 회의장에 울려 퍼졌고, 잠시 전기가 나갔다. 나는 이런 상황에서 으레 듣게 되는, 깜짝 놀란 사람들이 터뜨린 웃음소리를 듣는다. 여기 모인 청중은 아마도 일상에서 전기 사용에 어려움이 없는, 그리고 특히 휴대전화 사용이 자유로운 사람들일 것이다. 전기가 다시 들어왔고 모든 것이 정상으로 돌아갔다. 던스퍼드는 다시 관리인 이야기를 이어갔다. 포스트는 미식을 위한 소규모 전통 축산은 아마도 배양고기 세계에서도 명맥을 이어갈 것이라고 추측했다. 다만 그런 축산 활동은 틈새시장을 공략할 것이고, 엄청난 보조금으로 유지될 것이며, 경제 부문에서 별다른 역할을 담당하지는 못할 것이라고 말했다. (내게

이 말은 아주 유럽적인 관점이 반영된 의견 같았다. 유럽연합은 많은 지역에서 장인식 수제 생산 식품에 정부 보조금을 지급한다. 이탈리아와 프랑스처럼 전통 방식을 문화유산으로 소중히 보존하는 국가에서 특히 그런 경우가 많다.) 연사들은 '깨끗한 고기'라는 용어를 곧잘 언급하면서 그것이 아주 중요하다고 주장했고, 그즈음 나는 그런 용어가 얼마나 큰 갈등을 조장하는 표현이 되었는지를 목격했다. 많은 이들이 보기에 배양고기가 '깨끗하다'(청정하다)고 말하는 것은 전통 고기는 깨끗하지 않다고 말하는 것과 같아서 간접적 모욕의 표현이 된다. 소비자의 현 소비 관행에 도덕적 판단을 들이대는 것이기도 하다. 케이는 멤피스미트가 그 용어를 쓴다고 언급했고, 나는 멤피스미트의 가까운 아군이 좋은식품연구소라는 사실을 떠올렸다. 좋은식품연구소는 '깨끗한 고기'라는 표현을 강력하게 지지한다. 포스트는 이 용어에 대해서는 불가지론적 입장을 취하면서도 '깨끗한 고기'를 네덜란드어로 번역하기가 쉽지 않다는 농담을 했다. 청중석에서 아주 멋진 질문이 나왔다. "2050년이 되었고 세포농업이 현실이 되었어요. 우리 인간이 자연 세계와 어떤 관계를 맺고 있을지 설명해주세요." 답은 전 세계의 식용동물 수가 급감한 상태부터 유전적 다양성 보존을 위해(어쨌거나 세포 복제와 유성생식 간에는 중대한 차이점이 있다) 계획적으로 세심하게 소규모 가축 무리를 관리하는 상태, 그리고 20세기 초 마차와 자동차가 짧게나마 공존했던 기간처럼 축산업의 잔재가 남아 있는 상태까지 다양했다.

하뉴 유키가 자신의 쇼진미트 프로젝트에 관해 소개하려고 무대에 섰을 때, 나는 내가 본 것들을 돌아보기 시작했다. 내가 내 주변에서 벌어지는 일들을 관찰하고 허황된 추론을 펼치면서 이 책을 마무리하는 지금도 배양고기는 여전히 신생 기술이다. 배양고기를 대변하는 약속들이 나왔고, 나 같은 기록자들이 의심과 희망을 가늠하는 동안 기초 연구는 그에 걸맞은 느린 속도로 진전하고 있다. 배양고기 연구의 큰 흐름은 대체로 성공을 향해 있고, 나는 내가 그들이 성공하기를 바란다는 것을 깨닫는다. 나는 이샤 다타와 뉴하비스트와 마크 포스트와 그의 연구팀이, 그들이 원하는 미래와 유사한 무언가를 성취하기를 바란다. 그러나 정말로 그럴 수 있을지는 알 길이 없다. 또한 실험실에 키운 고기를 둘러싼 이 모든 이야기가 공상과학 영역에 머물고 만다면, 나는 그 이야기가 현실도피적이지는 않기를 바란다. 대신 뛰어난 공상과학소설의 전통적 기능을 수행해 현재를 비추는 거울 역할을 하기를 바란다. 내가 풍자하는 안내자처럼 굴었다면, 문제를 해결하고 싶어 하는 사람들의 진심을 조롱할 의도로 그런 것은 아니다. 나는 배움의 현장에서 진심에 관한 수업을 충실히 들었고, 진심과 풍자가 결코 양립 불가능한 표현법이 아니라고 생각한다. 처음부터 새로운 기술에 품는 희망을 무시하는 것은 아무 대가를 치르지 않아도 되는 쉬운 길이다. 그런 태도는 문화적 패배주의가 현대적으로 재탄생한 형태이고, 이 세계를 변화하는 힘들을 간과하게 만든다. 새로운 식량 생산 방식이 단순히 기술적 문제가 아닌 사회적·정치적 문제로 보이는 일련의 폐해를 해결하는 올바른 방식인가에 대한 내 입장이 회의적이고 유보적이라는 점은 인정한다.

학회 둘째 날, 나는 조던에게 그림을 보여줘서 고맙다고 말하고, 불확실성과 호혜성에 대해 생각하며 브루클린으로 돌아간다.

뒷마당에서 뛰노는 돼지

2018년 중반 현재 우리는 안개 속에서 조금씩 모습을 드러내고 있는, 배양된 동물 근육세포로 만들어지고 가능하다면 풍미를 더하는 지방세포를 첨가한 기이한 대상을 조금씩 이해하기 시작했다. 그 대상이 완전히 모습을 드러낼 거라는 보장은 없지만 그것을 환영하는 나팔 소리는 울리고 있다. 그러나 레비스트로스의 책에 나온 제물 가열의 그림은 배양고기의 현재 형태로는 호혜적이고 교감적인 관계의 이미지를 불러일으킬 수 없다는 사실을 일깨운다. 물론 내가 가게에서 구매할 수 있는 전통적인 고기 또한 대부분 그런 고기가 아니다. 많은 배양고기 지지자에게 배양고기는 다른 생물에 대한 우리의 의무를 다할 수 있도록 도와주는 고기다 (만약 우리가 동물을 죽이고 먹는다면, 그 이전에 우리는 그들에게 어떤 빚을 지게 되는가?). 그러나 그와 동시에 우리가 만든 배양고기를 소비하는 세계, 우리가 이미 살고 있는 세계보다 더 인위적인 그 세계로 충분하다고 암시함으로써 다른 문제들을 제기한다. 배양고기는 그 세계가 단순히 우리의 동물적 욕구를 충족할 뿐 아니라, 비록 여러 혼란과 논쟁으로 인해 아직 확정된 명칭은 없지만 우리의 인간적 열망도 충족한다고 말한다.

우연이겠지만, 2017년 뉴하비스트 학회가 마무리된 지 얼마 지나지 않았을 때 명칭 문제가 배양고기 관련 기사에서 자주 언급된다. 2018년 2월 2일, 미국목장주협회는 미국 농무부에 두 가지 단어, '고기'와 '소고기'를 정의해달라는 청원서를 제출했다. 미국목장주협회 변호인단이 작성한 듯한 청원서에는 목장주의 이익을 명시적으로 보호하는 한편, 배양고기를 비롯한 다양한 제품이 라벨에 '고기' 또는 '소고기'라고 표기하는 것을 금지하는 내용의 법규를 제정하라는 요구가 담겨 있었다. 이 문서는 초반에는 아주 직설적이고 상세하게 근거를 제시하는 것 같았다. 반복해서 읽고 난 후에야 복잡한 문제들이 드러났다. 그중 가장 복잡한 문제는 미국목장주협회가 "현재 무엇이 '소고기' 또는 '고기' 제품에 해당하는지에 관한 정의가 전무하다"라는 사실을 인정했다는 점이다. 분명 이 문서의 작성자가 소고기 또는 고기의 정의 부재를 걱정해서 이 문서를 작성한 것으로 보이지는 않는다. 청원서의 제목은 다음과 같았다.

> 소고기와 고기 라벨 준수 사항 입법 요청: 사육되고 도축된 동물에서 직접 얻은 제품이 아닌 제품을 '소고기'와 '고기'의 정의에서 제외할 것

청원서에서 밝히고 있듯이, 이 청원서의 목적은 새로운 참가자로부터 기존 산업을 보호하는 것이다. 청원서에서 지명한 새로운 참가자는 식물성 고기와 실험실 고기 둘 다이다. 곤충이 원료인 고기 또한 언급된다. 청원서 작성자는 목장주에게 실질적이고 현존하는 위협이 존재한다는 논거를 제시한다. 이들은 모조 '고

기' 제조를 시도 중인 특정 스타트업을 거론하고, 또한 거대 육가 공업체인 타이슨과 카길 등 그런 기업의 대표적인 투자자도 특정해서 언급한다. 이런 위협의 예시로 식물성 햄버거 패티 제조업체인 임파서블푸드Impossible Foods가 오클랜드에 건설한 새 공장을 든다. 해당 공장은 매년 최대 1200만 톤의 식물성 고기를 생산할 것으로 전망된다. 그러므로 의미론적, 금전적으로 '전통적' 소고기'와 '고기'가 위협을 받고 있다는 것이다.

'전통적'이라는 단어와 이와 관련이 있는 '전통적 방식으로'라는 구절은 이 청원서에서 구호처럼 반복적으로 등장한다. 마치 배양고기가 고기나 소고기로 정당성을 인정받지 못하도록 막는 방호벽을 세우는 것 같다. 청원서 작성자는 '전통적 방식'이 무엇인지 정의하지 않지만, 아마도 현재 동물이 교배되고 사육되고 비육되고 도축되는 방식을 의미하는 듯하다. 이것이 체외에서 키운 소의 세포가 아무리 체내에서 키운 고기와 같은 모습을 띠더라도 소고기나 고기로 인정받을 자격이 없게 만드는 조건이다. 따라서 '전통적 방식'이라는 용어는 배양고기 지지자 다수가 동물과 생물반응장치, 체내와 체외가 기본적으로 동일하다는 것을 입증하려고 애쓴 수사학적 노력들에 저항한다. 그러나 명확하게 정의되지 않은 용어인 '전통적'에 지나치게 기댄 탓에 '고기'라는 용어 자체에 부착된 의미들의 순환논리적 속성이 청원서에 고스란히 전이되어버린다. '고기'의 의미는 인류사에서 꾸준히 변화를 겪었다. 그러나 우리는 그 단어를 고정된 의미를 지닌 단어, 내용의 중대성을 의미하는 비유적 표현('사안의 핵심'the meat of the matter), 심지어 사람의 특성을 나타내는 비유적 표현('소탈한 인물'a meat-and-potatoes man)으로 사용한다. 이렇듯 '고기'는 의미로 꽉 채워진 단어로 여겨지지만, 실제로는 거의 언제나 언어의 껍데기인 기표記標일 뿐이다. 그럼에도 불구하고 배양고기 운동에 관여하는 사람들은 다소 흥분하며 그 청원서를 서로 돌려본다. 고기 산업의 한 모퉁이에서 그런 초기 '경고 사격'이 발사되었다는 사실은 목장주들이 겁먹었다는 징후일 수 있기 때문이다. 배양고기의 상용화 가능성만이 아니라 임파서블푸드, 비욘드미트Beyond Meat, 그리고 최근에 햄버거 패티의 식감과 맛을 흉내 낸 그럴듯한 식물성 식품을 만들어낸 다른 기업들에 대해서도 말이다.

배양고기 세계가 제시하는 미래상 중에 내가 가장 좋아하는 것은 '뒷마당의 돼지'다.[29] '내가 가장 좋아하는'이라고 말하는 이유는 이 시나리오가 가장 실현 가능성이 높기 때문이 아니라, 이 시나리오가 나 자신의 상상력과 가장 잘 통하기 때문이다. 도시의 한 동네에 마당이 있고, 그 마당에 돼지 한 마리가 있고, 그 돼지는 비교적 행복하다. 매일 돼지를 찾아오는 사람이 있고, 그중에는 자기 집 부엌에서 이런저런 먹을거리를 가져오는 동네 아이들도 있다. 이 아이들은 돼지가 아직 어렸을 때는 함께 어울려 놀기도 했을 것이다. 매주 그 돼지에게서 돼지에게 해롭지 않을 정도로 적은 분량의 세포를 채취하고, 그 세포로 배양 돼지고기를 만든다. 아마도 수백 파운드를 만들 수 있으리라. 이 돼지고기가 그 지역공동체가 소비하는 고기가 된다. 돼지는 돼지의 자연 수명을 다 살아낸다. 나는 그 돼지가 이따금씩 다른 돼지와 함께 어울리기도 할 거라고 생각한다. 이 환상은 네덜란드의 생명윤리학자가 제시한 것인데, 실제로 공동으로 돼지를 키우는 프로젝트를 시행한 네덜란드 어느 동네의 사례에서 영감을 받은 것으로, 동네 사람들은 실제로 그 돼지를 도축할지 말지를 두고 토론도 벌였다. 여기서 중요한 것은 돼지가 도시에서 산다는 점이다. 왜냐하면 도시는 고대 유토피아적 사고의 토포스^{topos}이기 때문이다.

'뒷마당의 돼지'는 또한 문학사와 예술사에 기록된 중세 말기 유럽의 이미지가 재림한 것으로 볼 수도 있다. 더 구체적으로는 코케인^{Cockaigne}이라는 나라의 돼지를 소환한다. 코케인은 중세 유럽의 '거대한 바위 사탕 산*'으로, 유럽 전역에서 굶주림에 시달리는 농노가 꿈꾸는 나라였다. 오직 굶주린 이들만이 상상해낼 수 있는 엄청난 양과 질의 음식으로 가득한 환상이었다. 어떤 버전에서는 죽으로 된 벽을 먹어치워야 이 나라로 입장할 수 있었는데, 벽 너머의 땅에서는 온갖 먹을거리가 자라고 온갖 마실거리가 흐르고 있었다. 등에 삼지창이 꽂힌 채 이미 통구이가 되어 저며진 돼지들이 돌아다녔다. 코케인이 식욕이 충족된 풍경이라면, 배양고기는 코케인의 풍요로운 메아리다. 다만 가장 큰 차이점은, 코케인은 그것을 상상한 농노의 실제 경험을 뒤집은 것이라는 점이다. 게으름이 악이 아닌 덕이 되는 땅, 음식과 섹스를 쉽게 취할 수 있고, 그 누구도 절대 일할 필요가 없었다. 코케인에서는 이미 요

•   Big Rock Candy Mountain. 미국 컨트리 가수 해리 맥클린톡Harry McClintock이 1928년에 발표한 노래의 제목으로, 농장의 떠돌이 일꾼이 생각하는 천국의 모습을 묘사한다.

리된 맛있는 새가 입안으로 날아 들어왔다. 동물은 먹히고 싶어 한다. 도덕적으로 선한 행위를 보상하는 대신 몸의 욕구를 충족해 주는 코케인은 우리가 아는 천국을 거꾸로 뒤집어놓은 천국이다.

'뒷마당의 돼지'는 돼지고기를 얻는 과정에서 돼지의 지능과 배설물 등 돼지를 소외시키지 않는다. 이 환상은 친밀감, 공동체, 그리고 두 가지 유형의 차이점을 직시하는 경험을 통합한다. 두 가지 유형의 차이점이란 우리에게 익숙하지만 대체로 잊고 지낸 차이점, 인간 동물과 인간이 아닌 동물 사이의 시선 맞춤에 담긴 차이점, 그리고 그보다 더 기이한, 조직배양 기법으로 확장된 동물의 몸과 그 동물의 원래 몸 사이의 차이점을 말한다. 그런 차이점을 직시할 수 있는 이유는 그것이 바로 동물세포 배양이 하는 일이기 때문이다. 동물세포 배양은 시간과 공간 모두에서 몸을 확장하고, 그 결과 원래 몸, 즉 여전히 살아 있는 동물과 고기가 되는 그 동물의 살은 완전히 새로운 형태의 관계를 창조한다. '뒷마당의 돼지'는 히피족과 기술유토피아주의자 모두를 동시에 만족시키고자 한다. 이것이 이런 도시 속 시골이라는 환상의 매력 중 하나다. 그러나 차이점과의 그런 중첩적 만남은 또한 도덕적 상상력에도 변화를 일으키겠다고 약속(이번에도 이 단어가 나온다!)한다. 그런 작업의 재료는 첫째, 인간이 아닌 다른 존재의 온전한 살아 있는 몸이다. 그것은 우리의 연명 수단이 되어주는 것을 넘어서는, 그 존재만의 일종의 텔로스를 지니고 있는 것처럼 보이는 존재다. 둘째, 21세기에는 고기가 어떤 다른 것이 될 수 있는지를 제시하는 새로운 후보군이다. '뒷마당의 돼지'는 여러 시나리오

중 하나일 뿐이다. 그리고 결말은 아직 정해지지 않았다. 그 동네가, 아무리 확장되고 '무해한' 삶이라 하더라도, 자신들이 너무나 잘 아는 존재의 살을 먹고 싶어 할지 명확하지 않다. 그러나 농장에서 도축과 육식이 행해진 역사를 돌아볼 때 아마도 먹고 싶어 할 거라고 짐작된다. '뒷마당의 돼지'는 윤리적 미래에서 수행될 실험이다. 돼지는 코로 우리를 가리키면서 우리가 어떤 부류의 사람이 되고 싶은지 묻는다.

에피메테우스

선견지명과 때늦은 깨달음

치킨너깃에 창이 꽂혀 있다. 뉴욕에서 뉴하비스트 학회가 개최
되고 1년이 지난 후, 내 인터넷 브라우저에 광고 하나가 뜬다. "창
을 내려놓으세요." 광고 문구가 말한다. 2018년 말에 배양고기 제
품을 시장에 출시하겠다고 장담한 기업의 광고다. 그러나 벌써
2018년 10월 17일이고, 올 한 해도 얼마 남지 않았다. 지금 시점에

서 내 관심을 끈 것은 그런 약속보다 광고에 담긴 기호들이다. 고대의 무기가 산업화 시대의 식품과 만난다. 우리의 조상이 사냥꾼이었던 과거와 산업화된 저렴한 고기를 먹는 우리의 현재가 연속선상에 놓여 있다는 것을 암시한다. 마크 포스트가 햄버거 시연회를 연 지 5년이 지났고, 그동안 달라지지 않은 것들도 있다. 그중 하나는 배양고기를 홍보할 때 시간을 접어버리는 습관이다. 마치 우리가 여전히 수렵채집인인 것처럼, 마치 치킨너깃이 오로크스나 사슴과 무슨 관련이 있는 것처럼. 이 광고에서는 신석기 시대의 남근 상징물이 산업화된 현대를 꿰뚫는다. 마치 고기에 대한 갈망이 인간의 본능에 심어져 있다는 듯이 말이다. 기업의 CEO가 전하는 메시지도 그런 이미지에 부합한다. "40만 년 전, 고기는 우리 식단의 일부가 되었습니다. 그동안 인간은 고기를 먹기 위해 동물을 죽여야만 했습니다. 처음에는 창으로, 나중에는 공장 기계로. 이제 그 패러다임이 바뀝니다. 기대해도 좋습니다."[1]

　이 광고는 사람들의 시선을 붙들기 위해 수천 년을 뭉뚱그린다. 창에서 생물반응장치로 이어지는 기술 진보의 서사를 암시한다. 처음은 아니지만,《2001 스페이스 오디세이》2001: A Space Odyssey(1968)에 나온 넙다리뼈가 떠올랐다. 영화에서 그 넙다리뼈는 허공에서 회전하다가 그다음 장면에서 우주선이 된다. 탄도학적 이미지의 산물이라고 해도 좋을 것이다.[2] 그러나 그런 광고는 깨달음을 주기도 한다. 나 같은 현대 도시인은 반짝이는 생물반응장치에서 고기가 자라는 장면보다 모든 고기를 사냥으로 얻는 세상을 상상하기가 더 어렵다. 다른 많은 사람처럼 나도 동물보다는 기계와 더 많은 시간을 보낸다. 프로메테우스의 불에 맞먹는 기술 진보가 매주 신문을 장식하지만 사후반성 작업, 즉 우리의 먼 조상이 어떻게 살았는지를 재구성하는 것은 미래를 꿈꾸는 것보다 훨씬 더 힘든 작업일 것이다. 그러나 사후반성은 선견지명에 비해 혹평을 받곤 한다. '사후반성'이라는 용어는 역사적 이해가 아니라 대체로 후회와 미련을 암시한다. 프로메테우스의 이름은 '선견지명'을 의미하는 반면, 그의 형제 에피메테우스의 이름은 '사후반성' 내지 '때늦은 깨달음'을 의미한다. 에피메테우스는 종종 프로메테우스의 '그림자', 즉 프로메테우스만 못한 인물, 악명 높은 문제의 상자를 받은 판도라와 결국 결혼까지 한 바보로 묘사되곤 한다. 『프로타고라스』에서 플라톤은 에피메테우스와 프로메테우스가 신이 불과 진흙을 섞어 만든 피조물이 생존에 필요한 것들을 갖출 수 있도록 바꾸고 더 좋게 만드는 임무를 받았다고 설명한다. 에피메테우스는 그 즉시 비늘, 물갈퀴, 날개, 발톱 등을 동물들에게 나눠 주기 시작했다. 그리고 그 과정에서 그는 포식자보다 피식자의 수가 더 많도록 조율했다.[3] 그러나 인간의 차례가 되었을 때는 나눠 줄 수 있는 것이 없었다. 벌거벗은 인간은 알아서 스스로를 보호해야만 했고, 결국 에피메테우스의 형제 프로메테우스는 인간을 위해 불을 훔칠 수밖에 없었다. 오늘날까지도 사후반성 작업은 별로 돈이 되지 않는다.

더 많은 소식, 기후변화 및 기후변화와 고기의 관계에 관한 소식이 흘러 들어오는 동안 내 생각은 에피메테우스와 프로메테우스의 이야기에 머물고 있었다. 국제연합의 최근 보고서에 따르면, 우리가 "'역사상 유례가 없는' 속도와 규모로" 생산과 소비의 수단을 바꾸고 "세계 경제를 급격하게" 전환하지 않는 한, 2040년에는 기후변화로 인한 엄청난 재앙에 맞닥뜨리게 될 전망이다.[4] 한편으로 "생산자와 소비자를 통해 식품의 환경적 영향력 경감하기"라는 겸손한 제목의 연구는 거의 4만 곳에 달하는 전 세계 농장을 조사한 결과, 우리가 섭취하는 총칼로리에서 식물성 식품에 비해 동물성 식품이 차지하는 비중이 더 낮은데도 불구하고 축산업이 농업 전체가 환경에 끼치는 해악을 주도한다는 사실을 확인했다.[5] 정치철학자 레오 스트라우스는 에피메테우스를 "행동이 생각보다 앞서 나가는 존재"라고 불렀다.[6] 그러나 이런 연구 보고서들을 살펴보는 나는 프로메테우스가 올림포스에서 불을 훔치고 인류에게 건넸을 때 선견지명이 부족했던 것이 아닌가 하는 생각이 든다. 결국 문명의 출발점이 된, 프로메테우스가 선사한 불의 결과물인 산업화 질서에서 장기적 사고는 우리가 단단히 얽혀 있는 식량 생산 방식을 미처 따라잡지 못하고 있다는 것이 분명해 보이기 때문이다.

질문으로 시작하는 미완의 프로젝트

공상과학소설가 윌리엄 깁슨은 "상상된 미래를 배경으로 한 소설은 그 소설이 쓰인 그 순간에 관한 이야기일 수밖에 없다. 작품이 완성되는 순간 그 작품은 시대착오적이라는 녹청을 뒤집어쓰기 시작한다"라고 말했다.[7] 그는 이 관념을 공상과학소설 외의 것으로 확장한다. 그는 이렇게 주장한다. "모든 미래상은 생겨난 그 순간부터 이미 낡은 것이 되기 시작한다."⁸ 나는 깁슨이 말한 "생겨난 그 순간부터 이미 낡은 것"을 염두에 두고 이 책을 쓰려고 노력했다. 내가 기록한 모든 배양고기의 미래상은 확실히 이 관념에 들어맞는다. 내가 실시한 모든 현장 조사는 시간이 지나면 고색창연한 옛것으로 느껴질 것이다. 미래의 독자 입장에서는 배양고기 운동이 이미 성공했거나 실패했을 것이다. 생물반응장치에서 키운 살코기는 아예 퇴장했거나 특별할 것 없는 일상의 일부, 정상이 되었을 것이다.

나는 배양고기를 실제로 진행 중인 현실의 기술 연구 프로젝트로 다뤘지만, 깁슨의 관념을 받아들여 현재를 비추는 거울, 공상과학의 일부로도 다뤘다.⁹ 이 책을 생명공학 자연관찰 산책 기록이라고 불러도 좋을 것이다. 음식의 미래에 관한 역사를 따라난 샛길들의 묶음, 고기에 관한 명상의 모음집, 과학자와 공학자의 아이디어만이 아니라 그런 아이디어들이 어떻게 철학적·인류학적·역사학적 문제들을 촉발하는 계기가 되었는지도 다루는 책. 미래를 위한 선언문을 작성하는 대신 오늘의 우리를 더 잘 이해하도록 돕는 책을 썼다. 이것은 단순히 내 기록이 언젠가는 구태의연한 글이 되지 않도록 '예방 접종'을 하려는 시도가 아니다. 배양고기에 담긴 도덕적 주장들은, 우리가 고기에 너무 익숙해진 나머지 알아차리지 못하고 있지만, 전통적 고기에도 이미 도덕적 주장들이 담겨 있다는 사실을 일깨운다. 돼지를 도살하는 것은 도덕적 주장이다. 돼지의 고기에 가격을 붙이는 것도 도덕적 주장이다. 왜냐하면 그런 행위는 누가 그 고기를 손에 넣을 수 있는지에 관한 사회적 한계를 설정하기 때문이다. 이를 확장하면 애초에 돼지를 키우느라 탄소 발자국을 남기고, 그다음에는 돼지고기를 배에 실어 머나먼 도시의 정육점 매대에 올리느라 탄소 발자국을 남기는 것도 환경에 관한 도덕적 주장에 해당한다. 이런 도덕적 주장들을 일상이라는 미명하에 감춘다고 해도 그 도덕적 속성까지 바뀌는 것은 아니다. 도덕은 우리의 적극적 선택뿐 아니라 문화규범과 사회규범에 대한 우리의 의식적 타협과 무의식적 승인에도 들어 있다. 우리는 암묵적인 도덕적 구조물의 거주민으로 우리의 삶을 살아간다.

이 글을 쓰는 현재 배양고기는 여전히 신생 기술이다. 폐기되지도 않고 확정되지도 않은 채 배양고기의 도덕적 측면은 여전히 공식적이고 확연하게 드러나 있어서, 산업화 방식으로 생산된 저렴한 고기에 새겨진 도덕적 주장들을 반사해서 보여준다. 그러다 보니 지금이 우리 식품 체계의 속성에 관한 토론을 하기에 매우 유리한 시점이 되었다. 선견지명과 사후반성은 나란히 간다. 기술은 우리의 도덕적 선택지의 윤곽선을 빚어내지만, 그럼에도 불구하고 우리는 우리가 살아가는 기술 체계를 빚을 힘을 어느 정도 손에 쥐고 있다. 그리고 식품 체계는 확실하게 기술 구조물이다. 그러나 또한 정치 구조물이기도 하다. 그래서 만약 내가 대담하게 이 책의 18개 장을 '배양고기의 미래에 관한 테마' 묶음으로 결정화한다면, 그런 점이 커다란 그림자처럼 그것들 위에 드리워져 있을 것이다. 또 다른 주제는 배양고기가 의료 연구진의 상상력에서 나왔을 뿐 아니라 일종의 상상력에 근거한 투기에서도 나왔다는 점이다. 집단행동과 정치를 통해 우리의 식품 체계를 변화시키는 방법을 진지하게 모색하지 못하고 있다 보니 우리는 자꾸 해결책을 기술과 시장에서 찾게 된다. 그래서 가능성에 대한 빈약한 감각이 급기야 산업 하나를 탄생시킬 지경에 이르렀다. 또는 이 말을 조금 더 상냥하게 바꿔서 표현한다면, 다른 형태의 상상력들을 번영시키는 데 실패했기 때문에 한 가지 형태의 상상력만 번창하는 결과를 초래했다.

배양고기가 인류에게 새로운 도덕적 선택지를 보여주며, 제3의 주제가 탄생할 수도 있을 것이다. 그러나 이 주제의 핵심은 '새로운 도덕적 선택지'라는 관념 자체에 도덕이 시대에 따라 변할 수 있다는 전제가 깔려 있다는 것이다. 도덕은 절대적 개념이 아니다. 도시에서 이웃들이 돼지 한 마리를 함께 키우고 그 돼지에게서 채취한 근육세포로 만든 고기를 먹는 '뒷마당의 돼지'라는 배양고기 상상 시나리오는, 우리가 그 혈족을 죽이고 먹었던 돼지 개체를 우리의 도덕적 배려의 원 안에서 살아가는 존재로 받아들였음을 의미한다. 지금까지 펼쳐진 배양고기의 서사는 동물복지, 환경보호, 지속 가능한 단백질만의 이야기가 아니었다. 도덕적 쟁점의 가역성과 변화하는 도덕의 지평선에서 기술이 담당하는 역할에 관한 이야기이기도 했다. 그렇다면 이것은 더 나아가 우리가 도덕감각에 수동적으로 반응하는 존재이면서도 그런 도덕감각의 내용에 관여하는 존재이기도 하다는 이야기다. 우리가 도덕을 우리 행위의 결과물로 규정하건, 도덕법칙을 통해 규정하건, 도덕의식을 그 근거로 삼건, '도덕적 진보'라는 것은 그런 진보에 대한 우리의 변화하는, 그리고 언제나 집단적일 수밖에 없는 정의의 한계 내에서만 존재한다. 이런 생각을 하면 공공 토론 과정 없이 새로운 기술이 도래할 가능성에 불안해진다.

이 책을 쓰면서 나는 일종의 '미래 피로'라는 것에 시달렸다. 미래 피로는 한때 앨빈 토플러와 하이디 토플러가 '미래 충격'이라고 부른 것의 사촌 격에 해당한다.[10] 나는 엄청난 양의 약속을 접했다. 그리고 배양고기 운동이 미래를 전반적으로 낙관하는 시기가 아니라, 미래를 걱정하고 비관하는 시기에 시작되었다는 사실을 깨달았다. 해수면이 상승하고 있다는 소식, 1970년 이후 인류가 야생동물의 60퍼센트를 멸종시켰다는 소식, 태평양 한가운데에 거대한 플라스틱 쓰레기섬이 떠다닌다는 소식, 스마트폰 생산으로 인해 독극물로 채워진 웅덩이들이 생겼다는 소식이 쏟아져 나왔다. 그런 스마트폰 중 하나가 내 배양고기 연구의 탐사 장비였고, 가상공간과 고기공간을 오가는 작은 포털 역할을 했다. 이 모든 것을 마주하고 나면 배양고기 운동이 미래를 다시 매력적인 것으로 되돌려놓으려는 노력, 미래를 다시 가능한 것으로 만들려는 노력의 일환이고, 그 시작이 인간과 동물의 관계를 재정비하고 복원해서 우리 접시에 동물의 몸이 아닌 동물의 세포를 올리는 작업인 것처럼 보일 수도 있다. 우리가 동네 '뒷마당의 돼지'를 찾아가는 상상을 해보라. 단순히 덕분에 저녁 식사로 구운 돼지고기를 잘 먹었다는 감사 인사를 전하는 데 그치는 것이 아니라, 동료 생명체와 사과를 나눠 먹고, 그 생명체가 자신의 작은 땅을 이리저리 파헤치는 것을 보고, 무엇보다 우리가 앞으로 어떤 존재가 될지에 관한 미완의 프로젝트가 질문으로 시작한다는 사실을 기억하는 우리의 모습을.

미주

1 가상공간/고기공간

1 약속, 특히 새로운 생명공학 기술에 대해 한 약속은 이 책의 주요 주제 중 하나다. 특히 3장에서 자세히 다룰 것이다. 약속에 관해서는 Mike Fortun, *Promising Genomics: Iceland and deCODE Genetics in a World of Speculation* (Berkeley: University of California Press, 2008); Fortun, "For an Ethics of Promising, or: A Few Kind Words about James Watson," *New Genetics and Society* 24 (2005): 157~174 참조.

2 *Reflections: Essays, Aphorisms, Autobiographical Writings* (New York: Harcourt Brace Jovanovich, 1978)에 실린 Walter Benjamin, "Paris, Capital of the Nineteenth Century," 151 참조.

3 조직배양의 역사를 상세하게 다룬 책으로는 Hannah Landecker, *Culturing Life: How Cells Became Technologies* (Cambridge, MA: Harvard University Press, 2007)가 있다.

4 이 글을 쓰는 현재 실험실 배양고기를 가리키는 용어는 여전히 확정되지 않았다. 나는 '배양고기'라는 용어를 쓰기로 했다. 그렇게 하는 데는 몇 가지 이유가 있는데, 조직배양 기법을 활용했다는 사실을 담고 싶어서이기도 하지만, 가장 중요한 이유는 내가 연구를 실시한 시기를 표현하기 위해서다. 이 책을 쓰는 지금을 '배양고기 시대'라고 부를 수도 있을 것이다.

5 Daniel Rosenberg and Susan Harding (eds.), *Histories of the Future* (Durham, NC: Duke University Press, 2005)에 실린 Anna Tsing, "How to Make Resources in Order to Destroy Them (and Then Save Them?) on the Salvage Frontier" 참조.

6 Raj Patel and Jason W. Moore, *A History of the World in Seven Cheap Things: A Guide to Capitalism, Nature, and the Future of the Planet* (Oak-

land: University of California Press, 2018) 참조.

7   최신 자본주의 경제에서 인터넷에 만연한 광고에 관해서는 Jonathan Crary,
     24/7 (New York: Verso, 2013) 참조.

8   Matt Novak, "24 Countries Where the Money Contains Meat," Gizmodo.
     com 참조(2016년 11월 30일 게시 및 검색).

9   Richard Wrangham, *Catching Fire: How Cooking Made Us Human* (New
     York: Basic Books, 2010) 참조.

10   고기를 인간 진화와 연결 짓는 더 긴 논쟁의 주장들은 2장에서 다룬다. 랭엄
     의 주장에 대한 반대 의견은 Alianda M. Cornélio et al., "Human Brain Ex-
     pansion during Evolution Is Independent of Fire Control and Cooking,"
     Frontiers in Neuroscience 10 (2016): 167 참조.

11   사회생물학과 그에 대한 비판은 2장에서 다룬다. 원시주의를 미래주의의 배경
     으로 삼는 행태는 사실 오래된 관행이다. 1968년 문학평론가이자 미디어이론
     가인 마셜 매클루언은 『하퍼스 바자』의 화보에서, 창을 들고 있는 아프리카 부
     족민을 유럽 여성 모델과 나란히 등장시켰다. 그 전해에 잡지 『룩』의 기고문에
     서 매클루언은 "미래의 학생"을 "탐험가, 연구자, 그리고 야생을 돌아다니는 부
     족 사냥꾼처럼 전기 회로망과 고조된 인간 상호작용으로 이루어진 새로운 교육
     세계를 돌아다니는 사냥꾼"으로 묘사했다.

12   그러나 고기에 대한, 특히 사냥에 대한 우리 조상의 애착을 현대 기술과 연결
     하는 서사 구조 관념을 분석한 맷 카트밀Matt Cartmill의 인류학적·문화역사
     학적 연구서 *A View to a Death in the Morning* (Cambridge, MA: Harvard
     University Press, 1993)도 참조하라. 카트밀이 지적하듯이 스탠리 큐브릭이
     1968년에 발표한 영화 《2001 스페이스 오디세이》에서는 진화론적·역사적 서
     사 구조가, 오스트랄로피테쿠스가 서로를 죽이는 데 사용한 얼룩말의 넙다리뼈
     가 몽타주 기법으로 우주선으로 바뀌는 단 한 장면으로 재현되었다. Cartmill,
     14.

13   오빌 셸Orville Schell은 미국 고기 산업에서의 과도한 항생제 사용이 야기하
     는 문제를 다룬 아주 중요하고 지금도 여전히 영향력을 행사하고 있는 초창기
     탐사 보고서를 썼다. Schell, *Modern Meat: Antibiotics, Hormones, and the
     Pharmaceutical Farm* (New York: Vintage, 1978). 텍사스주의 대형사육시
     설 근처에서 실시된 최근 연구에 따르면 항생제와 항생제 내성균이 그런 밀집
     사육시설에서 공기 중으로 퍼질 수 있다고 하며, 이것은 매우 심각한 우려를 낳
     는다. 축산업에서 제기한 주요 반론 등 이 연구를 둘러싼 논란에 대해 더 자세히

알고 싶다면 다음을 참고할 것. Eva Hershaw, "When the Dust Settles," *Texas Monthly*, September 2016. 닭의 성장을 촉진하기 위해 치료 목적 용량에 못 미치는 항생제를 사용한 역사에 관해서는 다음을 참고할 것. Maryn McKenna, *Big Chicken: The Improbable Story of How Antibiotics Created Modern Farming and Changed the Way the World Eats* (Washington, DC: National Geographic Books, 2017).

14 J. E. Hollenbeck, "Interaction of the Role of Concentrated Animal Feeding Operations (CAFOs) in Emerging Infectious Diseases (EIDS)," *Infection, Genetics and Evolution* 38 (2016): 44~46 참조.

15 Hanna L. Tuomisto and M. Joost Teixeira de Mattos, "Environmental Impacts of Cultured Meat Production," *Environmental Science & Technology* 45 (2011): 6117~6123 참조. 이보다 더 최근에 나온 분석은 Carolyn S. Mattick, Amy E. Landis, Braden R. Allenby, and Nicholas J. Genovese, "Anticipatory Life Cycle Analysis of In Vitro Biomass Cultivation for Cultured Meat Production in the United States," *Environmental Science & Technology* 49 (2015): 11941~11949. 생산에 아주 많은 에너지를 투입해야 하는 배양고기가, 적어도 세포배양된 많은 종의 경우에 도축을 목적으로 같은 종의 동물을 사육하는 것보다 오히려 환경에 더 해롭다는 연구 결과를 내놓은 다음 논문도 참고하기 바란다. Sergiy Smetana, Alexander Mathys, Achim Knoch, and Volker Heinz, "Meat Alternatives: Life Cycle Assessment of Most Known Meat Substitutes," *International Journal of Life Cycle Assessment* 20 (2015): 1254~1267.

16 랭엄은 영장류, 특히 영장류 수컷 사이에서 관찰되는 공격성에 큰 관심을 갖고 있다. 데일 피터슨Dale Peterson과 공저한 *Demonic Males: Apes and the Origin of Human Violence*(New York: Houghton Mifflin, 1996) 참조.

17 Leo Marx, *The Machine in the Garden: Technology and the Pastoral Ideal in America* (Oxford, UK: Oxford University Press, 1964) 참조.

18 Frederik Pohl and Cyril M. Kornbluth, *The Space Merchants* (New York: Ballantine, 1953) 참조. 1952년 미국의 공상과학 잡지 『갤럭시 사이언스 픽션』Galaxy Science Fiction에 「그레이비 행성」Gravy Planet이라는 제목으로 연재된 소설을 엮어 1953년에 단행본으로 출간했다.

19 잠재성의 대표적 상징으로서의 줄기세포에 관해서는 Karen-Sue Taussig, Klaus Hoeyer, and Stefan Helmreich, "The Anthropology of Potentiality in

Biomedicine," *Current Anthropology* 54, Supplement 7 (2013) 참조.

20 이것은 스테판 헬름라이히에게서 빌린 구문이다. Helmreich, "Potential Energy and the Body Electric: Cardiac Waves, Brain Waves, and the Making of Quantities into Qualities," *Current Anthropology* 54, Supplement 7 (2013) 참조.

21 "약속을 할 권리가 있는 동물을 사육하는 것, 이것이야말로 인간과 관련해 자연이 스스로에게 안긴 역설적 과제가 아니겠는가? 그리고 이것이야말로 인간이 직면한 진짜 문제가 아니겠는가?" Friedrich Nietzsche, *On the Genealogy of Morals*, trans. Walter Kaufmann (New York: Vintage Books, 1969), 57. 이 부분에 대한 더 상세한 해석은 3장에 나온다.

22 네덜란드에서는 '베터 레번'Beter Leven이라는 명칭의 라벨을 사용한다. 한 개에서 세 개까지 별점을 부여하며, 별점은 제품 제조 과정에서 동물의 고통을 최소화한 정도를 평가해서 나타낸 점수다.

23 Josh Schonwald, *The Taste of Tomorrow: Dispatches from the Future of Food* (New York: HarperCollins, 2012) 참조.

24 식품과학 전문가 해럴드 맥기는 불로 조리한 고기에 특유의 맛을 부여하는 마이야르 반응을 다음과 같이 정의한다. "과정은 탄수화물 분자(…)와 아미노산의 반응에서 시작한다. 불안정한 매개 구조가 형성되고, 이것이 그 이후에도 변화를 겪으면서 수백 개의 부산물을 만들어낸다." Harold McGee, *On Food and Cooking: The Science and Lore of the Kitchen* (New York: Scribner, 1984), 778 참조.

25 여기 적은 목격담과 표현은 다음을 인용했다. Steven Shapin, "Invisible Science," *The Hedgehog Review* 18 (3) (2016).

26 고기의 물리적 특징은 2장에서 다룬다.

27 Alexis C. Madrigal, "When Will We Eat Hamburgers Grown in Test-Tubes?", *The Atlantic*, August 6, 2013. 고맙게도 마드리갈은 포스트의 햄버거 시연회 이후에도 앞으로 2~3년 사이에 나오는 전망들의 대략적인 실현 예상 시기를 도표로 나타내 계속 업데이트했다. 이 책을 쓰는 현재 최신 도표에는 점점 간격이 짧아지고 있는, 포스트 및 그의 경쟁자들(샌프란시스코에 본사를 둔 멤피스미트의 우마 발레티, 저스트의 조시 테트릭 등)의 시판 제품 출시 예정 시기도 나온다. 마드리갈의 도표는 여기서 찾을 수 있다. www.theatlantic.com/technology/archive/2013/08/chartwhen-will-we-eat-hamburgers-grown-in-test-tubes/278405/, accessed April 25, 2017. 마드리갈이 참고

한 자료들의 목록은 여기에 정리되어 있다. https://docs.google.com/spread-sheets/d/1yOT1oHJwGVc9Ngkt2ar58Cp5W6CyeAWilP0kf1lp_4Q/edit.

28 인류학자 마셜 살린스의 표현을 살짝 바꾼 것이다. 그는 "한 사회의 생물학 개념들을 통해서 그 사회 전체의 윤곽"을 발견하는 것에 대해 이야기한 바 있다. Marshall Sahlins, *The Use and Abuse of Biology: An Anthropological Critique of Sociobiology* (Ann Arbor: University of Michigan Press, 1976). 2장에서 더 자세히 다룬다. 19세기부터 20세기까지 생명공학의 정신사를 다룬 책으로는 필립 J. 폴리Philip J. Pauly의 중요한 책 *Controlling Life: Jacques Loeb and the Engineering Ideal in Biology* (Berkeley: University of California Press, 1987)가 있다.

29 예컨대 Christina Agapakis, "Steak of the Art: The Fatal Flaws of In Vitro Meat," *Discover*, April 24, 2012 참조. 이 논평은 5장에서 더 자세히 다룬다.

30 음식 미래주의의 역사에 대해서는 Warren Belasco, *Meals to Come: A History of the Future of Food* (Berkeley: University of California Press, 2006) 참조. 이 책에서 이 주제에 대해 쓸 때는 이 주제를 다룬 유일한 책인 벨라스코의 책을 참고한다. 특히 8장에서 많이 인용했다.

31 Fortun, "For an Ethics of Promising" 참조.

32 클로드 레비스트로스가 가장 먼저 사용하기 시작했고, 그 이후에 인문과학, 인문학, 자연과학의 여러 분야에서 사용된 브리콜라주 은유에 관해서는 Christopher Johnson, "Bricoleur and Bricolage: From Metaphor to Universal Concept," *Paragraph* 35 (2012): 355~372 참조.

2 고기

1 소아마비 병원체인 폴리오바이러스의 역사에 대해 더 자세히 알고 싶다면 다음을 참고할 것. David M. Oshinsky, *Polio: An American Story* (Oxford, UK: Oxford University Press, 2006); Hannah Landecker, *Culturing Life: How Cells Became Technologies* (Cambridge, MA: Harvard University Press, 2007), ch. 3: "Mass Reproduction."

2 Vaclav Smil, "Eating Meat: Evolution, Patterns, and Consequences," *Population and Development Review* 28 (2002): 599~639; 618 참조.

3 Henning Steinfeld et al., "Livestock's Long Shadow," FAO, 2006, www.fao.

org/docrep/010/a0701e/a0701e00.HTM 참조.

4   John Berger, "Why Look at Animals?" in *About Looking* (New York: Vintage, 1991).

5   이를테면 Hanna Glasse, *Art of Cookery, Made Plain and Easy*, 7th ed. (London, 1763), 370 참조.

6   중세 시대에는 신분을 불문하고 모든 유럽인이 백조 고기를 먹었다. 어느 정도 시간이 지난 뒤에야 백조 고기는 상류층 만찬의 대표 요리가 되었다. 20세기에 이르면 거의 모든 유럽인의 식탁에서 백조 고기가 사라진다. 영국 왕실은 여전히 백조에 대해 특권을 행사하며, 이 특권의 근거는 1482년에 제정된 백조법이다. 다만 그 이후에도 왕실에서 정기적으로 다른 기관이 백조를 소유하고 소비하는 것을 허락했다. 예컨대 케임브리지대학교 세인트존스칼리지는 그런 권리를 부여받았고, 저녁식사 식단에 그 권리를 행사하는 것으로 알려져 있다.

7   Charles Huntington Whitman, "Old English Mammal Names," *The Journal of English and Germanic Philology* 6 (1907): 649~656 참조.

8   고대 그리스에서 재산으로 다뤄진 소에 관해서는 Jeremy McInerney, *The Cattle of the Sun: Cows and Culture in the World of the Ancient Greeks* (Princeton, NJ: Princeton University Press, 2010) 참조.

9   이를테면 Jillian R. Cavanaugh, "Making Salami, Producing Bergamo: The Transformation of Value," *Ethnos* 72 (2007): 149~172 참조.

10 영국 소고기의 상징성에 관해서는 Ben Rodgers, *Beef and Liberty: Roast Beef, John Bull and the English Nation* (London: Vintage, 2004) 참조. 햄버거의 역사에 관해서는 Josh Ozersky, *The Hamburger* (New Haven, CT: Yale University Press, 2008); James L. Watson (ed.), *Golden Arches East: McDonald's in East Asia* (Stanford, CA: Stanford University Press, 1997) 참조.

11 건축사학자 레이너 밴험은 햄버거와 햄버거가 로스앤젤레스에 얼마나 적합한 음식인지에 대해 이렇게 서술한다. 로스앤젤레스는 끊임없이 움직이는 도시로 알려져 있다. "이를테면 UCLA 캠퍼스의 집시왜건, 허모사비치의 서프보더, 혹은 어디에나 체인점이 있는 맥도날드나 잭인더박스의 카운터 너머로 건네진 오직 기능에 충실한 햄버거는 바삐 달려가는(서핑하는, 운전하는, 공부하는) 사람이 한 손에 들고 먹을 수 있는 꽤 균형 잡힌 한 끼 식사다. 다진 소고기뿐 아니라 소스, 치즈, 조각난 양상추, 기타 고명을 둘로 가른 빵이 단단히 감싸고 있다." Reyner Banham, *Los Angeles: The Architecture of Four Ecologies* (Harmondsworth, UK: Penguin Books, 1971), 111.

12 빅토리아 시대 영국의 동물 사육에 관해서는 Harriet Ritvo, *The Animal Es-tate: The English and Other Creatures in the Victorian Age* (Cambridge, MA: Harvard University Press, 1987), ch. 2: "Barons of Beef" 참조.

13 근대화가 중국의 육식에 어떤 영향을 미쳤는가에 관한 분석은 James L. Watson, "Meat: A Cultural Biography in (South) China," in Jakob A. Klein and Anne Murcott (eds.), *Food Consumption in Global Perspective: Essays in the Anthropology of Food in Honour of Jack Goody* (Basingstoke, UK: Palgrave Mac-Millan, 2014) 참조.

14 Loren Cordain, S. Boyd Eaton, Anthony Sebastian, Neil Mann, Staffan Lindeberg, Bruce A. Watkins, James H. O'Keefe, and Janette Brand-Miller, "Origins and Evolution of the Western Diet: Health Implications for the 21st Century," *American Journal of Clinical Nutrition* 81 (2005): 341~354 참조.

15 Oron Catts and Ionat Zurr, "Ingestion/Disembodied Cuisine," *Cabinet* no. 16 (winter 2004/5); Catts and Zurr, "Disembodied Livestock: The Promise of a Semi-living Utopia," *Parallax* 19 (2013): 101~113.

16 Harold McGee, *On Food and Cooking: The Science and Lore of the Kitchen* (New York: Scribner, 1984), 121~137 참조.

17 Ibid., 129.

18 그 예로는 Jacob P. Mertens et al., "Engineering Muscle Constructs for the Creation of Functional Engineered Musculoskeletal Tissue," *Regenerative Medicine* 9 (2014): 89~100 참조.

19 Carol Adams, *The Sexual Politics of Meat: A Feminist-Vegetarian Critical Theory* (New York: Continuum, 1990); Nick Fiddes, *Meat: A Natural Symbol* (London: Routledge, 1991) 참조.

20 Fiddes, *Meat* 참조.

21 고기가 영웅의 음식이라는 관념을 다룬 책으로는 Egbert J. Bakker, *The Meaning of Meat and the Structure of the Odyssey* (Cambridge, UK: Cambridge University Press, 2013) 참조.

22 Josh Berson, "Meat," Remedia Network, July 27, 2015, https://remedianetwork.net/2015/07/27/meat/, 2017년 3월 28일 접속; Berson, *The Meat Question: Animals, Humans, and the Deep History of Food* (Cambridge, MA: MIT Press, forthcoming) 참조.

23 그 예로는 C. L. Delgado, "Rising Consumption of Meat and Milk in Developing Countries Has Created a New Food Revolution," *Journal of Nutrition* 133(11), Supplement 2 (2002); Josef Schmidhuber and Prakesh Shetty, "The Nutrition Transition to 2030: Why Developing Countries Are Likely to Bear the Major Burden," FAO, 2005, www.fao.org/fileadmin/templates/esa/Global_persepctives/Long_term_papers/JSPStransition.pdf, 2017년 6월 6일 접속; Vaclav Smil, *Feeding the World: A Challenge for the Twenty-First Century* (Cambridge, MA: MIT Press, 2000) 참조.

24 Deborah Gewertz and Frederick Errington, *Cheap Meat: Flap Food Nations in the Pacific Islands* (Berkeley: University of California Press, 2010).

25 Roger Horowitz, Jeffrey M. Pilcher, and Sydney Watts, "Meat for the Multitudes: Market Culture in Paris, New York City, and Mexico City over the Long Nineteenth Century," *American Historical Review* 109 (2004): 1055~1083 참조.

26 이런 가설에 동조하는 저명한 인류학자의 예로는 Marvin Harris, *Good to Eat* (New York: Simon and Schuster, 1986) 참조.

27 Johannes Fabian, *Time and the Other: How Anthropology Makes Its Object* (New York: Columbia University Press, 2014) 참조.

28 팔레오 식단이 20세기 초에 등장했다고 보는 사람도 있지만, 과학적 근거를 일부 제시하면서 팔레오 식단의 이점을 정리한 최초의 동료심사를 거친 논문은 다음과 같다. S. Boyd Eaton and Melvin Konner, "Paleolithic Nutrition: A Consideration of Its Nature and Current Implications," *New England Journal of Medicine* 312 (1985): 283~289. 이턴과 코너가 말하는 구석기인은 약 4만 년 전에 현재의 유럽 지역에 거주한 인구 집단을 의미한다. 그러나 현대 영양학자들이 팔레오 식단이라고 말할 때는 대부분 로런 코데인이 제안한 팔레오 식단을 말하는 것이다. Loren Cordain et al., "Plant-Animal Subsistence Ratios and Macronutrient Energy Estimations in Worldwide Hunter-Gatherer Diets," *American Journal of Clinical Nutrition* 71 (2000): 682~692 참조.

29 Marion Nestle, "Paleolithic Diets: A Skeptical View," *Nutrition Bulletin* 25 (2000): 43~47 참조.

30 이 주장의 한 예로는 Marta Zaraska, *Meathooked: The History and Science of Our 2.5-Million-Year Obsession with Meat* (New York: Basic Books,

2016) 참조. 자라스카가 쓴 이 표현 자체는 인류학자 헨리 T. 번의 표현을 차용한 것이다. Henry T. Bunn, "Meat Made Us Human," in Peter S. Ungar (ed.), *Evolution of the Human Diet* (Oxford, UK: Oxford University Press, 2006). 다만 자라스카의 주장은 단순히 고기가 현대 인간의 조건을 만들어낸 촉매 역할을 한 식재료라고 단정하는 것이 아니라, 고기가 우리 조상이 식단에 보충할 수 있었던 특별히 '고품질'인 음식이었다는 것이다.

31 인간의 진화론적 기원과 현대 인간 행동을 설명하는 이른바 '사냥 가설'을 회의적 시각에서 다루는 책으로는 Matt Cartmill, *A View to a Death in the Morning* (Cambridge, MA: Harvard University Press, 1993) 참조.

32 침팬지와 고릴라 집단에서 고기를 나누는 행동을 연구한 크레이그 스탠퍼드의 분석이 그런 예다. 스탠퍼드는 고기의 획득 활동이 아닌 고기의 배분 활동이 우리 호미닌 조상의 특정 사회적 지능 발달을 촉진했을 것이라고 추정한다. 스탠퍼드의 연구는 메커니즘을 밝히는 데 집중하라는 교훈을 준다는 점에서 유용하다. 고인류학과 영장류 과학에서 제시하는 증거들을 보면 단순한 설명이 유용하기보다는 오히려 잘못된 결론으로 이어질 가능성이 높다는 것을 보여준다. Craig B. Stanford, *The Hunting Ape* (Princeton, NJ: Princeton University Press, 1999).

33 Roger Lewin, *Human Evolution: An Illustrated Introduction* (Malden, MA: Blackwell, 2005) 참조.

34 Leslie C. Aiello and Peter Wheeler, "The Expensive-Tissue Hypothesis: The Brain and the Digestive System in Human and Primate Evolution," *Current Anthropology* 36 (1995): 199~221 참조.

35 그러나 이에 대한 반론도 있다. Berson, *The Meat Question: Animals, Humans, and the Deep History of Food* (forthcoming). 뇌가 고기의 단백질을 직접적인 연료원으로 삼는다는 주장을 비판하고 있다.

36 Ana Navarrete, Carel P. Van Schaik, and Karin Isler, "Energetics and the Evolution of Human Brain Size," *Nature* 480 (2011): 91~93 참조.

37 주목할 점은 랭엄이 생고기 섭취가 "우리 조상을 오스트랄로피테쿠스의 수렁 밖으로" 밀어내 호모 사피엔스를 탄생시킨 대뇌화 과정을 비롯해 여러 생리학적 변화를 촉발하는 데 기여했다고(완성시키지는 않았지만) 인정했다는 사실이다. Wrangham, *Catching Fire: How Cooking Made Us Human* (New York: Basic Books, 2010), 103 참조.

38 Donna Haraway, "The Past Is the Contested Zone," in *Simians, Cyborgs,*

and Women: The Reinvention of Nature (New York: Routledge, 1991), 22. 해러웨이는 영장류 동물학자 셔우드 워시번Sherwood Washburn을 '스스로를 만든 종' 주장을 지지하는 사람들 중 가장 중요한 인물로 꼽는다. 워시번은 영장류 동물학의 창시자이기도 하다. 워시번은 '사냥꾼 인간'이라는 관념을 만들어낸 사람들 중 하나이기도 하다.

39 Gregory Schrempp, "Catching Wrangham: On the Mythology and the Science of Fire, Cooking, and Becoming Human," *Journal of Folklore Research* 48 (2011): 109~132 참조.

40 E. O. Wilson, *Sociobiology: The New Synthesis* (Cambridge, MA: Harvard University Press, 1975). 이 책이 사회생물학 이론을 펼친 최초의 저서는 아니다. Lionel Tiger and Robin Fox, *Imperial Animal* (New York: Holt, Rinehart and Winston, 1972)은 윌슨의 책이 출간되기 3년 전에 출간된 책이다. 또한 사회생물학은 학계에서 쉽사리 퇴장할 것 같지도 않다. 최근 데이비드 버스David Buss, 스티븐 핑커Steven Pinker, 유발 하라리Yuval Harari가 사회생물학적 이론이라고 할 만한 주장들을 펼치고 있다. 이들은 아주 긴 시간 단위를 적용해 진화론적 심리학과 역사를 통합한다. 이언 헤스케스는 「빅히스토리의 스토리」 The Story of Big History에서 '빅'이라는 장르, 즉 아주 장기적인 역사를 다룰 때 흔히 '통합'이 일어나는 경향이 있다고 지적한다. 요컨대 서로 다른 종류의 증거가 하나로 수렴해 결론을 제시하기를 바라고, 그런 결론이 대단히 중요한 논리를 제공한다고 믿는다. 데이비드 크리스천David Christian 등이 시도하는 '빅히스토리'는 인간 문명의 서사를 인간 문명보다 훨씬 더 오랫동안 존재한 자연사 맥락으로 풀어내고자 한다. Ian Hesketh, "The Story of Big History," *History of the Present* 4 (2014): 171~202; Martin Eger, "Hermeneutics and the New Epic of Science," in William Murdo McRae (ed.), *The Literature of Science: Perspectives on Popular Science Writing* (Athens: University of Georgia Press, 1993), 86~212 참조. 기업가의 강연에서 더 일반적인 역사 자료로 활용되는 사례를 통해 '빅히스토리'의 역할을 살펴보려면 다음을 참조하라. John Patrick Leary, "The Poverty of Entrepreneurship: The Silicon Valley Theory of History," *The New Inquiry*, June 9, 2017, https://thenewinquiry.com/the-poverty-ofentrepreneurship-the-silicon-valley-theory-of-history/, accessed June 11, 2017.

41 Mary Midgley, "Sociobiology," *Journal of Medical Ethics* 10 (1984): 158~160. 미즐리의 인용문 속 인용구는 윌슨의 『사회생물학』(p. 4)을 인용한

것이다. 또한 Midgley, *Beast and Man: The Roots of Human Nature* (Brighton, UK: Harvester, 1978)도 참조. 사회생물학의 또 다른 개론서로는 Howard L. Kaye, *The Social Meaning of Modern Biology: From Social Darwinism to Sociobiology* (New Haven, CT: Yale University Press, 1986)가 있다.

42 Peter Singer, "Ethics and Sociobiology," *Philosophy & Public Affairs* 11 (1982): 40~64. 싱어는 p.47에서 윌슨의 『사회생물학』(p.562)을 인용한다.

43 살린스는 사회생물학 비판자로서는 대중적 인지도라는 측면에서 생물학자 리처드 르원틴Richard Lewontin과 스티븐 제이 굴드Stephen Jay Gould에게 밀린다. 그러나 그의 초기 비판이 궁금하다면 다음을 참고할 것. Marshall Sahlins, *The Use and Abuse of Biology: An Anthropological Critique of Sociobiology* (Ann Arbor: University of Michigan Press, 1976), 4.

44 무조건 정치적일 수밖에 없는 문화-자연 관계의 서사는 연대기적으로도, 동시대적으로도 너무나 방대해서 여기서 정리해 설명하기는 쉽지 않다. 이 점은 사회생물학을 둘러싼 논쟁에서도 잘 드러난다. 사회생물학을 둘러싼 초기 논쟁에 관해서는 Arthur Caplan(ed.), *The Sociobiology Debate* (New York: Harper & Row, 1978) 참조. 사회생물학의 역사적 맥락을 분석하면서 다윈과 스펜서 등 19세기 사상가들에게서 사회생물학 사상의 뿌리를 찾기도 한다. 또한 W. R. Albury, "Politics and Rhetoric in the Sociobiology Debate," *Social Studies of Science* 10 (1980): 519~536 참조. 이후에 나온 논의는 다음을 참조하라. Neil Jumonville, "The Cultural Politics of the Sociobiology Debate," *Journal of the History of Biology* 35 (2002): 569~593. 윌슨의 시도를 더 긍정적으로 평가하는 사회생물학 개론서로는 Ullica Segerstråle, *Defenders of the Truth: The Battle for Science in the Sociobiology Debate and Beyond* (Oxford, UK: Oxford University Press, 2001)가 있다. Alexandra Maryanski, "The Pursuit of Human Nature by Sociobiology and by Evolutionary Sociology," *Sociological Perspectives* 37 (1994): 375~389. 사회학의 관점에서 사회생물학을 다룬다. Lee Freese, "The Song of Sociobiology," *Sociological Perspectives* 37 (1994): 337~373. 사회생물학을 비판적으로 분석하고, 생물학을 사회과학의 '보편 법칙'의 토대로 삼는다는 관념에 논리적으로 반박한다.

45 Raymond Williams, *Keywords: A Vocabulary of Culture and Society* (London: Croom Helm, 1976). '문화'와 '자연'이 그 자체로도 복잡한 용어라는 점을 다룬다. Donna Haraway, "A Cyborg Manifesto," in *Simians, Cyborgs, and Women*. 좌파의 시각에서 산업자본주의를 비판할 의도로 문화와 자연의

구별이 고착화된 것이라는 관념에 반박한다.

46 사회생물학이라는 용어를 윌슨이 처음 제안한 것도 아니다. 이것은 윌슨 자신도 인정한 사실이다. G. Manoury, "Sociobiology," *Synthese* 5 (1947): 522~525. 윌슨 이전의 사회생물학을 정리한다. 알렉시스 카렐Alexis Carrel이 초창기 '사회생물학적' 사상가라는 사실이 흥미롭다. 카렐은 20세기 초 조직 배양 분야의 창시자 중 한 명이다. 그는 자신의 접근법을 '생물사회학'으로 소개했다.

47 특히 하워드 케이는 사회생물학이 종종 자본주의를 정당화하는 것처럼 보인다는 주장에 반론을 제기한다. 그는 사회생물학이 자본주의를 정상화하는 것(그 결과 자본주의를 정당화하는 것)보다는 "우리의 심리와 사회를 재편하는 것"에 더 관심이 있다고 주장한다. Howard L. Kaye, *Social Meaning of Modern Biology*, 5 참조.

48 Sahlins, *Use and Abuse of Biology*, 93 참조.

49 Ibid., 100~102. 이 주장의 다른 예로는 다음을 참조. Donna Haraway, "The Biological Enterprise: Sex, Mind, and Profit from Human Engineering to Sociobiology," in *Simians, Cyborgs, and Women*.

50 Freese, "Song of Sociobiology," 345 참조.

51 Haraway, "The Past Is the Contested Zone: Human Nature and Theories of Production and Reproduction in Primate Behaviour Studies," in *Simians, Cyborgs, and Women* 참조.

52 Haraway, "Animal Sociology and a Natural Economy of the Body Politic: A Political Physiology of Dominance," in *Simians, Cyborgs, and Women*, 11 참조.

53 Marshall Sahlins, "The Original Affluent Society," in *Stone Age Economics* (Chicago, IL: Aldine-Atherton, 1972) 참조.

54 William Laughlin, Richard B. Lee, and Irven DeVore (eds.), with Jill Nash-Mitchell, *Man the Hunter* (Chicago, IL: Aldine-Atherton, 1968), 304 참조. 이 책은 같은 제목의 1966년 학회 강연 내용을 토대로 엮은 것이다.

55 Lee and DeVore, "Problems in the Study of Hunters and Gatherers," in *Man the Hunter* 참조. 그러나 같은 책에서 셔우드 워시번과 C. S. 랭커스터는 래플린의 주장에 동조하는 것처럼 보인다. "아주 실질적인 의미에서 우리의 지능, 정서, 기본적인 사회적 삶은 전부 성공적인 사냥 전략 도입의 진화론적 산물이다." Washburn and Lancaster, "The Evolution of Hunting," in *Man the*

Hunter 참조.

56 영향력 측면에서 본다면 아마도 이런 부류의 주장 중에서 가장 중요한 것은 유스투스 폰 리비히Justus von Liebig의 주장일 것이다. 리비히는 독일 화학자로『동물 화학』Animal Chemistry(1842)에서 단백질만이 유일한 '진짜 영양소'라고 주장했다. 리비히가 관련 분야에 미친 영향에 관해서는 William H. Brock, *Justus von Liebig: The Chemical Gatekeeper* (Cambridge, UK: Cambridge University Press, 1997) 참조. 리비히가 19세기 중반에 배양고기와 유사한 아이디어를 내놓았다는 점은 주목할 만하다. 1847년 그는 전 세계의 식량 부족을 해결할 수 있도록 고기의 대체품을 제공할 목적으로 소고기 추출물을 만드는 방법을 다룬 논문을 발표했다. 이후 리비히는 우루과이에 자신의 방법으로 소고기 추출물을 생산하는 공장 건설 프로젝트에 참여한다. 이런 노력은 1865년 런던에 본사를 둔 리비히 소고기 추출물 회사의 창립으로 이어진다. 이 회사는 나중에 회사명을 옥소Oxo로 바꾸었고, 옥소는 이 글을 쓰는 지금도 소고기 육수 큐브를 생산하고 있다.

57 Michael S. Alvard and Lawrence Kuznar, "Deferred Harvests: The Transition from Hunting to Animal Husbandry," *American Anthropologist* 103 (2001): 295~311 참조.

58 Pat Shipman, "The Animal Connection and Human Evolution," *Current Anthropology* 51 (2010): 519~538 참조.

59 Ibid., 524~525.

60 Helen M. Leach, "Human Domestication Reconsidered," *Current Anthropology* 44 (2003): 349~368 참조.

61 McGee, *On Food and Cooking*, 135 참조.

62 J. J. Harris, H. R. Cross, and J. W. Savell, "History of Meat Grading in the United States," Department of Animal Science, Texas A&M University, http://meat.tamu.edu/meat-grading-history/, accessed March 29, 2018 참조.

63 이 주제에 관해서는 특히 다음을 참고할 것. Orville Schell, *Modern Meat: Antibiotics, Hormones, and the Pharmaceutical Farm* (New York: Vintage, 1978).

64 William Boyd, "Making Meat: Science, Technology, and American Poultry Production," *Technology and Culture* 42 (2001): 631~664.

65 Friedrich Engels, *The Condition of the Working Class in England in 1844*, trans. Florence Kelley Wischnewetzky (London: George Allen & Unwin,

1892), 192.

66   John Lossing Buck, "Agriculture and the Future of China," *Annals of the American Academy of Political and Social Science*, November 1, 1930 참조.

67   인공비료의 중요성에 관해서는 Vaclav Smil, "Population Growth and Nitrogen: An Exploration of a Critical Existential Link," *Population and Development Review* 17 (1991): 569~601 참조.

68   이 구절은 시오반 필립스에게서 빌렸다. Siobhan Phillips, "What We Talk about When We Talk about Food," *The Hudson Review* 62 (2009): 189~209; 197 참조.

69   Zaraska, *Meathooked* 참조.

70   William Cronon, *Nature's Metropolis: Chicago and the Great West* (New York: W. W. Norton, 1991), 256.

71   Rachel Laudan, *Cuisine and Empire: Cooking in World History* (Berkeley: University of California Press, 2013), 208 참조.

72   영국 가정에서의 설탕 사용 증가에 관해서는 Sidney Mintz, *Sweetness and Power: The Place of Sugar in Modern History* (New York: Viking, 1985) 참조.

73   이런 육식 감소 동향은 대체로 건강에 신경을 쓰는 선진국의 부유층에서 관찰되는 현상으로 제시된다. 국제 비영리 환경단체인 미국 천연자원보호협회에서 발간한 보고서에 따르면, 2005년과 2014년 사이에 미국인의 육식 소비는 약 20퍼센트 정도 감소했다. 이 보고서는 이 추세를 목축으로 인한 높은 탄소 발자국과 연계해 이런 현상의 바람직한 측면에 초점을 맞추고 있다. "Less Beef, Less Carbon," www.nrdc.org/sites/default/files/less-beef-less-carbon-ip. pdf, accessed June 6, 2017 참조.

3 약속

1   실험실에서 동물 내지는 동물의 일부를 복제하는 데 사용하는 세 번째 기술도 그 자리에 나란히 전시되는 것이 바람직할 것이다. 세 번째 기술은 복제 양 돌리(1996~2003)를 만들어낸 기술이다. 이 기술은 성인 체세포를 어떤 세포로도 분화할 수 있는 만능 상태로 되돌아가도록 유도한 다음 복제하는 기술이다. 돌리와 가축의 세포를 활용한 복제 기술 및 유전자 이식 기술에 관해서는 Sarah Franklin, *Dolly Mixtures: The Remaking of Genealogy* (Durham, NC:

Duke University Press, 2007) 참조.

2   Shoshana Felman, *The Scandal of the Speaking Body: Don Juan with J. L. Austin, or Seduction in Two Languages* (Stanford, CA: Stanford University Press, 2003) 참조.

3   "Lab-Grown Beef: 'Almost' Like a Burger," *Associated Press*, August 5, 2013에서 인용.

4   Kate Kelland, "Scientists to Cook World's First In Vitro Beef Burger," *Reuters*, August 5, 2013을 비롯해 포스트의 시연회를 다룬 기사에서 자주 인용되는 PETA의 선언문에서 발췌.

5   Jason Matheny, Jason Gelt in "In Vitro Meat's Evolution," *The Los Angeles Times*, January 27, 2010에서 인용.

6   2017년 말 뉴욕에서 뉴하비스트가 주관한 한 학회에서 나는 이 사과를 보게된다. 그 사과는 메릴랜드에 본사를 둔 바이오테크 기업 인트렉손Intrexon의 자회사인 오카나간스페셜티프루트Okanagan Specialty Fruits가 만들었다. Andrew Rosenblum, "GM Apples That Don't Brown to Reach U.S. Shelves This Fall," *MIT Technology Review*, October 7, 2017, www.technologyreview.com/s/609080/gm-apples-that-dont-brown-to-reachus-shelves-thisfall/, accessed January 28, 2018 참조.

7   Friedrich Nietzsche, *On the Genealogy of Morals*, trans. Walter Kaufmann (New York: Vintage Books, 1969), 57.

8   Aristotle, *Politics* (Chicago, IL: University of Chicago Press, 2013) 참조.

9   Mike Fortun, *Promising Genomics: Iceland and deCODE Genetics in a World of Speculation* (Berkeley: University of California Press, 2008), 107.

10   Hannah Arendt, *The Human Condition* (Chicago, IL: University of Chicago Press, 1958), 244~245 참조.

11   Ibid., 245.

12   Ibid.

13   또한 아렌트는 아주 흥미로운 방식으로 정치 영역의 주권을 수공예 영역에서 기술을 완벽하게 습득하는 것과 비교한다. 주권이 집단적·사회적 관행을 통해 효과를 발휘한다면, 예술적 통달은 고립을 통해서 완성된다고 설명한다. Ibid., 245 참조.

14   Merritt Roe Smith and Leo Marx (eds.), *Does Technology Drive History? The Dilemma of Technological Determinism* (Cambridge, MA: MIT Press,

1994) 참조.

15 Merritt Roe Smith and Leo Marx (eds.), *Does Technology Drive History? The Dilemma of Technological Determinism* (Cambridge, MA: MIT Press, 1994)에 실린 Merritt Roe Smith, "Technological Determinism in American Culture" 참조. K. B. Byrne (ed.), *Responsible Science: The Impact of Technology on Society* (Harper & Row, 1986)에 실린 Roe Smith, "Technology, Industrialization, and the Idea of Progress in America," 그리고 Leo Marx, "Does Improved Technology Mean Progress?" *Technology Review* (January 1987): 33~41, 71 참조. 과학철학자 랭던 위너는 계몽주의에서 유래했음에도 불구하고 기술과 진보가 연결되어 있다는 믿음이 전문적인 기술·공학 철학을 대체하고 있는 듯하다고 지적한다. 위너는 진보라는 관념이 이 세계에서 우리의 삶을 더 편리하게 만드는 장비로, 우리가 무엇을 하고 있는지 진지하게 고찰하는 것을 방해한다고 주장한다. Langdon Winner, *The Whale and the Reactor: The Search for Limits in the Age of High Technology* (Chicago, IL: University of Chicago Press, 1986), 5 참조.

16 세라 프랭클린은 줄기세포의 '줄기'stem라는 단어와 유전적 혈통(즉 가축의 잠정적 자본)의 '혈통'stock이라는 관념이 서로 연결되어 있다고 지적한다. Sarah Franklin, *Dolly Mixtures*, 50, 57~58 참조.

17 Karen-Sue Taussig, Klaus Hoeyer, and Stefan Helmreich, "The Anthropology of Potentiality in Biomedicine," *Current Anthropology* 54, Supplement 7 (2013) 참조.

18 Paul Martin, Nik Brown, and Alison Kraft, "From Bedside to Bench? Communities of Promise, Translational Research and the Making of Blood Stem Cells," *Science as Culture* 17 (2008): 29~41 참조.

19 Georges Canguilhem, *La connaissance de la vie* (Paris: Vrin, 1989)에 실린 Canguilhem, "La théorie cellulaire" 참조. 본문 내용은 Canguilhem, *Knowledge of Life*, ed. Paola Marrati and Todd Meyers (New York: Fordham University Press, 2008)에 실린 Stefanos Geroulanos and Daniela Ginsburgas(trans.), "Cell Theory", 43에서 인용.

20 Isha Datar and Mirko Betti, "Possibilities for an in Vitro Meat Production System," *Innovative Food Science & Emerging Technologies* 11 (2010): 13~21.

21 이 통찰은 세라 프랭클린에게서 빌린 것이다. Franklin, *Dolly Mixtures*, 59.

22 코뿔소 밀렵을 생명공학이나 시장경제가 아니라 전통적 방식으로 규제하고 싶
    어 하는 집단으로부터 맹렬한 비판을 받았다. 그런 비판의 예는 다음을 참조.
    Katie Collins, "3D-Printed Rhino Horns Will Be 'Ready in Two Years'—but
    Could They Make Poaching Worse?", *Wired UK*, October 7, 2016, www.
    wired.co.uk/article/3d-printed-rhino-horns, 2018년 1월 23일 접속.
23 여러 가능한 미래를 전면적으로 다루는 인류학 저술의 예로는 다음과 같은 것
    들이 있다. Lisa Messeri, *Placing Outer Space: An Earthly Ethnography of
    Other Worlds* (Chapel Hill, NC: Duke University Press, 2016); Ulf Hannerz,
    Writing Future Worlds: An Anthropologist Explores Global Scenarios
    (London: Palgrave, 2016); Juan Francisco Salazar, Sarah Pink, Andrew Ir-
    ving, and Johannes Sjöberg (eds.), *Anthropologies and Futures: Research-
    ing Emerging and Uncertain Worlds* (London: Bloomsburgy, 2017). 미래
    에 관한 또 다른 중요한 인류학적 접근법은 생식 연구에서 찾아볼 수 있다. 그중
    에서도 다음과 같은 것들이 주목할 만하다. Marilyn Strathern, *Reproducing
    the Future: Essays on Anthropology, Kinship and the New Reproduc-
    tive Technologies* (Manchester, UK: Manchester University Press, 1992);
    Strathern, "Future Kinship and the Study of Culture," *Futures* 27 (1995):
    423~435. 미래에 관한 인류학적 접근법을 논하면서 마거릿 미드Margaret
    Mead의 *The World Ahead: An Anthropologist Contemplates the Future*
    (New York: Berghahn, 2005)를 빼놓을 수는 없을 것이다.
24 Johannes Fabian, *Time and the Other: How Anthropology Makes Its Ob-
    ject* (New York: Columbia University Press, 2014) 참조.
25 과열 사회와 냉각 사회라는 관념에서 '과열'이 변화를 의미하고 '냉각'이 안정
    을 의미하는데, 이 관념은 구조주의 인류학의 수장인 클로드 레비스트로스가
    처음 제시했다. 현재 이 관념을 재해석하는 이들은 냉각 쪽에 가까운, 그래서
    환경적으로 더 지속 가능하기 쉬운 사회를 지지한다. 이런 재해석을 차용한 에
    세이로는 공상과학소설가(이자 캘리포니아주립대학교 버클리캠퍼스 최초의
    인류학 교수인 앨프리드 루이스 크로버Alfred Louis Kroeber의 딸인) 어슐러
    르 귄Ursula K. Le Guin의 *Dancing at the Edge of the World* (London: Gol-
    lancz, 1989)에 실린 "A Non-Euclidean View of California as a Cool Place to
    Be"가 있다.

4 안개

1 이것은 내가 이 책의 해석적 의제에 맞춰 구체적인 내용을 바꾼 일화다. 내가 버스에 걸린 "공유 가능한 콘텐츠" 광고 문구를 본 것은 2013년 샌프란시스코에서가 아니라 2015년 오클랜드에서였다.

2 Sigmund Freud, *Jokes and Their Relation to the Unconscious* (Standard Edition, vol. 8) (London: Hogarth Press, 1960), 118. p.146에서 프로이트는 영국 철학자 허버트 스펜서Herbert Spencer의 「웃음의 생리학」The Physiology of Laughter(1860)을 인용한다. 스펜서는 웃음으로 발산되는 정신적 에너지를 설명하는 '경제' 모델을 제시했다.

3 Richard D. deShazo, Steven Bigler, and Leigh Baldwin Skipworth, "The Autopsy of Chicken Nuggets Reads 'Chicken Little'," *American Journal of Medicine* 126 (2013): 1018~1019 참조.

4 Giovanni Arrighi, *The Long Twentieth Century: Money, Power, and the Origins of Our Times* (New York: Verso, 1994) 참조. Raj Patel and Jason W. Moore, *A History of the World in Seven Cheap Things: A Guide to Capitalism, Nature, and the Future of the Planet* (Oakland: University of California Press, 2017), 69에서 인용된 아리기의 논거도 참고할 만하다.

5 내가 브레이크아웃랩을 방문할 당시에 틸은 논란의 중심에 선 공인이었다. 그가 이 장에서 앞으로 설명할 특정 부류의 미래주의와 자유지상주의를 적극적으로 지지했기 때문이다. 이 책을 쓸 무렵 틸은 다른 이유로 논란에 휩싸였다. 이번에는 확연히 더 정치적인 이유였다. 예컨대 그는 2016년 미국 대선에서 당선된 후보자를 비롯해 선출직에 도전하는 보수 후보자들에게 공식적인 지지를 표명하고 재정 지원을 했다.

6 브레이크아웃랩 웹사이트, www.breakoutlabs.org/, 2017년 7월 4일 접속.

7 모던메도는 2014년 뉴욕의 패션업계와 협업 기회를 늘리기 위해 브루클린의 레드훅 지역으로 본사를 옮긴다. 모던메도는 그 후로 배양고기 연구를 중단하고 생체재료 생산에 집중한다. 10장 참조.

8 George Packer, "No Death, No Taxes," *The New Yorker*, November 28, 2011 참조.

9 테크 버스를 다룬 기사의 예로는 Casey Miner, "In a Divided San Francisco, Private Tech Buses Drive Tension," *All Tech Considered*, December 17, 2013, www.npr.org/sections/alltechconsidered/2013/12/17/251960183/in-

a-divided-san-francisco-private-tech-buses-drive-tension 참조, 2017년 6
월 9일 접속.

10 Nathan Heller, "California Screaming," *The New Yorker*, July 7, 2014 참조.

11 물론 그런 극단적 방법 말고도 거주민을 몰아낼 방법들은 존재한다. 다만 그 방
법들이 모두 합법적인 것은 아니다. 반-퇴거 지도 프로젝트는 베이에어리어에
서 자행된 불법 퇴거 사례를 기록하고 있다. www.antievictionmappingpro-
ject.net/ 참조, 2017년 6월 9일 접속.

12 2014년 브루킹스연구소의 한 보고서에 따르면, 2007년부터 2012년까지의
기간 동안 샌프란시스코는 미국 도시 중에서 소득 격차가 가장 급격하게 벌어
진 도시였다. 소득 95분위 이상에 속하는 집단의 소득 증가가 주요 원인이었
다. Alan Berube, "All Cities Are Not Created Unequal," February 4, 2014,
www.brookings.edu/research/all-cities-are-not-created-unequal/, ac-
cessed June 9, 2017 참조.

13 Kenneth L. Kusmer, *Down and Out, On the Road: The Homeless in Ameri-
can History* (Oxford, UK: Oxford University Press, 2003) 참조. 쿠스머는 소
마가 한때 "미국 서부 해안 지역에서 임시직과 일용직 노동의 가장 대표적인 중
심지였다"라고 기록한다.

14 Meagan Day, "For More Than 100 Years, SoMa Has Been Home to the
Homeless," https://timeline.com/for-more-than-100-years-soma-has-
been-home-tothe-homeless-5e2d014bdd92 참조, 2017년 6월 17일 접속. 샌
프란시스코시 당국은 노숙자 인구 추이 추적을 위해 '시점 통계'를 기록한다.
이 글을 쓰는 현재의 최신 통계는 다음 웹사이트에서 구할 수 있다. http://hsh.
sfgov.org/researchreports/san-francisco-homeless-point-in-time-count-
reports/.

15 Day, "SoMa Has Been Home to the Homeless" 참조.

16 Stewart Brand, *The Clock of the Long Now: Time and Responsibility* (New
York: Basic Books, 1999), 2~3에서 재인용.

17 공상과학영화 속 인공물과 실제 현실에서의 기술 개발의 관계에 관해서는
David A. Kirby, "The Future Is Now: Hollywood Science Consultants,
Diegetic Prototypes and the Role of Cinematic Narratives in Generating
Real-World Technological Development," *Social Studies of Science* 40
(2010): 41~70 참조.

18 몇 년 뒤 브레이크아웃랩이 후원한 기업 목록을 살펴보니 다음과 같은 항목에

406

속했다. '진단' '치료' '하드웨어' '세포생물' '나노'(나노공학) '합성생물'(합성생물학) '에너지' '화학' '재료' '컴퓨팅' '신경' '수명 연장'. 이런 항목이 틸 재단이 해결하려고 하는 구체적 문제들을 대표하지는 않겠지만, 마지막 항목인 '수명 연장'은 명확한 기술 적용 항목이라기보다는 목표 조건을 보여준다고 해석할 수 있다. www.breakoutlabs.org /portfolio/ 참조, 2017년 8월 2일 접속.

19 21세기 초의 트랜스휴머니즘과 실리콘밸리 자본주의의 관계에 관한 비판적 해석은 다음을 참조하라. Patrick McCray, "Bonfire of the Vainglorious," *Los Angeles Review of Books*, July 17, 2017, https://lareviewofbooks.org/article/silicon-valleys-bonfire-of-the-vainglorious/, accessed July 20, 2017.

5   의심

1 임파서블푸드Impossible Foods의 팻 브라운Pat Brown은 테크크런치Techcrunch.com에서 2017년 5월 22일 한 인터뷰에서, 동물세포로 실험실에서 키운 고기를 가리켜 "지금까지 구현된 것 중에 가장 멍청한 아이디어"라고 말했다. https://techcrunch.com/2017/05/22/impossiblefoods-ceo-pat-brown-says-vcs-need-to-ask-harder-scientific-questions/ 참조, 2017년 11월 7일 접속. 브라운이 2017년 9월 21일에 하버드대학교에서 한 강연 발언도 참고했다. 나도 그 강연에 참석한 청중 중 한 명이었다.

2 작가, 셰프, TV 쇼 호스트인 앤서니 부르댕Anthony Bourdain은 '가짜' 고기에 대해 자신은 그것을 '적으로' 여긴다고 말했다. www.businessinsider.com/anthony-bourdain-bigproblem-synthetic-fake-meat-laboratory-2016~12 참조, 2017년 11월 7일 접속. 부르댕은 이 동영상에서 도축된 동물의 부위를 낭비하는 문제를 언급하면서, 실험실에서 고기를 키우기 전에 우리가 생산하고 있는 동물의 살을 더 잘 활용하는 방법을 고민해야 한다고 지적했다.

3 Pew Research Center, "U.S. Views of Technology and the Future," April 17, 2014, http://assets.pewresearch.org/wp-content/uploads/sites/14/2014/04/USViews-of-Technology-and-the-Future.pdf, 2017년 11월 7일 접속.

4 Christina Agapakis, "Steak of the Art: The Fatal Flaws of In Vitro Meat," *Discover*, April 24, 2012.

5 Warren Belasco, "Algae Burgers for a Hungry World? The Rise and Fall of

Chlorella Cuisine," *Technology and Culture* 38 (1997): 608~634 참조.

6   Christina Agapakis, "Growing the Future of Meat," *Scientific American*, August 6, 2013, https://blogs.scientificamerican.com/oscillator/growing-the-futureof-meat/, 2017년 10월 21일 접속.

7   Ursula Franklin, *The Real World of Technology* (Toronto: Anansi Press, 1999).

6 희망

1   Patrick D. Hopkins and Austin Dacey, "Vegetarian Meat: Could Technology Save Animals and Satisfy Meat Eaters?", *Journal of Agricultural and Environmental Ethics* 21 (2008): 579~596 참조.

2   Clemens Driessen and Michiel Korthals, "Pig Towers and In Vitro Meat: Disclosing Moral Worlds by Design," *Social Studies of Science* 42(2012): 797~820 참조.

3   Neil Stephens and Martin Ruivenkamp, "Promise and Ontological Ambiguity in the In Vitro Meat Imagescape: From Laboratory Myotubes to the Cultured Burger," *Science as Culture* 25 (2016): 327~355.

4   Nik Brown, "Hope against Hype—Accountability in Biopasts, Presents, and Futures," *Science Studies* 16(2) (2003): 3~21 참조. Mike Fortun, *Promising Genomics: Iceland and deCODE Genetics in a World of Speculation* (Berkeley: University of California Press, 2008); Kaushik Sunder Rajan, *Biocapital: The Constitution of Postgenomic Life* (Durham, NC: Duke University Press, 2006), 264 참조.

5   Fredric Jameson, *Archaeologies of the Future: The Desire Called Utopia and Other Science Fictions* (New York: Verso, 2005), 3 참조.

7 나무

1   그 작품은 〈아이스 아치〉Ice Arch(1982)다. Andy Goldsworthy Digital Catalogue, www.goldsworthy.cc.gla.ac.uk/image/?id=ag_02391 참조, 2017년 7

월 14일 접속.

2   마침 골즈워디는 드영박물관 주변에 깔린 것과 동일한 요크셔 돌로 〈그려진 돌〉을 만들었다. 그 돌은 영국에서 왔다.

3   Richard A. Walker, *The Country in the City: The Greening of the San Francisco Bay Area* (Seattle: University of Washington Press, 2007)와, Daegan Miller, *This Radical Land: A Natural History of American Dissent* (Chicago, IL: University of Chicago Press, 2018) 참조.

8   미래

1   곤충 기업가도 식충을 권장하지만, 정책 전문가 중에도 식충을 권하는 이들이 있다. 2013년 국제연합 식량농업기구Food and Agriculture Organization (FAO)는 「식용 곤충: 미래 음식으로서의 전망과 먹거리 안보」Edible Insects: Future Prospects for Food and Feed Security라는 제목의 보고서를 발표했다. 이 보고서에서 FAO는 여전히 해결해야 할 걸림돌이 남아 있지만, "최근 연구개발을 통해 식용 곤충은 인간의 직접 소비를 통해서건 사료라는 간접적 형태를 통해서건 기존의 고기 생산 방식의 유력한 대안임이 입증되었다"라고 결론 내렸다(161). www.fao.org/docrep/018/i3253e/i3253e.pdf. 또 다른 예로는 Julieta Ramos-Elorduy, "Anthropo-Entomophagy: Cultures, Evolution and Sustainability," *Annual Review of Entomology* 58 (2009): 141~160 참조.

2   1971년에 국제농업연구에 관한 고문단Consultative Group on International Agricultural Research이 설립되었고, 잇따라 농업과학 및 기술 위원회Council for Agricultural Science and Technology가 설립되었다. 1975년에는 프랜시스 무어 라페Frances Moore Lappé가 식량 및 개발 정책 연구소Institute for Food and Development Policy로도 알려진 푸드퍼스트Food First를 설립했다. 같은 해 국제식량정책연구소International Food Policy Research Institute가 워싱턴D.C.에서 설립되었다. Warren Belasco, *Meals to Come: A History of the Future of Food* (Berkeley: University of California Press, 2006), 55 참조.

3   미래연구소가 정리한 미래연구소의 주요 프로젝트와 관심 주제에 대해 더 알고 싶다면 www.iftf.org/fileadmin/user_upload/images/whoweare/iftf_histo-

ry_lg.gif 참조, 2019년 2월 5일 접속.

4   미래 전문가의 방법론에 대한 개요는 Theodore J. Gordon, "The Methods of Futures Research," *Annals of the American Academy of Political and Social Science* 522 (1992): 25~35 참조.

5   Alvin Toffler (ed.), *The Futurists* (New York: Random House, 1972)에 실린 Fred Polak, "Crossing the Frontiers of the Unknown" 참조.

6   Simon Sadler, "The Dome and the Shack: The Dialectics of Hippie Enlightenment," in Iain Boal, Janferie Stone, Michael Watts, and Cal Winslow (eds.), *West of Eden: Communes and Utopia in Northern California* (Oakland, CA: PM Press, 2012), 72~73과, Fred Turner, *From Counterculture to Cyberculture: Stewart Brand, the Whole Earth Network, and the Rise of Digital Utopianism* (Chicago, IL: University of Chicago Press, 2006), 55~58 참조.

7   "Introducing the IFTF Food Futures Lab," www.youtube.com/watch?v=5_fP-7tfSK4, 2017년 11월 1일 접속.

8   예컨대 그래픽 조력 센터 홈페이지, http://graphicfacilitation.blogs.com/pages/ 참조, 2018년 3월 28일 접속.

9   지금부터 서술하는 20세기 중후반의 미래주의에 대한 설명은 다음을 참고했다. Jenny Andersson, "The Great Future Debate and the Struggle for the World," *The American Historical Review* 117 (2012): 1411~1430; Nils Gilman, *Mandarins of the Future: Modernization Theory in Postwar America* (Baltimore, MD: Johns Hopkins University Press, 2003).

10   Olaf Helmer, "Science," *Science Journal* 3(10) (1967): 49~51, 51 참조.

11   T. J. Gordon and Olaf Helmer, "Report on a Long-Range Forecasting Study" (Santa Monica, CA: Rand, 1964) 참조.

12   이런 이념주의 대 합리주의 구도는 제니 앤더슨Jenny Andersson의 논문을 인용한 것이다.

13   Walt Whitman Rostow, *The Stages of Economic Growth: A Non-Communist Manifesto* (Cambridge, UK: Cambridge University Press, 1960), 2.

14   Daniel Bell and Steven Graubard, *Toward the Year 2000: Work in Progress*, special issue of *Daedalus* (1967), republished by MIT Press in 1969 참조.

15   Daniel Bell, *The Coming of Post-industrial Society: A Venture in Social*

Forecasting (New York: Basic Books, 1973).

16 Gilman, *Mandarins of the Future* 참조.

17 Brendan Buhler, "On Eating Roadkill, The Most Ethical Meat," *Modern Farmer*, September 12, 2013, http://modernfarmer.com/2013/09/eating-roadkill/, 2017년 8월 24일 접속. James R. Simmons, *Feathers and Fur on the Turnpike* (Boston: Christopher, 1938)은 최초로 로드킬을 진지하게 탐구한 저서이다.

18 탄소 격리 작용을 하는 초지를 복원하므로 지구온난화 대처에 도움이 된다는 등, 전체론적 초지 관리에 관한 앨런 세이버리의 주장에 대한 비판도 만만치 않다. James E. McWilliams, "All Sizzle and No Steak," *Slate*, April 22, 2013, www.slate.com/articles/life/food/2013/04/allan_savory_s_ted_talk_is_wrong_and_the_benefits_of_holistic_grazing_have.html 참조, 2017년 8월 24일 접속.

19 음식 미래주의에서 고기의 위상에 대한 이 진술은 워런 벨라스코Warren Belasco의 『앞으로 나올 식사들』*Meals to Come*을 참고한 것이다.

20 Thomas Robert Malthus, *An Essay on the Principle of Population* (London: Penguin, 1985), 187~188 참조.

21 영국에서 시도된 농업 개선 활동이 맬서스에게 미친 영향에 관해서는 Fredrik Albritton Jonsson, "Island, Nation, Planet: Malthus in the Enlightenment," in Robert Mayhew (ed.), *New Perspectives on Malthus* (Oxford, UK: Oxford University Press, forthcoming) 참조.

22 Paul and Anne Ehrlich, *The Population Bomb* (New York: Ballantine, 1968). 또한 Thomas Robertson, *The Malthusian Moment: Global Population Growth and the Birth of American Environmentalism* (New Brunswick, NJ: Rutgers University Press, 2012) 참조.

23 Paul and Anne Ehrlich, *One with Nineveh: Politics, Consumption, and the Human Future* (Washington, DC: Island Press, 2004) 참조. Patt Morrison, "Paul R. Ehrlich: Saving Earth. The Scholar Looks the Planet, and Humanity, in the Face," February 12, 2011, http://articles.latimes.com/2011/feb/12/opinion/la-oe-morrison-ehrlich-021211, 2017년 9월 13일 접속. 이 인터뷰에서 에를리히는 자신의 책 『인구 폭탄』이 어떤 점을 정확하게 예측했고, 어떤 점을 잘못 예측했는지에 대해 이야기한다.

24 Fredrik Albritton Jonsson, "The Origins of Cornucopianism: A Prelimi-

nary Genealogy," *Critical Historical Studies* 1 (2014): 151~168.

25 알브리튼 존슨은 또한 풍요주의를 정치-경제학적으로 구체화한 리카도의 주
장의 다양한 원형들도 제시한다. 그중 몇 가지만 예로 들자면, 프랜시스 베이컨
Francis Bacon의 자연철학, 토목공학 프로젝트와 찰스 웹스터Charles Web-
ster와 토머스 휴스Thomas Hughes가 기술 진보로써 "에덴을 회복"하려는 노
력을 통해 표현된 18세기의 대중적 뉴턴주의, 그리고 영토 확장과 신세계에서
의 경제활동이 미래의 풍요에 대한 암묵적 약속처럼 보인다는 의미에서 북미
대륙의 식민지화 등이다. Ibid.

26 2015년 가을 나는 생태 문제에 대한 우려와 사업적 이해관계 사이에서 균형 잡
는 법을 표제로 내세운 학회에 참석했다. 그런데 한 기조연설자가 위성을 보내
소행성에서 자연자원을 채굴하는 것이, 그의 표현을 빌리자면 "우리 지구 밖으
로 인간의 영토와 경제활동을 영구적으로 확장하도록 지원"하는 데 기여하는지
에 관해 집중적으로 이야기했다. 리카도의 먼 후손들이 여전히 많이 존재한다.

27 그런 예로는 Joel Mokyr, *The Gift of Athena: Historical Origins of the Knowl-
edge Economy* (Princeton, NJ: Princeton University Press, 2002) 참조.

28 Albritton Jonsson, "Origins of Cornucopianism," 160.

29 Will Steffen, Paul Crutzen, and John McNeill, "The Anthropocene: Are
Humans Now Overwhelming the Great Forces of Nature?", *AMBIO: A
Journal of the Human Environment* 36 (2007): 849~852 참조.

30 Gilman, *Mandarins of the Future*, 1~2 참조.

31 Karl Marx, *The Communist Manifesto: With Related Documents* (Boston:
Bedford/St. Martin's, 1999).

32 Marshall Berman, *All That Is Solid Melts into Air: The Experience of Mo-
dernity* (New York: Verso, 1982), 21. 이 장에서 발췌한 『공산당 선언』 인용문
에 대한 이 분석은 버먼의 해석을 참고한 것이다.

9   프로메테우스

1 Gregory Schrempp, "Catching Wrangham: On the Mythology and the
Science of Fire, Cooking, and Becoming Human," *Journal of Folklore Re-
search* 48 (2011): 109~132 참조.

2 프로메테우스 신화를 연구한 중요한 문헌 자료는 아주 많다. 예컨대 다음을

참조하라. Hans Blumenberg, *Arbeit am Mythos* (Frankfurt am Main: Suhrkamp, 1979), in English translation by Robert M. Wallace as *Work on Myth* (Cambridge, MA: MIT Press, 1985); Raymond Trousson, *Le théme de Prométhée dans la littérature européenne* (Geneva: Librairie Droz, 1964). Alfredo Ferrarin, "Homo Faber, Homo Sapiens, or Homo Politicus? Protagoras and the Myth of Prometheus," *The Review of Metaphysics* 54 (2000): 289~319. 페라린의 연구는 특히 프로메테우스 신화를 통해 고대 그리스인들이 테크네techne, 즉 공예 기술을 어떻게 이해했는지에 대한 새로운 해석을 찾았다는 점에서 중요하다.

3   슈워츠가 쓴 문장은 다음과 같다. "생물학은 그 자체로 신화의 수많은 양가성을 담고 있다." Hillel Schwartz, *The Culture of the Copy: Striking Likenesses, Unreasonable Facsimiles*(revised and updated) (New York: Zone Books, 2014), 19 참조.

4   Gaston Bachelard, *The Psychoanalysis of Fire*, trans. Alan C. M. Ross (London: Routledge & Kegan Paul, 1964).

5   전근대 시대에 프로메테우스 신화가 어떤 식으로 받아들여졌는지에 관해서는 Olga Raggio, "The Myth of Prometheus: Its Survival and Metaphormoses up to the Eighteenth Century," *Journal of the Warburg and Courtauld Institutes* 21 (1958): 44~62 참조.

6   1819년에 발표된 메리 셸리의 장편소설『프랑켄슈타인』의 부제는 소설의 주인공인 빅터 프랑켄슈타인을 지칭하는 "현대판 프로메테우스"였다. 셸리는 남편의 대역으로 프랑켄슈타인을 설정한 것으로 종종 해석된다. 이따금 최초의 공상과학소설로 언급되는『프랑켄슈타인』은 현대 세포 이론이 등장하지 않았는데도 이미 인공적으로 활성화된 살을 소재로 삼은 이야기이기도 하다. 19세기 초까지도 세포생물학은 생명이 생물학적 부분들의 상호작용에 의해 생겨난 결과가 아닌, 원칙적으로 전기라는 관념을 포기하지 않고 있었다. 영문학자 데니스 기간테의 주장에 따르면『프랑켄슈타인』은 생명이 전기라는 관념을 탐색하는 이야기로 읽힐 수도 있다.『프랑켄슈타인』은 그런 관념을 탐색하는 낭만주의 문학작품 중 하나라는 것이다.『프랑켄슈타인』은 생명에 관한 질문 자체에 대한 답은 제시하지 않지만 그 질문에 집착하는 주인공의 심리를 탐구하면서 인공적인 '대역'을 창조함으로써 빅터 프랑켄슈타인이 예측 불가능한 무언가, 단순히 그 창조자의 물리적 한계만이 아니라 도덕의 한계 또한 결국 뛰어넘게 될 생명 형태를 세상에 풀어놓았다는 것을 암시적으로 제시한다. 그런데 프

랑켄슈타인이 만든 괴물은 이미 나름의 도덕성을 지니고 있었던 듯하다. 그 괴물은, 아마도 퍼시를 염두에 둔 것이었는지도 모르지만, 채식주의자였다. "내 음식은 인간의 음식이 아닙니다. 저는 제 식욕을 채우려고 양과 새끼 양을 파괴하지 않습니다. 도토리와 베리만으로도 저는 영양을 충분하게 공급받으니까요." Mary Shelley, *Frankenstein: The Modern Prometheus* (London: Henry Colburn and Richard Bentley, 1831), 308. Denise Gigante, *Life: Organic Form and Romanticism* (New Haven, CT: Yale University Press, 2009), 특히 1~48, 160~163 참고할 것. 채식주의자로서의 프랑켄슈타인에 대한 캐럴 애덤스Carol Adams의 논의는 *The Sexual Politics of Meat: A Feminist-Vegetarian Critical Theory* (New York: Continuum, 1990), 108~119 참조.

10 메멘토

1   Arthur Schopenhauer, *The World as Will and Representation*, trans. and ed. Judith Norman, Alistair Welchman, and Christopher Janaway (Cambridge, UK: Cambridge University Press, 2010).

2   Heather Paxson, *The Life of Cheese: Crafting Food and Value in America* (Berkeley: University of California Press, 2012), 31 참조.

3   Rachel Laudan, "A Plea for Culinary Modernism: Why We Should Love New, Fast, Processed Food," *Gastronomica* 1 (2001): 36~44 참조.

4   Ibid., 36.

5   런던시티대학교의 식품정책학 교수인 팀 랭Tim Lang은 '푸드마일'이라는 용어를 제안했다. 이 개념은 랭 교수가 발표한 「푸드마일 보고서: 식품 장거리 수송의 위험성」The Food Miles Report: The Dangers of Long-Distance Food Transportation(SAFE Alliance, 1994)에 처음 등장했다. 식품 체계가 환경에 미치는 영향을 평가하기 위해 '푸드마일'을 사용하는 것에 대한 비판은 식품 수송이 식품 체계가 환경에 미치는 영향에서 아주 작은 비중을 차지한다는 사실에 초점을 맞추고 있다. '푸드마일' 비판자들은 식품 체계가 환경에 미치는 영향, 즉 음식의 '탄소 발자국'은 대부분 생산에서 기인한다는 점을 지적한다. '푸드마일' 비판 주장의 예로는 Pierre Desrochers and Hiroko Shimizu, "Yes, We Have No Bananas: A Critique of the 'Food-Miles' Perspective," George Mason University Mercatus Policy Series, Policy Primer No. 8, October

2008 참조.

6   William Cronon, *Nature's Metropolis: Chicago and the Great West* (New York: W. W. Norton, 1991) 참조.

7   클레먼스 드리선과 미힐 코르트할스가 지적하듯이, 배양고기에 대한 상상들은 도심 농업에서 영감을 얻는다. Clemens Driessen and Michiel Korthals, "Pig Towers and In Vitro Meat: Disclosing Moral Worlds by Design," *Social Studies of Science* 42 (2012): 797~820 참조.

8   거와너스 운하가 슈퍼펀드 수혜 지역으로 선정되기까지의 짧은 역사가 궁금하다면 Juan-Andres Leon, "The Gowanus Canal: The Fight for Brooklyn's Coolest Superfund Site," *Distillations*, winter 2015, www.chemheritage.org/distillations/magazine/the-gowanus-canal 참조, 2017년 3월 6일 접속.

9   프로테우스 거와너스는 이 장에서 다룬 행사가 있던 날에도 여전히 운영 중이었지만, 그 직후인 2015년에 10년간의 영업을 마치고 문을 닫았다.

10 '진정성'authenticity, '지역성'locality, '풍토성'terroir을 탐사의 핵심 용어로 삼은 식육용 가축 사육에 관한 인류학 연구의 예로는 Brad Weiss, *Real Pigs: Shifting Values in the Field of Local Pork* (Durham, NC: Duke University Press, 2016) 참조.

11 Max Weber, *The Protestant Ethic and the Spirit of Capitalism*, trans. Talcott Parsons (New York: Routledge, 2001) 참조. 팩슨Paxson의 저서 『치즈의 생애』Life of Cheese에서 장인식 수제 식품 생산과 그 가치, 그리고 식품을 둘러싼 상업적 활동을 통해 상업 외적인 가치를 만들어내려는 노력에 대한 한 가지 종합적 해석을 찾을 수 있다.

12 소가 트림으로 문제가 될 정도로 많은 양의 메탄가스를 내뿜는다는 주장에 비판이 없는 것은 아니다. 니콜레트 한 니먼(투명성과 인도주의적 가축 사육, 환경적 지속 가능성에 특화된 샌프란시스코 베이에어리어 고기 생산업체인 니먼랜치Niman Ranch의 설립자인 빌 니먼Bill Niman과 결혼한 전직 변호사)에 따르면, 흔히 인용되는 14~18퍼센트라는 수치는 아주 적은 수의 소로 이루어진 샘플을 토대로 측정된 수치다. 따라서 그런 적은 샘플로 측정된 수치를 지구 전체 소에 적용하는 것은 부적절하다고 주장한다. Nicolette Hahn Niman, *Defending Beef: The Case For Sustainable Meat Production* (White River Junction, VT: Chelsea Green, 2014) 참조.

13 Nathan Heller, "Listen and Learn," *The New Yorker*, July 9, 2012.

14 Catherine Mohr, "Surgery's Past, Present, and Robotic Future," TED 2009,

www.ted.com/talks/catherine_mohr_surgery_s_past_present_and_robotic_future#t-1100302, 2017년 11월 14일 접속.

15 워먼은 테드를 1984년에 창설해 2003년에 판 다음, 다른 유사한 학회를 창설했다. 그러면서 그는 형식을 다소 바꾸었다. 그동안 테드의 새 수장이 된 크리스 앤더슨Chris Anderson은 그 이후 몇 년간 테드를 현재와 같은 문화 현상으로 바꾸어놓았다.

16 Laudan, "Plea for Culinary Modernism," 43 참조.

11 모방

1 Walter Benjamin, "The Work of Art in the Age of Mechanical Reproduction," in *Illuminations: Essays and Reflections*, trans. Harry Zohn (New York: Harcourt Brace Jovanovich, 1968) 참조.

2 데자뷔를 비롯해 키르케고르나 니체의 철학적 관점 등 경험의 반복을 다룬 문화사가 궁금하다면 Hillel Schwartz, *The Culture of the Copy: Striking Likenesses, Unreasonable Facsimiles*(revised and updated) (New York: Zone Books, 2014) 참조.

3 Benjamin, *Illuminations*, 188.

4 Corby Kummer, *The Pleasures of Slow Food* (San Francisco: Chronicle Books, 2002) 참조.

5 Laudan, "A Plea for Culinary Modernism: Why We Should Love New, Fast, Processed Food," *Gastronomica* 1 (2001): 36~44 참조.

6 생물학적 동질성이 중요하다는 관념이 배양고기가 기존의 고기 모조품과 구별되는 지점이다. 기존의 고기 모조품은 이른바 감각적 동질성을 기준으로 삼았다. 이 주장과 식물성 단백질로 만든 감각적으로 동일한 고기 대체품을 만들어내려는 시도들에 대해서는 2020년 8월에 발간된 『오시리스』*Osiris*(vol. 35)에 실린 내 글 "Meat Mimesis: Laboratory-Grown Meat as a Study in Copying"에서 상세히 다루었다.

7 이 주제를 다룬 대표적 개론서로는 Schwartz, *Culture of the Copy* 참조.

8 Hans Blumenberg, "Imitation of Nature: Toward a Prehistory of the Idea of the Creative Being," [first published in 1957] trans. Ania Wertz, *Qui Parle* 12(1) (2000): 17~54.

9   블루멘베르크가 지적하듯이 미메시스에 관한 아리스토텔레스주의의 입장은
     원래 플라톤주의에 대한 반응이었고, 특히 인간의 작업의 기원에 대해 플라톤
     주의가 제기한 의문에 대한 답이기도 했다. 플라톤이 『국가론』 제10권에서 암
     묵적으로 묻고 있듯이 인공물에도 이데아가 존재하는가? 아리스토텔레스가
     활동할 즈음에 플라톤 아카데미는 그런 관념을 더는 다루지 않는 것 같았다. 그
     자리를 대신한 것은 앞으로 도래할 최상의 것들을 이미 모두 반영한 이데아를
     토대로 우주가 건설되었다는 관념이었다. 즉 인간 공예기술자가 활용할 수 있
     는 '남은' 이데아는 없다는 것이다(『티마이오스』Timaeus 참조). 요약하자면
     아리스토텔레스주의는 자연의 모방이 아닌 창작은 존재할 수 없다는 입장을 취
     했다. Blumenberg, "Imitation of Nature," 29 참조.
10   아리스토텔레스 추종자 일부는 나투라 나투란스와 나투라 나투라타를 성적 차
     원에서 구분했다. 요컨대 전자를 남성의 생산성 원칙으로 이해하고, 완성되었
     으나 생명력이 없는 생산물은 여성의 것으로 구분했다. 이것은 모체가 단순히
     생식 과정의 원재료를 제공할 뿐이라는 아리스토텔레스의 견해를 변형한 것이
     다. Mary Garrard, "Leonardo da Vinci: Female Portraits, Female Nature,"
     in Mary Garrard and Norma Broude (eds.), The Expanding Discourse:
     Feminism and Art History (New York: IconEditions, 1992), 58~86 참조.

12   철학자들

1   Patrick Martins with Mike Edison, The Carnivore's Manifesto: Eating
     Well, Eating Responsibly, and Eating Meat (New York: Little, Brown, 2014)
     참조.
2   이 글을 쓰기 위해 나는 2002년 개정판[Peter Singer, Animal Liberation (New
     York: HarperCollins, 2002)]을 참고했다. 주목할 점은 동물권익보호 운동의
     경전으로 『동물 해방』이 유명해지면서 오히려 이 책의 철학적 논지가 완전히
     잘못 알려졌다는 사실이다. 이 책은 권리 중심이 아닌 공리주의에 입각해서 주
     장을 펼친다. 싱어는 이 책에서 서술한 논거가 동물에게는 권리가 없다든지 "권
     리의 언어가" 단순히 "정치적 편의를 위한 약어"에 불과하다는 식의 반박으로
     는 깨지지 않는다고 밝혀두었다. Ibid., 8. 다른 글에서 싱어는 "대중적인 도덕적
     수사와 타협"한 것을 후회했다. 그로 인해 비평가들이 그의 주장을 권리 이론으
     로 착각하게 되었다는 것이 그의 생각이다. Singer, "The Fable of the Fox and

the Unliberated Animals," *Ethics* 88 (1978): 119~125, 122 참조.

3   Singer, "Utilitarianism and Vegetarianism," *Philosophy & Public Affairs* 9 (1980): 325~337.

4   컬렉티블리프리는 이날 자신들의 시위를 자신들의 관점에서 기록해 동영상과 함께 게시했다. www.collectivelyfree.org/intervention-4-all-animals-want-to-live-museum-of-food-and-drink-mofad-manhattan-ny/, 2018년 3월 13일 접속.

5   싱어의 공리주의에 대한 비판 등 부돌프손의 견해가 궁금하다면 다음을 참고하라. Mark B. Budolfson, "Is It Wrong to Eat Meat from Factory Farms? If So, Why?" in Ben Bramble and Bob Fischer (eds.), *The Moral Complexities of Eating Meat* (Oxford, UK: Oxford University Press, 2015). 부돌프손의 연구 일부는 사회구조가 해악의 공범 역할을 하는 문제를 다룬다. 그는 선진국 소비자 대다수의 소비행위가 어떤 식으로든 환경 또는 윤리적 해악과 연결되어 있다고 지적한다.

6   Bernard Williams, "A Critique of Utilitarianism" in J. J. C. Smart and Bernard Williams, *Utilitarianism: For and Against* (Cambridge, UK: Cambridge University Press, 1973), 137.

7   Bertrand Russell, "The Harm That Good Men Do," *Harpers*, October, 1926. 러셀이 공리주의를 긍정적으로 평가한 것을 곧이곧대로 받아들여서는 안 된다. 이 글에서는 러셀이 공리주의의 역사적 공헌을 긍정적으로 평가하는 것이 러셀 본인에게 유리했다.

8   Michel Foucault, "Truth and Juridical Forms," in *Power: Essential Works of Foucault, 1954~1984*, ed. Paul Rabinow (New York: The New Press, 2000), 70 참조. 여기에서 공리주의에 관한 러셀과 푸코의 설명을 비교해 도출한 결론은 Bart Schultz and Georgios Varouxakis (eds.), *Utilitarianism and Empire*(Lanham, MD: Lexington Books, 2005)의 방법론을 참고한 것이다. 이 책의 서문을 참조하길 바란다.

9   Jeremy Bentham, "A Comment on the Commentaries and A Fragment on Government," ed. J. H. Burns and H. L. A. Hart, in *The Collected Works of Jeremy Bentham* (Oxford, UK: Oxford University Press, 1970), 393 참조.

10   알래스데어 매킨타이어Alasdair MacIntyre와 알렉스 보어후버Alex Voorhoeve의 대화 인용. *Conversations on Ethics* (Oxford, UK: Oxford University Press, 2009), 116.

11   다음 글에는 세상에 영향력을 행사하고자 한 벤담의 열망이 간략하게 정리
      되어 있다. James Crimmins, "Bentham and Utilitarianism in the Early
      Nineteenth Century," in B. Eggleston and D. Miller (eds.), *The Cambridge
      Companion to Utilitarianism* (New York: Cambridge University Press,
      2014), 38. 더 자세한 내용이 궁금하다면 다음을 참고하라. Crimmins, *Secular
      Utilitarianism: Social Science and the Critique of Religion in the Thought
      of Jeremy Bentham* (Oxford, UK: Oxford University Press, 1990).

12   Christine M. Korsgaard, "Getting Animals in View," *The Point*, no. 6, 2013
      참조.

13   Ibid., 123.

14   Paul Muldoon, "Myself and Pangur," in *Hay* (New York: Farrar, Straus and
      Giroux, 1998). 이 시는 서기 9세기경 아일랜드의 한 무명 수도승이 쓴 시의 번
      역본을 각색한 것으로 알려져 있다.

15   이것이 여러모로 칸트주의자인 코스가드가 싱어와 논리적으로 동일선상에 놓
      이는 지점이다. 칸트주의, 더 넓은 의미로는 의무론이 마치 결과론과는 양극단
      에 위치한 철학 논리인 것처럼 묘사된다는 점을 고려하면 뜻밖의 전개다. 코스
      가드는 이렇게 말한다. "인간이 아닌 동물이 그 자체로 목적이라는 주장은 우리
      인간이 그 자체로 목적이라는 주장과 궁극적으로 동일한 논거에 뿌리를 두고
      있다. 즉 생명은 그 자체로 자기 가치 확인의 속성을 지닌다." Korsgaard, "Get-
      ting Animals in View."

16   Singer, *The Expanding Circle: Ethics, Evolution, and Moral Progress*
      (Princeton, NJ: Princeton University Press, 2011) 참조. 이 책에서 싱어는 오
      랫동안 존재했던 관념, 도덕적 원과 이타주의 행동을 통한 도덕적 원의 확장이라
      는 관념을 사회생물학적 관점에서 전개한다. '배려의 원' 또는 '도덕적 고려의
      원'이라고도 불리는 도덕적 원이라는 관념은 우리 인간의 연민, 공감, 이타주의
      와 관련이 있고, 아리스토텔레스부터 시작해서 서양철학사에서도 찾을 수 있는
      관념이다. 『소윤리학』*Ethica Eudemia*에서 아리스토텔레스는 이렇게 말한다.

      많은 친구를 얻기 위해 스스로 노력하고 기도하라는 것, 그러면서도 친구
      가 많은 자는 친구가 없는 자나 마찬가지라고 말하는 것, 이 두 진술은 모
      두 옳습니다. 한 번에 여러 관점을 받아들이고 나누는 것이 가능하기 때문
      입니다. 따라서 그런 관점은 많으면 많을수록 좋습니다. 그러나 그렇게 하
      는 것이 매우 어려운 일이기 때문에 관점을 적극적으로 나누는 필수 공동

체는 규모가 작아야 합니다. 그런 연유로 많은 친구를 얻는 것이 어려울 뿐
아니라(신중을 기해야 하므로) 친구가 있더라도 그 친구를 활용하기도 어
렵습니다. (1245b17~18)

스토아주의자 히에로클레스는 서기 2세기에 펴낸『윤리학의 원리들』Elements
of Ethics에서, 자아에서 시작해 점점 더 먼 혈족 수준까지 확장되는 관계의
동심원상 고리들에 대해 설명한다. Ilaria Ramelli, *Hierocles the Stoic: Ele-
ments of Ethics, Fragments, and Excerpts* (Leiden, The Netherlands: Brill,
2009), 91~93 참조. 마사 누스바움의 주장에 따르면 고대 그리스 사상이 도덕
적 배려를 확장하는 토대를 제공했으며, 그런 확장이 상상력이라는 기능을 통
해 가능하다고 설명한다. 고대 그리스인들은 개인들 간 신분 차이가 존재하지
만, "인간들 사이에서 가장 중요한 차별점들 다수는 인간의 결함과는 무관한
운이 작용한 결과"라는 것을 확실하게 인지하고 있었다. Martha Nussbaum,
"Golden Rule Arguments: A Missing Thought?" in Kim-chong Chong, Sor-
hoon Tan, and C. L. Ten (eds.), *The Moral Circle and the Self: Chinese and
Western Approaches* (Chicago, IL: Open Court, 2003), 9 참조. 누스바움
은 루소를 비롯해 고대 그리스 관념의 근대적 버전의 예시는 많다고 지적하는
데, 존 롤스John Rawls 같은 현대 철학자에게서 찾아볼 수 있다. 그러나 도덕
적 원의 확장이 도덕 진보의 역사적 행보라는 관념은 근대적 관념인 듯하다. 예
컨대 William Edward Hartpole Lecky, *History of European Morals from
August to Charlamagne*, vol. 1 (London: Longmans, Green, 1890), 107 참
조. 그러나 싱어의 주장과 관련해서 중요한 쟁점은 인간에 대한 도덕적 원의 확
장이 아니라 다른 생명체를 포함하도록 그 도덕적 원을 확장하는 상상이다. 찰
스 다윈은 자연 원칙을 토대로 종간 이타주의를 설명할 수 있다고 주장했으며,
그런 본성적 연민("함께 고통받다"라는 뜻의 그리스어에서 유래)을 문명 발달
의 핵심 열쇠로 지목한다. 다윈주의 문화와 빅토리아 문화 속 연민에 관해서는
Rob Boddice, *The Science of Sympathy: Morality, Evolution, and Victorian
Civilization* (Urbana: University of Illinois Press, 2016) 참조.

17 Korsgaard, "Getting Animals in View"에서 인용된 Immanuel Kant, "Con-
jectures on the Beginning of Human History"를 재인용(강조 표기는 코스
가드가 한 것이다). 원문은 H. S. Reiss (ed.), *Kant: Political Writings* (Cam-
bridge, UK: Cambridge University Press, 1970)에서 확인할 수 있다.

18 Jeremy Bentham, "Introduction to the Principles of Morals and Legisla-

tion," in *Collected Works of Jeremy Bentham* 참조.

19   Richard Ryder, "Experiments on Animals" in *Animals, Men and Morals: An Enquiry into the Maltreatment of Non-humans* (London: Gollancz, 1971) 참조. 이 글 p.81에서 '종차별주의'가 인종차별주의를 연상시키기 위해 만든 용어라는 점을 서술한다. 라이더는 다음과 같이 '고故 C. S. 루이스 교수'를 인용한다. "만약 우리 종에 대한 우리의 충성심이, 우리가 인간을 선호하는 것이 오직 우리가 인간이기 때문이라는 것이 한낱 정서가 아니라면 달리 무엇이겠습니까? 학대를 정당화하는 것이 정서뿐이라면 왜 인류 전체에게 그런 정서를 느끼는 것으로 만족하는 겁니까? 흑인 대신 백인을 선호하는 정서도 있고, 비非아리안 혈통 대신 지배 민족Herrenvolk(나치 정권이 말하는 순수 아리안 혈통의 민족—옮긴이)을 선호하는 정서도 있는데 말이죠."

20   그러나 싱어의 비판자(뒤에서 더 다룰 것이다) 중 한 명인 톰 리건의 주장에 주목할 필요가 있다. 리건은 싱어가 종차별주의에 대해 도덕적 일관성 자체를 위한 도덕적 일관성이라고 표현한 주장만을 제시했을 뿐, 종차별주의에 반박할 수 있는 철저히 공리주의적인 주장을 제시하지 못했다고 지적한다. 도덕적 일관성 자체를 위한 도덕적 일관성 논법이 의무론적 관점과 상당히 유사하다는 점도 눈에 띄었다. 의무론적 관점은 싱어가 취하리라고 짐작되는 철학적 입장과는 정반대의 입장이기 때문이다. 리건은 더 나아가 싱어가 채식주의를 옹호할 공리주의 주장도 제시하지 못했다고 말한다. 리건이 보기에 그런 주장을 하려면 엄청난 경험적 데이터가 필요한데 싱어는 그런 데이터를 제공하지 않았다는 것이 그 이유다. Tom Regan, "Utilitarianism, Vegetarianism, and Animal Rights," *Philosophy & Public Affairs* 9 (1980): 305~324 참조.

21   싱어의 주장에 대한 초창기 반론의 예로는 Michael Martin, "A Moral Critique of Vegetarianism," *Reason Papers*, no. 3 (1976), 13~43; Philip Devine, "The Moral Basis of Vegetarianism", *Philosophy* 53 (1978), 481~505; Leslie Pickering Francis and Richard Norman, "Some Animals Are More Equal Than Others," *Philosophy* 53 (1978), 507~527; Aubrey Townsend, "Radical Vegetarians," *Australasian Journal of Philosophy* 57 (1979), 85~93; Peter Wenz, "Act-Utilitarianism and Animal Liberation," *The Personalist* 60 (1979): 423~428; R. G. Frey, *Rights, Killing, and Suffering: Moral Vegetarianism and Applied Ethics* (Oxford, UK: Blackwell, 1983) 참조. 싱어의 주장에 대한 최근의 반론과 싱어의 재반론이 궁금하다면 Jeffrey A. Schaler (ed.), *Peter Singer Under Fire: The Moral Iconoclast Faces His Critics* (Chi-

cago, IL: Open Court, 2009) 참조.

22   Gary L. Francione, "On Killing Animals," in *The Point*, no. 6 (2013); Francione, *Animals as Persons: Essays on the Abolition of Animal Exploitation* (New York: Columbia University Press, 2008) 참조.

23   Tom Regan, "The Moral Basis of Vegetarianism," *Canadian Journal of Philosophy* 5 (1975): 181~214; Regan, "Utilitarianism, Vegetarianism, and Animal Rights," *Philosophy & Public Affairs* 9 (1980), 305~324; Regan, *The Case for Animal Rights* (Berkeley: University of California Press, 1983) 참조.

24   Michael Fox, " 'Animal Liberation': A Critique," *Ethics* 88 (1978): 106~118 참조.

25   싱어와 리건은 폭스의 비판에 다음과 같은 답변을 내놓았다. Singer, "Fable of the Fox,"; Regan, "Fox's Critique of Animal Liberation," *Ethics* 88 (1978): 126~133. 이 저널의 같은 호에서 폭스도 싱어와 리건의 주장에 대한 반론을 실었다. "Animal Suffering and Rights: A Reply to Singer and Regan," *Ethics* 88 (1978): 134~138 참조.

26   "살아 있는 모든 움직이는 것은 너희의 먹을 것이 될지니라. 내가 너희에게 초록빛 채소를 주었듯이 너희에게 모든 것을 주노라." *New Oxford Annotated Bible*, New Standard Revised Version, ed. Bruce M. Metzger and Roland E. Murphy (New York: Oxford University Press, 1991), 12.

27   육식을 옹호하는 도덕적·철학적 주장의 빈약함에 대해 이 장과 같은 결론에 도달하는 데이비드 포스터 월리스의 에세이「바닷가재를 생각해봐」를 읽어본 독자라면 이즈음에서 내가 그 에세이를 인용해 숨겨둔 이스터에그(게임 개발자가 자신이 개발한 게임에 재미로 숨겨놓은 메시지나 기능. 실제 게임 플레이와는 상관없는 경우가 대부분이다—옮긴이)를 모두 찾은 것이니 이제 긴장을 풀어도 좋다. David Foster Wallace, "Consider the Lobster," *Gourmet*, August 2004, 50~64 참조.

13   마스트리흐트

1   네덜란드 지형에 대한 일반적 입문서가 필요하다면 다음을 참고할 것. Audrey M. Lambert, *The Making of the Dutch Landscape: An Historical Geogra-*

phy of the Netherlands (London: Academic Press, 1985). 네덜란드의 제방과 간척지의 역사가 궁금하다면 다음을 참고할 것. Eric-Jan Pleijster, *Dutch Dikes* (Rotterdam: nai010, 2014).

2 네덜란드인은 평균 신장으로 본다면 국민들의 키가 전 세계에서 가장 큰 나라다. 네덜란드인의 키의 역사적 변화는 여전히 수수께끼로 남아 있다. 왜 네덜란드 남성은 지난 200년간 평균 신장이 약 20센티미터나 커졌을까? 네덜란드 군대의 기록에 따르면 18세기 중반 네덜란드 남성은 다른 유럽인에 비해 키가 작은 편에 속했다. 역사 자료와 현대의 통계 자료를 살펴본 한 연구팀에 따르면, 네덜란드인의 평균 신장 상승은 서구 국가 전체에서 체격이 커진 것과 비슷한 시기에 이루어진 것이고, 이런 평균 신장 상승은 영양이 풍부한 우유, 달걀, 생선, 고기 같은 음식을 모든 사람이 구할 수 있게 된 시기에 식단이 개선된 결과로 추정되고 있다. 다만 다른 국가에서는 한동안 평균 신장이 상승한 뒤 상승세가 한풀 꺾였지만 네덜란드에서는 상승세가 유지되었다. 네덜란드의 식단이 그 뒤로도 꾸준히 개선되었다는 것과, 배우자를 고를 때 남성은 평균 신장인 여성을 선호하고 여성은 키가 큰 남성을 선호하면서 자연선택 법칙이 작용했다는 것이 그런 지속적 상승세의 이유로 꼽힌다. Gert Stulp et al., "Does Natural Selection Favour Taller Stature among the Tallest People on Earth?", *Proceedings of the Royal Society B* 282 (2015): 20150211 참조.

3 Rachel Laudan, "A Plea for Culinary Modernism: Why We Should Love New, Fast, Processed Food," *Gastronomica* 1 (2001): 36~44 참조.

4 다음 책에서 해리슨의 『공간을 만들어! 공간을 만들어!』와 맬서스주의의 연관성에 대해 언급하고 있다. Warren Belasco, *Meals to Come: A History of the Future of Food* (Berkeley: University of California Press, 2006), 51, 134. 『인구 폭탄』의 저자 파울 에를리히가 해리슨의 『공간을 만들어! 공간을 만들어!』 문고판 서문을 썼다.

5 Hans Blumenberg, *Care Crosses the River*, trans. Paul Fleming (Stanford, CA: Stanford University Press, 2010), 133.

6 내가 이 장을 쓰면서 마스트리흐트의 지질학적·정치적 역사에 대해 아주 많이 참고한 문헌은 John McPhee, "A Season on the Chalk," in *Silk Parachute* (New York: Macmillan, 2010)이다.

7 나는 실제로 거의 도시에서만 산 사람이어서, 반려동물이 아닌 동물과 눈을 마주친 경험은 손가락과 발가락으로 꼽을 수 있을 정도다. 존 버거는 이렇게 말한다. "인간이 지닌 힘에 견줄 만한, 그러나 결코 그와 똑같지는 않은 힘을 동물

은 부여받았다. 동물은 동굴, 산, 바다의 비밀과는 다른, 콕 집어 인간을 염두에 둔 비밀을 간직하고 있다." John Berger, "Why Look at Animals?", in *About Looking* (New York: Vintage, 1991).

8   로마 시대의 마스트리흐트가 궁금하다면 다음을 참고할 것. Lambert, *Making of the Dutch Landscape*.

9   Sheila Jasanoff, *Designs on Nature: Science and Democracy in Europe and the United States* (Princeton, NJ: Princeton University Press, 2007) 참조.

10 Cor van der Weele and Clemens Driessen, "Animal Liberation?" https://bistro-invitro.com/en/essay-cor-van-der-weele-animal-liberation/, 2018년 1월 11일 접속; van der Weele and Driessen, "Emerging Profiles for Cultured Meat; Ethics through and as Design," *Animals* 3 (2013): 647~662; Wim Verbeke, Pierre Sans, and Ellen J. Van Loo, "Challenges and Prospects for Consumer Acceptance of Cultured Meat," *Journal of Integrative Agriculture* 14, (2015): 285~294; Verbeke et al., "Would You Eat 'Cultured Meat'?: Consumers' Reactions and Attitude Formation in Belgium, Portugal and the United Kingdom," *Meat Science* 102(2015): 49~58 참조.

11 McPhee, "Season on the Chalk" 참조.

14 코셔

1   뉴하비스트가 2016년 3월에 레딧닷컴Reddit.com에서 운영한 토론 게시판을 언급한 것이다. www.reddit.com/r/IAmA/comments/48sn01/we_are_new_harvest_the_nonprofit_responsible_for/, 2018년 3월 28일 접속.

2   Mary Douglas, *Purity and Danger* (London: Routledge, 1966), 51.

3   코셔 도축에 반대하는 일부 동물보호 운동가들은 코셔 도축 방식이 비코셔 도축 방식만큼이나 잔인하다고 주장한다. 더 나아가 많은 운동가들이 코셔 도축 방식이 공장식으로 진행될 때는 오히려 동물의 고통을 더 증대할 수 있다고 주장한다. 브루스 프리드릭Bruce Friedrich(이전에 PETA에서 일했고, 이 글을 쓰는 현재 좋은식품연구소 소장)은 이 논점을 두고 변호사인 네이선 르윈Nathan Lewin과 토론을 벌인 적이 있다. 토론의 일부 녹음 파일이 존재한다. www.mediapeta.com/peta/Audio/bruce_debate_final.mp3, 2018년 10월 14일 접속. 동물과학 교수이자 도축 관행에 관한 전문가인 템플 그랜딘은 공

장식 코셔 도축을 둘러싼 윤리적 문제를 균형 잡힌 시각으로 다룬 논평을 미국 유대인 신문에 실었다. Temple Grandin, "Maximizing Animal Welfare in Kosher Slaughter," *The Forward*, April 27, 2011, http://forward.com/opinion/137318/maximizing-animal-welfare-in-kosher-slaughter/, 2018년 10월 14일 접속.

4   Shmuly Yanklowitz, "Why This Rabbi Is Swearing Off Kosher Meat," *The Wall Street Journal*, May 30, 2014 참조.

5   Sarah Zhang, "A Startup Wants to Grow Kosher Meat in a Lab," *The Atlantic*, September 16, 2016, www.theatlantic.com/health/archive/2016/09/is-lab-grownmeat-kosher/500300/, 2018년 10월 14일 접속.

6   Roger Horowitz, *Kosher USA: How Coke Became Kosher and Other Tales of Modern Food* (New York: Columbia University Press, 2016) 참조.

7   Ibid., 125.

15   고래

1   관련 업계 청중을 대상으로 역사적 사례를 인용하는 연사와 작가에 대한 날카로운 분석이 필요하다면 다음을 참고할 것. John Patrick Leary, "The Poverty of Entrepreneurship: The Silicon Valley Theory of History," *The New Inquiry*, June 9, 2017.

2   행사가 끝난 뒤 샤피로는 자신이 들려준 이야기의 출처를 언급했다. Eric Jay Dolin, *Leviathan: The History of Whaling in America* (New York: W. W. Norton, 2007).

3   이와 유사하지만 핵심만 간략히 정리한 버전을 찾고 있다면 다음을 참고할 것. Amory B. Lovins, "A Farewell to Fossil Fuels: Answering the Energy Challenge," *Foreign Affairs* 91 (2012): 134~146.

4   Bill Kovarik, "Thar She Blows! The Whale Oil Myth Surfaces Again," TheDailyClimate.org, March 3, 2014; Kovarik, "Henry Ford, Charles Kettering, and the Fuel of the Future," *Automotive History Review* (spring 1998): 7~27 참조.

5   Dan Bouk and D. Graham Burnett, "Knowledge of Leviathan: Charles W. Morgan Anatomizes His Whale," *Journal of the Early Republic* 28 (2008):

433~466 참조.

6   원유와 비슷하게 보충되는 것보다 더 빠르게 소진되어 경제학자들이 허버트 곡
     선을 그린 자원의 예로 고래기름을 들기도 한다. U. Bardi, "Energy Prices and
     Resource Depletion: Lessons from the Case of Whaling in the Nineteenth
     Century," *Energy Sources B*₂ (2007): 297~304 참조.

16   식인종

1   Mary Douglas, *Purity and Danger* (London: Routledge, 1966) 참조.

2   Sigmund Freud, "From the History of an Infantile Neurosis," in *The
     Standard Edition of the Complete Works of Sigmund Freud*, ed. and trans.
     James Strachey (London: Hogarth Press, 1953), 3583.

3   Freud, "Three Essays on the History of Sexuality," in ibid., 1485, 1516.

4   Cătălin Avramescu, *An Intellectual History of Cannibalism*, trans. Alistair
     I. Blyth (Princeton, NJ: Princeton University Press, 2009) 참조.

5   Freud, *The Future of an Illusion*, trans. James Strachey (New York: W. W.
     Norton, 1961), 10.

6   Ibid., 11.

7   클로드 레비스트로스도 말년에 발표한 논문「우리 모두가 식인종이다」에서, 식
     인 풍습이 문명사회에서 완전히 사라졌다는 관념에 반박한다. 그는 극단적인
     '족외 식인 풍습'(이를테면 적을 사로잡아 잡아먹는 집단에서 목격되는 것 같
     은)과 덜 극단적인 '족내 식인 풍습'을 구분한다. 족내 식인 풍습은 장례를 준비
     하면서 죽은 친척의 신체 일부를 먹는 것을 의미한다. 근대사회에서 족내 식인
     풍습은 사라졌는지 몰라도 근대 의학에서 다른 방식으로 그 풍습을 다시 문화
     속으로 편입하기 시작했다고 레비스트로스는 말한다. 그는 한 인체의 체조직을
     다른 인체에 주입하거나 수술적인 방법으로 집어넣는 작업을 동반하는 장기 이
     식 등의 기법은 생각보다 족내 식인 풍습이 널리 퍼져 있다는 것을 의미한다고
     주장했다. Lévi-Strauss, "We Are All Cannibals," in *We Are All Cannibals
     and Other Essays*, trans. Jane M. Todd (New York: Columbia University
     Press, 2016) 참조. 장기 이식 등 의료 기법의 인류학적 함의가 궁금하다면 다
     음을 참고할 것. Sarah Franklin and Margaret Lock (eds.), *Remaking Life &
     Death: Toward an Anthropology of the Biosciences* (Santa Fe, NM: School

of American Research Press, 2003).

8   Freud, *Moses and Monotheism*, trans. Katherine Jones (London: Hogarth Press, 1937), 131~132.

17 만남/이별

1   Claude Lévi-Strauss, *The Elementary Structures of Kinship (Les structures élémentaires de la parenté)*, trans. James Harle Bell and John Richard von Sturmer, ed. Rodney Needham (Boston: Beacon Press, 1969).

2   Ibid., 32.

3   조앤 디디온의 표현을 인용했다. Joan Didion, *The White Album* (New York: Farrar, Straus and Giroux, 1979), 11 참조.

4   '육조장'은 배양고기 생산의 미래를 제시할 때 선호되는 이미지로, 이샤 다타를 비롯해 배양고기 운동 공동체의 많은 구성원이 이 이미지를 적극 활용한다. Isha Datar and Robert Bolton, "The Carnery," in *The In Vitro Meat Cookbook* (Amsterdam: Next Nature Network, 2014) 참조. '육조장'이라는 개념이 어디에서 유래했는지는 불명확하지만, 로이터 기자 해리엇 맥러드Harriet McLeod는 2011년 기사에서 과학자 블라디미르 미로노프Vladimir Mironov가 이 개념을 최초로 제안했다고 언급한다. "South Carolina Scientist Works to Grow Meat in Lab," *Reuters*, January 30, 2011, www.reuters.com/article/us-food-meat-laboratoryfeature/south-carolina-scientist-works-to-grow-meat-in-lab-idUSTRE70T1WZ20110130, 2018년 9월 21일 접속.

5   Peter Schwartz, *The Art of the Long View* (New York: Penguin Random House, 1991); Nils Gilman, "The Official Future Is Dead! Long Live the Official Future," www.the-american-interest.com/2017/10/30/official-future-dead-long-liveofficial-future/ 참조, 2017년 11월 19일 접속.

6   Elizabeth Devitt, "Artificial Chicken Grown from Cells Gets a Taste Test— but Who Will Regulate It?", *Science*, March 15, 2017, www.sciencemag.org/news/2017/03/artificial-chicken-grown-cells-gets-taste-test-who-will-regulate-it 참조, 2017년 12월 6일 접속.

7   Chase Purdy, "The Idea for Lab-Grown Meat Was Born in a POW Camp," *Quartz*, September 24, 2017, https://qz.com/1077183/the-idea-for-lab-

grown-meatwas-born-in-a-prisoner-of-war-camp/ 참조, 2017년 11월 27일 접속.

8   모든 조건을 고려했을 때, 특히 세포의 유전자조작 과정이 도입되는 경우에 장기 이식을 받을 환자의 줄기세포를 사용하는 것이 과연 환자의 면역반응을 예방하는 안정적 전략인지에 대해 의문을 제기하는 사람도 있다. 예컨대 다음을 참고할 것. Effie Apostolou and Konrad Hochedlinger, "iPS Cells Under Attack," *Nature* 474 (2011): 165~166; Ryoko Araki et al., "Negligible Immunogenicity of Terminally Differentiated Cells Derived from Induced Pluripotent or Embryonic Stem Cells," *Nature* 494 (2013): 100~104.

9   존 라스코와 칼 파워가 들려주는 파올로 마키아리니Paolo Macchiarini의 사례가 그런 예다. John Rasko and Carl Power, "Dr. Con Man: The Rise and Fall of a Celebrity Scientist Who Fooled Almost Everyone," *The Guardian*, September 1, 2017, www.theguardian.com/science/2017/sep/01/paolo-macchiarini-scientist-surgeon-rise-and-fall, 2017년 12월 7일 접속.

10   예컨대 다음을 참고할 것. Juliet Eilperin, "Why the Clean Tech Boom Went Bust," *Wired*, January 20, 2012, www.wired.com/2012/01/ff_solyndra/, 2017년 12월 8일 접속.

11   Ryan Fletcher, "All-One Activist: Bruce Friedrich of the Good Food Institute," interview with Bruce Friedrich for Dr. Bronner's, 2017년 11월 28일 접속, www.drbronner.com.

12   중국의 맥도날드 진출에 대해 더 알고 싶다면 다음을 참고할 것. James L. Watson (ed.), *Golden Arches East: McDonald's in East Asia* (Stanford, CA: Stanford University Press, 1997).

13   저렴한 가격에 대해 더 알고 싶다면 다음을 참고할 것. Raj Patel and Jason W. Moore, *A History of the World in Seven Cheap Things: A Guide to Capitalism, Nature, and the Future of the Planet* (Oakland: University of California Press, 2018).

14   이 문제를 다룬 자료가 필요하다면 다음을 참고할 것. Erica Hellerstein and Ken Fine, "A Million Tons of Feces and an Unbearable Stench: Life Near Industrial Pig Farms," *The Guardian*, September 20, 2017, www.theguardian.com/us-news/2017/sep/20/north-carolina-hog-industry-pig-farms, 2017년 12월 10일 접속.

15   Winston Churchill, "Fifty Years Hence," *Popular Mechanics*, March 1932.

16   카츠와 주어가 생체재료를 이용해 예술작품을 만들게 된 계기에 대해서는 Cat-
      ts and Zurr, "Semi-living Art," in Eduardo Kac (ed.), *Signs of Life: Bio Art
      and Beyond* (Cambridge, MA: MIT Press, 2007) 참조.

17   Ibid.

18   Devitt, "Artificial Chicken" 참조.

19   카츠와 주어가 '개구리 뒷다리' 프로젝트를 진행할 당시의 바이오아트계가 궁
      금하다면 다음을 참고할 것. Steve Tomasula, "Genetic Art and the Aesthet-
      ics of Biology," *Leonardo* 35 (2002): 137~144.

20   〈반-살아 있는 걱정 인형들〉Semi-living Worry Dolls은 최초의 살아 있는 조직
      으로 만든 조각 전시물이었다. 원래는 오스트리아 린츠에서 열린 아르스 일렉
      트로니카Ars Electronica 축제의 전시물로 기획되었고, 그곳에 처음 전시되었
      다. 이후 세계 곳곳에 전시되었다.

21   Lynn Margulis, *The Origin of Eukaryotic Cells* (New Haven, CT: Yale Uni-
      versity Press, 1970); Ionat Zurr and Oron Catts, "Are the Semi-living Semi-
      good or Semi-evil?", *Technoetic Arts* 1 (2003): 49, 51, 54, 59 참조.

22   마굴리스의 세포내공생설을 둘러싼 논의들이 궁금하다면 다음을 참고할 것.
      Stefan Helmreich, *Alien Ocean: Anthropological Voyages in Microbial
      Seas* (Berkeley: University of California Press, 2009), ch. 7.

23   생명이 미스터리라는 관념은 그보다는 더 포괄적인 부제인 자연 자체가 베일
      에 싸인 미스터리라는 관념의 한 항목으로 분류할 수 있을 것이다. 이 주제에
      관해서는 다음을 참고할 것. Pierre Hadot, *The Veil of Isis: An Essay on the
      History of the Idea of Nature* (Cambridge, MA: Harvard University Press,
      2006).

24   Philippa Foot, "Moral Arguments," *Mind* 67 (1958): 502~513. 앤스콤의
      「근대 도덕철학」은 풋이 넘어서고자 하는 도덕철학의 근본적 교착상태를 이
      해하는 데 도움이 된다. 요지는 한편에서는 행위의 결과를 놓고 벌이는 공리주
      의 논쟁, 다른 한편에서는 선을 규범 준수와 연결하는 존재론적 논쟁이 평행선
      을 달리고 있다는 것이다. G. E. M. Anscombe, "Modern Moral Philosophy,"
      Philosophy 33 (1958): 1~19.

25   Philippa Foot and Alan Montefiore, "Goodness and Choice," *Proceedings
      of the Aristotelian Society, Supplementary Volumes* 35 (1961): 45~80 참조.

26   Foot, "Does Moral Subjectivism Rest on a Mistake?", *Oxford Journal of
      Legal Studies* 15 (1995): 1~14 참조.

27 내가 이 책 11장에서 블루멘베르크의 에세이에 대해 논의한 내용을 참고할 것.

28 Wim Verbeke et al., "Would You Eat 'Cultured Meat'?: Consumers' Reactions and Attitude Formation in Belgium, Portugal and the United Kingdom," *Meat Science* 102 (2015): 49~58 참조.

29 Cor van der Weele and Clemens Driessen, "Emerging Profiles for Cultured Meat: Ethics through and as Design," *Animals* 3 (2013): 647~662.

18 에피메테우스

1 트위터닷컴에 머무르고 있는 내 인터넷 브라우저를 지나간 광고는 2018년 10월 17일에 올라온 저스트의 CEO 조시 테트릭Josh Tetrick의 '트윗'이었다. 테트릭이 제시한 '40만' 년이라는 시점은 많은 전문가가 제시하는 호모 사피엔스의 등장 시기보다 이르지만, 그보다 더 넓은 범주인 호미닌의 식단에 고기가 포함된 시기보다는 더 늦은 시점이다.

2 닐 스티븐스는 폴 샤피로(15장 참조)가 '깨끗한 고기'에 관한 강연을 하면서 작살을 휘둘렀다는 사실을 상기시켰다. 이것 또한 탄도학적 이미지를 활용한 사례에 해당한다.

3 Plato, *Protagoras*, trans. Benjamin Jowett (Indianapolis, IN: Bobbs-Merrill, 1956), lines 320c–328d, pp. 18~19 참조. 여기에서는 동물들의 특징을 나열할 때 시적 효과를 내기 위해 바꿔 표현했다. 플라톤은 에피메테우스의 선물을 다음과 같은 식으로 서술했다. "여름의 무더위와 겨울의 추위를 막아내기에 충분한 빽빽한 털과 두꺼운 가죽, 덕분에 그들은 쉬고 싶을 때마다 언제든지 쓸 수 있는 자연의 침구를 제 몸에 갖추게 되었다. 또한 그는 그들의 발밑에 발굽과 털과 단단하고 거친 피부를 부착했다."

4 Coral Davenport, "Major Climate Report Describes a Strong Risk of Crisis as Early as 2040," *The New York Times*, October 7, 2018. 이 기사에서 인용한 보고서가 궁금하다면 다음을 참고할 것. Myles Allen et al., "Global Warming of 1.5℃" for the United Nations Intergovernmental Panel on Climate Change, October 6, 2018.

5 J. Poore and T. Nemecek, "Reducing Food's Environmental Impacts through Producers and Consumers," *Science* 360 (2018): 987~992 참조.

6 Leo Strauss, *Natural Right and History* (Chicago, IL: University of Chicago

Press, 1953), 117.

7   William Gibson, "The Art of Fiction," interview in *The Paris Review*, no. 197, summer 2011.

8   저자가 윌리엄 깁슨과 나눈 트위터에서의 대화문 인용, 2016.

9   당신이 그런 부류의 사람이라면 '사변思辨 소설'이라고 해도 좋다.

10   Alvin and Heidi Toffler, *Future Shock* (New York: Random House, 1970) 참조.

처음 책을 접했을 때 나는 배양고기(또 대체육, 인공육 등이 있지만 이 책에서 주로 다루는 배양고기, 즉 배양육과는 차이가 있다)에 대해 아는 바가 거의 없었다. 2017년 빌 게이츠, 리처드 브랜슨 등 유명 기업가와 투자자들이 배양고기에 투자한다는 소식을 시작으로 우리 언론에서도 배양고기를 다룬 기사가 간간이 나왔으므로 분명히 들어는 봤을 텐데 기억에 남을 정도로 인상 깊지는 않았던 것 같다. 그런데도 내가 이 책을 발견했을 때 끌린 이유는 단순히 배양고기라는 신생 기술을 소개하거나 관련된 현안들을 다뤘다는 것이 아니라, 저자가 '배양고기 운동'이라고 표현한 하나의 사회적·문명사적 현상을 분석했다는 데 있었다.

저자가 '배양고기 운동'이라는 표현을 쓰는 것은 어떤 형태로든 제품을 만드는 것만으로 배양고기 기술이 완성되는 것이 아니기 때문이다. 배양고기 기술을 개발하는 한편 그 배양고기가 실제로 시장에 출시될 수 있는 조건(관련 법규), 시장에 출시되었을 때 판매될 수 있는 조건(소비자의 인식)이 무엇일지 고민하고 대비해야 한다. 따라서 배양고기에 당위성을 부여하는 논리(인간의 육식 본능, 환경보호, 동물보호)와 배양고기의 최종 형태를 제시하는 논리(현재의 고기를 모방하기, 배양액에서 동물성 재료를 제거하기) 등 배양고기를 둘러싼 담론과 그런 담론을 이끌어나가는 공동체가 있다. 이렇듯 이 책에서는 배양고기 기술 개발과 그 기술에 관여하는 다양한 사람들 외에도 배양고기, 그리고 더 나아가 배양고기가 모방하고자 하는 고기와 그 고기를 생산하는 동물 및 생명에 대한 진지한 고찰을 담고 있다.

이 책을 읽으면 배양고기 기술의 과거와 현재, 그리고 (저자는 다소 망설이지만) 미래도 충분히 짐작해볼 수 있으며, 배양고기를 언급할 때면 어김없이 등장하는 인물들도 만나볼 수 있다. 배양고기 운동가들이 품는 희망과 그 희망이 전달되는 방식, 배양고기에 대한 비판과 반대자들이 제기하는 문제점들, 배양고기가 상용화되기까지 남은 단계들과 해결해야 하는 기술적 난제들 등 배양고기를 기사로 접했지만 더 자세히 알고 싶은 독자들에게 필요한 정보들이 거의 대부분 나온다.

그런데 이 책에는 그런 정보 외에 배양고기로 인해 제기되는 동물과 인간의 관계, 인간의 조건에 관한 수많은 윤리적·철학적 질문들이 곳곳에서 제시된다. 피터 싱어의 『동물 해방』을 비롯해 배양고기 운동의 철학적 입장인 공리주의를 다룬 '12장 철학자들'에서는 그런 질문들을 직접적으로 다루는 한편, 나머지 장들에서도 궁극적으로 "무엇이 우리로 하여금 배양고기를 상상하게 하는가"를 묻는다.

저자의 그 질문이 내게는 "왜 우리는 육식을 포기하는 대신 배양고기 기술을 개발하는가"라는 질문으로 여겨졌다.

> 내가 배양고기 이야기를 추적하고 기록하는 이유는 배
> 양고기가 내 영혼 한 귀퉁이에 자리 잡은 복잡한 문제를
> 건드렸다는 데 있다. 나는 아주 오래전부터 육식 때문에
> 마음이 불편했다. 동물을 먹는 것이 윤리적인가? 동물을
> 먹는 것이 비윤리적이라면 나는 왜 계속 동물을 먹는가?
> (그렇다, 독자들이여, 나는 동물을 먹는다.) 그런 위선을
> 안고 산다는 것은 무엇을 의미하는가? 이것은 단순히 동
> 물과 동물의 도덕적 지위에 관한 질문이 아니다. 한 개인
> 으로서, 그리고 인간이라는 종으로서 우리의 식성과 도
> 덕적 향상 가능성에 관한 질문이다. (140~141쪽)

이 부분에 이르러서야 내가 느끼고 있는 불편한 감정의 실체
가 무엇인지 깨닫게 되었다. 나 또한 오래전부터는 아니더라도 언
젠가부터 막연하게나마 나의 육식생활에 의문을 품기 시작했다.
도덕적 향상 가능성이라는 거창한 이유가 아니더라도 현재의 기
후위기를 생각해도 육식을 포기해야 할 이유는 충분했다. 그런데
도 나는 장바구니와 텀블러를 사용하고, 샴푸 대신 비누로 머리를
감으면서도 정작 육식은 포기하지 못했다. 최근 몇 년간 '채식주
의' 내지 '비건'이 화두로 떠오르면서 관련 서적을 여러 권 읽었지
만 여전히 기껏해야 '비건 지향'에 머물러 있었다.
　그래서인지 현대의 기술사회가 야기한 문제를 기술로 해결

하려는 기술만능주의적 사고를 보여주는 대표적 사례로 배양고기를 드는 저자의 지적이 매우 흥미롭게 다가왔다. 배양고기 운동가들은 이상주의자이면서도 현실주의자라고 할 수 있다. 환경 문제 내지는 동물복지 문제를 절박한 문제로 인식하고 그 문제를 해결하고 싶어 하지만 사람들을 변화시키기보다는 사람들이 기존의 생활방식을 최대한 그대로 유지할 수 있도록 기술 개발을 통해 대체품을 공급하는 방식을 택했다. 이를테면 일회용품 증가로 인한 문제의 해결책으로는 ①일회용품 사용을 줄이는 방법도 있지만, ②종이빨대나 스테인리스빨대를 사용하는 방법, ③생분해되는 비닐봉투를 개발하는 방법도 있다. 채식이 ①의 경우라면, 식물성 고기는 ②, 배양고기는 ③이라고 할 수 있을 것이다. 또한 다소 냉소적으로 보자면 지극히 자본주의적 접근법을 택했다고도 볼 수 있다. ②와 ③은 새로운 제품과 시장을 만들어낸다는 점에서 자본주의 사회가 선호하는 선택지일 수밖에 없기 때문이다(저자의 표현에 따르면 배양고기는 심지어 자본주의 경제성장의 필수 요소인 '미개척지'를 제공한다). 다만 이런 식으로 정리하다 보면 결국 근본적인 해결책은 ①뿐이며, ②와 ③은 일종의 타협안에 불과하다는 결론을 내리게 된다. 아마도 저자가 오론 카츠와 이오낫 주어의 바이오아트 프로젝트를 언급하면서 기존의 고기 모방하기에 집착하는 현재의 배양고기 운동이 오히려 그런 강박에서 벗어나 새로운 상상력을 발휘해야 한다고 제안한 것은 저자 역시 나와 같은 결론을 내렸기 때문이라고 짐작된다.

하지만 이것은 현재 내가 고민하는 문제와 연결시킨 나의 해석일 따름이다. 이 책은 앞서 언급했듯이 '배양고기 운동'이라는 현상을 분석하면서 이 현상에서 파생되는 거의 모든 윤리적·철학적 질문들을 건드리고 있어서 독자마다 주목하게 되는 질문도, 그에 대한 해석도 달라질 것이다. 어찌 보면 읽을 때마다 눈에 들어오는 대목도 달라질 수 있다. 그런 이유로 『고기에 대한 명상』은 미래 기술을 다루는 트렌드를 좇는 책 같아 보이지만, 오히려 두고두고 반복해서 읽어볼 만한 책이라고 생각한다.

저자가 이 책을 집필하는 동안에도, 내가 이 책을 번역하는 동안에도 배양고기에 관한 기사는 꾸준히 나왔다. 초반에는 배양고기라는 발상 자체의 기발함에 주목한 흥미 위주의 기사, 이후에는 배양고기가 과연 성공할 수 있을지(즉 시장에 성공적으로 안착할 수 있을지)를 꽤 진지하게 평가하는 전망 위주의 기사가 주로 나왔다면, 최근에는 배양고기를 새로운 투자 기회로 다룬 기사들이 많아졌다. 심지어 얼마 전에는 우리나라의 배양고기 스타트업들을 다룬 기사와 대기업들이 배양고기 기술에 투자한다는 소식을 전하는 기사들도 접할 수 있었다.

배양고기를 기발한 발상, 우리의 일상을 바꿀 혁신적 기술, 미래의 유망한 신사업 정도로 대한다면, 우리는 동물과 육식을 둘러싼 인류학적·윤리적 담론을 성찰할 아주 귀하고 드문 기회를 놓치게 될 것이다. "배양고기에 담긴 도덕적 주장들은, 우리가 고기에 너무 익숙해진 나머지 알아차리지 못하고 있지만, 전통적 고기에도 이미 도덕적 주장들이 담겨 있다는 사실을 일깨운다."(383쪽) 그러나 대다수 신생 기술과 마찬가지로 배양고기 운동도 일반인에게는 아직 생소할 수밖에 없는 영역이며, 원래는 배양고기에 담긴 도덕적 주장들과 배양고기가 부각시키는 전통적 고기에 담긴 도덕적 주장들을 정확하게 포착하고 분석하기는 만만치 않다. 그런데 마침 저자 벤저민 워개프트가 몇 년에 걸쳐 배양고기 운동을 성실하게 관찰하고 꼼꼼하게 기록하면서 그런 작업을 대신해주었다.

이 책을 읽더라도 고기와 관련된 우리의 도덕적 주장들을 당장 바꾸거나 여러 질문에 대한 명확한 답을 얻지 못할 수도 있다. 그러나 적어도 "우리가 앞으로 어떤 존재가 될지에 관한 미완의 프로젝트가 질문으로 시작한다는 사실"을 환기하고 그것을 실천하는 방법을 배울 수 있을 것이다.

2022년 4월

방진이

기타

—